KB042441

4차 산업혁명과

The Fourth Industrial Revolution & Entrepreneurship Finance

창업금융

김영국

박영사

'나무 심는 마음'과 '씨 뿌려 거두고'···
삶의 창업정신과 교훈을 주신 부모님과,
'한평생 열정의 삶'과 '소풍 같은 나눔과 배려'···
백천(百川) 윤종규 다우회장님께
이 책을 바칩니다.

PREFACE
———————— 머리말

    정보화와 세계화로 이어지는 인류의 발전을 돌아보면 항상 기술의 발전이 각 시대의 경제·사회 패러다임의 전환과 사회의 구조적 변화를 이끌어 온 것을 알 수 있다.

    지금의 세계는 제4차 산업혁명이라는 거대한 변화의 물결과 함께 하고 있다. 이러한 변화 이후에 다가올 새로운 세상은 인공지능과 IoT, 클라우드, 빅데이터, 모바일 등 융합기술이 산업은 물론 복지, 고용, 교육, 국방 등 다양한 분야와 결합하여 사회전반의 '지능화'가 실현되는 지능정보사회일 것이다.

    그것은 지금까지 우리가 한 번도 경험해보지 못한 새로운 세상과 사회의 모습일 것이다. 맥킨지 분석에 따르면 지능정보사회의 경제효과는 2030년 기준으로 최대 460조 원에 달할 전망이다. 따라서 사람이 하는 단순 작업의 많은 부분이 지속적으로 자동화되어 상당수의 일자리가 사라질 것으로 예상되며, 소프트웨어 엔지니어나 데이터분석 전문가 등 새로운 사회가 요구하는 신규 일자리도 생겨날 전망이다.

    이제 4차 산업혁명은 거스를 수 없는 시대적 흐름이지만 아직 선진국들조차도 출발선에 있어 향후 어느 나라가 앞서 나가게 될지는 누구도 알 수 없다. 그동안 우리 정부는 '도전과 창업정신'과 '좋은 기술'을 선제적으로 개발하는 한편, '창의적인 인재'를 양성하는 등 제4차 산업혁명을 착실히 준비해오고 있다. 이를 발판삼아 정부는 최근 4차 산업 혁명의 주도권을 선점하고 지능정보사회 실현을 앞당기기 위한 범부처 플랜인 「지능정보사회 중장기 종합대책」을 수립하여 발표하였다.

    앞으로 민·관이 합심하여 「지능정보사회 중장기 종합대책」을 성공적으로 추진하여 경제·사회 전 분야를 아우르는 국가 시스템 전반의 거대한 변화와 혁신을 이끌어 내고 지능정보사회에서 살아갈 미래 세대에게 올바른 이정표로서의 자리매김하기를 기대하고 싶다.

    21세기 이스라엘 경제 성장의 비밀과 창업성공 노하우는 무엇일까? 창의성을 강조하는 교육과 혁신적인 벤처창업, 과학기술에 대한 끊임없는 도전, 생산적인 군대 시스템을 선보이며 '21세기형 선진국'으로 세계 경제의 중심을 향해 끊임없이 행진을 거듭하는 나라가 곧 이스라엘이다. 이스라엘처럼 인적자원을 중시하고 개혁과 변화에 대한 욕구가 강한 우리에게도 다양한 시사점을 던지고 있다. 이러한 시대적 환경 하에서 창업국가를 위한, 전문가 양성을 위한 시대적 흐름과 요구에 따라 실전 창업과 금융 실무의 지침서로서 본서를 발간하게 되었다.

특히, 창업을 준비하는 대학(원)생과, 예비창업자 그리고 일반인과 창업자들이 본서를 통하여 종합적으로 4차 산업혁명 시대의 실전 창업과 금융실무를 보다 쉽게 이해함으로써 현장에서 적극 활용하기를 바라는 마음 간절하다.

본서는 이러한 시대적·환경적인 인식의 바탕과 저자의 국내외 산·학·군·관에서 37년여 재직한 현장의 실무경험과 대학에서의 교수 경험 등을 바탕으로, 전적으로 선행연구자들의 주옥같은 자료들을 중심으로 기존의 서적들과는 다른 새로운 실무적인 차별화 전략을 시도하고자 무척 노력하였다.

본서의 발간을 진행하는 동안 계절도 몇 차례 바뀌었다. 4계절의 변화만큼 창업환경도, 4차 산업혁명 시대에 따른 창업가의 금융전략도 급격하게 변하고 있다. 특히, 창업과 금융 전반의 근간을 이루는 프레임과 전략들을 가장 쉽게 이해할 수 있도록 노력하였다.

여러모로 부족한 본서가 잉태하도록 세심한 열정을 다해주신 박영사 여러분과 특히 전채린 과장님, 정성혁 대리님의 노고와 무더위에도 세심한 교정에 열정을 더해준 이박사와 늘 응원해주는 사랑하는 제자들에게도 깊이 감사드린다.

특히, 한평생 '나무 심는 마음과 씨 뿌려 거두고'의 교훈을 주시고 언제나 '삶의 나침반 역할'을 다하시는 존경하옵는 화왕산 가복골의 한뫼 선생님과 사랑하는 나의 모든 가족, 언제나 삶의 에너지로 활력을 더해주는 푸른 이마의 필립과 예준이 형제, Montblanc, Alex & Rose에게도 늘 부족한 역할에도 최선을 다하는 모습에 고마움을 더한다.

더불어 국내외의 여러 산·학·연·관·군 등에서 열정으로 희노애락을 같이한 멋진 선후배와 마지막 열정을 다하는 예순의 친구들, '삶의 하루하루가 목표가 아니라 늘 꿈꾸던 소풍처럼, 넉넉한 여행(life is a journey, not a destination)'으로 모두의 건승을 기원하며…

Nothing ventures, nothing gains!

계명동산 天地齋 연구실에서
111년 만의 더위를 잊으며
저자 碩松 김 영국 씀

CONTENS
———— 차례

Chapter 03	사업계획서 실무 · · · · · 39

Chapter 04	자금조달 및 창업지원제도 · · · · · 61

Chapter 09 증권시장과 부동산 금융 · · · · · 173

Chapter 10 환율과 금리 · · · · · 181

Chapter 11

채권의 가치평가 ····· 203

Chapter 14 경영전략과 기업가치 · · · · · 239

Chapter 15

창업지원금융과 신용관리 ····· 263

CHAPTER 01

──────── 스타트업

1 스타트업(Start Up)

    글로벌 경영 환경 속에서 살아남기 위한 기업들의 노력은 돈이 될 만한 다양한 형태의 아이디어에서 출발한다. 돈이 되는 아이디어를 만들어 내는 것은 감각과 끼를 가진 사람들의 창의력에서 시작된다. 특히, 고객들이 단순한 제품과 서비스의 구매자라는 개념에서 벗어나 고객들과 함께 재미나고 즐거운 일을 함으로써 새로운 가치를 창출할 수 있는 공동체라는 개념으로 생각과 마인드를 바꿀 때 창의적이고 혁신적인 아이디어를 만들어 낼 수 있다.

1) 스타트업

    Start Up이란, 자신만의 노하우를 활용하여 새로운 일들을 시작하기 위한 도전과 열정의 인간 활동을 의미한다.

    새로운 일들을 시작한다는 의미에서 Start란 용어가 사용되었다. 일을 추진하기 위한 가장 큰 역할은 바로 도전하고 행동하는 것으로 이를 Up이란 개념으로 정립한 것이 스타트업이다. 즉, 새로운 일거리를 찾아서 본인이 직접 그 일을 시작해 보는 것으로 스타트업을 창업이라는 용어로 함께 사용하는 것이 일반적이다.

    스타트업의 시작은 바로 사람과의 만남에서 출발한다.

    인간(사람)들이 처음 만나게 되면 가장 먼저 하는 일이 서로에게 인사하는 것이다. 즉, 스타트업의 시작은 바로 사람의 만남을 통해 서로에게 인사하는 그 시점에서 시작된다고 보는 것이다. 내가 만난 그 사람과의 관계를 통해 나의 아이디어와 노하우를 활용한 사업화가 시작된다.

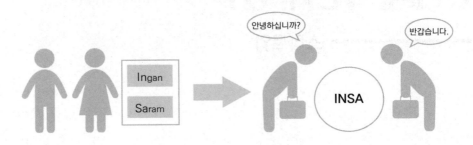

사람과의 만남은 바로 인간관계의 시작인 것이다.

내가 만난 상대방에게 관심을 가지는 첫 시작은 인사이며, 인사는 상대방의 얼굴을 보고 눈빛을 전함으로써 시작되는 것이다.

> **1단계:** 상대방의 얼굴을 보고 나의 눈빛과 느낌을 전하라.
> **2단계:** 전해 오는 느낌을 있는 눈에 보이는 모습 그대로 받아들여라.
> **3단계:** 상대방에게 말로 표현하라(머릿속에 축척된 경험에 의해 판단, 비교, 평가한 다음).

상대방에게 말로 표현하는 행동의 결과가 곧 자신의 인간관계 형성의 첫 시작인 것이다.

2) 스타트업의 전제조건

성공적인 일을 추진하기 위한 전제 조건으로는 자신에게 가장 맞는 새로운 일거리를 찾아서 도전하고 행동하는 일이다.

스타트업을 위한 전제 조건은 다음과 같다.

1단계: 자신이 제일 좋아하고 관심 있는 일거리(Idea)를 찾아라.

스타트업을 위해서는 가장 먼저 자신이 관심 있고 재미있으며, 흥미 있는 일거리가 무엇인가를 찾아야 한다. 이 속에서 자신만의 아이디어를 발견할 수 있게 된다.

스타트업은 바로 자신이 즐겁고 재미나게 할 수 있는 일거리 즉, 아이디어를 발견하는 것이 전제 조건이 되어야 한다.

자신이 하고 싶어하는 가장 좋아하는 일거리 찾는 방법?

관심 자꾸 자꾸 **눈**이 가고 **마음**이 끌리는 일

재미 **한 번 더** 하고 싶어지는 일

흥미 **흥**이 나서 **미**칠 것 같은 일

2단계: 열정과 도전을 통해 일을 시작하라.

발견한 아이디어를 활용하여 머릿속에서 아이디어를 계발하고, 자료를 수집·분석한 다음 가장 핵심적인 것은 바로 그 아이디어를 사업화할 수 있도록 열정과 도전을 통해 행동하는 것이다.

머릿속에서 생각만으로 그치는 아이디어는 의미가 없다는 것이다.

자신이 창출한 아이디어가 돈이 될 것인지 아닌지는 자신의 머릿속이 아닌 현실 세계에서 직접적으로 오픈되어야 그 결과를 볼 수 있다는 것이다.

3단계: 결과를 수정 보완 하면서 성공 목표를 실천하라.

아이디어를 현실적으로 사업화하기에는 많은 어려움이 있을 수 있지만 고객들의 직·간접적인 반응을 통해 결과값을 수정하고 보완시켜 다시 성공 사업 목표를 향해 실천하고 또 실천하는 것이 무엇보다도 중요하다. 피드백을 통한 성공 목표 실천을 통해 새로운 노하우를 계발하고 축적할 수 있다는 사실을 명심해야 한다.

결과적으로 스타트업을 위한 핵심은 자신의 아이디어 발견을 통해 현실적으로 사업화할 수 있는 용기와 열정 그리고 도전 정신이 필수적으로 요구되며, 이를 수정·보완하면서 자신만의 노하우를 개발하는 것이다.

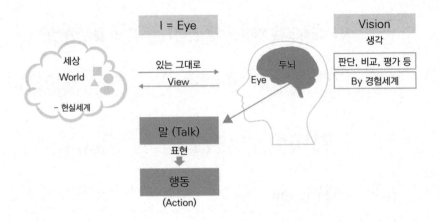

3) 일과 열정

스타트업을 위한 일 찾기는 자신만의 아이디어를 발견하는 것이다. 또한 그 일을 찾아 심혈을 기울이는 열정이 인간 생명유지와 삶의 기술에 가장 중요한 원천이된다. 즉, 인간 생명 유지와 삶의 기술은 바로 열정을 가지고 자신이 하고 싶은 일을 할 때 가장 만족한 성취감과 만족감을 통해 얻을 수 있다는 것이다.

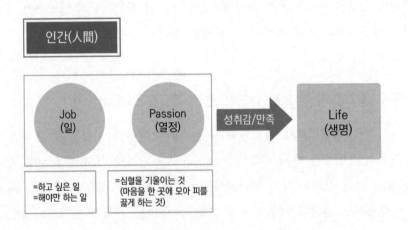

일(Job)이란, 자신이 하고 싶은 일, 남이 시키는 일, 우리 모두가 해야만 하는 일로 구분할 수 있다.

일을 한다는 것은 바로 생활과 생명을 유지시키는 가장 핵심원천이기도 하다. 다만 일의 종류에 따라 어떤 일을 할 것인지가 매우 중요하다.

인간은 사람들과의 인간관계를 통해서 살아가기 때문에 일을 보는 관점도 나를 중심으로 한 일, 다른 사람과의 관계에서 형성되는 일, 우리 모두가 해야 하는 일 등으로 구분할 수 있다.

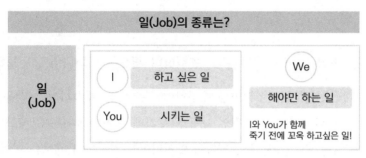

▲ 절대로 해서는 안 될 일도 있음

2 아이디어 창출 기법

아이디어 창출을 위한 기법으로 브레인스토밍(Brain Storming) 기법이 있다.

브레인스토밍은 열린 마음(Open Mind)과 머릿속에서 일어나는 자유로운 생각(Free Thinking)을 통한 창의적인 아이디어를 만들어 내는 기법을 말한다.

1) 브레인스토밍 기준과 원칙

(1) 다른 사람의 아이디어나 의견에 비판하지 말아야 한다.

어떤 아이디어와 생각 그리고 의견이라도 비판하지 말고 있는 그대로 받아들여야 한다. 혹시 다른 사람에게 그 아이디어가 새로운 아이디어를 만들어 낼 중요한 자료가 될 수도 있기 때문이다. 즉, 열린 마음(Open Mind)으로 다른 사람의 아이디어를 수렴해야 한다.

(2) 자유스런 생각(Free Thinking)은 가장 창의적인 아이디어를 만들 수 있다.

자유롭게 생각나는 대로 자신의 아이디어를 발상한다는 것은 다른 사람이 생각지도 못한 창의적이고 혁신적인 아이디어가 될 수 있다. 따라서 어떤 아이디어라도 관계없이 가능한 많은 아이디어를 만들어 내는 것이 브레인스토밍의 방법이다.

(3) 많은 아이디어를 수집, 분류, 분석하여 새로운 아이디어로 만들어야 한다.

자신과 다른 사람의 아이디어를 수집하여 분류하고, 분석하여 생각을 뒤집거나, 다른 관점에서 바라보거나, 임의적인 내용을 부가해 보거나, 과대포장해 보면서 가능한 사용할 수 있는 모든 자원을 동원하여 아이디어를 가공하여 새로운 아이디어로 만드는 연습을 해 보아야 한다. 정말 생각지도 못한 결과값을 찾아낼 수 있을 것이다.

브레인스토밍을 통해 창출된 아이디어를 정리하기 위해서는 아이디어 목록을 만들면서 생각과 아이디어들이 서로 관계있는 내용들끼리 연결해 보는 습관을 들여야 한다. 서로 관련된 아이디어를 모으는 과정에서 하나 이상의 변수들을 추가적으로 삽입하면서 새로운 아이디어로 가공해 보자.

아이디어 리스트에 의해 정리된 자료들은 마인드 맵(Mind Map)이라는 도구를 활용하여 자신의 생각들을 연결 고리에 의해 체계적으로 정리할 수가 있다.

마인드 맵(Mind Map)

'생각지도'라는 개념으로 등장한 마인드 맵은 자신이 생각하고 있는 내용들을 그림을 그려 나가듯이 하나하나 연결해 나가는 두뇌개발 기술이다. 단순한 연결이 아니라 서로간의 관계를 이야기 방식(스토리텔링)으로 만들어 나가면 된다. 참고로 마인드 맵을 제작하기 위해서는 컴퓨터 응용 프로그램들을 활용하면 된다(알 마인드, X-Mind 등).

2) 톡톡 튀는 아이디어 만들기

톡톡 튀는 아이디어를 만들기 위해 다음과 같은 내용들을 고려해야 한다.

① 자신의 생활 주변에서 불편함을 줄이거나 즐거움과 재미를 줄 수 있는 일들을 찾아라.

누구에게나 생활 주변에서 불편함을 느끼는 것은 바로 바꾸려고 하는 인간의 욕망이 있다. 생활 주변을 대상으로 하는 이유는 모든 인간에게 자신이 생활하는 환경이 반드시 존재하기 때문이다. 또한 생활과 연결시켜 즐거움과 재미를 줄 수 있는 일들을 찾도록 눈을 돌려 보는 것이 성공의 열쇠이다.

② 소비의 주체인 주부들의 눈에 들도록 해야 한다.

경제의 핵심인 소비는 과연 누가 하고 있을까? 모든 소비의 주체로 가장 큰 역할을 하는 그룹이 바로 주부들이다. 주부들은 아이들과 남편 등 가족들을 위해 거의 모든 소비생활의 핵심으로 작용하고 있다. 따라서 소비의 주체인 주부들이 사고 싶어 하거나, 반드시 사야만 하는 것들이 무엇인지 살펴보고 주부들의 눈에 들도록 해야 한다.

③ 시대적인 소비자 트렌드 중심으로 한 제품과 서비스에 관심을 가져야 한다.

시대적인 소비자 트렌드는 오늘을 살아가는 사람들과의 소통을 통해 공감대를 형성하고 있다. 따라서 스마트폰, 모바일 환경, 새로운 신기술 경향 등을 기본으로 한 제품과 서비스에 집중해야 한다. 시대적인 소비자 트렌드를 읽지 못한 경영자는 실패할 확률이 높다는 것이다.

④ 은퇴예정자와 은퇴자들을 주목하라. 100세 시대에 관심 있는 분야를 찾아라.

우리나라의 경우 베이비부머 세대로 불리는 은퇴예정자와 은퇴자들이 향후 10년 이내에 700만 명에서 1,200만 명가량이 100세까지 먹고 살아야 하는 심각한 사회 구조적인 실업현상이 나타날 것이다. 그들이 100세 시대를 살기 위해서는 반드시 지출해야 하는 기본적인 삶의 틀이 있는데 이러한 것들을 찾아내는 것이 돈을 버는 핵심(View Points)이다.

베이비부머 세대

1955년부터 1963년 사이에 태어난 700만 명 가량의 사람 집단을 말함.

최근 보건복지부에서 실제 은퇴 이후 원하는 활동을 조사한 결과, 사회적 관계 활동, 소득과 자산 활동, 건강 활동, 여가활동 등 4개 영역으로 분류하였다.

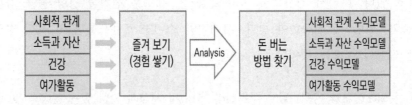

4개 유형별로 수익모델을 만들면 다음과 같다.

1단계: 4개 유형별로 구분하여 자신만의 영역을 정해본다.

2단계: 은퇴 이후, 하고 싶은 일을 즐기면서 경험을 쌓는다.

3단계: 각 단계별로 돈 버는 방법을 찾는다(경험과 아이디어 그리고 노하우).

3) 아이디어 제품화 Check LIST

■ **목표:** 창의력/경쟁력 있는 아이디어 개발 및 성공 가능 사업 프로젝트 수립

■ **절차:** 개별 적성 파악 → 아이디어 상품화 → 사업 Road Map → 사업계획서 작성

※ 개별 기본 자료 분석(개별 적성 및 전공분야 등)

(1) 본인의 전공학과는?

(2) 전공과목 중 가장 중요한 과목은? (중요도 순서대로)

❶

❷

❸

(3) 본인이 가장 관심 있거나 재미있어 하는 일거리는? (우선순위대로)

❶

❷

❸

(4) 자신의 성향은? (MBTI 검사 활용 가능)

❶ 자신이 가지고 있는 최고의 강점은?

 −

 −

 −

❷ 자신이 가지고 있는 최대의 약점은?

 −

 −

 −

※ 아이디어 상품화 Diagram

자신의 아이디어를 상품화(사업화)하기 위해서는 가장 먼저 자신만의 아이디어로 돈을 벌 수 있는지 생각해 보아야 한다. 자신이 가진 아이디어를 통해 돈을 벌 수 있는지에 대한 관점이 무엇보다도 중요한 것이다.

일반적으로 대부분의 경우 스타트업을 하지 못하는 이유 중 하나가 바로 자신의 아이디어를 발견하지 못하는 것이다.

자신의 아이디어 발견은 생활 주변에서 일어나는 일들을 중심으로 하여, 어떤 아이디어가 돈을 벌 수 있는지 평소에 눈으로 보면서 많은 자료를 수집·분석해 두는 습관을 들여야 한다.

▶ 자신이 가지고 있는 돈이 되는 아이디어는 무엇인가?

  –

  –

▶ 본인의 아이디어에 이름을 붙인다면? (제품명은?)

  –

  –

※ 본인의 아이디어(제품) 속성 분석 항목에 체크해 주세요.

질문 항목	가중치에 체크하세요~										
• 자신의 관심과 재미 정도는?	0	10	20	30	40	50	60	70	80	90	100
• 자신의 흥미 정도는? (잠자지 않고 할 수 있는가?)	0	10	20	30	40	50	60	70	80	90	100
• 제품의 전문기술의 정도는?	0	10	20	30	40	50	60	70	80	90	100
• 전공과의 연계성 정도는?	0	10	20	30	40	50	60	70	80	90	100
• 아이디어/제품이 신규(최초)인가?	0	10	20	30	40	50	60	70	80	90	100
• 다른 사람이 모방할 수 있는가?	0	10	20	30	40	50	60	70	80	90	100
• 모방했을 때 적절한 기술유출 방지책 등 대체안은 있는가?	0	10	20	30	40	50	60	70	80	90	100
• 경쟁상대의 정도는?	0	10	20	30	40	50	60	70	80	90	100
• 경쟁상대가 많은가?	0	10	20	30	40	50	60	70	80	90	100
• 시장점유 가능성의 정도는?	0	10	20	30	40	50	60	70	80	90	100
• 돈이 되는가? (돈이 된다는 확신의 정도)	0	10	20	30	40	50	60	70	80	90	100
• 아이디어/제품을 고객들이 돈을 주고 살 것인가?	0	10	20	30	40	50	60	70	80	90	100
• 개발과 생산 소요비용의 정도는?	0	10	20	30	40	50	60	70	80	90	100

브레인스토밍 Sheet: 여러 명이 그룹으로 팀을 만들어 보세요.

1차 Brain Storming Sheet

팀 명		
날 짜		
팀 구성	진행자	
	기록자	
	참석자	
주 제		

아이디어 목록/선택 ○ : 전원찬성 △ : 일부찬성 X : 전원반대	아이디어 LIST		선택
	1		
	2		
	3		
	4		
	5		
	6		
	7		
	8		
	9		
	10		

선택된 IDEA	A	
	B	
	C	

선택된 IDEA 평가기준	

Memo (특기사항)	

2차 Brain Storming Sheet

팀　명			
날　짜			
팀 구성	진행자		
	기록자		
	참석자		
주　제			
아이디어 평가기준	①	②	③

아이디어 평　가		①	②	③
	A안			
	B안			
	C안			

최종선정 아이디어	
아이디어 다듬기	
Diagram	
선정된 아이디어 세부기능	

3 : 예비 창업자의 창업 정신

1) 창업은 전략이다

창업전선에 뛰어드는 사람들의 유형을 살펴보면 기존의 퇴직자, 평생직장의 개념이 사라져 기회만 오면 회사를 떠나려는 직장인, 취업의 진로가 막힌 미취업 대학생들, 그리고 부업이나 창업을 준비하는 가정주부, 미혼 여성의 경우로 나뉜다.

창업이 예전처럼 쉽지 않은 것도 창업시장에 있어서 수요와 공급의 균형이 무너졌기 때문이다. 외환위기 이후 지속적인 구조조정 여파로 직장을 잃은 퇴직자나 미취업자들이 창업시장으로 대거 몰려들었기 때문에 현재의 창업시장은 포화상태로 표현되기도 한다.

또 다른 이유는 창업시장도 자유경쟁체제로 전환되었다는 사실이다. 이 같은 배경은 인터넷의 대중화로 가능해졌다. 정보의 공유로 수요자 욕구가 다양하게 변했기 때문에 이에 맞추어 창업자들의 아이디어나 기술이 성패를 가르는 요인이 되었다.

따라서 창업을 준비하는 사람들로서는 준비를 철저히 하지 않으면 성공하기 힘들어진 것이 오늘의 창업현장인 것이다.

2) 고객만족을 위해 주력한다

소비심리가 얼어붙는 경기불황 시기에 창업을 하려면 우선 철저한 준비를 해야만 성공할 확률이 높다. 즉, 창업시점부터 구조적으로 경쟁력을 갖추고 창업을 시도해야 한다는 것이다.

첫째, 철저한 창업설계로 창업비용의 절감을 꾀해야 한다.

같은 규모, 같은 업종이라면 창업비용이 적게 드는 사업장이 투자대비 수익률이 높을 수밖에 없다.

창업비용 절감을 위해서는 기본 사업계획을 머릿속에 기억하고 말과 행동으로 창업하는 주먹구구식을 탈피해 시장조사를 철저히 해서 사업계획서를 작성한 후 창업해야 한다.

음식점이나 판매업을 하는데 무슨 사업계획서냐며 의아해 할지도 모른다. 하지만 때로는 예기치 못한 일이 발생하기도 하고 순서가 바뀌어 비용이 많이 지불되기도 하는 만큼 사업계획을 짜서 위험요소를 사전에 체크하고 해결방안을 모색한 후에 창업을 해야 비용 면에서도 절감이 가능하다.

둘째, 창업 트렌드를 고려해야 한다.

유망업종을 찾기보다는 소비가 주로 어떻게 이뤄지는지 관심을 가져야 한다. 특히 외환위기 이후 빈부의 격차가 심화된 사실에 주목할 필요가 있다. 소비심리가 극도로 위축된 서민층을 대상으로 창업을 준비하기보다는 상류층을 상대로 창업을 하는 것이 유리하며 대형점과 경쟁하기보다는 가능하다면 대형점의 진입이 어려운 소형전문점 창업을 지향해야 한다. 즉, 상품의 다양화보다는 전문화에 승부를 걸어야 한다.

셋째, 효율적인 경영이 이루어져야 한다.

자유경쟁체제에서의 소점포 운영은 원가 절감을 도모하면서 고객을 사로잡는 마케팅 전략이 필요하다. 즉, 고정고객 확보에 최선을 다해야 성공할 수 있는 것이다. 고객은 가격이 저렴하고 더 나은 서비스를 제공하는 곳으로 이동하기 마련이다. 따라서 고객의 다양한 욕구변화를 충족시키면 고객의 입장에서 객관적인 시각으로 점포 운영을 기획하고 고객이 떠나지 않도록 배려하는 경향이 필요할 것이다.

3) 효율경영만이 살 길이다

창업시장이 환경이 어려운 것은 사실이지만 성공사업가들을 살펴보면 한결같이 위기를 기회로 만드는 수완을 가진 사람들이라는 것을 알 수 있다.

모든 기업들이 지금까지 눈물을 머금고 생존을 위해 고육지책으로 구조조정을 시행하고 기술개발과 재투자에 심혈을 기울인 것을 감안한다면 자영업을 준비하는 사람들도 분명히 변해야 할 것이다.

창업경비를 줄이고 새로운 아이디어나 상품을 구비하고 원가를 줄이며 효율적인 경영과 고객을 위한 서비스 개발에 혼신의 노력을 기울이는 것만이 성공의 지름길이다.

4 ┊ 창업목적은 아름다울 수 있다

　　창업에서 목적이란 우선 추상적·장기적인 것이다. 창업의 궁극적인 목적은 '풍요로운 예술가'가 되는 것이다. 여기에서, 풍요로운 예술가란 의미는 로맨티스트라고 할 수 있다. 즉 자신과 타인을 경제적으로나 정신적으로, 나아가서는 건강 면에서도 부유하게 하는 존재, 이것이 풍요로운 예술가다.

　　인류의 최대 목적은 사회의 발전, 즉 풍요로움의 실천에 있다. 풍요로움이란 경제적인 풍요로움, 정신적인 풍요로움, 그리고 건강 면의 풍요로움을 의미한다. 인간이 풍요로움을 추구하는 마음은 본능과도 같을 정도로 강하다.

　　기업의 목적은 '사업을 통하여 사회발전에 공헌하는 것'이다. 양질의 제품과 빈틈없는 서비스의 제공에 의해, 소비자의 물질적·정신적 또는 건강 면에서 풍요로움을 향상시키는 것이다.

　　다음으로 목표란 목적을 달성하기 위한 구체적·단기적인 수단이다. '사회의 발전에 공헌하는 것'이 기업의 목적이라면 , 그것을 달성하는 수단으로써 이윤추구하고 하는 경영활동이 필요하다. 이윤추구는 기업의 목표이다. 기업이 수입을 올려 존속하고, 보다 좋은 제품과 서비스를 제공한다고 하는 목표를 달성하지 않는 한, 기업은 '사회의 발전에 공헌한다'고 하는 목적에 도달할 수 없다.

　　바꿔 말하면, 먼저 자신이 물심양면으로 부유하게 되기 위해서, 사회의 필요에 부응하는 사업경영을 행해야 한다. 그것이 타인에게 영향을 주고, 타사에게 영향을 주며 최종적으로 널리 사회에 이바지하게 되는 것이다. 즉 이런 형태로 사회의 발전에 공헌할 수 있는 것이다.

　　사회공헌이라는 야망이 없는 자는 종합예술가가 되지 못하고, 당연히 창업자에도 해당되지 못한다. 다만 여기에서 중요한 것은 '우선 자신이 먼저 부유하게 된다'고 선언하는 일이다. 자신이 부유해지고 나서야말로 타인과 사회 전체에 영향을 줄 수 있기 때문이다.

　　그런 의미에서 늘 자신보다 타인을 우선시하는 박애주의와 자원봉사자의 사고방식에는 명백한 거짓이 포함돼 있다. 자신을 부유하게 하지 않고 타인과 사회만을 생각한다고 하는 것은 분명히 이상하다. 자신이 행복해지고 나서야말로 타인을 행복하게 해줄 수 있기 때문이다.

5 창업자는 강인한 프로의식으로 승부한다

소자본 창업은 자신이 직접 땀 흘리면 일하겠다는 마음이 있어야 성공한다고 창업 전문가와 창업에 성공한 사람들은 말한다. 개인의 노력이 가장 중요하다는 이야기이다. 또 창업업종 흐름과 상업에 필요한 기초 지식을 모르면, 성공의 결실을 얻기 힘들다. 따라서 전문가들의 조언을 귀담아 듣고 자신이 직접 공부를 해야 한다.

최근 소상공인지원센터의 실제 상담에서 창업 희망자들에게 필요하다고 느낀 내용들을 다음과 같다. 성공하기 위해서는 여러 요소가 갖춰져야 한다. 그러나 무엇이 가장 필요한 것인지는 전문가마다 보는 관점이 다르다.

1) 초보 창업자의 기본 수칙

(1) 철저하게 바닥부터 다시 시작하겠다는 프로 의식을 갖고 출발해야 한다.

성공하기 위해서는 온갖 도전을 극복하고 어려움을 직면할 때마다 인내심과 신념을 갖고 노력하지 않으면 안 된다. 성공 여부는 얼마나 계획적이고 적극적인 자세로 전략을 개발하고 이를 추진하는 프로 의식을 갖고 있는지 여부에 달려 있다.

(2) 고객 앞에서는 체면과 자존심을 버려야 한다.

기왕 사업을 시작했다면 고객에게 최대로 친절해야 한다. 자신을 최대한으로 낮출 수 있어야 한 사람의 고객이라도 더 붙잡을 수 있다는 점을 명심해야 한다.

(3) 사업 규모는 자금 규모에 맞춰야 한다.

초보 창업자는 모든 투자비용을 자기자본으로 시작하는 것이 이상적이다. 자금의 20% 정도는 여유 자금으로 떼어놓는 것이 바람직하다.

(4) 적게 투자하고 노하우를 익힌 뒤에 사업을 크게 벌려도 늦지 않는다.

처음부터 규모가 큰 점포를 인수하거나, 초기 인테리어 비용에 너무 많이 투자하면 안 된다.

(5) 사업의 성패는 점포 위치와 상권 내 고객 선점 여부에 달려 있다.

점포를 계약할 때는 전문가의 조언에 따라 건물의 권리 관계를 꼼꼼하게 따져봐야 한다.

(6) 새로 도입되는 업종보다는 발전 가능성이 있는 성장 초기의 유망 업종을 택하는 것이 안정적이다.

처음에는 일시적인 유행업종보다는 실생활에 필요한 업종에 관심을 두는 것이 좋다. 경험을 쌓은 뒤에는 시대의 변화에 맞춰 사업 기조를 유지하면서 변신하는 것이 좋다.

(7) 창업 전문가를 적극적으로 활용해야 한다.

초보 창업자는 사업 기술뿐 아니라 기본적인 지식과 정보가 부족하다. 맹목적으로 직접 발로 뛰며 눈으로 확인하는 것보다는 전문가의 조언을 들으며 움직이는 것이 바람직하다.

(8) 신문·잡지·방송에 나오는 기사나 광고에 현혹되지 않아야 한다.

초보 창업자들은 때로 과장된 기사나 광고에 판단이 흐려질 수 있는데, 자신에게 꼭 필요한 정보를 취사선택할 수 있는 안목을 길러야 한다.

(9) 시장 변화에 대한 정보를 계속 수집해야 한다.

정보력은 경쟁력이다. '지피지기(知彼知己), 백전백승(百戰百勝)'이라는 병법의 논리는 디지털 지식 정보 시대에도 그대로 적용된다.

(10) 건강관리는 사업 성공의 기반이다.

건강한 사람만이 우수한 종업원을 거느릴 수 있으며 고객을 지속적으로 관리할 수 있는 것이다.

2) 창업자가 갖추어야 할 수칙

① 바닥부터 시작한다는 프로의식을 가져라

② 고객 앞에서는 체면, 자존심을 버려라

③ 자신의 능력에 맞는 자금을 써라

④ 처음부터 큰 투자는 하지 마라

⑤ 고객과 상권을 선점하라

⑥ 도입기 업종보다는 성장기에 접어든 업종이 좋다

⑦ 창업 전문가를 적극 활용하라

⑧ 시장변화에 대한 정보수집을 게을리 하지 마라

⑨ 신문기사·광고를 맹신하지 마라

⑩ 건강관리는 반드시 해야 한다

6 창업성공은 마음먹기에 달렸다

창업자에게 있어서 체면과 자존심은 금물이다. 밑바닥부터 시작한다는 생각이 중요하다. 따라서 부지런함과 성실이 성공의 지름길이다. 창업을 하는 데는 돈도 입지도 업종도 물론 중요하지만 그보다 중요한 것은 마음가짐이다. 마음가짐이 어떠한가에 따라 한계를 극복하고 나아갈 수 있다.

1) 내 가게 문은 내가 열고 닫는다

종업원이 있든 없든 주인은 제일 먼저 나와 청소하고, 그 날의 장사 준비를 해야 한다. 그리고 그 동네에서 가장 늦은 시간까지 문을 열어 놓겠다는 생각으로 임해야 한다. 부지런함과 성실함은 성공에 이르는 징검다리이다.

2) 남는 것부터 생각하지 않는다

장사를 시작하는 사람들은 대체로 '얼마를 남길 것인가'부터 생각하는 경향이 있다. 물론 사업을 하기 전에는 당연히 사업성을 분석하고 투자 대비 수익률을 따져 보아야 한다. 그러나 일단 장사를 시작한 다음에는 수익을 따지기보다는 먼저 매상을 올리는 데 주력해야 한다. 처음부터 수익을 따져 남기는 데에만 매달리다 보면 결국 고객에게 나쁜 인상만을 주게 되고 매출도 떨어지게 된다.

3) 적성에 얽매이지 않는다

적성에 맞는 장사를 해야 성공한다고 생각하는 사람이 많다. 물론 적성에 맞지 않는 일을 한다는 것이 쉬운 일은 아니다. 하지만 창업자는 변신에 성공할 수 있는 사람이 성공한다. 일단 업종을 선정하고 사업에 돌입하면 물불을 안 가리고 적극적으로 사업에 임해야 한다. 장사란 적성을 따질 것이 못 된다. 장사란 그 속성상 자신은 최대한 낮추고 상대방은 최대한 떠받들어야 하는 것인데 어느 누가 적성에 맞겠는가? 장사는 적성이 아니라 현실이다.

4) 평소에 장사 안목을 기른다

매스컴이나 책 등에서 얻을 수 있는 정보를 무조건 신뢰해서는 안 된다. 정보는 자신이 직접 경험하거나 실제로 확인하고 확신을 갖기 전에는 이론에 불과하다는 것을 잊지 말아야 한다.

따라서 자본이 넉넉지 못한 사람이라면 더욱 이론과 실제는 다르다는 점을 명심하고 실제로 찾아다니면서 살아있는 정보를 수집해야 한다. 창업관련 자료를 꾸준히 구독해 새로운 정보가 나오면 표시해 두고, 전에 모아 두었던 자료와 수시로 비교해 보는 노력을 한다면 업종 흐름에 대한 판단을 대략적으로 내릴 수 있을 것이다.

또 평소에 관심을 가지고 장사에 도움이 되는 정보를 빠뜨리지 않고 기록해 두는 것이 필요하다. 그 다음에 실제로 찾아다니면서 정보를 확인한 뒤 확신이 설 때 장사를 시작하는 것이 바람직하다.

5) 장사는 경험자에게서 배운다

기존 점포 사업자가 최고의 스승이다. 장사를 하다보면 아무리 새로운 아이디어라도 기존의 방법이나 사고방식에 20% 정도의 독창성만 가미된 것이다.

따라서 아무리 아이디어가 뛰어나다 해도 그 비중은 20% 정도에 지나지 않고 나머지 80%는 기존의 방법에서 나오는 것이다. 그러므로 실제 장사를 해본 경험이 있는 사람의 충고를 들어보는 것이 좋다.

6) 주인보고 손님 온다

장사는 기술이 아니라 주인의 인격을 파는 것이라 해도 과언이 아니다. 대부분의 경우 점포에서 받은 첫인상에서 구매여부가 판가름 나는데, 거기에 걸리는 시간은 단 4초이다. 우선 50%는 주인의 신체적인 언어에 의해서 결정된다.

신체적인 언어란 그 사람의 표정과 자세, 몸동작 등으로 웃는 얼굴, 단정한 차림, 고객을 정면으로 응시하는 자세 등이다. 그 다음 40%는 주인의 음성이 결정하는 것으로 말투나 억양이 상냥하고 부드러우면 좋은 인상을 갖게 된다. 그리고 나머지 10%가 실제로 입에서 나오는 말 몇 마디에서다.

7) 점포의 지속적 정기조사를 실시한다

장사에서 정기적인 시장조사는 필수적인 요소이다. 조사할 때는 자기 점포의 전체 매출액은 물론 품목별 매출 현황도 체크하면서 내점객의 동향을 파악해야 한다. 아울러 점포 앞 통행객의 변화를 파악해야 한다. 통행객을 조사하다 보면 통행객수와 계층의 변화유무 등을 알 수 있고, 그에 따른 개별품목이나 전체 매출액의 변화 양상을 알 수 있다.

7 성공요인과 실패요인

1) 창업의 성공요인

기업가들은 경제발전의 주역으로서 사람들에게 자유와 번영을 가져다주는 자본주의 국가에서는 보배와 같은 존재이다. 따라서 새로운 기업을 창업하는 기업가정신의 성공요인과 실패요인에 대해서는 충분한 이해가 선행되어야 한다.

미국 워싱턴대학의 창업경영학교수인 K.H.Vesper는 성공을 위한 4가지 주요요건으로 다음과 같이 이야기한다.

① 새로운 사업 기회의 포착과 집행
② 기업가의 자질적 특징과 환경
③ 동기부여 요인들
④ 추진 및 성취능력, 즉 전문성 및 특수기술

상기의 4가지를 갖추었을 때 창업 성공률이 높다고 이야기한다. 이외에 이익 마진, 창업자원, 기업가의 개인적 선행지식, 시장성, 시기(timing) 등을 부가한다면 성공의 확률을 더욱 높일 수 있다고 말한다.

2) 창업의 실패요인

K.H.Vesper 교수는 창업의 성공에 장애가 될 수 있는 주요요인으로 다음과 같은 12가지 요인을 열거하고 있다.

① 배양과 증식개념의 결여
② 시장에 대한 지식의 부족
③ 특별전문기술 부족
④ 기본 사업자금 부족
⑤ 사업경영능력 부족
⑥ 지나친 자신감과 용기부족
⑦ 사회적 불안감
⑧ 새로운 일에 대한 열정의 결핍
⑨ 시간에 대한 압박감
⑩ 법률이나 규정 등에 의한 제약성
⑪ 독점과 보호주의
⑫ 특허에 의한 제약성

어려움과 예측을 불허하는 장래에 대한 불확실성에 도전하는 용기와 위험감수 성향이 기업가의 본질적인 특질이다. 하지만 창업을 하려는 시기에 조치할 수 있는 장애요인들은 가능한 한 그리고 최대한 제거해 나가는 것이 역시 창업자의 중요한 능력이라 할 수 있다.

8 : 창업에서 우수기업으로 가는 발전적 단계

David Schaefer는 5단계 중소기업성장이론을 구체화한 학자로서 이론의 중점은 기업가에게 필요한 성장적 변신을 구체화하여 설명한 것이다. 즉 중소기업성장의 5단계 발전이론은 창업에서 성공한 기업가들이 유의해야 할 기업경영의 전략적고려사항을 설명하고 있는 것이다. 다시 말하면 "기업가 변신 5단계이론"이라고도할 수 있다.

1단계: 부엌요리대에서 기업가로

창업기간에 판단을 독자적으로 하고, 추진은 적은 인원으로 다 해내는 단계이다. 미국에서 이러한 단계를 흔히 "차고(Garage)에서"라고도 비유한다

2단계: 창업에서 전문경영자로

회사나 기업체가 커져가면서 새로운 사람을 채용하고 유능한 사람들을 영입해서 더 크게 성장하려 할 때를 말한다. 이 단계에서 기업가는 관리통제라는 새로운 도전을 받게 된다. 따라서 기업가가 창업가에서 중소기업의 경영관리전문가가 되어야하는 시기이다. 또한 전문경영인과의 협동이 필요로 하며, 이들과 동반적 협력관계를 이루어야 한다.

3단계: 기업가정신이 "조직의 사람"이 되는 단계

중소기업이 이제는 조직개념에서 다루어져야 하고 조직의 원리를 활용하면서모두가 한마음으로 협동하는 분업과 자율적 협동체로 조직의 활성화를 도모하는 단계이다. 협조(coordination)과 통제관리(control)로 초점이 옮겨가는 단계이다.

4단계: 자율책임경영에서 리더십

조직의 거대화 성장이 이루어지면서 관료조직화 되지 않도록 해야 한다. 조직의소규모화 단위로 자율책임경영(empowering)을 채택해야 하며, 상하조직의 밀접화를추진해 상부조직의 책임이 점차 리더십 위주로 진행되어야 한다.

즉 비전, 방향제시, 장기계획면에서 초점을 두는 개념적 리더십을 발휘해야 할단계가 된다. 상호의존성과 상호 자극성(mutual inspiration)으로 유대를 증진시키고,

변혁적 리더십과 기업가 정신, 그리고 사내 기업가 정신(intrapreneuring)이 주축이 되는 단계를 말한다.

5단계: 시스템에서 팀(team)으로

조직의 힘에서 조직시스템의 위력을 사업별 팀조직으로 바꿔나가면서 단독업무를 독자적으로 수행할 수 있는 분야를 나누는 단계이다. 이때 각 분야에서 선발된 요원으로 단기적 목표달성을 위한 특별 팀조직으로 부서를 만들며 대규모의 모체조직에서 분리된 조직을 탄생·운영한다는 것이다. 사내기업가정신으로 탄생되는 팀은 시한부 목표달성을 위한 정예인원으로 구성된다. 즉 목표달성의 조직효능을 극대화하자는 도전적 성장단계를 말한다.

이상의 5단계 사업체 성장이론은 기업의 성장에 필요한 전략적 과업이 단계마다 달라진다는 이론으로 기업가정신에 대한 재정의를 요구하고 있다.

CHAPTER 02
———— 창업실무

1 ┃ 창업

　　창업은 자신의 새로운 열정과 도전을 통한 사업화의 실제적인 과정이다. 창업에 따른 가장 큰 장애요인은 사업화 가능한 아이디어를 현실적으로 사업화할 수 있는 태도와 의지 그리고 용기가 없는 것이다.

　　본 장에서는 실무적인 스타트업을 위한 실무적인 부분들을 중심으로 살펴보고자 한다.

1) 창업의 정의

　　창업이란 개인이 혼자 또는 여러 명이 모여서 사업화 일거리를 만들어 돈을 벌고자 지금까지 없던 새로운 사업을 시작하는 것을 말한다.

　　즉, 기존에 자신이 하던 일을 다시 시작하는 것이 아니라, 지금까지 하지 않던 새로운 일거리를 통하여 제품과 서비스를 생산하는 기업 조직을 만드는 것을 말한다.

　　중소벤처기업부의 창업의 정의는 "중소기업기본법 제2조의 규정에 의한 중소기업을 새로이 설립하여 사업을 개시하는 것"을 말한다. 즉, 기존 사업을 승계하거나, 기업 형태의 변경, 폐업 후 다시 사업을 재개하는 등은 창업이라고 볼 수 없다는 것이다.

　　창업에 대한 법률적 용어 정의는 중소기업창업지원법 등에서 규정하고 있는데, 이는 "중소기업의 설립을 촉진하고 성장 기반을 조성하여 중소기업의 건전한 발전을 통한 건실한 산업 구조의 구축에 기여함을 목적으로 하고 있다"는 것이다.

　　창업자는 창업을 하는 본인 당사자로서 중소기업창업지원법 제2조 제2호에서는 사업 개시한 날로부터 7년이 지나지 않는 사람을 창업자로 규정하고 있다.

결론적으로 창업이란 개인 또는 법인이 새로운 사업을 하기 위해 회사를 설립하고 사업을 시작하는 행위를 말하는 것이다. 창업자는 이러한 사업을 직접 수행하는 본인 당사자를 말하는 것이다.

2) 창업의 범위

중소벤처기업부에서는 다음과 같은 경우에는 창업으로 인정하지 않고 있다.[1]

(1) 사업의 승계

다른 사람으로부터 운영하던 사업을 승계하여 승계하기 전의 사업과 같은 종류의 사업을 계속하는 경우는 창업이 아니다.

예) 상속, 증여 등에 의해 사업을 승계하여 동종 사업을 계속하는 경우
폐업한 다른 사람의 공장을 인수하여 동일한 사업을 하는 경우
사업의 일부 또는 전부를 양도 양수하여 사업을 개시하는 경우
기존 공장을 임차하여 기존 법인의 사업과 동종의 사업을 하는 경우
합병, 분할, 현물출자 등으로 사업 승계 후 동종 사업 계속하는 경우

(2) 기업 형태의 변경

개인 사업자가 법인으로 전환하거나 기업 형태를 변경하여 변경 전의 사업과 같은 종류의 사업을 계속하는 경우는 창업이 아니다.

(3) 폐업 후 사업 재개

폐업을 한 다음 사업을 다시 재개하여 폐업 전과 같은 동종의 사업을 계속하는 경우는 창업이 아니다. 단, 다른 사업을 하는 경우는 창업으로 인정한다.

참고로 같은 종류의 사업 범위에 대한 규정은 다음과 같다.

---

1 중소기업청, 창업사례집, 2015.

같은 종류의 사업의 범위

같은 종류의 사업이란 통계법 제17조 제1항의 규정에 의하여 통계청장이 작성·고시하는 한국표준산업분류상의 세분류를 기준으로 한다. 이 경우 기존업종에 다른 업종을 추가하여 사업을 하는 경우에는 추가된 업종의 매출액이 총매출액의 100분의 50 미만인 경우에만 같은 종류의 사업을 계속하는 것으로 본다. 이때 추가된 업종의 매출액 또는 총매출액은 추가된 날이 속하는 분기의 다음 2분기 동안의 매출액 또는 총매출액을 말한다.

창업의 범위

주 체	사업장소	사 례		창업여부
A개인이	갑 장소에서	갑장소에서의 기존사업을 폐업하고	B법인 설립하여 동종업종 제품을 생산	조직변경
			B법인 설립하여 이종업종 제품을 생산	창 업
		갑장소에서의 기존사업을 폐업않고	B법인 설립하여 동종업종 제품을 생산	형태변경
			B법인 설립하여 이종업종 제품을 생산	창 업
A법인이	갑 장소에서	갑장소에서의 기존사업을 폐업하고	B법인 설립하여 동종업종 제품을 생산	위장창업
			B법인 설립하여 이종업종 제품을 생산	창 업
		갑장소에서의 기존사업을 폐업않고	B법인 설립하여 동종업종 제품을 생산	형태변경
			B법인 설립하여 이종업종 제품을 생산	창 업
A개인이	을 장소에서	갑장소에서의 기존사업을 폐업하고	B법인 설립하여 동종업종 제품을 생산	법인전환
			B법인 설립하여 이종업종 제품을 생산	창 업
		갑장소에서의 기존사업을 폐업않고	B법인 설립하여 동종업종 제품을 생산	창 업
			B법인 설립하여 이종업종 제품을 생산	창 업
A법인이	을 장소에서	갑장소에서의 기존사업을 폐업하고	B법인 설립하여 동종업종 제품을 생산	사업승계
			B법인 설립하여 이종업종 제품을 생산	창 업
		갑장소에서의 기존사업을 폐업않고	B법인 설립하여 동종업종 제품을 생산	창 업
			B법인 설립하여 이종업종 제품을 생산	창 업
A가 (법인 개인)	을 장소에서	갑장소에서의 기존사업을 폐업하고	다시 A명의로 동종업종 제품을 생산	사업이전
			다시 A명의로 이종업종 제품을 생산	창 업
		갑장소에서의 기존사업을 폐업않고	다시 A명의로 동종업종 제품을 생산	사업확장
			다시 A명의로 이종업종 제품을 생산	업종추가

주 1. 업종구분은 한국표준산업분류의 세분류(4자리)를 기준으로 함
  2. "갑" 장소는 기존사업장, "을" 장소는 신규사업장
  3. "갑" 장소와 "을" 장소는 사회통념과 창업지원법의 취지 등을 감안할 때 공장확장으로 인정할 수 없을 정도의 거리를 충분히 유지한 경우
  4. "B"법인은 "A"가 출자한 법인임
  5. "기존사업을 폐업하고"란 사업자등록을 반납 또는 취소 조치함을 말함

중소벤처기업부에서는 다음과 같은 경우 사업의 승계에 해당되지 않는 것으로 본다.

① 사업을 영위하던 자와 사업을 개시하는 자 간에 사업 분리에 대한 계약을 체결했을 경우

② 사업을 개시하는 자가 새로이 설립되는 기업의 대표자로서 당해 기업의 최대 주주 또는 최대 출자가가 될 경우

중소벤처기업부에서 인정하고 있는 창업의 범위는 앞의 표와 같다.

3) 창업의 3요소

창업을 위해서는 다음과 같은 기본 요소가 필수적으로 구비되어야 한다.

첫째, 창업자와 인적자원

창업을 위한 핵심 필수 요소로 창업을 하고자 하는 사람이 반드시 있어야 한다. 창업을 하는 본인을 창업자라고 하는데, 창업자가 가지고 있는 태도와 신념 그리고 의지는 창업자 본인의 핵심 성공 요인이다.

창업자 혼자서 사업을 시작하는 경우도 있지만 사실상 성공 사업을 위해서는 1인 이상의 인적 자원이 필요하다. 창업을 위해 필요한 인적 자원들을 총괄적으로 창업자로 규정하며, 창업자의 의지와 태도 그리고 기업가 마인드 등을 갖춘 사업자들의 행위 결과가 사업 성공의 핵심 요인이다.

창업자의 기본적인 자질 체크를 위한 기준은 다음과 같다.

① 자신의 일에 열정적이며 도전적인가?
② 돈을 버는 감각과 끼가 있는가?
③ 리더십과 창의적인 능력 그리고 행동의 통제 및 조정 능력이 있는가?
④ 성공하려는 의지와 태도 신념이 확고한가?
⑤ 문제 해결과 책임감을 가지고 있는가?

참고로 위의 간단한 체크 리스트를 항목당 20점 기준으로 50점 이하일 경우에는 창업에 대해서 심각한 고려를 해 보아야 한다.

최근에는 독자적이고 창의적인 아이디어를 활용한 1인 창조기업가들도 많이 등장하고 있는 실정이다. 1인 창조기업이란 자신이 혼자서 사업을 시작하는 사람을 말한다.

둘째, 창업 위한 사업공간(사업장)

창업을 위한 사업 공간은 필수적이다.

사업 공간의 제한은 없으나 실제적으로 사업을 통한 수익 창출이 목적이므로 업종에 적합한 입지선정과 고객 접근성 등의 다양한 상권 분석이 필수적으로 이루어져야 한다. 특히, 사업장 임대차를 위한 세부적인 절차와 규정 등에 대한 전문적인 지식도 필요하다.

셋째, 창업 자금

창업의 필수적인 요소 중 하나는 창업에 소요되는 자금의 확보이다. 창업 자금은 창업에 필요한 운영비, 시설, 설비비 등과 같은 비용들로 구성되어 있는데, 자기 자본과 타인 자본으로 구분하여 최소한의 창업 자본을 준비하여야만 사업을 시작할 수 있다.

창업 자금은 내용별로 정부에서 지원하는 정책 자금을 활용할 수도 있으나, 실제적으로 자신이 사업을 위해 최소한의 자기 자본이 준비되어 있어야 한다. 일부 창업을 통해 정부 정책 자금만을 이용하고자 하는 사례들이 많은데 이는 실질적인 창업 의지가 없는 것으로 보아야 하며, 무조건 사업 실패의 주요 원인이 된다는 사실을 명심해야 한다.

창업의 기본 3요소는 다음과 같다.

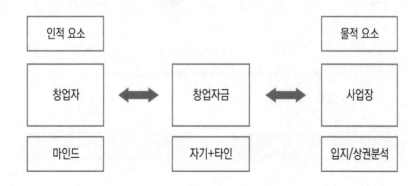

4) 취업과 창업

취업과 창업은 공통적으로 일을 하고자 하는 것이다. 다만 창업의 경우는 자신이 하고 싶은 일거리를 찾아서 하는 것이고, 취업의 경우는 다른 사람이 만들어 둔 일거리를 하는 것이다.

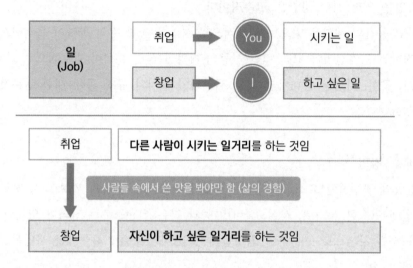

취업과 창업을 기업가 관점과 종업원의 관점에서 살펴보면, 창업이란 본인이 스스로 기업가가 되어서 자신이 하고 싶은 일을 해 보는 것이고, 취업이란, 종업원의 관점에서 다른 사람이 만들어 둔 일을 대신 수행하는 것으로 볼 수 있다.

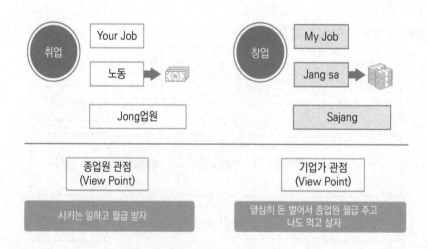

대학생들의 경우 현실적으로 취업이 가장 우선적인 과제로 등장하고 있는 것은 사실이지만, 직장 생활 이후 본인이 수행해야 할 관점에서 볼 때 창업의 문제도 상당히 의미 있게 고려해 두어야 한다.

대학생들이 가져야 할 마인드는 대학 생활 중 자신만의 아이디어로 창업을 시도해 보고, 졸업 후 창업의 경험과 노하우를 취업을 통한 직장생활에 적극 활용한 다음, 은퇴 이후 자신만의 일거리를 찾아서 재창업을 하는 것이 바람직할 것으로 본다.

2 : 창업 순서와 절차

1) 창업 Process

창업을 위한 일반적인 절차는 다음과 같다.

① 사업 위한 아이디어 창출 및 계발을 통해 사업아이템을 선정한다.

창업의 스타트는 돈 되는 아이디어를 창출하는 일이며, 창출된 아이디어를 분석하여 사업 아이템을 선정하는 일이다. 핵심은 본인의 아이디어가 돈이 되는지 안 되는지에 대한 결정보다는 내가 창출한 아이디어가 사업화할 가능성이 있는지, 아이디어를 사업화하는 일이 재미나고 즐거운지를 고려해 보아야 한다.

② 선정된 아이템에 대한 구체적이고 상세한 사업계획서를 작성한다.

선정된 아이템에 대한 구체적이고 상세한 사업계획서를 작성해야 하는데, 자신의 사업 진행과 목표, 내용 등을 파악하기 위한 자사용 사업계획서와 자금 조달 및 투자를 위한 외부 금융기관 등에 제출할 사업계획서를 작성해야 한다.

③ 사업계획서에 대한 자체 또는 외부 기관의 타당성 분석을 실시한다.

사업계획서에 대한 타당성 분석을 반드시 실시해야 한다. 자체적으로 사업에 대한 타당성 검토를 통해 문제점과 해결해야 할 일 등을 점검하고, 특히, 외부 기관에 의뢰하여 사업 계획에 따른 전문가들의 타당성 결과를 반드시 조언 받아야 한다.

④ 사업 시작에 필요한 인적 자원, 물적 자원 등에 대한 점검을 한다.

사업 계획의 타당성 검토를 통해 사업 가능성을 발견하면, 사업 시작에 필요한 인적 자원과 물적 자원 등에 대한 세부적인 점검을 한 다음, 법률적으로 문제가 없는지 등에 대한 검토와 병행하여, 사업을 시작하도록 일정계획에 따라 진행시켜 나간다.

창업을 위한 일반적인 프로세스는 다음과 같다.

1단계	사업 아이디어 창출 → 사업 아이템 선정
2단계	사업 계획서 작성 (기업용/투자용)
3단계	사업계획 → 타당성 분석 (자체/외부)
4단계	인적, 물적 자원 최종 점검 → Start Up

2) 창업 계획단계 Check LIST

창업은 새로운 일들을 시작하고 진행하는 과정이므로 사전에 체크하고 준비해야 할 일들이 매우 많다. 특히, 성공적인 창업을 위해서는 계획단계에서부터 철저한 준비와 점검이 필수적으로 진행되어야 하며, 실행 및 평가단계를 통해 수정 보완하는 방향으로 시간과 비용을 절약해야 한다.

창업을 계획하고 있는 단계에서 고려해야 할 내용들은 다음과 같다.

창업을 계획하고 있는 단계에서 고려해야 할 내용

계 획	Check-List
1. 개업 예정일	- 개업 예정일을 설정한다
2. 자금계획	- 목표를 세우고 개업자금을 마련한다 - 자기자금은 얼마나 만들 수 있는가 - 차입금, 출자금은 얼마나 모을 수 있는가
3. 판매전략	- 누구에게 무엇을 팔 것인가 - 어떤 방법으로 팔 것인가 - 점포, 사무실을 어떻게 마련할 것인가 - 어디에서 개업하는 것이 좋은가 - 어떤 가격과 조건으로 팔 것인가
4. 제조	- 무엇을 제조하고 무엇을 외주로 줄 것인가 - 어떤 공장이나 설비로 제조할 것인가 - 누가 얼마나 제조할 것인가
5. 종업원	- 종업원 예상 인원 수 및 동원 방법을 고려한다 - 파트타이머를 쓰는 법을 배운다
6. 사업형태	- 개인사업인가 법인사업인가 - 유한회사인가 주식회사인가 - 법인의 경우 설립등록준비 및 절차를 알아본다
7. 은행거래	- 은행거래, 수표, 어음 등에 대한 공부를 한다
8. 세금	- 세금에 대해 공부한다

3 : 유형별 창업 절차 Diagram[2]

1) 도·소매업 창업 절차

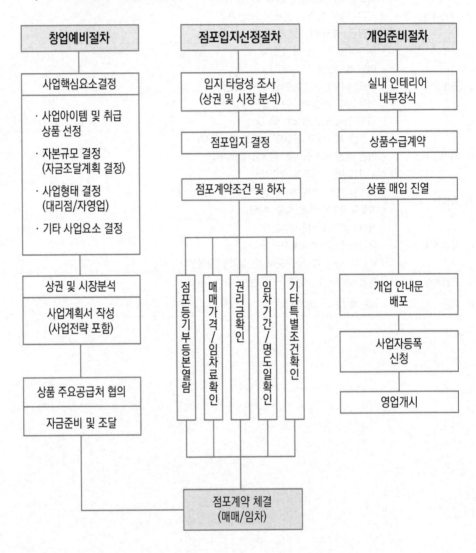

2 창업진흥원, 창업기본절차도, 2014.

2) 서비스업 창업 절차

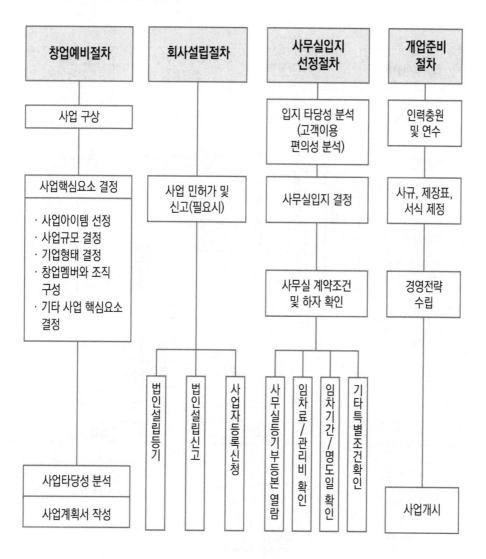

3) 제조업 창업 절차

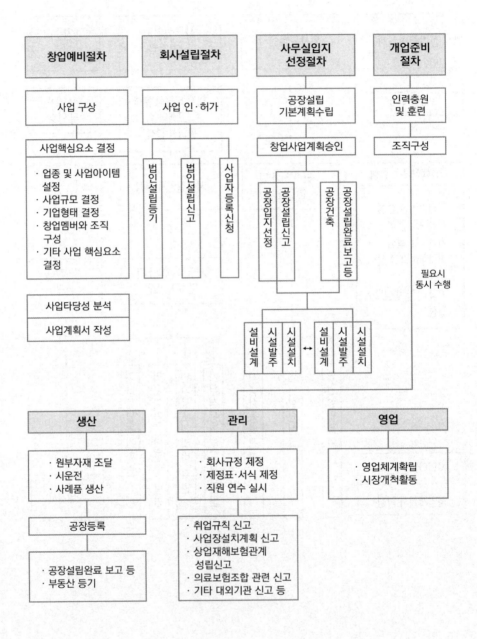

제조업 창업은 공장 시설이 필수적으로 요구된다. 제조업의 경우는 공장을 설립할 장소를 선정한 다음 관할 시·군·구청장에게 '공장설립 승인'을 얻어야 한다.

제조업 창업 절차별 검토사항

절 차	내 용	준비서류
1. 부지선정	• 업종의 특성상 유리한 지역선정 • 도로, 전기사용이 용이한 지역 • 민원발생이 적은 지역, 공장밀집지역	–
2. 입지검토	• 창업지원법상 창업해당 여부 파악 • 공장입지파악 (국토이용관리법, 농지법, 산림법 등 법률검토) • 업종파악, 환경보전법파악(공해문제)	토지이용계획확인원. 지적도, 토지대장, 토지등기부등본, 기계시설내역
3. 부지계약	• 계약금 등으로 토지계약 • 부동산사용승낙서, 인감증명서발급	–
4. 사업계획서 작성	• 창업사업계획서 또는 공장설립사업계획서 작성 • 인·허가사항검토 • 건물배치도, 지적도 작성 • 지형도 준비	토지이용계획확인원, 지적도, 토지대장, 공시지가확인원, 토지등기부등본, 사용승낙서, 인감증명서, 법인등기부등본·정관 (법인에 한함)
5. 사업계획서 접수	• 시지역 중소기업과, 군지역 경제과 1차 검토 • 민원실 접수, 처리기간 30일 소요	–

6. 사업계획 승인	• 인·허가 관련법률에 의한 법률검토 후 승인
	  (시·군 협의부서: 지역경제과, 환경과, 도시과,
	  농지과, 산림과, 건축과, 면사무소)
		–

7. 대체농지 임지조성비, 각종부담금 납부	• 승인 후 각종 부담금 전용부담금 및 대체농지 조성비, 대체조림조성비, 국유지점용료 등 납부 • 창업승인업체 전용부담금 50%감면	–
8. 공장 건축	• 승인에 의한 공장 건축 • 공장 건축 완료보고	–

(1) 공장 부지 선정

업종과 관련되어 법적으로 설립 가능한 공장부지를 사전에 파악해 두어야 한다.

(2) 입지 검토

공장 입지는 국토이용 관리법, 농지법, 산림법 등 법률적인 검토가 필수적이다.

(3) 부지 계약

부동산 관련법에 따른 부지 계약 관련 서류들이 명확하게 작성되어 있어야 한다.

(4) 공장 건축

승인된 서류에 따른 공장 건축과 건축 완료 후 공장 운영에 이르기까지 철저한 점검이 필수적이다.

제조업은 다른 업종과 달리 세부적으로 검토하고 점검해야 할 사항들이 매우 많다. 특히, 공장 설립에 따른 법률적인 검토는 사전에 반드시 해 두어야 할 필수적인 요소이다.

CHAPTER 03

사업계획서 실무

1. 사업계획서

창업에서 반드시 익혀야 할 중요한 실무적인 부분이 바로 자신이 수행하고자 하는 사업에 대한 계획을 구체적으로 나타낸 사업계획서이다.

사업계획서는 사업에 대한 기본적인 개념을 바탕으로 하여, 수행하고자 하는 사업에 대한 구체적이고 실무적인 내용들을 점검하고, 기업 내부적으로는 경영진과 종업원들에게 회사의 비전과 목표 및 전략과 세부적인 경영 활동에 대한 프로세스를 보여 주면서, 대외적으로는 이해관계자 집단을 위한 기업의 투자 및 자본 조달을 목적으로 하고 있다.

본 장에서는 실무적인 사업계획서 작성을 위한 내용들을 중심으로 살펴보고자 한다.

1) 사업계획서 정의

사업계획서는 창업자가 수행하고자 하는 사업에 대한 구체적이고 상세한 경영 활동에 대한 시나리오이다. 즉, 창업을 통해 본인이 수행하고자 하는 사업 설계도가 바로 사업계획서이다. 사업계획서가 중요한 이유가 바로 사업에 따른 계획 → 실행 → 평가를 점검하는 수단이 되기 때문이다.

결과적으로 사업계획서는 미래 달성해야 할 구체적인 사업 비전, 전략 등과 같은 내용들을 현재적인 관점에서 계획, 실행하도록 하는 사업을 위한 기본 설계도이며, 사업의 구체적인 활동들을 설명하고 나타내는 시나리오이다.

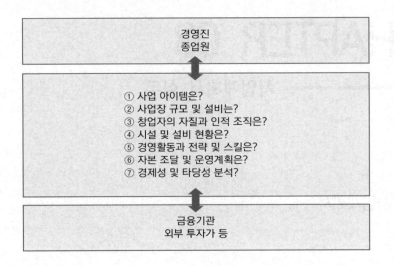

2) 사업계획서 목적

사업계획서의 목적은 사업계획서를 보는 관점에 따라 달라진다.

사업계획서는 창업자에게는 사업 추진을 위한 행동 지침서로 역할을 수행하며, 내부적으로는 경영진과 종업원 관점에서, 외부적으로는 이해관계자 집단의 관점에서 서로 다른 목적을 추구할 수 있다.

(1) 창업자 관점의 사업계획서 = 사업 추진 위한 행동 지침서

창업자 관점의 사업계획서의 목적은 자신이 수행하고자 하는 사업 추진 내용들에 대한 구체적이고도 실천적인 행동 지침서이다. 따라서 창업자 관점의 사업계획서의 목적은 창업자의 창업의지와 신념 그리고 행동 지침을 위한 목적으로 계획되어야 한다.

(2) 내부적인 관점의 사업계획서 = 전 사원에 대한 경영활동 지침서

내부적인 관점의 사업계획서는 조직을 구성하고 있는 인적자원에 대한 경영 활동의 종합적인 지침서가 되어야 한다. 부서별, 계층별로 구성된 모든 조직의 인적자원들이 성공 사업 추진을 위해 어떠한 행동 기준과 지침으로 경영활동을 수행해야 할런지에 대한 지침서인 것이다.

자신이 다니고 있는 매력 있고 가치 있으며, 인정받는 회사의 이미지를 부가시키고, 조직의 전 자원을 활성화하는 마케팅 도구로서의 목적도 가지고 있다.

(3) 외부적인 관점의 사업계획서 = 투자 제안서

외부 이해관계자 집단을 위한 사업계획서는 투자 제안 및 자본 운용에 대한 기능을 포함하여 작성되어야 한다. 따라서 외부적인 관점의 사업계획서는 투자 제안을 위한 목적으로 운용되는 것이 필요하다.

결론적으로 사업계획서의 목적은 보는 관점에 따라 다른 측면이 있기도 하지만, 실제적으로는 사업의 구체적인 계획을 중심으로 한 사업 타당성 검토와 경영활동에 대한 경영자와 종업원들의 행동 지침을 보여 주는 것이다.

3) 사업계획서 작성 원칙

사업계획서는 사업을 위한 세부적인 내용들을 검토하기 위한 자료이다. 일반적으로 사업계획서에서 검토하는 내용들은 다음과 같다.

① 시장 트렌드를 분석하고 지향하고 있는가?
② 제시된 수치의 정확성과 타당성은 확보되고 있는가?
③ 계획서의 구체성과 실현 가능성이 있는가?
④ 경영능력은 확보되어 있는가?
⑤ 자금의 효율적인 조달 및 운영과 경제성 분석은?

사업계획서의 구체적인 작성 원칙은 다음과 같다.

(1) 사업계획서는 살아 있어야 한다.

사업계획서는 한 번 만들면 그걸로 끝이 아니라 상황이 변하면 그때그때 변화된 상황이 반영되어야 한다. 계획사업에 내재된 문제점은 시간이 가면 겉으로 드러나기 때문에 항상 열린 사고로 점검·작성되어야 한다.

(2) 사업계획서는 충분성과 자신감을 바탕으로 작성되어야 한다.

타인자금을 조달할 경우 자신의 사업계획서를 가지고 설명하여야 하는데, 비록 설명이 미흡하더라도 사업계획서 자체에서 자신감이 배어 나온다면 미흡한 부분을 보상한다.

(3) 객관성이 결여되어서는 안 된다.

자신감이 너무 지나쳐 자만심이 되거나 자신의 견해에 너무 주관적으로 몰입되어 사업계획서가 작성된다면, 사업계획서의 신뢰성이 상실된다. 객관적 자료로서 설명할 수 있어야 한다.

(4) 핵심사업 위주로 작성한다.

부수적이고 다양한 제품 위주의 작성보다 핵심제품 위주로 사업계획을 전개하여야 한다.

2 사업계획서 작성 실무

1) 사업 타당성 분석

사업 타당성 분석은 창업자의 사업 수행 능력을 중심으로 하여, 시장성 분석, 기술성 분석, 수익성 분석, 사업 자금 분석과 위험 요소 분석 등의 내용들이 포함되어야 한다.

(1) 사업 타당성 분석의 필요성

예비창업자가 사업계획서를 작성한 이후 고려해야 할 중요한 단계는 사업타당성 검토이다. 예비창업자는 사업타당성 분석을 통하여 잘못된 부분과 보완할 점들을 발견함으로써 자신의 주관적인 사업구상이 아닌 객관적이고 체계적인 사업타당성 검토는 계획사업 자체의 타당성 분석을 통해 창업회사의 성공률을 높일 수 있다는 장점이 있다.

창업을 하기 위해서는 창업자의 적성과 사업수행 능력평가를 통하여 창업자로서 자질을 충분히 검토하고, 창업자가 고려하고 있는 여러 개의 후보 아이템을 대상으로 제품·용역의 상품성과 시장성을 분석하며, 고려하고 있는 입지 후보지가 후보 아이템에 적합한가 하는 입지의 분석, 사업수익성 추정, 사업에 내재된 위험요소의 분석 등 각 항목별 분석기법을 이용하여 가장 최적의 사업아이템이 도출될 때까지 반복적으로 검토·분석하여야 한다.

사업타당성 분석은 창업자 자신이 직접하는 것이 원칙이나 사업규모가 크거나 사업수행에 특별한 기술이나 경험이 요구되는 경우에는 외부전문기관(창업컨설팅기관)에 의뢰하거나 제3자에게 의뢰하여 사업타당성을 최종 검증하는 단계를 거치는 것이 바람직하다.

(2) 창업자 사업수행 능력 및 환경 분석

예비창업자는 창업하고자 하는 아이템 및 분야에 대해서 창업자신을 경영자로서 때로는 종업원으로서 역할 및 수행능력을 분석해야 한다. 기본적으로 다음 같은 사항은 필히 검토해야 할 사항이다.

구 분	검토사항
전문지식 및 경험	자신의 수행경험 및 전문지식, 관련자격 확보 유무
잠재적 경쟁 상대	자신의 경험 및 지식을 바탕으로 한 경쟁상대와의 비교
창업자신감	창업을 자기실현의 기회로 활용할 수 있는 자신감
유연한 사고	끊임없이 변화하는 내부·외부환경요소에 대응하는 대처능력
적성	선택한 창업이 취미생활 같이 즐거운가
가족구성원의 협조	가족구성원으로부터 전폭적인 동의
창업분야 인맥	창업분야에 대한 수직적·수평적 관계로써 지원 받을 수 있는 인적 자원

(3) 시장성 분석

창업의 성공여부는 최종적으로 제품 또는 상품의 판매를 통한 수익의 발생여부에 있다. 시장 환경을 무시한 사업은 끊임없는 비용의 증가로 자멸할 뿐이다.

시장성 분석은 시장 동향, 상품, 경쟁업체, 판매 전략 분석 등과 같은 내용들이 포함되어 있으며, 가장 중요한 부분은 산업 동향과 트렌드 등을 분석하는 것이다. 이 경우 객관적이고 타당성 있는 자료의 정확성과 신뢰성이 반드시 전제되어야 한다.

시장동향분석	시장규모, 시장의 특성, 소비자분석
상품분석	강약점, 라이프사이클, 수익성(원가, 가격, 마진율)
경쟁업체분석	재무상태, 생산능력 및 기술, 영업력, 점유율, 제품 또는 상품, 인력
수용예측분석	판매량 증감요인, 영업 환경에 따른 점유율
판매전략분석	광고전략, 마케팅 환경에 따른 판매전략

(4) 기술성 분석

대상 아이템이 기술적으로 실현 가능한가를 조사 분석하고 실현 가능한 방법의 생산시스템을 선정하여 원가를 추정하는 활동을 말한다.

구 분	점검항목
제품설계	제조기술(설계 및 개발인력) 제품의 독자성 확보(특허, 실용신안, 의장권 등) 시제품설계 및 생산착수 시점검토 적합한 원재료 및 부품확보 방법 납품처 사전 협의(제조업은 반드시 초기단계에서 필수)
제조공정설계	생산 공정, 기계설비 배치, 불량률 발생 억제 설계
공장건축	물류비 및 고용인력 이동 고려한 최적입지선택 실용적인 건축규모 확정 건축 관련 인허가 사전조사
소요노동력산출	공정별 소요 인원산출 핵심부문 기술자확보
폐기물처리	환경관련 단체와의 마찰가능성 사전 제거 발생 시 처리방법

(5) 수익성 분석

수익성 분석은 경제성 분석이라고도 하는데 주로 재무상태표를 중심으로 한 재무 회계적인 부분에 대한 비용과 수익의 분석이 주를 이룬다.

수익성 분석을 위해서는 비용과 수익에 대한 비교 분석을 통해 손익 관련 분석을 통해 실질적인 경영활동에 소요되는 비용과 수익 간의 차이가 어떤 것인지를 살펴보는 것이다.

수익성 분석을 위한 기초자료

구 분	산출항목
제품 또는 상품 원가	인건비 산출(기본급, 제수당, 상여금. 퇴직금) 재료비 산출 제조경비 산출
마진율	산식=(매출액-(제조원가+판매와일반관리비+영업외비용+특별비용))/매출액
고정비	• 매출이나 생산에 관계없이 일정하게 발생하는 비용 • 화재보험료, 재산세, 임차료, 인건비, 지급이자 등 • 산식=(판매비와일반관리비+노무비의1/2+제조경비)-외주가공비+영업외비용 　　+재고조정 중의 고정비
변동비	• 매출이나 생산에 비례하여 증감하는 비용 • 시간제직원노무비, 하역비, 운송비, 판매수수료 등 • 산식=총비용-고정비-특별손실

손익분기점(BEP분석)

구 분	산출방식		비 고
매출액(S)	• 월평균매출액: (　　　　　　　)		
변동비(V)	• 원재료비: • 제조경비 • 기타:		
	합계	(　　　　　　　)	
고정비(F)	• 월임차료: • 인건비: • 지급이자: • 판매와 일반관리비:		
	합계	(　　　　　　　)	
변동비율	• (변동비/매출액)×100=(　　　　　)		
손익분기점 매출액	• F÷(1—V/S)=(　　　　　)		
안전 마진	• (예상매출액-BEP상 매출액) 　/예상매출액=(　　　　　)		손실 발생하기 전까지 매출감소비율

수익성 분석은 제품 및 상품의 시장성과 기술성을 분석한 후 제품원가, 마케팅 비용, 생산비용, 소비자 판매가, 마진율 등을 근거로 하여 손익분기점을 분석하여 투자비용회수를 위한 단기 및 중·장기 사업적 전망을 수치화하는 것이다.

(6) 사업 자금 분석

1회전 운전자금은 1회 생산을 위한 자재발주, 생산, 판매의 한 주기 동안에 투입되는 자금이다. 1회전 운전자금만 있으면 반복하여 자금운용을 할 수 있다. 사업 자금은 소용 자금의 조달과 자금 상환에 따른 부분들도 반드시 고려하여야 한다.

구 분			점검 항목
소요 자금 조달	자기자금		자기자금 비율은 최소 60% 이상인가?
	타인 자금	친척 등 사금융	차입조건은 안전한가?
		금융기관	대출금리는 저리인가? 장기차입조건인가? 창업관련 지원자금확보 노력?
타인 자금 상환	친척 등 사금융 조달자금		상환순위를 우선적으로 고려한 계획작성?
	금융기관 차입금		분할상환조건으로 일정하게 반영되었는가?
1회전 운전 자금	자재비, 인건비, 제조경비, 일반관리비		1회전 기간 고려 최대소요로 산출한다
여유 자금 확보	시장상황의 불확실성으로 인한 추가자금소요액		1회전 이익 미발생시 생계비계산? 어음 등의 미수채권발생시 현금운용자금?

(7) 위험요소 분석

창업을 하여 사업을 진행하다 보면 예기치 않은 문제들이 발생한다. 사전에 충분히 검토하지 않은 사항들 때문이다. 그러한 위험요소를 제거하여야 창업 및 경영이 순탄할 수 있다. 세부적으로는 계약 관련 분쟁 가능성, 제품 관련, 인·허가 관련, 환경 문제 및 법적인 문제들에 대한 위험 요소들을 사전에 분석하는 것이다.

위험요소

- 계약(임대차, 납품, 구매,)관련 분쟁 가능성?
- 영업권 인수시 영업권에 대한 정확한 실사?
- 상품조달과 인수시 보관의 문제발생 가능성?
- 인·허가 과정상의 문제발생 가능성?
- 고객감소위험의 가능성?
- 상가건물의 경우 현 영업장의 사용용도가 제한되었는가?
- 환경문제 및 소음문제 등으로 문제발생 가능성?

2) 사업 계획서 작성 실무 사례

사업계획서 작성하기 전에 다음과 같은 내용들을 사전에 명확하게 정의해 두어야 한다.

① 사업에 대한 바람직한 비전과 목표는 무엇인가?

② 사업을 하게 된 동기는 무엇인가?

③ 사업의 아이템은 무엇인가?

④ 우리의 핵심 고객은 누구이며, 목표 시장은?

⑤ 우리가 제공하고자 하는 제품과 서비스는 무엇인가?

⑥ 우리의 경쟁자와 공급업자는 누구인가?

⑦ 내가 가진 핵심 역량은 무엇인가?

⑧ 사업에 필요한 예산은 얼마이며, 조달 방법은?

위와 같은 내용들에 대한 기본 내용들을 명확히 한 다음 자신이 시작하고자 하는 사업의 내용에 따라 다음과 같은 사업계획서를 작성하면 된다.

사업계획서 작성을 위한 Data Analysis Sheet

상담일자: 상담자: (HP:)

E-Mail :

(1) 기본 자료 분석

창업 예정 업종은? (창업 동기 / 구체적으로)				
개발 또는 생산할 제품은? (구체적으로)				
생산/개발 제품명 :				
(1) 기존제품	(2) 신규제품	(3) 기존+신규	(4) 기타	
(1) 본인기술	(2) 타인기술	(3) 본인+타인	(4) 기타	
(1) 개발예정	(2) 개발중	(3) 개발완료	(4) 기타	
생산제품의 주 적용 및 활용 분야?				
생산제품의 고객층과 산업분야는?				

(2) 개인 및 사업 기본 분석

회사 운영형태는?				
(1) 개인사업체	(2) 법인신규	(3) 기존법인	(4) 협동조합	(5) 기타
회사설립 예정지 및 주소				
설립 자본금			1주당 가격	원
법인등록번호			설립일자	
사업자등록No			업종/업태	
사업장 형태	(1) 자가 (2) 임대 (3) 기타		사업장 규모	제곱미터
공장등록 여부	(1) 등록 (2) 미등록 (3) 기타			
Web Site				
대표 CEO는?				
(1) 본인	(2) 타인	(3) 전문CEO	(4) 기타	
HP/TEL		E-Mail		

CEO 주요 학력, 경력 및 특기 사항 / 조직도 포함

CEO 신용 및 담보제공 능력				
우수	(2) 중간	(3) 열약	(4) 기타	
자금조달 유형 및 투자력의 정도는? (몇 %?)				
(1) 자기자본	(2) 타인자본	(3) 자기+타인	(4) 기타	
(1) 현금/현물	(2) 금융권조달	(3) 정책자금	(4) 엔젤투자	(5) 기타

소요 자본 유형 (규모별)				
운영자금	백만원	시설/설비자금	백만원	기타

자금 투자 계획 (분야별 세부적으로)

1)
2)
3)

자본 상환 계획 (담보/상환조건 명기)

원재료(부자재) 조달 및 운용 계획?				
원재료명		특성		
원재료 단가		구입/조달처		
월 소요량		특징/문제점		
원료 조달 문제점				

처리 공정 및 절차 (가공 능력은) / 생산 공정상의 핵심 성공 기술 및 문제점	
Diagram	
핵심성공 기술/ 문제점	

생산 설비 및 기계장비? 세부적으로(모델, Size, 수량, 금액 등)					
설비명	모델	규격	수량	금액	비고
생산품의 품질 수준	(1) 상 (2) 중 (3) 하				

생산 제품 현황 및 개요			
제품명	가격	월 생산량	제품 개요, 성능 및 특성
1)			
2)			
3)			

제품 아이템 선정과정, 특성 및 기술적 노하우?

예상 소요 인력?	사무직(임원포함) 명 / 생산, 기술직 명 / 연구직 명 / 기타 명
향후 충원 계획?	

기술력 및 특허 보유 기술 수준?
- 특허/실용신안 / ISO 등 구분, 인증기관 확인

기술개발 내용/범위	
기술개발 전략 등	

(3) 생산 및 판매 현황 분석

품목	직전연도			기준연도(현재)			비고
	생산실적	내수	수출	생산실적	내수	수출	
계							

품목	1차연도		2차연도		
	생산	판매	생산	판매	계
계					

(4) 사업 타당성 / 매력도 / 수익성 / 유동성 분석

국내 및 해외 시장 동향? 시장 총 규모, 관련 산업 동향, 동 업계 최근 상황 등

경쟁업체 현황? 경쟁회사명, 시장점유율, 경쟁회사 특장점 등

제품 판매 경로 및 방법? 시장 수요 전망 및 마케팅 핵심 전략 등

수익 예상 규모 및 ROI?

구분	세부내용	비고
매출원가/제조원가		
판매/일반관리비(%)		
노무비 및 인건비(%)		
영업이익(%)		
영업비용(%)		

기본 재무상태표

자본금		매출액	
총자산		총비용	
총부채		당기순이익	

경영비전 및 전략? (SWOT) 강점과 약점 / 핵심전략 3가지

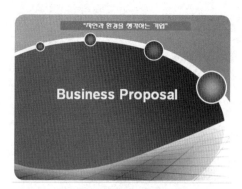

표지 제목 회사명

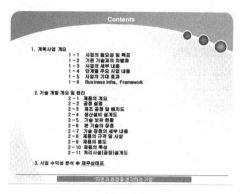

목차

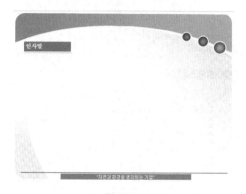

인사말

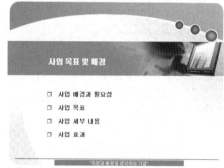

사업 목표 및 배경

-사업 배경과 필요성　-사업 목표
-사업 세부 내용　　-사업 효과

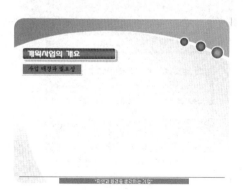

계획 사업의 개요

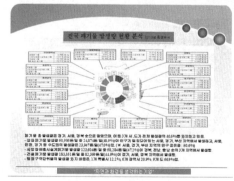

산업 현황 분석

공공기관 DB이용, 출처 명시할 것

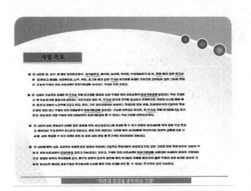

사업 목표 및 배경

명확하게 구분하여 요약 정리할 것

사업 세부 내용

세부 사업 범위

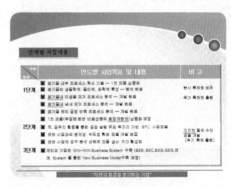

단계별 사업 내용

구체적으로 밝힐 것

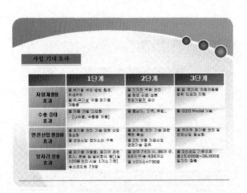

사업 기대효과

-연관 산업효과   -수출 효과

-고용 창출 효과   -기타 효과

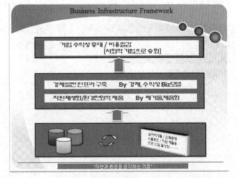

종합 요약

기술 개발 개요

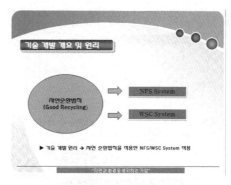

기술 개발의 원리

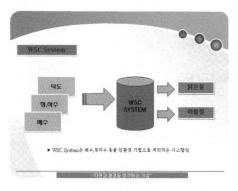

기술 개발의 핵심

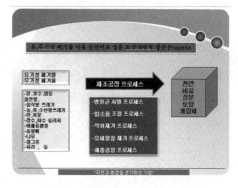

기술 개발 Process

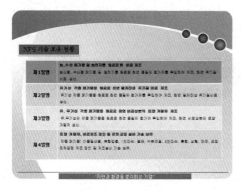

기술 보유 현황

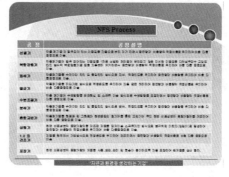

공정 Process

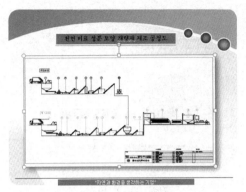

처리 공정도

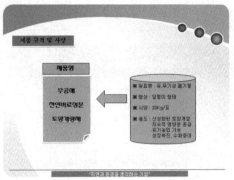

제품 규격 및 세부 사양

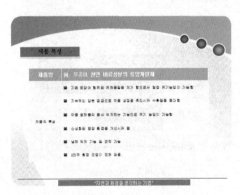

제품의 특성

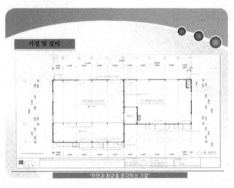

시설/설비 현황도

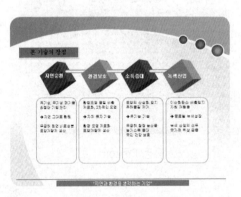

본 기술의 장단점

특허 및 지적 재산권 등

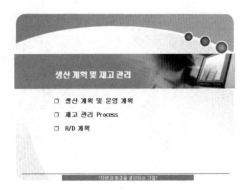

생산 계획 재고 관리 R/D

내용 요약

인사 채용 모집/운영 계획

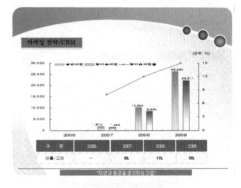

마케팅 전략1

제품   가격   채널   광고

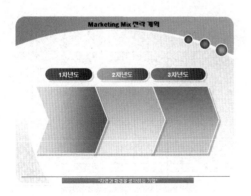

CRM 전략

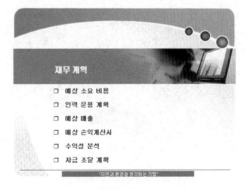

재무 계획

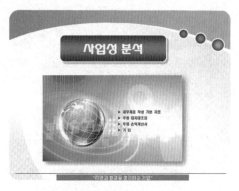

사업성 분석

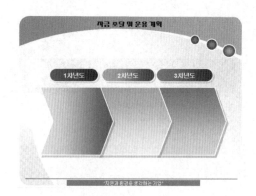

자금 조달 운용 계획

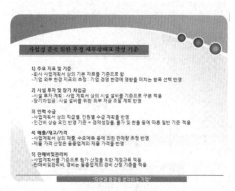

사업성 분석 기준

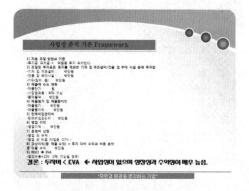

경제성 분석 비용 수익 분석

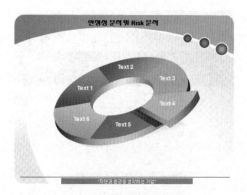

안정성 분석 Risk 분석

연 도	2007년	2008년	2009년	2010년
I . 매 출 액	1,596	2,907	3,676	4,645
II . 매출원가(재료비,연관비)	990	1,744	2,245	2,715
III . 매 출 총 이 익	606	1,166	1,628	2,152
IV . 판매비와 일반관리비	479	727	891	989
V . 영 업 이 익	128	458	736	1,166
VI . 영업외이익(이자수익 등)	0	0	0	0
VII . 영업외비용(이자비용 등)	180	180	180	762
VIII . 경 상 이 익	(52)	258	556	401
IX . 특 별 이 익	0	0	0	0
X . 특 별 손 실	0	0	0	0
XI . 법인세차권전 순이익	(52)	258	556	401
XII . 법 인 세 등	(8)	38	83	80
XIII . 당 기 순 이 익	(44)	218	473	341

추정 재무상태표 추정 손익계산서

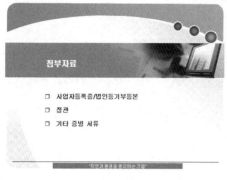

첨부자료

☐ 사업자등록증/법인등기부등본
☐ 정관
☐ 기타 증빙 서류

"자연과 환경을 생각하는 기업"

첨부 자료

기업 개요 및 현황

☐ 기업 현황 (창업자 인적, 경력사항)
☐ 주주 현황 (인적/경력 사항)
☐ 조직도
☐ 사업자 위치 (약도/웹사이트 등)

"자연과 환경을 생각하는 기업"

부록
기업 개요 및 현황

-창업자 인적/경력   -주주 현황
-조직도   -사업자 위치 등

CHAPTER 04

───────── 자금조달 및 창업지원제도

1 ⋮ 기업성장단계와 자금유치 유형[1]

　정부에서는 창업자를 위한 창업육성을 적극적으로 추진하고 있으며, 창업에 따른 산업발전에 기여할 수 있는 핵심 자원 등을 확보하기 위하여 다양한 방식으로 자금지원을 위한 노력을 하고 있다. 다만, 문제가 되는 것은 정부창업지원금만을 노리는 일명 창업헌터들로 인해 실제 정상적으로 창업하고자 노력하는 창업자들에게 피해를 발생시키고 있는 것이 현실로 정부는 창업헌터에 대한 법적 조치 및 해결할 수 있는 규제방안을 더욱 강구할 시점이라고 생각된다.

　본장에서는 자금조달에 관한 사항과 창업지원제도에 대한 Map을 정리하여 살펴보고 창업자가 자금조달을 위한 방향을 설정할 수 있도록 기초적 이해를 위한 내용으로 살펴보고자 한다.

　창업자가 최초 자금조달을 하는 방법은 우선 ① 창업자 본인의 자금을 최대한 사용하고, 그 다음 부모님과 친구 등 지인들을 대상으로 자금을 대여하거나 투자로 유치하는 등의 행동을 한다. ② 이후 창업자는 창업관련 공모전 또는 창업지원 사업 등을 통해서 시제품제작 비용 및 마케팅 지원비 등을 받아서 업무를 진행하나 해당 공모전과 창업지원 사업은 한계성이 있다.

　또한 창업자는 자금을 다 사용한 경우 ③ 2차적으로 금융기관을 통한 융자를 시도하거나 특허 등의 기술이 있을 경우 기술보증보험 또는 중소기업진흥공단 등을 통해서 벤처확인을 통한 보증을 받아 금융권으로부터 대출을 받는다.

　창업자는 대출받은 자금 등을 다 사용하기 전에 미래를 위해서 ④ 3차적으로 IR 등의 참가를 통해서 투자기관을 통한 투자 유치, 벤처캐피탈에 의한 투자 유치, 엔젤투자자를 통한 투자 유치 등의 방법을 강구하나 실제 창업자의 창업 아이템이 투자

───────────────

1 정보통신정책연구원, "엔젤의 유형과 엔젤자금 유치 벤처기업의 성향 분석", 2000.

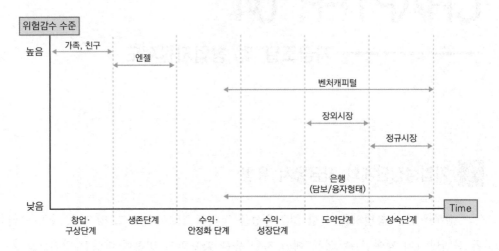

로까지 연결되는 것은 정말 어렵다. 즉, 창업자는 초기에는 가족 또는 지인 등을 통한 자금을 빌려 창업에 사용을 하나 한계성이 있고, 투자자 또는 금융기관 또한 미래를 알 수 없는 창업자에 Risk를 감수하면서까지 쉽게 자금을 투자해주거나 융자 해줄 것을 기대할 수 없는 것이 현실이다.

2 ː 엔젤투자 VS 벤처캐피탈

벤처캐피탈은 창업지원법 제16조와 동법 시행령 제11조에 의거하여 벤처조합을 결성할 경우 약정 총액의 40%를 창업 또는 벤처기업에 의무적으로 투자하도록 규정하고 있으며, 약정 총액이 10억 원인 벤처조합을 결정할 경우 4억 원에 대해서는 의무적으로 창업 또는 벤처기업에 투자하여야 한다.

엔젤투자와 벤처캐피탈을 정리하여 살펴보면 다음과 같다.

❶ 엔젤투자는 창업자가 '죽음의 계곡(Death Valley)' 단계에 있을 때 창업자가 엔젤투자자에게 투자설명을 하여 선정된 경우 소액의 필요한 자금을 직접 투자하는 것이다. 엔젤투자자는 창업자로부터 주식으로 대가를 받아 경영에 대한 자문과 멘토

엔젤투자와 벤처캐피탈 비교

구 분	엔젤투자 (Angel Investor)	벤처캐피탈 (Venture Capital)
투자단계	성장 초기단계 선호	창업 후 초기성장단계 선호
지원내용	노하우 및 자금지원 등	자금지원
투자동기	고수익성, 지인, 인연 등	고수익성
투자재원	개인자산(투자펀드 작음)	투자자 모집(투자펀드 큼)
자격요건	제한 없음	법적 요건
위험허용도	높음	낮음
투자수익성	높음	낮음
피투자자의 위치	투자자와 근거리	제한 없음
신분노출	비공개	공개
접촉계기	우연적 만남	협의 후 만남
형태	클럽	회사 또는 조합

링 등을 실시하여 창업기업이 더 성장할 수 있도록 적극적인 지원을 하고 창업자의 기업 가치를 저변 확대하여 '투자이익'을 회수하는 것이 주요한 목적이다.

❷ 벤처캐피탈은 고위험의 창업자에게 투자하고 창업자는 VC에게 지분을 제공하여 창업자의 성장에 따른 약정된 이익을 취하는 투자전문가로 형성된 전문적 투자집단이다. 즉, 창업자가 기술은 있으나 경영운영이 미흡하거나 자본금이 낮아 추가적 성장에 어려움이 있다고 판단되는 경우 초기투자를 진행하여 적극적인 경영지원과 멘토링을 통해서 창업자를 성장시켜 투자금을 회수하는 것이 일반적인 형태이다. 투자방법으로는 창업자로부터 투자설명을 듣고 가치가 있다고 판단되는 창업자를 선정하여 창업자의 신주인수 또는 지분을 출자하거나, 무담보 전환사채 또는 무담보 신주 인수권부 사채를 인수하기도 하며, 직접적인 프로젝트 투자를 진행하기도 한다.

3 창업지원제도 Map

창업지원제도는 ① 중앙부터 지원 사업, ② 지방자치단체 지원 사업, ③ 창업절차 및 제도로 구분되며, '창업넷' 홈페이지를 통해서 세부적인 제도 등을 살펴볼 수 있다. 창업자는 해당 창업지원제도 Map을 기반으로 자신에게 필요한 창업지원이 무엇인지를 파악하여 해당 기관 또는 해당 기관의 홈페이지를 살펴보는 노력이 필요하며, 단계적으로 창업관련 지원 사업 등을 한눈에 볼 수 있도록 구축해 놓은 '창업넷' 홈페이지를 적극 활용할 경우 창업 진행에 많은 도움이 될 것이다.

창업지원 중앙부처 및 주요지원 사항

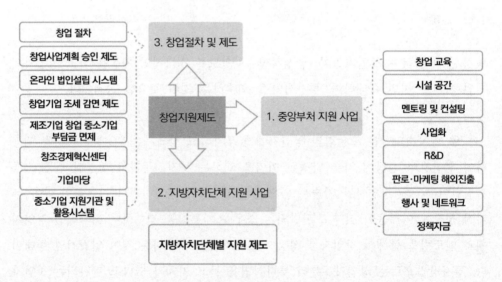

CHAPTER 05

──────── 스토리텔링 활용 프레지

1 | 스토리텔링 활용 프레지

1) 프레지(Prezi)란 무엇인가?

(1) 프레지의 정의

프레지(Prezi)는 2009년 유럽의 헝가리에서 실립된 Prezi 회사에서 Adam Somlai 와 Peter Arvai 등에 의해 개발된 "웹기반 동적(Dynamic) 프리젠테이션 제작 및 활용 프로그램"이다.

프레지는 사용자가 자신이 원하는 프리젠테이션 내용을 기획하고 개발 및 운용 하는 최적의 도구로서 제작 슬라이드의 크기에 제한 없이 시각적인 효과를 창출할 수 있으며, 파워포인트 등의 기존 프로그램과는 차별화된 줌인/줌아웃 기능, 다수 사 용자들의 공동작업 기능을 비롯하여 사용자의 기획, 설계 내용에 따른 다양한 옵션 들을 포함하고 있는 프리젠테이션 프로그램이다.

프레지는 사용자가 표현하고자 하는 내용들을 하나의 스토리보드(Storyboard)형 식을 활용하여 체계적으로 분류하고 세부적인 내용들을 상호 연결시켜줌으로써 전체 적인 프리젠테이션을 통합적으로 관리할 수 있을 뿐만 아니라 발표자와 청중간의 의 사소통 체널 구축을 가능하게 하는 신개념의 프리젠테이션 프로그램이다.

결론적으로 프레지 프로그램의 기본 개념은 다음과 같다.

① 프레지는 하나의 공간안에서 다양한 표현이 가능한 웹기반 동적 프리젠테이 션 제작 및 활용 프로그램이다.
② 프레지는 스토리보드 방식의 시각, 청각적인 방법으로 제작 활용이 가능하여 사용자와 청중간의 의사소통 도구로 활용이 가능한 프로그램이다.

③ 프레지는 파워포인트와 같은 기존 프로그램과는 차별화된 멀티유저 공동작
업, 줌인/줌아웃 기능들이 포함된 역동적 프리젠테이션 개발 프로그램이다.

(2) 프레지 생성 배경

프리젠테이션은 사용자가 보여주고자 하는 자료들을 체계적으로 제작하여 청중
들에게 보여주는 발표용 프로그램으로 마이크로소프트사에서 개발한 Power Point
프로그램(PPT)이 가장 많이 활용되어 오고 있다.

프리젠테이션을 위한 프로그램들은 PDF 파일 또는 WP 프로그램을 활용하는
방식도 있으나 사용자의 불편함과 편집 기능 등의 어려움으로 인해 주로 PPT 중심
으로 사용되는 것이 일반적이다.

PPT 프로그램은 개별 슬라이드를 순차적으로 보여 주면서 사용자의 발표 내용
을 발표자가 일방적으로 이끌어 나가는 방식으로 가장 큰 문제점은 표시하고자 하는
자료의 줌인/줌아웃 기능이 매우 불편할 뿐만 아니라 여러 명이 공동으로 작업을 할
경우에는 단위별 작업 내용을 손쉽게 제작하기에는 어려운 점이 많다는 단점이 있다.

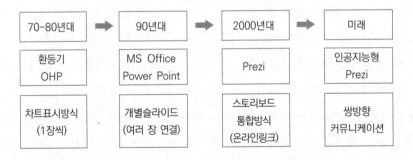

프리젠테이션 프로그램은 초기에는 슬라이드 필름을 이용한 환등기 또는 OHP
와 같은 도구들을 활용하여 한 장 한 장의 차트를 표시하는 방식이었으나, 차트 제작
의 어려움과 비용 등의 문제로 인해 마이크로소프트사에서 Office 프로그램이 발표
된 이후부터는 PC의 응용프로그램을 활용하여 개별 슬라이드를 여러 장 연결하여
표현하는 기법으로 전환되었다.

파워포인트나 일반적인 프리젠테이션 프로그램은 정형화된 형식과 표현방식, 획

일화되고 비차별화된 운용 기술 등으로 인해 발표자의 핵심 내용을 청중들에게 전달할 때 많은 어려움이 존재하였다. 특히, 제한된 줌인/줌아웃 기능들은 뒷자리에 있는 청중들에게까지 내용을 전달하거나 상호 의사소통을 하기에는 거의 불가능하다는 단점이 있다.

프리젠테이션 효과를 높이기 위한 시각 또는 청각적인 멀티미디어 자료의 삽입과 기능들을 제작의 어려움과 편집의 불편함은 물론이고 오히려 전체적인 내용 전달의 역효과를 나타내기도 하였다.

프레지는 일반적인 프리젠테이션 프로그램 기능들과는 차별화된 도구와 기능을 중심으로 하여 청중과 발표자들이 함께 공감할 수 있는 프로그램의 개발 필요성에 의해 만들어졌다.

프레지는 발표자 중심의 슬라이드 표현과 설명 방식에서 벗어나 하나의 동적인 시스템을 중심으로 한 스토리보드 기반 기술을 적용함으로써 청중들의 호응도와 이해도 및 공감대를 형성하고자 하였다.

프레지는 창업자인 Somlai & Fisher가 제작하고자 하였던 건축 프로젝트를 시각적으로 다양하게 보여주고자 하는 과정에서 개발되었으며, 초기에는 이미지의 확대, 축소, 내용설명을 위한 글자, 도형 및 아이콘의 효과적 이동 등을 중심으로 제작 발표되었다.

프레지는 2001년부터는 프리젠테이션에서 가장 핵심적인 기능으로 요구되었던 줌인/줌아웃 기능을 활용함으로써 기존의 프리젠테이션에서 보여주지 못했던 동적인 효과들을 시각적으로 나타내주는 결정적인 계기를 마련하기도 하였다.

프레지는 한편의 영화 스토리와 같은 방식으로 사용자가 자신의 발표 내용을 구체적으로 시각화하여 청중들에게 보여줌으로써 표현하고자 하는 내용들을 청중들에게 효과적으로 제공할 수 있을 뿐만 아니라 상호 의사소통이 가능하다는 것이 가장 큰 장점 중의 하나이다.

프레지는 사용자들의 다양한 의견 수렴과 더불어 기능을 업그레이드하고 수정하면서 많은 변화를 거듭하였다.

Zibra 버블 메뉴 중심의 이전 메뉴에서는 중앙에 있는 버블 메뉴를 중심으로 구성되는 형식으로 패스와 도형 등의 편집, 삽입 기능들이 함께 구현되도록 되어 있었다. Zibra라고 불리는 기본 툴은 초보자들일 경우 약간의 혼란스러움을 줄 수 있는 도구로 작업의 어려움이 있었다.

최근에는 보다 간편한 방식으로 상단 메뉴 중심의 형식으로 구조를 바꾸었으며

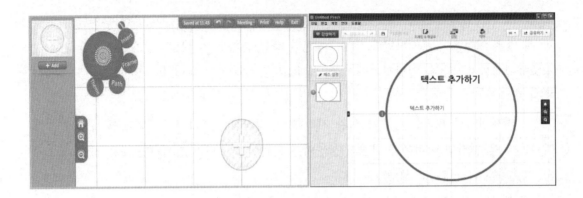

사용자의 인터페이스 기능을 한층 보완하는 방식으로 서비스되고 있기 때문에 초보
자들이 사용하기에는 훨씬 편리하고 쉽게 접근할 수 있다는 것이 특징이다.

(3) 프레지와 기존 프리젠테이션 도구 비교

프레지와 기존 프리젠테이션 도구와의 차이 비교는 다음과 같다.

	기존 프리젠테이션 프로그램(PPT 등)	Prezi 프로그램
접근방식	한 장 또는 개별 슬라이드 연결방식	온라인 기반 스토리보드 통합방식
슬라이드 화면	1장-1슬라이드 화면방식	1장=무제한 슬라이드 화면방식
계층별 운영기능	없음(슬라이드 전환)	여러 계층 조합 운용 가능
줌인/줌아웃 기능	없음	가능
멀티유저 공동작업	어려움(제한적)	공동작업 가능
시각, 청각 자료운용	어려움(부분적)	개발, 편집 용이함
장·단점		프레지 서버에 1차 업로드 -무료용/유료용 구분

프레지 프로그램은 하나의 화면에서 무제한의 슬라이드를 제작 운용할 수
있는 방식으로 여러 계층의 조합 운용으로 인해 다양한 표현이 가능하며, 줌인
/줌아웃 기능과 멀티유저 공동작업 기능들을 활용함으로서 여러명이 동시에
자신이 원하는 과업(Task=개인별 주어진 단위별 작업)을 효과적으로 수행할 수 있
다는 것이다. 다만 프레지에서 작업하는 모든 내용들은 1차적으로 프레지 서
버에 업로드 된 이후에 활용할 수 있다는 불편함이 있다.

(4) 프레지 특징과 활용 분야

새로운 개념의 프리젠테이션 도구로 등장한 프레지는 은 기간 내에 많은 사용자들로부터 좋은 반응을 보이고 있으며, 앞으로 더 많은 기능들을 보완함으로서 다양한 형태의 프리젠테이션 작품들이 개발될 것으로 보인다.

프레지의 일반적인 특징은 다음과 같다.

① 사용자의 발표 아이디어를 하나의 스토리로 구성하여 제작할 수 있다.

일반적으로 프리젠테이션은 표현하고자 하는 내용을 사전에 기획하여 그 의미를 전달하고자 하는 목적에서 제작되고 있는데 프레지는 사용자들이 발표하고자 하는 내용들을 하나의 스토리로 구성하여 단계별로 제작할 수 있다.

예를 들면, '유아컴퓨터 교육이 아이들의 놀이에 미치는 영향'에 대하여 발표하고자 한다면 컴퓨터의 발전과정에 따른 내용들을 하나의 애니메이션으로 요약 발표할 수가 있고, 각 발전과정에 따른 동영상과 이미지들을 접목할 수 있을 뿐만 아니라 유아들의 놀이 유형과 그에 따른 영향 관계를 단계별로 하나하나의 이미지를 삽입하여 표현할 수가 있다. 즉, 발표 목적에 따른 전체 내용을 하나의 스토리로 만들어 제작하고 설명할 수가 있다는 것이다.

② 화면의 넓이와 깊이에 제한이 없는 입체적인 무한 캔버스 화면을 제공함으로써 사용자들이 원하는 프리젠테이션을 제작할 수 있다.

프리젠테이션 프로그램들은 여러 장의 슬라이드나 화면을 사용하여 표현함으로써 앞, 뒤 내용 간의 연계성이나 흐름들이 매우 복잡하게 구성되기 때문에 청중들에게 혼란스러움을 가중시키기도 한다.

프레지는 화면의 넓이와 깊이에 제한이 없는 무제한의 입체적인 캔버스 화면을 제공함으로써 자신이 표현하고자 하는 내용들을 효과적으로 제어할 수 있다. 예를 들면, 기존의 프리젠테이션 프로그램에서는 이미 설명되어진 부분으로 넘어갔을 경우 그 화면으로 전환을 하려면 여러 장의 슬라이드를 다시 보여 주거나 아니면 같은 화면을 다시 제작하여 삽입함으로써 청중들에게 혼란스러움을 가중시키게 되는 불편함이 있으나, 프레지는 넓이와 깊이에 제한 없는 한 화면에서 내용을 표현하기 때문에 위치 변경이나 단순한 작업 기능을 활용하여 이를 간단히 표현할 수 있다.

③ 줌인/줌아웃 기능을 활용한 역동적인 표현이 가능하다.

프리젠테이션에서 가장 중요한 기능은 바로 특정 내용에 대한 줌인/줌아웃 기능을 활용하는 것이다. 지금까지 대부분의 프리젠테이션 프로그램들은 이러한 기능들이 거의 제공되지 못하고 있었으나, 프레지는 원하는 문자나 그림 등의 특정 부분을 줌인/줌아웃 시킴으로써 청중들에게 더 자세한 내용을 전달할 수 있게 되었다.

예를 들면, 유아들에게 동물의 눈을 보여 주고자 할 경우 지금까지는 이미지화된 눈을 크기 순서로 여러 장을 겹쳐서 보여줌으로써 표현하고자 하는 내용과는 다른 눈 크기의 줄임 또는 확대라는 인식을 할 수밖에 없었으나, 프레지를 활용하게 되면 카메라로 동물의 눈을 점점 가까이 클로즈업하듯이 화면상에서 줌인 기능을 활용하여 동물의 눈을 점점 작게 또는 점점 크게 표현할 수가 있다.

프리젠테이션 작업 과정에서는 이러한 줌인/줌아웃 기능의 활용도가 매우 많기 때문에 프레지를 통한 줌인/줌아웃 작업은 획기적인 표현 방식의 전환이라고 할 수 있으며, 기존과는 차별화된 표현 방식으로 청중들에게 자신의 내용을 효과적으로 전달할 수 있기 때문에 프레지가 각광을 받는 이유 중의 하나이다.

④ 여러 명의 사용자들이 공동으로 원하는 작업을 수행할 수 있으며, 사용자 그룹과의 정보 공유가 가능하다.

프리젠테이션 작업을 하다 보면 하나의 작품에 여러 명의 아이디어와 개별 또는 그룹별 분할 작업의 필요성이 매우 높다. PPT와 같은 프로그램에서는 이러한 작업을 하기 위해서는 제작 중인 파일을 개인별로 나누어 주거나 같은 장소에 모여서 공동으로 의견을 제안하여 작업하는 등의 불편함이 있었으나, 프레지에서는 그룹별, 개인별 작업 내용들을 하나의 화면에서 동시에 여러 명의 사용자들이 공동으로 원하는 작업을 수행할 수 있다.

하나의 작업과정에 여러명이 공동으로 동시에 수행할 수 있는 프리젠테이션 제작 방식은 프레지의 핵심적인 기능으로 제작 목적에 맞는 개인별 아이디어와 기획 내용들을 종합적으로 관리·운영할 수 있으며, 이를 통해 공동 작업과 그룹웨어가 가능해진다는 것이다.

⑤ 경로(Path)를 활용한 다양한 표현 방식을 구현할 수 있다.

경로(Path)는 세부적인 내용들을 연결하는 고리 역할을 하는 것으로서 각 개체들을 화면에 보여주는 순서를 결정지어 주는 도구이다.

프레지가 사용자들에게 새로운 혁신 도구로 인정을 받는 중요한 기능 중의 하나가 바로 경로 활용 기능이다. 프리젠테이션을 제작하기 위해서는 다양한 형태의 설명을 위한 위치, 단계, 크기, 전환 기술 등의 기능들이 필요한데, 프레지에서는 현재 설명 중인 내용들을 다른 텍스트, 이미지, 동영상 등과 연결하는 경로 설정만으로도 기존의 슬라이드 화면 전환과 같은 효과를 나타낼 수 있다.

예를 들면, 유아들의 놀이 유형 설명에서 미술, 음악, 체육 등의 놀이 화면과 연결하기 위해서는 화살표를 이용한 경로 지정만으로도 미술영역, 음악영역, 체육영역들과 연결이 이루어진다. 미술영역으로 경로 지정 후 다시 원래의 화면으로 돌아오고, 다시 음악영역으로 경로 지정 후 원래의 화면으로 되돌아오는 작업을 반복함으로써 자신의 표현 내용들 구체적이고 다양한 방식으로 표현할 수가 있는 것이다.

프레지는 다양한 기법의 프리젠테이션 도구들과 기능들을 활용하여 기업, 교육, 문화, 예술 및 개인 업무 분야에 적용할 수 있는 발표물들을 자신의 아이디어와 기획 내용에 따라 스토리 방식으로 구현할 수가 있다는 것이 가장 큰 장점이다.

프레지의 일반적인 특징을 요약하면 다음과 같다.

프레지 특징 분석

Zoom	화면 확대 또는 축소할 수 있음
Pan	화면 좌우 회전할 수 있음
공동작업	다수 사용자들이 공동 편집 작업 참여 가능
모바일 직원	스마트폰용 앱을 토해 모바일 지원 가능
Story 방식	스토리텔링 형식으로 제작 가능
플래시 기반	플래시 기반 동적 작업 가능

프레지를 활용할 수 있는 분야는 다음과 같다.

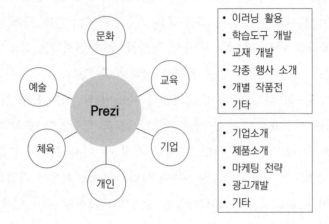

2) 스토리텔링 기초 자료 만들기

프레지에서 활용할 스토리텔링 위한 기초 자료는 전체적인 프리젠테이션의 목표 설정을 시작으로 하여 필요한 자료들을 수집하고 이를 분류한 다음, 스토리보드의 내용에 따라 기획, 설계, 개발하는 과정을 거쳐야 한다.

스토리텔링 기법은 하나의 이야기를 전개해 나가듯이 프레지를 구성하는 기법을 말하는 것으로 프레지의 전체적인 흐름이 한 개체에서 한 화면으로 이를 연결하는 패스를 통해 이어지도록 하는 플로우를 가지고 있기 때문에 자연스럽게 스토리텔링 방식의 프레지가 만들어지게 된다.

스토리텔링을 위한 예로 유치원 어린이들의 등·하교를 위한 모바일 위치 정보 제공 시스템 및 모바일 유치원 웹서비스를 구현해 보고자 한다.

① 전체적인 스토리를 구상한다. ← A4용지 활용
② 목표와 세부 내용들을 타이틀로 정한다.
③ 세부적인 내용의 구성을 하나하나 단계별로 구분한다.
④ 내용에 따른 자료의 형식 등을 분류해 둔다.
⑤ 내용에 따른 흐름들을 정리해 둔다.

스토리텔링을 위한 스토리 제작은 특별한 형식과 절차는 없지만 표현하고자 하는 내용들을 대분류, 중분류, 소분류, 세분류 형식으로 정해 두는 것이 작업의 효율성을 높일 수 있는 방법이다.

자신이 전달하고자 하는 내용을 다른 사람이 듣고 볼 경우에 가능한 이해하기 쉽고 설명의 내용 전달이 용이하며 전체적인 의미 파악이 잘 되도록 하는 것이 핵심 기술이다.

앞서 구상한 내용에 따라서 A4용지에 작성한 스토리보드의 기본 내용은 다음과 같다.

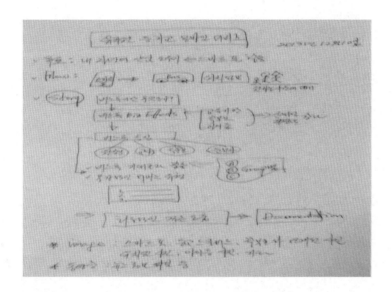

전체적으로 전달하고 표현하고자 내용들을 체계화하여 하나의 스토리로 만들어 내는 일련의 과정을 스토리보드 작성이라고 하고, 스토리보드에 기반하여 이야기 형식으로 풀어나가는 일련의 프리젠테이션 전개 방법을 스토리텔링 기법이라고 한다.

프레지가 스토리텔링 기반 응용프로그램으로 각광을 받는 이유는 단순한 기능과 도구를 활용하여 패스와 줌기능 등과 같은 다양한 형태의 순서적이고 체계화된 전개 기법으로 자신의 발표 내용을 효과적으로 청중들에게 전달할 수 있기 때문이다.

2 : 스토리텔링 프레지 응용

1) 유치원 등·하교 모바일 위치 정보시스템

(1) 전체의 내용을 구성하기 위한 프레임을 사전에 설정해 둔다

어떠한 방식으로 구현할 것인지에 대한 사전 설계 도면이 필요하다는 것이다. 이를 위해 개괄적인 레이아웃 도면을 그려 두는 것도 좋은 방법이다.

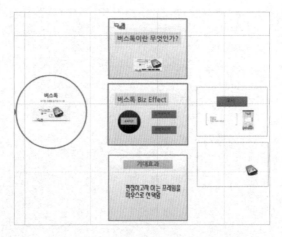

전체적인 레이아웃을 개괄적으로 그려둘 것

(2) 버스톡이란 무엇인지에 대한 설명을 위해 원형 프레임을 이용하여 타이틀을 작성한다(텍스트 추가 화면에서 원하는 위치에 글자와 이미지를 삽입함).

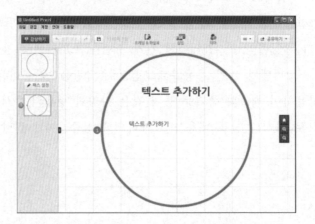

글자 색깔과 이미지 위치 등을 적절하게 선정하고 글자의 크기 등을 조합하여 표현하고자 하는 내용을 부각하도록 한다. 타이틀의 경우는 굵고 큰 글자 형식으로 지정하여 사용하는 것이 효과적이다.

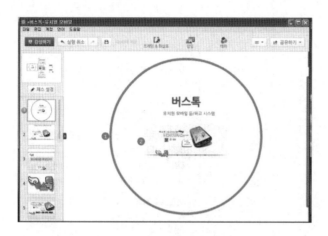

(3) 삽입된 이미지는 필요할 경우 에니메이션을 지정하여 사용할 수 있으므로 원하는 위치에서 필요한 속성을 부여한다. 이미지에서 마우스를 클릭하면 페이드인 효과와 같은 애니메이션을 적용할 수가 있다.

(4) 다음 화면은 발표하고자 하는 내용대로 작성한다.

프레임을 활용하여 프리젠테이션을 작성할 경우 가능한 비슷한 유형의 프레임을 사용하는 것이 혼란스럽지 않을 뿐만 아니라 발표의 일관성을 보여 줄 수 있다는 장점이 있다.

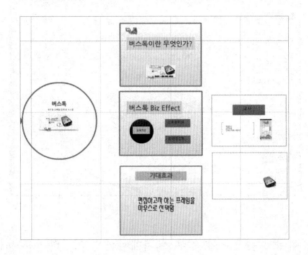

지정된 프레임에 원하는 내용을 삽입하고자 할 경우에는 마우스로 클릭하면 화면이 확대되어 나타난다. 참고로 작업의 효과를 높이기 위하여 화면이 확대된 상태에서 편집 작업을 해도 실제적으로 실행 화면에서 보여지는 글자 크기나 화면 확대가 아님을 기억해야 한다.

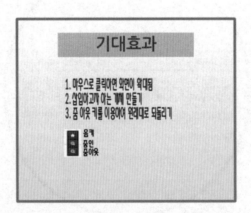

편집 작업이 완료되면 홈키를 이용하여 원래 편집 화면으로 되돌린다.

* 도형, 이미지 삽입 및 다양한 편집 기능을 활용하여 원하는 작업을 완료함.

(5) 작업이 완료되면 저장하기를 눌러 현재 작업을 저장시켜 둔다.

(6) 프리젠테이션 실행을 위해 패스 설정을 한다. 패스는 발표하고자 하는 내용과 순서에 따라 화면상에 나타날 내용들에 대해서 충분한 검토를 한 다음 지정하도록 해야 한다. 중간에 패스를 삽입, 수정, 이동할 수는 있으나 사전에 이러한 내용들에 대한 검토가 있으면 혼란을 줄일 수 있다.

마우스로 패스를 설정하면 순차적으로 패스 작업창에 삽입되면서 화살표에 의한 번호 표시가 이루어진다.

(7) 패스 번호에 의해 화면 실행이 이루어진다. 패스를 추가할 경우에는 마우스를 이용하여 원하는 패스를 다시 지정해 주면 된다.

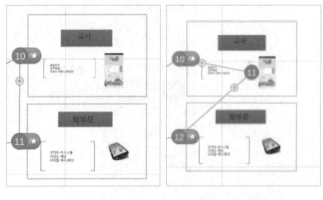

패스 추가 전   패스 추가 후

순차적으로 지정된 패스를 최종적으로 수정한 결과는 다음과 같다.

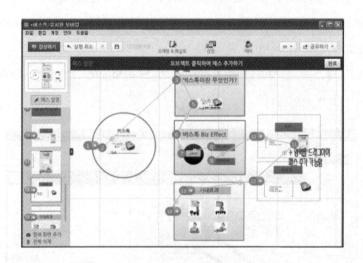

(8) 마지막에 처음 화면을 삽입하도록 한다. 이러한 방법은 프리젠테이션의 마지막에 인사말 등으로 마감하기도 하지만, 가끔씩은 처음 화면으로 돌려둠으로써 청중들에게 발표가 끝나고 추가 질문 등과 같은 요구사항 및 대화를 할 때 현재 발표한 내용이 무엇인지를 한 번 더 보여주는 기능을 할 수 있기 때문이다.

화면 하단에 있는 현재 화면 추가를 선택하면 제일 첫 번째의 화면과 연결고리가 만들어진다.

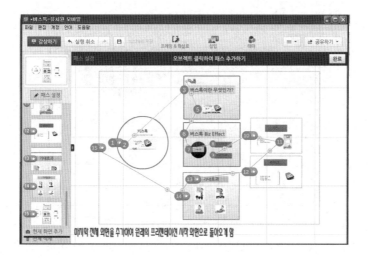

(9) 최종적으로 완성된 프리젠테이션을 저장한 다음 감상하기를 실행시켜 정상적인 순서대로 작동하는지를 반드시 확인한다. 화면 내용의 전체적인 배열과 진행 상태, 순서 및 내용 등에 대한 전반적인 검토와 수정·보완 작업이 필수적으로 이루어져야 한다.

(10) 완성된 프레지는 인쇄용 자료를 만들어 청중들에게 배포할 경우가 있는데 이를 위해 가능하면 현재의 파일과 다른 이름의 새로운 패스가 설정된 파일로 재작업하는 과정을 거쳐야 한다.

새로운 패스 설정의 다른 이름으로의 작업과정은 발표용으로는 개별 글자나 이미지들이 독립적으로 실행될 경우가 있기 때문에 현재의 파일을 그대로 PDF로 변환시키게 되면 패스에서 설정된 모든 개체들이 한 페이지에 인쇄된다. 따라서 이미지 한 장이나 텍스트 한두 개가 한 페이지에 인쇄되는 경우를 방지하기 위해 패스 설정을 다시 하여 다른 이름으로 저장하는 것이 효과적이다.

PDF 파일 저장을 위해서는 패스 설정의 노하우가 프레임 단위로 지정해 주거나 아니면 텍스트와 이미지 등에 연결되어 있는 불필요한 패스 설정들을 삭제 또는 변경시켜줌으로써 보고서 기능을 가진 인쇄물을 만들 수 있다는 것이다.

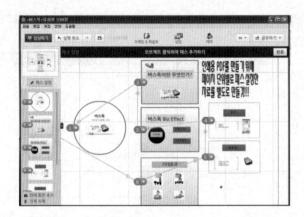

* 인쇄용 PDF 파일을 만들기 위한 Tip:
  프레임을 클릭하여 프레임 단위로 패스를 설정하고 불필요한 이미지와 동영상 등은
  제외시킴

인쇄용 PDF 파일은 메뉴의 공유하기 위해서는 PDF로 내보내기를 선택하여 파일형식으로 저장하면 된다.

결과적으로 발표용 패스 설정 자료와 인쇄용 패스 설정 자료를 다른 이름으로 만들어 보관해 두는 것이 필요하다는 것이다. 반드시 주의해야 할 점은 같은 이름으로 저장할 경우 현재 설정된 패스가 달라지기 때문에 발표 전에 자신이 만든 프레지를 한 번 더 모의실행시켜서 내용을 확인하는 습관을 들여야 한다.

2) 모바일 유치원 웹사이트

프레지를 활용한 모바일 유치원 웹사이트 제작은 다음과 같다.

(1) 모바일 유치원 홈페이지의 전체 레이아웃을 다음과 같이 설계한다.
기본적인 메인 이미지를 중심으로 하여 중앙에 원형 프레임을 배열하고 네 개의
사각형 프레임을 활용하여 상호 연결시킨 방식으로 설계하고자 한다.

참고로 메인 이미지는 원형 프레임과 겹치지 않도록 맨 뒤로 배열한다.

(2) 유치원 소개 화면은 사각형 프레임을 활용하여 전체 틀을 만들고 프레임 내
부에 유치원 사진과 유치원 소개를 위한 글을 입력한다.

(3) 유치원 선생님 소개 화면은 사각형 프레임을 활용하여 이미지를 삽입하고 텍스트를 이용하여 글자를 입력하는 방식으로 만든다.

(4) 사랑반의 경우 사각형 프레임을 활용하여 아이들의 작품 사진과 이름을 표시하는 방식으로 만든다.

(5) 행복한 놀이 공간=사각형 프레임 내에 이미지, 텍스트를 삽입한다.

(6) 알림방에는 사각형 프레임에 텍스트만을 입력해서 만든다.

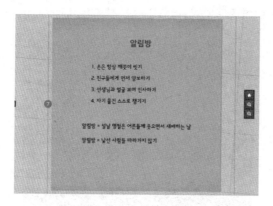

(7) 사각형 프레임을 활용하여 필요한 사진들을 모아 두는 화면으로 작성한다.

(8) 교육정보센터도 사각형 프레임에 텍스트 입력방식으로 제작한다.

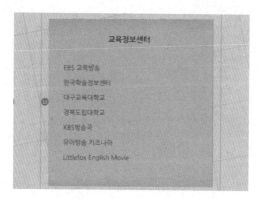

(9) 원형 프레임을 활용하여 텍스트를 삽입하는 방식을 이용하되 각 사각형 프레임과의 연결선을 이어준다.

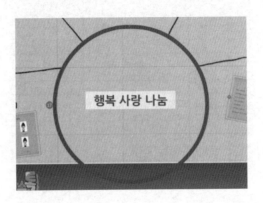

(10) 메인 이미지를 삽입하되 원형 프레임 뒤쪽으로 배열되게 하고 전체적인 레이아웃에 적합하게 위치를 선정한다.

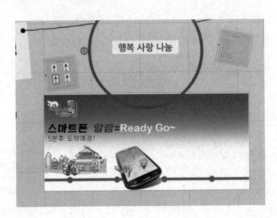

CHAPTER 06

───────── 사례연구

1 제4차 산업혁명의 열쇠, 소리에 투자하는 기업들[1]

터키 속담에 "미래는 산모와 같다. 무엇을 낳을지 누가 알겠는가"라는 말이 있다. 제4차 산업혁명 시대를 초입에 둔 지금 우리들의 마음이 이와 같을지 모르겠다. 누구도 정답을 알지 못하기 때문이다. 다만, 철저한 시장 분석과 기술 연구를 통해 미래를 추측해 나갈 뿐이다. 그렇다면 다가올 비즈니스 생태계에서 소리는 어떻게 활용되고 투자될 수 있을까.

4차 산업혁명 시대를 대비해 소리에 투자하는 기업들이 늘어나고 있다. 그동안 기업들의 소리 투자가 주로 '더 나은 음질'에 초점이 맞춰졌다면 이제는 음성인식기술 등 소리를 활용한 기술 개발에 힘을 싣는 상황이다. 제4차 산업혁명 시대의 꽃이라 불리는 로봇 등 인공지능(AI) 기술이 실생활에 완벽하게 구현되기 위해서는 그에 상응하는 '음성인식기술'이 접목돼야 하기 때문이다.

음성인식기술

음성인식기술은 컴퓨터가 마이크와 같은 소리 센서를 통해 얻은 음향학적 신호(acoustic speech signal)를 단어나 문장으로 변환시키는 기술을 말한다. 음성인식기술은 일반적으로, 음향 신호를 추출한 후 잡음을 제거하는 작업을 하게 되며, 이후 음성 신호의 특징을 추출해 음성 모델 데이터베이스(DB)와 비교하는 방식으로 음성인식을 하게 된다.

음성인식기술 역시 센싱과 데이터 분석 기술이 결합돼 있기는 하지만, 측정하고

───────────────

1 한국경제, big story 143호, 2017, 재인용 및 내용 정리.

분석해야 하는 데이터가 음성 데이터 하나라는 점에서 보다 손쉽고 정확하게 사람의 의도를 파악할 방법으로 알려졌다. 비단, AI의 활용에 꼭 음성인식이 필요한 것은 아니지만 많은 정보통신기술(ICT) 기업들이 AI와 음성인식의 결합에 힘을 싣는 이유는 복잡한 기계어가 아닌 자연어를 활용한 음성인식 방식이 개인 소비자들이 AI를 손쉽게 활용할 수 있는 방법이기 때문이다.

　현재까지의 음성인식기술은 약 100분의 1초 단위로 파형을 분석해 사람이 소리를 낼 때의 입 모양을 컴퓨터가 복원하고, 거기에 해당하는 단어를 찾는 방식이다. 따라서 사람의 감정이나 상태를 파악할 수 있는 목소리의 톤이 구별되지 않고, 처리 속도 역시 단어 나열 정도에 머물러 있다.

　음성인식기술을 바탕으로 한 다양한 음성인식 서비스들은 2000년대 후반에 본격적으로 소개되기 시작했다. 2011년에 출시된 애플의 음성 기반 개인비서서비스인 '시리(Siri)'가 대표적이다. 시리는 아이폰 사용자의 음성 명령을 바탕으로 모바일 검색은 물론, 일정 관리, 전화 걸기, 메모, 음악 재생 등 다양한 생활편의 서비스를 제공하는 개인비서 서비스다. 애플의 시리 출시 이후, 구글은 '구글 나우(Google Now)', 마이크로소프트(MS)는 '코타나(Cortana)'와 같은 음성인식 기반의 개인비서서비스를 출시했다.

　최근 국제전자제품박람회(CES) 2017에서도 음성인식을 활용한 AI 제품들이 눈길을 끌었다. 아마존 알렉사, 구글 어시스턴트, MS 코타나 등 딥러닝이 가능한 AI 음성인식기술이 가전, 스마트폰, 자동차, 드론, 콘텐츠 등과 결합하고 있다. 상용화까지는 시간이 걸린다는 평가지만 지금의 속도라면 AI는 곧 우리 생활 깊숙이 자리 잡을 수 있다는 것이 업계의 중론이다. 이승우 IBK투자증권 연구원은 "제4차 산업혁명 시대에 AI와 관련한 음성인식기술은 기존의 산업 생태계를 바꿀 가장 큰 열쇠 중 하나"라며 "미래의 많은 정보가 음성인식 전달로 이뤄질 가능성이 높은 만큼 굉장히 전망이 밝은 분야다"라고 전했다.

　국내 기업들 간 경쟁도 뜨겁다. 네이버와 카카오는 음성인식 개발에 투자를 늘리고, 관련 벤처기업 인수에도 적극적이다. 네이버는 음성 합성 엔진인 '엔보이스(nVoice)'를 텍스트 음성 변환 기술(Text to Speech, TTS)에 적용해 뉴스를 읽어주는 서비스를 제공하고 있다. 네이버의 AI 번역 애플리케이션 '파파고'와 네이버 지도에도 음성인식기술이 탑재돼 있다. 카카오도 꾸준히 음성인식기술 개발에 매진하고 있다.

　카카오는 지난 2013년 음성인식기술 벤처기업 다이알로이드를 인수해 화제를 모았다. 2014년엔 입력된 목소리를 문자로 변환, 음성 검색 서비스를 가능케 하는 음

성인식 엔진 '뉴톤'을 자체 개발했다. 카카오는 이 같은 음성인식기술을 현재 카카오
맵, 카카오내비, 다음앱에 적용했고, 카카오지하철, 카카오버스 앱에도 활용할 예정
이다.

소리를 오감으로 전하다

다가올 미래에는 음성인식기술만큼이나 음성을 전달하는 방식도 다양해질 전망
이다. 소리는 기본적으로 진동이다. 진동은 어떤 물체가 정해진 공간에서 반복적으
로 운동하는 것이며, 이러한 진동에 의한 에너지가 매질(파동이 전파될 때 필요한 물질)
이나 공감을 통해 전파되는 것이 파동이다. 소리는 공기라는 매질을 통해 전달되는
에너지이자 파동이다.

기존에는 단순히 소리의 진동이 공기를 타고 귀로 전달되는 데 그쳤다면 앞으로
는 인체를 통해 음성신호를 전달하는 기술 등 다양한 음성신호 전달 기술을 통해 삶
의 질과 편의를 도모할 것으로 보인다. 더욱이 소리는 다른 에너지와 비교했을 때 인
체에 무해하기 때문에 인체전도기술에 접목하기에도 무리가 없다.

그 중 지난해 국내 스타트업 기업 '이놈들연구소'에서 개발한 스마트 시곗줄 '시
그널'은 소리가 인체전도기술과 결합됐을 때 창출할 수 있는 미래 소리 사업의 좋은
예로 손꼽히고 있다. 시그널은 음성신호를 손가락 등 신체 부위를 통해 전달하는 세
계 최초의 신개념 통화 사용자경험(UX)을 적용했다. 사용자는 손가락을 귀에 대어
상대방의 목소리를 들을 수 있고, 시곗줄에 장착된 마이크를 통해 음성을 전달하는
방식이다.

삼성 기어, 애플워치 등과 같은 스마트 시계뿐만 아니라 일반 시계에도 연결해
사용할 수 있는 것이 특징이다.

기존의 물리적 자극(모터진동, 초음파, 적외선)보다 안전하고 부작용이 없으며, 샤
프트 및 가이드가 필요 없는 최적화된 새로운 기술 개발로 소형화는 물론 주파수 특
성 또한 80~350헤르츠의 임피던스를 구현할 수 있는 독보적이고 차별화된 기술을
개발, 기구적 원천특허를 확보한 상태다.

기계, 이젠 소리가 경쟁력이다

기업들의 소리 투자가 융합기술 개발로 빠르게 이어지고 있지만, 소리의 품질을

제품경쟁력으로 내세우기도 한다. 특히, 제조업체들은 TV, 휴대전화는 물론, 노트북, 자동차, 침대까지도 최상의 음질을 경쟁적으로 소개하고 나섰다. 그중 가장 눈에 띄는 분야는 TV다. LG전자는 올해 새롭게 출시된 LG 울트라 올레드 TV와 관련, 소리 품질을 강조하고 나섰다.

미국 돌비사의 첨단 입체음향 시스템인 '돌비 애트모스(Dolby ATMOS)'가 지원되는 이 제품은 화면에 나오는 사물의 움직임이나 위치에 따라 소리가 사용자의 앞이나 뒤, 위에서 들리는 것처럼 만들어준다. 예를 들어 주인공의 머리 위로 비행기가 날아갈 때, 소리가 시청자의 머리 위쪽에서 들리도록 해줘 더욱 입체적이고 사실적인 공간감을 제공한다.

또한 새롭게 적용된 매직 사운드 튜닝 기능은 TV를 시청하는 공간에 맞춰 최적의 음질을 제공한다. TV 스피커를 통해 내보낸 신호음이 실내에 울려 퍼진 뒤, 매직 리모컨의 마이크로 들어오면 소리의 파동 등을 분석해 공간에 맞게 음질을 최적화하는 방식이다.

LG전자 관계자는 "TV를 시청할 때 사운드에 따라 체감하는 현실감 차이가 큰 것으로 나타난다고 한다"며 "여기에 최근 TV가 대형화되고, HDR, UHD 등 최신 고화질 기술이 확산되면서 자연스럽게 고화질에 걸맞은 웅장하고 세밀한 사운드가 주목받고 있어, 탁월한 화질만큼이나 수준 높은 음질로 시장을 공략할 예정이다"라고 전했다.

TV 소리 품질과 관련해 사운드바(긴 막대 형태의 신개념 음향기기로, 저음용 스피커인 우퍼나 초저음용 스피커인 서브우퍼 등을 하나의 기기에 가로로 길게 배치함으로써 기다란 막대 형태로 디자인된 새로운 개념의 음향기기)도 큰 주목을 받고 있다. 시장규모도 약 2조 원으로 추정되며 야마하, 보스 등 음향 전문 기업도 다수 진출해 있다. 시장조사 업체 퓨처소스컨설팅에 따르면 사운드바를 포함한 홈오디오 시장 규모는 2016년에 6,760만 대에서 2018년 1억 290만 대까지 증가할 것으로 전망된다.

TV 사운드바 점유율 1위 자리를 지키고 있는 삼성전자는 최근 공개한 'MS750'을 통해 사운드와 TV 매칭 방식을 개선했다. 특히 본체에 우퍼를 내장, 향상된 사운드를 청취할 수 있다. 서브우퍼가 없어 공간의 효율적인 활용도 가능하다.

자동차업계에선 이탈리아 스포츠카 업체 마세라티가 엔진 소리에 심혈을 기울이는 것으로 정평이 나 있다. 구동력과 디자인 등 자동차 본연의 가치에 차별화된 소리를 더해 제품 경쟁력으로 내건 셈이다. 이를 위해 마세라티는 본사에 '엔진 사운드 디자인 엔지니어'라는 독특한 직군을 두기도 했다. 튜닝 전문가와 피아니스트, 작곡가를 자문위원으로 초빙해 저회전부터 고회전 영역에 이르기까지 각 영역마다 듣기 좋은 엔진음을 작곡한다.

이 밖에도 침대 분야에서도 수면을 돕는 소리 기술을 융합하고 나섰다. 에몬스 침대가 엠씨스퀘어와 함께 개발한 '브레인 케어 베드'가 대표적이다. 이 침대는 수면 시 발생하는 특정한 뇌파가 나오도록 돕는 침대로, 새소리 등 자연의 소리가 스피커를 통해 흘러나온다. 이어폰 단자가 있어 혼자만 들을 수도 있다. 안대를 하면 패턴화된 빛이 주기적으로 깜박여 숙면을 유도한다. 침대 머리맡에 있는 발광다이오드(LED) 조명은 수면 상태에 따라 3단계로 밝기 조절이 가능해 수면을 돕는다.

네이버의 음성인식 통역 앱 파파고는 음성인식(ASR), 문자인식(OCR), 필기인식(HWR) 등 인식 기능과 함께 자연어처리(NLP), 기계번역(MT)과 음성합성(TTS) 기술이 탑재돼 있다. 사용법은 간단하다. 사용자가 검색란에 한국어, 영어, 일본어, 중국어를 말하거나 쓰면 이를 4개 언어 중 하나로 통·번역해준다. 따라서 해외여행 시, 가이드 통역이 없어도 간단한 의사소통을 하는 데 어려움이 없다. 네이버는 현재 지원하고 있는 4개 국어 외에도 스페인어, 프랑스어, 인도네시아어, 태국어, 대만어, 베트남어 등 6개 언어 간의 번역 서비스도 올해 안에 확대할 계획이다.

시그널 작동 원리

시그널은 음성 신호를 손가락 등 신체 부위를 통해 전달하는 세계 최초의 신개념 통화 사용자경험(UX)을 적용했다. 음성 신호가 제품에 장착된 체전도 유닛(Body Conduction Unit, BCU)을 통해 진동으로 1차 변환되고, 이 진동이 손끝을 타고 올라가 귀에 있는 공기를 울려 다시 소리를 만들어내는 원리를 활용한다. 사용자는 손끝으로 상대방의 목소리를 듣는 한편, 제품에 장착된 마이크를 통해 자신의 목소리를 전달하면 된다. 이를 가능하게 하는 핵심 기술은 소리를 인체를 통해 전파될 수 있는 진동으로 바꾸어주는 BCU와 음성 데이터 전송 과정에서 일어나는 신호 왜곡을 보정해주는 알고리즘이다.

2 ░ "제품 아닌 경험을 파는 기업이 4차 산업혁명 시대의 승자 된다"[2]

　　한국경제신문사와 미래창조과학부가 공동 주최한 '스트롱코리아 포럼 2017'에서 프랑스의 3D(3차원) 소프트웨어 기업인 다쏘시스템의 버나드 샬레 회장은 "제4차 산업혁명의 핵심은 제조 공정을 단순히 디지털화하거나 새로운 공장을 짓는 게 아니라 소비자의 경험과 생산자의 전문성을 융합하는 데 있다"고 말했다.

　　샬레 회장은 1980년대부터 다쏘시스템의 혁신적 연구개발(R&D)을 주도했다. 일찍부터 R&D의 중요성을 간파한 그는 회사에 연구 전담 부서를 만들고 R&D 성과와 회사의 경영 전략을 접목했다. 1995년에는 세계 최초로 디지털 방식으로만 설계한 보잉777 항공기 제작을 주도하며 이름을 알렸다.

　　샬레 회장은 '경험의 시대, 과학과 산업'을 주제로 한 이날 강연에서 "4차 산업혁명은 이미 오래전 시작됐다"며 본질에 대한 명확한 이해가 필요하다고 강조했다. 그는 "지난 30년간 자동차·생명공학 분야의 많은 기업이 디지털 기술을 이용해서 제품 생산 방식을 바꾸고 학문 간 영역을 넘나들며 세계를 바꿔왔다"고 말했다. 하지만 "4차 산업혁명을 '기업과 공장의 디지털화'로 단순히 정의하는 일은 지나치게 협의적 해석"이라며 "궁극적 목표를 인류 상상력의 산물인 세상을 새롭게 디자인하고 바꾸는 쪽으로 잡아야 한다"고 말했다.

　　샬레 회장은 "앞으로의 산업은 과거에는 발견되지 않았거나 서로 관련이 없어 보이는 현상을 연결하는 방향으로 발전할 것"이라고 말했다. 제품 디자인과 생산, 판매에 사용되는 3D 모델링과 시뮬레이션 기술은 그 핵심에 있다.

　　이들 기술 덕분에 많은 과학자와 기업이 그간 보지 못했던 부분을 새롭게 발견할 기회를 얻고 있다. 보잉만 해도 1999년 철저히 디지털 공간에서만 설계되고 시험을 거친 항공기와 부품을 생산하기 시작했다. 노벨상 수상자인 마틴 카플러스 미국 하버드대 교수도 분자가 세포에 들어갔을 때 나타나는 현상을 시뮬레이션을 통해 알아내 2013년 노벨화학상을 받았다. 미국 식품의약국(FDA)은 2014년 심장 질환을 진단하고 새로운 의료기기를 개발하기 위해 살아있는 심장과 똑같이 작동하는 가상의 심장을 만드는 프로젝트에 착수했다.

　　샬레 회장은 "4차 산업혁명 시대에는 기업이 생산한 제품만으로 경쟁력을 따질

---

2 한국경제, 스트롱코리아 포럼, 2017, 재인용 및 내용 정리.

수 없게 될 것"이라며 "얼마나 더 큰 가치와 풍부한 경험을 소비자에게 제공하느냐에 따라 성패가 갈린다"고 말했다. 이를 위해 다양한 전문가의 협업이 필수라고 강조했다. 그는 규모가 큰 기업만이 이런 시험을 할 수 있는 건 아니라고 했다. 한 예로 유럽에선 지역 학교와 중소기업이 함께 힘을 모아 소비자의 만족도를 높일 무인자율주행차를 공동 개발하고 있다.

샬레 회장은 "큰 조직보다 오히려 작은 규모가 모였을 때 성공할 가능성이 크다"며 "규모가 큰 기업들도 혁신 제품을 만들기 위해 작는 규모 실험에 나서고 있다"고 말했다. 그는 하루 전인 지난달 31일 젊은 디자이너를 지원하기 위해 이노디자인과 함께 문을 연 3D익스피어리언스랩도 그런 시도 중 하나라고 소개했다.

그는 신기술 도입과 생산 공정이 바뀌면 일자리가 줄어든다는 생각은 '기우'라고 강조했다. 샬레 회장은 "신기술이 도입되면 일자리가 줄어드는 게 아니라 오히려 숙련된 노동이 더 강조될 것"이라며 "공장 근로자들이 공학자처럼 고부가가치 제품을 생산하면서 '블루 칼라'라는 말이 사라지고 '뉴칼라'라는 말이 생겨날 수 있다"고 말했다.

그는 "앞으로 산업과 과학에서 빅데이터와 데이터 과학이 막강한 힘을 발휘할 것"이라고 말했다. 막대한 데이터를 바탕으로 보이지 않는 현상을 알아내고 해결책을 찾는 재료로 사용될 수 있기 때문이다. 하지만 대다수 나라가 여전히 빅데이터 정책에 소극적이라고 지적했다. 빅데이터 선진국인 싱가포르 역시 많은 공공데이터를 보유하고 있지만 처음에는 제대로 활용하지 못했다. 하지만 이제는 시민이 보유한 스마트 사진 자료까지 실시간 수집해 도시 문제 해결에 적극적으로 활용하고 있다.

샬레 회장은 "한국을 비롯해 여러 나라가 여전히 많은 양의 빅데이터를 확보하고 있지만, 쌓아두고 사용하지 않은 '블랙데이터'인 경우가 많다"며 "정부가 적극적으로 나서 벤처와 과학자가 사용할 수 있도록 길을 더 열어야 한다"고 말했다.

3 : "IoT로 건물 평가기준도 달라져 … 업의 본질 완전히 바뀔 것"[3]

김기세 딜로이트컨설팅 USA IoT 전략총괄은 맥킨지 컨설턴트와 삼성, LG 임원을 지낸 모바일 비즈니스 및 IoT 분야의 권위자다. 그는 IoT에 대해 "누가 언제 어디서 무엇을 그리고 왜 어떻게 할 수 있는지 실시간으로 알 수 있게 하는 것"이라며 "이런 세상에서 여러분의 사업이 어떻게 바뀔 것인가를 생각해보기 바란다"고 거듭 강조했다.

IoT를 적용해 탈바꿈한 딜로이트의 네덜란드 사옥을 사례로 제시했다. 그는 "2만 8,000개의 센서, LED(발광다이오드) 조명, 동선과 업무 상황에 따른 전력 배분 등으로 건물 사용 전력이 60%나 줄었다"며 "직원들의 근무 패턴, 손님 미팅의 동선이 센서를 통해 다 파악되면서 불필요한 공간을 없애니 임대 공간이 더 늘어났다"고 설명했다.

에너지 사용을 줄이고, 공간 효율성은 높이면서 수익도 늘어나니 건물 가치가 크게 높아졌다. 건물 하나만 이렇게 바뀌어도 인력의 효율적인 운용, 업무 시간 조정, 생산성 등 다양한 분야에 큰 영향을 끼친다는 것이다. 김 총괄은 "기존에는 건물을 지을 때 위치가 가장 중요했다면 이제는 얼마나 더 효율적으로 유지하고 다른 비즈니스와 연결하느냐가 더 중요해졌다"며 "건물을 평가하는 기준에도 변화를 주고 있다"고 했다.

그는 제너럴일렉트릭(GE)이 금융 관련 자회사를 정리하고 IoT 관련 사업에 집중하는 것이 IoT가 산업의 중심축으로 변화하는 양상을 보여주는 상징적인 사례라고 소개했다. 그는 "비행기 엔진을 그냥 한 번 팔고 마는 것이 아니라 엔진 사용에 따른 과금을 하는 방식으로 사업 모델이 달라지고 있다"며 "프로덕트(상품) 판매에서 경험과 시간을 파는 것으로 축이 옮겨가고 있다"고 설명했다.

김 총괄은 IoT가 기업 그리고 각 직업 종사자들에게 큰 기회이자 엄청난 도전이 될 것이라고도 했다. 그는 "지금까지는 매장이나 우리 회사 제품을 찾은 손님이 언제 왔고 얼마나 자주 와서 무엇을 샀는지 정도를 파악했다면 이제는 이 손님이 왜 왔는지까지 파악해 앞으로 일어날 변화까지 예측해야 한다"며 "그렇지 않으면 IoT 시대의 경쟁에서 살아남기 쉽지 않을 것"이라고도 조언했다.

---

3 한국경제, 스트롱코리아 포럼, 2017, 재인용 및 내용 정리.

한편으로는 IoT로 인해 개인정보 보호 이슈가 거세게 제기돼 기술 발전과 제도의 충돌을 우려하기도 했다. 아무리 IoT로 사물이 연결되고 엄청난 데이터가 오가더라도 개인정보를 조회하거나 이를 분석하는 게 불가능하다면 IoT 관련 산업 발전을 저해할 수도 있다고 지적했다. 강연 말미에 한 청중이 "IoT가 전혀 적용되지 않을 사물이 있을까"라고 질문했다. 이에 대해 그는 "하다못해 의자만 해도 앉아 있는 시간, 자세, 움직임 등에 대해 센서를 통해 다양한 데이터 수집이 가능하다"며 "조금이라도 가치가 있는 물건엔 센서가 다 부착될 것"이라고 강조했다.

4 ┊ '좋은 일자리'가 사라진다[4]

　　4차 산업혁명·스마트팩토리, 5년간 신규 일자리 272만 개 중 年3,000만 원 이상 정규직은 8%뿐으로 유지될 것이라 예상하고 있다. 세계 최대 규모(6000㎥)인 포스코 광양제철소 제1고로(高爐)는 하루 1만 5,000t, 연간 530만t의 쇳물을 생산한다. 그런데 이런 대형 시설의 근무자는 단 8명에 불과하다. 철광석·석탄 등 원료를 집어넣는 작업, 쇳물을 다음 공정으로 운반하는 작업, 고로 운전을 컨트롤하는 작업 등 대부분 공정은 로봇이 담당한다. 불과 10년 전만 해도 이런 규모의 쇳물을 생산·관리하기 위해서는 20명 가까운 인력이 필요했지만, 작업 공정이 자동화·첨단화됨에 따라 인력이 줄어든 것이다. 세계 최고 철강사인 포스코의 전체 고용 인원은 지난해 1만 6,584명으로, 10년 전인 2006년에 비해 1,000여 명 가까이 줄어들었다.

　　포스코뿐 아니다. 최근 국내 많은 대기업이 자동화·로봇화 때문에 시설 투자를 늘려도 '투자＝고용 증대'란 등식이 성립되지 않고 있다. 대기업 투자가 일자리로 연결되지 않는 상황에서 은행, 증권사들도 인터넷 뱅킹 등에 밀리면서 대규모 감원을 하느라 여념이 없다. 그렇다 보니 우리 고용 시장은 절대적인 일자리 부족 못잖게 '좋은 일자리'의 태부족 현상도 점점 심각해지고 있다.

1조 클럽 상장사, 매출·영업이익 늘어도 1만 5,000명 줄였다

　　본지가 기업 정보 사이트 '재벌닷컴'과 함께 지난해 매출액 1조원 이상 상장사 182곳의 사업보고서를 분석한 결과, 이 업체들의 직원 수는 100만 2,326명으로 1년 사이에 1만 5,000명이 줄어들었다. 이 기업들의 지난해 매출과 영업이익은 각각 1,197조원, 73조원이다. 1년 사이 매출은 8조 3,000억 원, 영업이익은 6조 5,000억 원이 늘었는데 직원 수만 감소한 것이다. 대표적인 기업이 삼성전자다. 삼성전자는 1년 사이 3,698명이 줄었는데, 영업이익은 2,500억 원 증가했다. 지난해 창사 이래 첫 이익 1조원을 돌파한 대기업 A사. 4년 전에 비해 영업이익은 4배 늘었지만 고용 총인원은 7,900명에서 7,600명으로 4%(300명) 감소했다.

　　A사 관계자는 "연간 투자액이 3,500억 원에 이르지만, 국내 투자는 기술·자동

---

4 조선일보, 2017, 재인용 및 내용 정리.

설비 위주"라며 "고용과 직결된 공장 증설 등은 대부분 인건비가 저렴한 해외에서 이뤄졌다"고 말했다.

'1兆 클럽' 작년 영업익 73조…

고용은 1만 5,000명 줄어 삼성그룹이 채용 규모를 밝힌 것은 2015년이 마지막이다. 당시 삼성은 고졸과 대졸 출신의 신입·경력 직원을 모두 포함해 1만 4,000명을 뽑았다. 3년 전인 2012년만 해도 삼성은 2만 6,100명을 뽑았다. 절반 가까이 줄어든 것이다.

5년간 늘어난 일자리 272만 개, 연봉 3,000만 원 이상은 21만 개(8%)뿐

우리나라에서 연봉 3,000만 원 이상 되는 '좋은 일자리'는 어느 정도 만들어지고 있을까. 본지가 한국경제연구원과 함께 고용노동부의 '고용형태별 근로실태조사'를 분석한 결과, 5년간 새로 생겨난 일자리 중 '좋은 일자리'(300인 이상 사업장에서 연봉 3,000만 원 이상 정규직) 비중은 8%에 불과했다. 지난 5년 사이에 총 272만 9,773개의 일자리가 새로 생겼는데 이 중 '좋은 일자리'는 21만 8,631개란 것이다.

전체 일자리 중 '좋은 일자리'가 차지하는 비중도 2010년에는 9.8%였으나, 2015년에는 9.7%로 떨어졌다. 한경연 우광호 박사는 "세계에서 대학 진학률이 가장 높아 연간 대졸자만 50여 만명(휴학생 포함)이 쏟아지는 우리나라에서 양질의 일자리 창출 능력이 쇠퇴, 청년 실업문제를 심각하게 만들고 있다"고 말했다.

4차 산업혁명 앞에서 더욱 심각해지는 일자리 감소

고용 창출 능력의 감퇴는 산업계 전반으로 확산하고 있다. 특히 4차 산업혁명, 스마트 공장 등과 맞물려 더 빠른 속도로 퍼지고 있다.

경북에 있는 중견 기계부품회사는 지난해 스마트 공장 인증을 받았다. 이 회사 관계자는 "구매나 자재 관리, 재고 파악 등의 작업이 대부분 시스템으로 자동화되면서 상당수 직원들의 할 일이 없어졌다"며 "그렇다고 정규직을 해고할 수는 없어 업무 보정과 함께 신규 채용을 크게 줄이는 식으로 중·단기 인력 수급을 조정하고 있다"고 말했다. 이 회사는 초봉 3,000만 원의 인기 중견 기업이다.

　　대규모 장치 산업인 석유화학 업체의 고용 사정은 더욱 심각하다. 롯데케미칼은 1,000여 명이 근무하는 전남 여수 공장에 2,530억 원을 들여 생산 설비를 늘리고 있지만, 추가 고용 인원은 수십 명이 채 안 될 전망이다. 800여 명이 근무하는 한화토탈의 대산 공장도 5,395억 원의 시설 투자가 진행 중이지만 추가 고용 인력은 수십 명 수준이다. 업계 관계자는 "공장에서 대부분 로봇들이 업무를 대신하고 사람들은 거의 없는 석유화학 생산라인은 4차 산업혁명 시대 닥쳐올 제조업의 미래를 적나라하게 예고해준다"고 말했다.

　　배상근 전국경제인연합회 전무는 "우리 사회의 또 다른 취약점인 노동시장 양극화 해소와 중산층 복원을 위해서라도 좋은 일자리가 많이 생겨야 한다"면서 "최근 일본과 독일에서 과감한 규제 개혁과 사회 대타협을 통해 일자리 창출에 성공하고 있는 사례를 적극 흡수해 나가야 할 것"이라고 말했다.

5 다양한 근로 형태 도입한 일본[5]

마세 지즈코(38·여) 씨는 일본 도쿄 신주쿠의 유니클로 매장에서 '한정(限定) 정사원'으로 일한다. '한정 정사원'이란, 직종·근무시간·근무지역 등이 한정돼 있는 정규직이다. 정년·임금·복리후생은 일반 정규직과 같다. 마세 씨는 일주일에 4일, 하루 5.5시간(오전 9시~오후 3시·휴식 30분)만 이 매장에서 일한다. 그는 "집에 일찍 와 초등학생인 딸을 돌볼 수 있고, 정년 보장에다 근무지 이동이 없어 업무 효율도 훨씬 좋다"고 말했다.

한정 정사원은 일본 정부가 적극 권장하고 있는 이색 정규직이다. 근로자는 고용 안정과 일·가정 양립 등을 동시에 누릴 수 있고, 회사는 충성도 높은 '파트타임 직원'을 활용할 수 있다. 일본 기업의 절반 이상은 이 제도를 도입하고 있다.

유니클로는 근무시간과 지역을 직원이 원하는 대로 한정해 일하면서도, 정년이 보장되는 '한정 정사원'제도를 운용하고 있다. 블룸버그 '잃어버린 20년'을 보냈던 일본도 일자리 문제는 국가적 이슈였다. 2009년 대졸 취업률이 60% 수준으로 떨어졌지만, 올초 97% 수준으로 완전 고용 상태로 회복했다. 최근엔 정규직 증가폭이 비정규직을 앞지르고, 올 1분기에는 비정규직 숫자는 줄어들었다. 배경엔 아베 신조 일본 총리가 일자리 문제를 사회문제가 아닌 '경제 이슈'와 결부시켜, '생산성 확대' 개념을 적용한 개혁이 있다.

우광호 한국경제연구원 박사는 "지금 우리는 '정규직과 비정규직'을 이분화해 무조건적으로 정규직 전환을 추진하고 있지만, 일본은 정규직을 세분화하고, 비정규직은 처우를 개선해 다양한 형태의 '좋은 일자리'를 만들기 위한 개혁을 단행하고 있다"고 말했다.

일본, 일자리 문제는 '노동 문제'가 아니라 '경제 문제'

아베 총리는 2015년 '강한 경제'를 천명하며 '근로 방식의 개혁'을 실천 방안으로 제시했다. 일자리 문제를 노동·사회 개혁 문제로 접근한 것이 아니라 '경제 개혁 문제'로 인식한 것이다. 아베 총리는 당시 "50년 후에도 인구 1억 명을 유지하고, 1

5 조선일보, 2017, 재인용 및 내용 정리.

억 인구가 모두 활약하는 강한 경제(1억 총활약 사회)를 만들겠다"면서 "다양한 근로 방식의 개혁을 추진하겠다"고 했다. 이 일련의 개혁은 전광석화처럼 진행됐다. 한 달 만에 아베 총리가 의장을 맡은 '1억 총활약 회의'가 신설됐고, 8개월간 9차례 회의를 마무리한 지 3개월 만에 '근로방식 개혁 실현 추진실'이 설치됐다. 이후 6개월간 10 차례 회의를 열어 '실행 계획'을 내놓았다.

최근 일본의 비정규직을 앞지르는 정규직 일자리 증감폭 추이 외 일본 후생노동 성 산하 노동정책연구·연수기구의 오학수 박사는 "일본의 '근로 방식의 개혁'은 근 무 형태·직장 문화·라이프스타일 등을 근본적·총체적으로 바꾸자는 취지"라며 "비 정규직은 처우를 개선하고, 정규직은 과도한 노동을 시정하는 등 다양하고 좋은 일 자리를 만들어 모든 구성원이 성장의 과실을 골고루 나눠 갖자는 '경제 개혁'"이라고 말했다.

'동일노동 동일임금'으로 비정규직 처우 개선

일본 유명 의류 기업 아오키(AOKI)는 작년 9월, 60세 미만의 유기 계약 사원 420명(전체의 7.3%)을 무기 계약직으로 전환했다. 하루 8시간 근무, 월급·퇴직금·정 년 등은 정사원과 똑같지만, 승진은 매장 관리자까지로 제한된다. 이 회사는 생애주 기에 따라 '일하는 방식'을 스스로 선택할 수도 있다. 20~30대엔 정사원으로 입사했 다가 출산 이후엔 '한정 정사원'으로 근무지·시간을 정해 일할 수도 있고, 상황에 따 라 아르바이트생이 됐다가 다시 정사원으로 전환할 수도 있다. 이는 일본 정부가 작 년 12월 제시한 비정규직 차별을 금지하는 '동일노동 동일임금' 가이드라인에 따른 것이다.

기본급·상여금·수당·복리후생·훈련 등에서 정규직과의 격차를 줄일 것을 구 체적으로 명시했다. 특히 경험과 능력, 업적·실적, 근속연수가 동일하면 시간당 수 당·복리후생을 동일하게 적용하도록 했다. 다만 상여금·직책수당에서 업적·공헌에 따른 차등은 인정했다. 일본 정부는 이 내용을 구체화해 2019년 법 시행을 목표로 올해 안에 법안을 제출할 계획이다. 이지평 LG경제연구소 수석연구위원은 "무조건 정규직으로 전환하는 것이 아니라 비정규직 처우를 개선함으로써, 기업들이 자발적 으로 정규직을 더 채용하도록 유도하는 것"이라고 말했다.

재택 근무 활성화… '스마트워킹'으로 효율성 추구

닛산 본사에서 근무하는 무라카미 미카코(여) 씨는 한 달에 5일을 재택 근무하며 육아를 병행한다. 인터넷 메신저인 '스카이프'로 팀원들에게 출근 인사를 하고, 퇴근할 땐 하루 성과를 이메일로 공유한다. 무라카미 씨는 "평가·승진은 성과에 따라 공평하게 이뤄지기 때문에 집에 있다고 놀지 않는다"고 말했다.

일본 정부는 재택 근무 시스템을 구축하는 사업장에 150만엔(약 1,500만 원)을 지원하는 등 재택·유연 근무를 권장하고 있다. 도요타는 최근 전 직원 중 3분의 1에 재택 근무를 허용했다. '좋은 일자리'와 '근로 효율성'에 대한 문제의식 때문이다.

일본 노동법 전문가인 정영훈 한양대 법학연구소 박사는 "일본은 청년을 비롯해 간병·육아에 매인 사람들이 노동 조건이 열악한 직장을 기피하는 문제를 해결하기 위해 개혁을 추진해왔다"며 "우리나라도 실업자 중 절반이 대졸 이상이지만, 중소기업은 인력난에 시달리는 '일자리 미스매치'가 심각한 상황이라 일본식 개혁이 시사하는 바가 크다"고 말했다.

6 · 노동시장 변화 대응하는 독일[6]

독일의 스포츠용품 브랜드인 아디다스는 작년 9월부터 독일 안스바흐에서 운동화 일부를 생산하고 있다. 1993년 운동화 생산 전량을 해외로 이전한 뒤 자국 생산을 재개한 건 23년 만이다. 독일 공장에선 연간 50만 켤레 운동화가 생산된다. 아시아에서 직간접적으로 100만명을 고용하고 있지만 독일 공장에는 10명만 일한다. 동남아에서 생산할 때 필요한 인원의 60분의 1에 불과하다. 로봇 12대와 3D프린터가 사람을 대신해 운동화를 만들기 때문이다. 공장은 독일로 돌아왔지만 정작 일자리는 거의 늘지 않은 것이다.

독일 '노동 4.0'으로 4차 산업혁명 준비

독일 정부는 2011년부터 정보통신기술(ICT)을 융합한 '산업(인더스트리) 4.0'을 추진해왔다. 이런 4차 산업혁명은 아디다스 사례처럼 기존 제조업 일자리를 크게 위협하는 등 노동 환경을 바꿔가고 있다. 독일은 4차 산업혁명 추진과 함께 4차 산업혁명이 노동시장에 어떤 영향을 미칠지에 대한 물음도 함께 던졌다. 2015년부터 노사정(勞使政), 학계 등 전문가들이 머리를 맞댔고 작년 11월 관련 내용을 집대성한 '노동 4.0' 백서를 내놨다.

작년 말 완공된 독일의 아디다스 운동화 공장은 센서와 네트워크를 통해 로봇이 작업 방식을 조정해가며 원하는 제품을 생산한다. 연간 50만 켤레를 생산하지만 생산 인력은 10명이다. 24년 만에 독일 내 생산을 재개했지만 일자리는 거의 늘지 않은 것이다.

작년 말 완공된 독일의 아디다스 운동화 공장은 센서와 네트워크를 통해 로봇이 작업 방식을 조정해가며 원하는 제품을 생산한다. 연간 50만 켤레를 생산하지만 생산 인력은 10명이다. 24년 만에 독일 내 생산을 재개했지만 일자리는 거의 늘지 않은 것이다.

노동 4.0은 4차 산업혁명 시대에 어떤 일자리가 없어지고 새롭게 만들어질지, 근로 방식은 어떻게 바뀔지, 이런 변화에 어떻게 대응해야 할지 등 노동 시장 변화에

---

6 조선일보, 2017, 재인용 및 내용 정리.

대한 광범위한 내용을 담고 있다.

4차 산업혁명은 일하는 방식을 근본적으로 바꿀 것으로 예상했다. 스마트 기기나 ICT는 언제 어디서든 일할 수 있는 환경을 가능하게 해 '오전 9시~오후 5시'라는 고정된 노동 시간과 사무실이라는 근로 공간의 경계를 없애 '유비쿼터스(Ubiquitous) 노동'을 가능하게 한다.

지금처럼 모든 근로자가 동일한 시간대에 늘 지정된 곳에서 노동할 필요가 없다. 또 수요자가 중심이 되는 '주문형(온디맨드) 경제', 'O2O(온·오프라인 연계) 서비스' 같은 플랫폼 경제(공유경제) 활성화는 고용의 형태와 근로 계약 방식도 근본적으로 바꿀 것으로 예상했다.

노동 4.0 "4차 산업혁명의 부작용 최소화해야"

4차 산업혁명으로 일자리 어디서 얼마나 줄어들까		단위: 명
고용 감소 합계 −716만 5,000명		**고용 증가** 합계 +202만 1,000명
사무·행정	−475만 9,000	비즈니스와 재무관리 49만 2,000
제조·생산	−160만 9,000	관리직 41만 6,000
건설·광업	−45만 7,000	컴퓨터·수학 40만 5,000
예술·디자인·엔터테인먼트·스포츠·미디어	−15만 1,000	건축·엔지니어링 33만 9,000
법률	−10만 9,000	영업 및 영업관리 30만 3,000
시설·정비	−4만	교육·트레이닝 6만 6,000

※세계경제포럼이 2016년 15개 국가의 9개 산업부문에 속한 1,300만명 종업원들을 대상으로 조사

자료: 세계 경제포럼 미래고용보고서

하지만 이런 변화는 업무와 휴식시간의 경계를 무너뜨려 근로자 입장에선 노동 강도가 더 강해질 수 있다. 또 노동 4.0 시대에는 활발한 일자리 이동과 새로운 일자리 등장으로 인한 지속적인 직업 교육이 필요해지고, 실업자에 대한 사회적 보장도 한층 중요해진다.

플랫폼 경제를 기반으로 한 특수근로자들을 어떻게 보호할지에 대한 법적 문제도 발생한다. 독일은 노동 4.0을 바탕으로 이런 문제들을 해결하기 위한 법률 개정 등 대책을 마련할 계획이다.

이동응 한국경영자총협회 전무는 "4차 산업혁명으로 노동 시장의 유연성 확대는 불가피하다는 전제하에 부정적 영향을 최소화하기 위한 보완 조치가 시급히 이뤄

져야 한다는 게 '노동 4.0'의 핵심 내용"이라고 말했다.

일자리 유연화로 실업 극복한 독일

독일은 앞선 2002년부터 '하르츠 개혁'을 추진해왔다. 제2차 세계대전 이후 실업률이 최고조에 이르자, 사민당 슈뢰더 총리는 폴크스바겐 인사담당 이사를 지낸 하르츠를 위원장으로 대대적인 노동 개혁에 나섰다.

개혁의 핵심은 경기가 나쁘면 정리해고 기준 등을 완화하고, 경기가 좋을 때는 최대한 일자리를 보호하는 노동의 유연화였다.

하르츠는 네 차례에 걸쳐 비정규직 규제를 완화했다. 또 기업이 파견근로자를 사용할 수 있는 기간 제한을 없애는 등 파견근로자를 자유롭게 활용할 수 있게 했다. 2005년 청년실업률은 독일이 15.5%, 한국은 10.1%였다. 하지만 2016년 한국(10.6%)과 독일(7.0%)의 상황은 완전히 역전됐다.

김기선 한국노동연구원 연구위원은 "국가마다 일자리와 관련된 고질적 병폐들이 다를 수 있다"며 "지금 우리 노동시장의 문제가 무엇인지 의제를 마련하고 이에 대한 노사정의 공감대 형성이 필요하다"고 말했다.

7 : 2017년은 4차 산업혁명 원년

: 금융권에 상륙한 4차 산업 혁명 … 블록체인 바람 분다[7]

금융권 블록체인 기술 적용 현황	
KB국민은행	▶ 비대면 실명확인 시 증빙자료 블록체인에 보관, 위·변조여부 확인하는 시스템 구축 ▶ 해외송금거래 기술검증 완료
신한은행	▶ 골드바 구매시 모바일 보증서 발급하고 블록체인상 정보와 대조해 진위 확인 ▶ 영국 블록체인 전문업체 및 연구소와 MOU체결로 글로벌 협업체계 구축
NH농협은행	▶ 블록체인 기술을 결합한 지문인증 서비스 인터넷뱅킹까지 확대
하나금융	▶ '원화 차액 결제' 관련한 블록체인 결제 기술 검증 완료
롯데카드	▶ 블록체인 기반 지문인증 서비스 오픈, 문서 위변조 방지 체계에도 도입
KB국민카드	▶ 블록체인 기술을 활용한 개인인증 시스템 도입

자료: 각사

4차 산업혁명의 도래로 금융권이 격변의 시기를 맞았다. 4차 산업혁명 시대를 이끌 핵심기술로 꼽히고 있는 '블록체인(Blockchain)' 바람이 금융권 전반에 불고 있다. 블록체인은 거래 데이터를 중앙집중형 서버에 기록·보관하는 기존 방식과 달리 별도의 중앙 서버에 거래 정보를 저장하지 않고 모든 거래 참여자들이 거래 정보를 공유하고 함께 기록하는 시스템을 의미한다. 업계는 높은 보안성과 비용 절감·신속성 등을 바탕으로 한 블록체인 기술이 금융시스템 전반에 영향을 미칠 것으로 전망했다.

블록체인 분야 보폭 넓히는 금융업계

금융권에 따르면 은행·카드업계는 해외송금서비스, 인증 체계 개발 등 블록체인 기술을 활용한 금융 서비스 모색에 적극 나서고 있다. KEB하나은행, 신한은행, 국민은행 등 국내 주요은행들은 글로벌 43개 은행이 참여한 세계 최대규모의 블록체인 컨소시엄인 'R3CEV'에 가입, 블록체인 표준화 논의 및 공동프로젝트에 참여할 수 있는 협업체계를 마련했다.

---

7 asIatoday, 2017, 재인용 및 내용 정리.

개별 은행들도 블록체인의 금융서비스 상용화에 적극 나서고 있다.

신한은행은 영국현지 블록체인 전문업체 및 연구소와 전략적 업무제휴를 위한 MOU체결하고 블록체인 기술 연구 및 사업화에 대한 상호협업체계의 기틀을 구축했다. 지난해 이미 신한은행은 블록체인 기술을 활용해 골드바 구매 교환증 및 보증서를 발급하는 '골드안심서비스'를 출시한 바 있다.

KB국민은행은 블록체인을 활용해 해외송금서비스를 실시하는 기술 검증을 완료한 것으로 알려졌다. 이에 앞서 비대면 실명확인 시 증빙자료를 블록체인에 보관하고 위·변조여부 확인하는 시스템을 구축하기도 했다.

NH농협은행은 블록체인 기술을 결합해 보안성을 높인 지문인증 서비스를 인터넷뱅킹까지 확대했다. 지문인증 서비스는 스마트폰에 지문을 등록하면 계좌조회, 이체, 금융상품 상품, 대출 신청, 공과금 납부 등 전자금융 거래 시 본인 확인을 지문으로 가능하게 하는 서비스다.

하나금융도 국내 지급 결제시스템 중 '원화 차액 결제'와 관련해 블록체인 결제 기술검증을 완료했다. 블록체인 상용화를 위해 전국은행연합회와 16개 은행 및 2개 협력기관 등으로 구성된 '은행권 블록체인 컨소시엄'도 운영 중이다.

이 컨소시엄은 블록체인 기술 활용 공동 사업 발굴 등에 대한 논의를 하고 있다. 현재 과제 선정을 위한 안건을 추리는 작업을 하고 있으며, 이르면 올해 구체적인 윤곽이 드러날 것으로 보인다.

카드업계 역시 블록체인 기반 시스템을 발 빠르게 구축하고 있다.

롯데카드는 블록체인 기반의 지문인증 서비스를 오픈했다. 블록체인 기반의 지문인증 서비스를 향후 홍채인증 등 다양한 생체인증 서비스와도 융합해 나간다는 계획이다. 또 블록체인 기술을 문서 위변조 방지 체계에도 도입해 전자회원 가입신청서 등에도 적용했다.

KB국민카드 역시 지난해 12월 초 블록체인 기반의 인증서비스를 시행했다. 이는 블록체인 인증 정보가 담긴 키 저장매체와 블록체인 인증 네트워크를 통한 인증서비스다.

보안성 높은 블록체인···"4차 산업혁명의 핵심 인프라"

블록체인은 당초 비트코인 거래 정보 저장 기술로 고안됐다. 블록체인은 시스템 오류나 해킹 등이 발생할 경우 전체 네트워크에 영향을 미치지 않아 보안성이 높다는 강점이 있다. 블록체인은 데이터와 자산 거래의 신뢰성을 제공하는 4차 산업혁명의 핵심 인프라"라며 해킹을 통한 위·변조가 사실상 불가능해 중간의 '신뢰 담당자' 없이도 블록체인 위에서 거래할 수 있는 '스마트 계약'이 가능해진다. 거래비용과 시간 절감 역시 장점이다. 당사자 간 직거래가 가능해 수수료가 들지 않고, 중간 절차가 없어 시간도 절약할 수 있다. 업계는 높은 보안성과 효율성, 결제 신속성 등을 바탕으로 금융 서비스 적용시 큰 폭의 비용 절감을 기대할 수 있을 것으로 내다봤다.

한국은행 금융결제국의 '분산원장 기술의 현황 및 주요 이슈' 보고서에 따르면 블록체인 기술 플랫폼에 향후 여러 금융 서비스 프로토콜이 더해진다면 금융전반에 혁명을 불러올 것으로 예측했다. 다만 기술적·제도적으로 풀어야 할 과제도 산적해 있다.

블록체인 기술 도입으로 새롭게 발생하거나 증대될 리스크 요인에 대한 점검이 필요하다는 의견이다. 한국은행 측은 "보안 리스크, 법적 리스크 등이 높아질 가능성이 크며 스마트계약이 분산원장에 결합되면서 발생 가능한 리스크에도 유의해야 한다"며 "혁신을 저해하지 않는 동시에 리스크에 적절히 대처할 수 있도록 금융당국의 규제가 적절히 이뤄져야한다"고 강조했다.

또 신뢰를 보장해주는 제3의 외부기관이 존재하지 않아 참여자간 서로 다른 의견이 나타났을 경우 이를 조정해주는 메커니즘이 미흡하다는 우려도 제기된다. 이러한 문제를 해결하는 정교한 규칙 체계가 사전적으로 필요하다는 주장이다.

이군희 서강대 교수는 하나금융경영연구소 논단에서 "블록체인 메커니즘을 통제할 법적 근거가 없으며, 이에 대한 금융감독 기준이 존재하지 않아 이에 대한 법제적 환경에 대한 논의가 필요한 시점"이라며 "금융규제적인 법적 분쟁이나 소송이 진행되는 경우 사법적 처리를 위한 규제기관 개입에 대한 적법성과 증거 수집을 위한 원칙과 절차 필요가 필요하다"고 지적했다.

8 4차 산업혁명 대응체계 구축[8]

구분	주요내용
데이터 인프라 구축	▶ 4차 산업혁명의 근간인 데이터 유통·활용 활성화 기반 마련
핵심기술 개발 [R&D]	▶ 지능형 제품, 맞춤형 서비스 구현을 위한 차세대 지능정보기술 개발 및 언프라 구축
산업생태계 조성	▶ 기업의 창의와 자율을 저해하는 핵심규제 개선 ▶ 신산업·신기술 분야 시장 조성 위한 정부지원 체계 개편
미래인재 양성	▶ 창의 융합형 인재양성을 위한 미래형 교육과정 편성 ▶ 4차 산업혁명 전문인력 양성
노동시장 효율화	▶ 노동시장 유연성과 안정성 제고 ▶ 부문간 일자리 이동에 대비한 교육훈련시스템 정비

4차 산업혁명 경제·사회시스템 / 출처=기획재정부

정부가 4차 산업혁명에 따른 경제·사회구조 변화에 체계적으로 대응하기 위한 컨트롤타워로 '4차 산업혁명 전략위원회'를 신설한다. 4차 산업혁명은 인공지능(AI), 데이터 기술이 모든 산업 분야에 적용돼 경제·사회 구조에 변화를 일으키는 기술혁명을 의미한다. 사물인터넷(IoT)·클라우드·빅데이터·모바일 등이 대표적이다. 맥킨지 보고서에 따르면 2030년까지 4차 산업혁명으로 인해 최대 460조원의 경제적 효과 발생과 최대 80만 개의 일자리 창출이 기대된다.

기획재정부는 이 같은 내용을 골자로 하는 '2017년 경제정책방향'을 발표했다. 판교 창조경제밸리를 4차 산업혁명 혁신 클러스터로 집중 육성한다. 아울러 창조경제혁신센터를 기술·정보 확산의 거점으로 활용하고 창조경제혁신센터별 특화사업에 강점을 가진 전담기관을 보완한다. 인천(전담기관 : 한진)과 울산(전담기관 : 현대중공업)에 각각 KT, 울산과학기술원(UNIST)이 추가된다.

신기술 조기 상용화를 통해 유망 신산업 창출 촉진과 기존산업 경쟁력을 제고한다. 내년부터 한국전력의 고공 철탑 약 4만기는 드론으로 시설을 점검받는다. 전남 고흥, 강원 영월 등 교통이 불편한 곳엔 드론으로 우편을 배달한다. 내년 하반기 경기 화성의 자율주행차 실험도시(k-city)에 고속주행구간을 우선 구축해 개방한다. 제조 전 과정에 정보통신기술(ICT)을 활용하는 스마트공장도 4,000개까지 확대할 계획

---

8 asIatoday, 2016, 재인용 및 내용 정리.

이다.

교육 부문에선 창의융합형 인재 양성을 목표로 개정 국가교육과정을 초등학교
는 내년부터, 중·고등학교는 2018년부터 시행한다. 4차 산업혁명의 핵심 경쟁력인
소프트웨어(S/W) 교육을 필수화한다.

노동 부문은 직종별 자동화에 의한 대체효과와 유망 신산업·직업별 수요예측
등을 기반으로 하는 '중장기 인력수급 전망'을 실시한다.

금융시장은 1분기까지 블록체인, 디지털 통화 등 신기술과 금융서비스간 융합을
위한 2단계 핀테크 발전 로드맵을 마련한다. 2016년에 20조 5,000억인 기술금융 공
급은 2017년에는 34조원으로 확대된다. 크라우드펀딩 규제 완화 등을 통해 모험자본
육성을 촉진한다.

공공분야에선 정책금융, 산업진흥, 보건·의료 3대 분야 기능 조정방안을 마련
한다. 이 밖에 국고보조금 통합관리시스템을 내년 1월부터 순차로 개통해 상반기에
완료하고, 분야별로 흩어져 있는 바우처카드를 '국민행복카드'로 통합한다.

9 : Block Chain의 이해[9]

가상화폐 거래 내역을 기록하는 장부. 신용이 필요한 온라인 거래에서 해킹을 막기 위한 기술로 사용된다.

1. 개요

가상화폐 거래 내역을 기록하는 장부다. 본래 비트코인(Bitcoin) 거래를 위한 보안기술이다.

2008년 10월 사토시 나카모토라는 익명의 개발자가 온라인에 올린 '비트코인: P2P 전자 화폐 시스템(Bitcoin: A Peer-to-Peer Electronic Cash System)'이라는 논문에서 처음 등장했다. 사토시 나카모토는 2009년 1월 비트코인을 만들어 공개했다.

2. 비트코인

비트코인은 온라인에서 사용하는 전자화폐다. 별도의 발행처나 관리기관이 없고 누구나 발행하거나 사용할 수 있다.

은행이나 환전소를 거치지 않고 당사자 간 직거래를 하므로 수수료가 적거나 없다. 다만 상대방을 신뢰할 수 없는 온라인 직거래의 특성상 화폐를 암호화하는 방식을 택했다. 비트코인은 특정한 비밀 키를 가진 사용자만 정보를 확인할 수 있는 공개 키 암호 방식을 사용한다.

3. 특징

① 거래 내역을 중앙 서버에 저장하는 일반적인 금융기관과 달리, 블록체인은 비트코인을 사용하는 모든 사람의 컴퓨터에 저장된다.

② 누구나 거래 내역을 확인할 수 있어 '공공 거래 장부(Public Ledger)'라 불린다. 거래 장부가 공개되어 있고 모든 사용자가 사본을 가지고 있으므로 해킹을 통한 위조도 의미가 없다.

---

9 Satoshi Nakamoto, Bitcoin: A Peer-to-Peer Electronic Cash System, 2008, 재인용 및 내용 정리.

③ 특히 블루체인은 신용이 필요한 금융거래 등의 서비스를 중앙집중적 시스템 없이 가능하게 했다는 점에서 높은 평가를 받는다.

④ 향후 대표적인 핀테크(FinTech) 기술로 비트코인 이외의 다른 온라인 금융거래에 활용될 가능성도 크다.

4. 비트코인 방식

① 블록체인은 분산 데이터베이스의 하나로 P2P(Peer to Peer) 네트워크를 활용한다. 블록체인이 비트코인 사용자 모두의 컴퓨터에 저장될 수 있는 것은 이 때문이다.

② 분산 데이터베이스란 데이터를 물리적으로 분산시켜 다수의 이용자가 대규모의 데이터베이스를 공유하게 만드는 기술이다.

③ 데이터를 분산 배치하므로 비용이 적게 들고 장애에 강한 편이다.

④ P2P는 서버나 클라이언트 없이 개인 컴퓨터 사이를 연결하는 통신망이다. 연결된 각각의 컴퓨터가 서버이자 클라이언트 역할을 하며 정보를 공유한다.

⑤ 블록체인은 인터넷으로 연결된 가상화폐 사용자들의 P2P 네트워크를 만든다. 이를 통해 가상화폐의 거래 내역(블록)이 사용자의 컴퓨터에 저장된다.

⑥ 그 중 사용자 과반수의 데이터와 일치하는 거래 내역은 정상 장부로 확인되어 블록으로 묶여 보관한다. 비트코인의 경우 10분 정도마다 사용자들의 거래 장부를 검사해 해당 시간의 거래 내역을 한 블록으로 묶는다.

⑦ 만일 특정 사용자의 장부에서 누락 등의 오류가 발견되면, 정상 장부를 복제해 대체하는 방식으로 수정한다. 새로운 거래 내역을 담은 블록이 만들어지면 앞의 블록 뒤에 덧붙이는 과정이 반복된다. 블록체인(Blockchain)이란 이름도 거래 내역(블록, Block)을 연결(Chain)했다는 뜻이다.

⑧ 거래할 때는 각 사용자가 가진 거래 내역을 대조한다. 이를 통해 거래 내역의 진위를 파악할 수 있어 데이터 위조가 방지된다. 블록체인의 보안 안정성은 데이터를 공유하는 이용자가 많을수록 커진다.

⑨ 블록체인은 비트코인 이외에도 클라우드 컴퓨팅 서비스 등 다양한 온라인 서비스에 활용되고 있다.

10 4차 산업혁명과 지능정보사회의 미래, 핀테크 · VR · AI 빗장 푼다[10]

제4차 산업혁명과 지능정보사회의 미래로 불리는 3가지 아이템의 성장을 가로 막던 족쇄가 풀렸다. 미래창조과학부 장관은 정부서울청사에서 열린 '신산업 규제혁신 관계 장관회의'에서 미래부, 문체부, 금융위 등 관계부처가 공동으로 마련한 '인공지능, 가상현실, 핀테크 규제혁신' 방안을 발표했다.

이번 방안은 제4차 산업혁명으로 촉발되는 지능정보사회에서 국민 삶의 질을 향상시키고 신성장 동력을 창출할 것으로 주목받고 있는 인공지능, 가상현실, 핀테크의 육성과 지원을 위해 추진됐다.

인공지능은 제4차 산업혁명을 촉발하는 핵심 기술로 부각되고 있으며, 세계 주요국가 · 기업은 인공지능을 통한 혁신 및 성장 모멘텀 발굴에 집중하고 있다. 또한, 가상현실도 콘텐츠 이용행태의 급격한 변화와 함께 관련 HW · SW 시장의 성장이 예상되고 있다.

마지막으로 핀테크는 'Pay전쟁'이라고 불릴 정도로 전 세계 금융을 주도하기 위한 경쟁이 치열하다.

1. 인공지능 분야 규제혁신

2016년 '지능정보사회 중장기 종합대책'에 이어 2017년에는 '(가칭) 지능정보사회 기본법'을 추진하고, 핵심 제도이슈에 대한 정비 방향을 제시한다.

1) '지능정보사회 기본법' 제정 추진(가칭)

제4차 산업혁명에 대응하여 국가사회 전반의 지능정보화를 촉진하기 위해 현행 '국가정보화 기본법'을 '(가칭)지능정보사회 기본법'으로 개정한다.

지능정보기술 · 사회 개념을 정의하고, 국가사회 전반의 지능정보화 방향 제시 · 체계적인 준비를 위한 기본계획 수립 등을 규정하고, 데이터 재산권의 보호 및 가치 분배 등 지능정보기술 기반 확보를 위한 조항을 추가할 계획이다.

---

10 보안뉴스, http://www.boannews.com/media/view.asp?idx=53517

2) 핵심 법제도이슈 관련 정비방향 제시

인공지능의 안전성, 사고 시 법적책임 주체, 기술개발 윤리 등 인공지능 확산에 따라 전 세계적으로 논의가 확대되고 있는 법제도 이슈와 관련하여 각계의 의견수렴을 통해 정비 방향을 제시할 계획이다.

2. 가상현실 분야 규제혁신

가상현실에서는 개발부터 창업까지 성장단계별 규제혁신을 통해 가상현실 신산업 성장을 지원하고, VR기기 안전기준을 마련하여 이용자 안전을 확보할 계획이다.

1) VR 게임제작자의 탑승기구 제출 부담 완화

신규 VR 콘텐츠 등급 심의 때마다 탑승기구까지 제출해야 하는 문제를 개선해 PC로 콘텐츠를 확인할 수 있는 경우 탑승기구 검사를 면제한다.

2) VR 게임기기 안전기준 마련

탑승형 VR게임 유통 활성화를 위해 게임법에 VR 게임에 대한 합리적인 안전기준을 마련하여 VR게임 이용자 안전을 확보한다.

3) 불합리한 시설 규제 개선

사행성 콘텐츠와 음란물의 이용방지를 위해 PC방은 칸막이 높이를 1.3미터로 제한하고 있는데, 이용자 보호(몸동작으로 인한 충돌방지)를 위해 높은 칸막이가 필요한 VR 체험시설은 예외로 인정한다.

4) VR방(복합유통게임제공업소) 내에 음식점 등이 동시 입점할 경우 한 개의 영업장으로 보아 단일 비상구 설치를 허용한다.

3. 핀테크 분야 규제혁신

전통금융업 위주의 현행 규제를 혁신해 다양한 핀테크 서비스 도입을 촉진하고, 금융 소비자의 편의성·접근성을 높이기 위한 제도 정비를 추진한다.

1) 가상통화 취급업에 대한 규율체계 마련

전 세계적으로 비트코인 등 가상통화 거래가 증가하고 있는 가운데, 국내에서도 가상통화의 건전·투명한 거래가 가능하도록 가상통화 취급업에 대한 적절한 규율체계를 마련한다.

2) 핀테크 기업 단독 해외송금 서비스 운영 허용

핀테크 기업이 독자적으로 해외송금 서비스를 할 수 있도록 허용, 소비자의 송금수수료 부담 절감 등에 기여할 계획이다.

3) P2P 대출계약시 소비자의 비대면 계약내용 확인방법 확대

대출계약시 소비자의 계약내용 확인 방법을 '직접기재', '공인인증서', '음성녹취' 외에 '영상통화'를 추가로 인정해 소비자의 편의성을 높인다.

4) P2P 대출업자에 대한 총자산한도 규제 완화

대부업자의 무분별한 외형확장 방지를 위해 도입한 총자산한도 규제(자기자본의 10배 이내 자산운용)가 영업특성이 다른 P2P 영업에 일괄 적용되지 않도록 정비할 계획이다.

5) 로보어드바이저 상용화 지원

알고리즘 기반의 금융자산 관리서비스인 로보어드바이저는 안정성·유효성 테스트를 거쳐 올 상반기에 본격 출시될 예정이다.

로보어드바이저 테스트베드 운영을 위한 세부방안(모집·심사 기준 등)을 발표하여 1차 테스트베드(2016년 10월~17년 4월) 운영중이며, 대고객 서비스도 올해 5월까지 출시할 예정이다.

6) 핀테크 스타트업 투자기준 명확화

핀테크 스타트업에 대한 벤처캐피탈 투자가능 요건을 명확히 했고 핀테크 업종에 대한 기술보증이 활성화될 수 있도록 지원한다.

7) 금융권 공동 핀테크 오픈플랫폼 이용 활성화

지난해 오픈한 '금융권 공동 핀테크 오픈 플랫폼'을 통해 다양한 핀테크 서비스가 개발될 수 있도록 조회 가능한 계좌종류를 확대하고 주문 서비스도 가능하도록 API 이용범위를 확대한다.

미래부 장관은 "제4차 산업혁명은 국가·사회 전반에 변화를 초래하므로 이를 위해서는 융합을 촉진할 수 있는 선제적인 법제도 정비가 중요하며, 미래부는 관계부처와 힘을 모아 제4차 산업혁명을 체계적으로 대응하고 지능정보사회로의 이행을 준비하겠다"고 밝혔다.

CHAPTER 07

재무전략

1 | 개념

1) 재무관리의 정의

재무관리(corporate finance)란 기업의 자금 조달과 운용에 관련된 모든 의사결정을 효율적으로 수행하기 위한 이론과 실무 기법을 연구 대상으로 하는 학문이다.

회계기준 적용대상

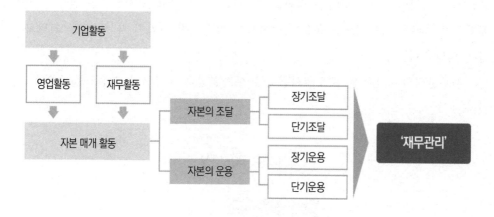

2) 재무관리의 목적

자본주의 시장경제를 구성하는 주요 경제 주체는 크게 소비자와 기업, 두 부분으로 나눌 수 있다. 소비자는 각자가 소유하고 있는 생산요소인 자본, 노동 및 기술 등을 자본 시장과 노동시장을 통해 기업에 공급하고, 소비자들은 이것에 대한 대가로 임금, 이자 및 배당 등의 소득을 얻게 된다.

한편, 기업은 필요한 자금을 적시에 값싼 비용으로 조달하는 재무활동과 기업고유 활동인 생산 및 판매활동으로 이루어진 영업활동으로 자금을 활용하여 이윤을 창출한다. 이처럼, 기업 경영에 있어서 가장 중요한 것이 바로 기업 자금이다.

재무관리는 '기업이 필요한 자금을 조달하고 조달된 자금을 어떻게 운용할 것인가'라는 문제를 다루는 자금 관련 재무활동을 말하며, 자본의 조달과 운용과 관련된 기업 활동을 계획하고 실행하며 통제하는 관리시스템으로서 활용 목적이 있다.

2 : 재무관리의 역할

재무관리는 소요자본을 효율적으로 조달하고, 조달된 자본을 효율적으로 운용하도록 하는 데 기여한다.

다시 말해 재무관리는 자본조달 비용과 사용위험을 적절히 배합되도록 자본을 조달하여 기업의 자본구성이 최적화를 이루도록 도모하고 수익성과 위험을 적절히 배합하여 자본을 효율적으로 운용 가능하도록 함으로써 기업이 자산구성을 최적화시키는 역할을 한다.

재무관리의 핵심적인 재무의사결정은 투자결정과 자본조달 결정으로 요약할 수 있다.

회계기준 적용대상

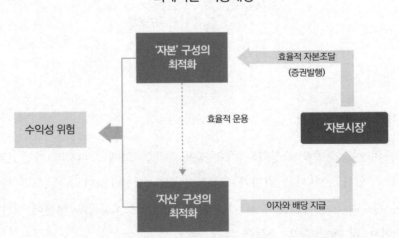

1) 투자결정(investment decision)

(1) 자본예산(capital budgeting)

자본예산 기능이란 기업의 경영활동을 위해 구체적으로 어떤 자산에 얼마의 자금을 투자할 것인가를 결정하는 기능으로, 기업 내의 자원의 효율적 배분이 주요 과제가 된다. 자본예산 결정은 그 기업의 수익성을 결정할 뿐만 아니라, 장래 기업의 위험에도 영향을 미쳐 결과적으로 해당 기업의 주식가치를 결정하게 된다.

특히, 자본예산에 의한 투자 결과 그 효과가 장기적으로 지속되는 고정자산에 대한 투자 계획안을 수행하는데 ① 소요되는 자금에 대한 예측, ② 투자로부터 예상되는 현금수입에 대한 예측, 그리고 이러한 예측자료에 의한 ③ 투자안의 경제성 평가가 자본예산 결정에 있어서 주요 과제가 된다.

합리적인 투자결정은 투자에 소요되는 비용에 비해 수익이 큰 투자만을 수행하는 것을 의미하는 것이므로, 이것은 결과적으로 기업 내에, 나아가서는 국민경제에 새로운 부를 창출하는 것이다. 재무관리자의 투자결정 기능이 다른 어떤 기능보다 중요한 이유가 바로 여기에 있다.

(2) 기업합병 및 인수(mergers and acquisitions: M&A)

기업의 재무관리자는 미래의 환경변화에 적극적으로 대응하기 위해 합병과 자산매각 혹은 분사 등을 통해 기존의 사업구조를 변화시키는 의사결정을 수행해야 하는데, 이것을 구조조정 결정이라고 한다.

합병은, 이미 19C말부터 기업이 외적 성장을 추구하거나 기업환경 변화에 대응하기 위한 구조조정의 수단으로 활용되어 오고 있다. 또한, 합병과는 반대로 경영의 비효율성을 제거하고 기업의 전문성을 높이기 위해 계열 기업, 사업부 혹은 특정 생산라인 등을 매각하는 자산매각을 통해 구조조정을 많이 진행한다.

2) 자금조달결정(financing decision)

(1) 자본구조결정(capital structure decision)

자본조달 결정 기능은 기업 활동에 필요한 자금을 어디에서 얼마만큼 조달할 것인가를 결정하는 기능이다. 기업이 소요자금을 조달할 수 있는 원천은, 크게 주식발행 및 유보이익 등에 의한 자기자본과 회사채, 은행차입 및 당좌차입 등에 의한 타인

자본의 구분될 수 있다.

기업의 소요자금을 자본조달의 원천별로 어떻게 조합하는 것이 기업의 목표에 비추어 가장 적합한 방법인가라는 최적자본구조의 문제가 자본구조결정의 주요 과제가 된다. 최적 자본구조를 결정하는 것 이외에도, 재무관리자는 소요자금을 구체적으로 어떤 재원에서 어떤 조건으로 조달할 것인지 결정해야 한다.

현실적으로 자본시장에는 각 기업의 특성에 따라 이용가능한 자본 조달원이 여러 가지가 있고, 또한 각 자금 조달원은 자본비용, 만기, 차입한도, 담보의 설정여부 등에 따라 다양한 특성을 지니고 있다.

(2) 배당결정(dividend policy)

배당결정은 기업이 영업활동의 결과 획득한 이익을 어떻게 배분할 것인가에 대한 일종의 소득분배의 형태에 관한 의사결정이다. 다시 말하면, 재무관리자는 기업의 영업활동으로부터 획득한 이익 중에서 얼마를 배당으로 지급하고 얼마를 사내에 유보할 것인가에 대한 의사결정을 하여야 하는데, 이것이 바로 배당정책이다.

기업은 배당을 현금으로만 지급하는 것이 아니라, 특수한 방법의 배당정책을 선택할 수도 있다. 주식으로 지급하는 주식배당 혹은 주식분할과, 자사주식의 매입으로 현금배당을 대신 하는 자사주 재매입 등의 특수 배당정책을 선택하기도 한다. 기업은 이익이 급격히 변동하더라도 배당금은 이와 관계없이 안정시키려는 안정화 배당정책을 일반적으로 채택하고 있다.

3 ⦙ 재무관리의 목표

1) 기업의 목적

기업의 재무의사결정과 관련하여 기업 내 모든 부문활동의 자금흐름을 보다 유기적이고 효율적으로 관리하기 위한 이론과 기법을 제공해주는 재무관리의 궁극적인 목표는 일반적으로 기업가치의 극대화로 정의되고 있다. 기업가치의 극대화의 목표는 기업과 주주의 부의 극대화 또는 주가의 극대화로 표현하기도 한다.

2) 재무관리의 목표

　재무관리는 기업 내에서 자금의 배분과 자금의 조달을 효율적으로 관리하는 것이므로 어떤 재무 결정이 효율적인가의 여부를 판단하기 위한 어떠한 기준과 목표가 요구된다.

재무관리의 목표

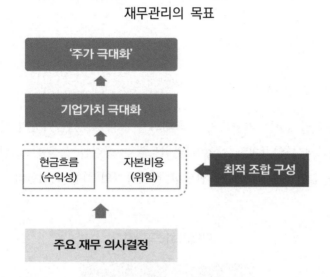

(1) 이익의 극대화

　경제이론에서는 기업의 목표와 재무관리의 목표를 이익극대화로 규정한다. 그러나 이익의 극대화를 재무관리의 목표로 삼는 경우 다음과 같은 몇 가지 문제점이 존재한다.

　첫째, 이익의 극대화에서 이익은 손익계산서상에 보고되는 회계적 이익의 개념으로서 기업의 경제적 성과를 올바르게 나타내지 못한다는 점이다. 만일 감가상각비를 계산하는 방법 이외에는 다른 모든 조건들이 동일한 두 기업이 있다고 가정해보자. 이 두 기업은 단순히 감가상각비를 계산하는 회계적 기준만을 달리 적용시킴에 따라 완전히 다른 회계적 이익이 보고될 수 있다. 따라서 회계적 이익은 기업의 진정한 가치를 제대로 표현할 수 없다.

　둘째, 이익극대화의 개념은 화폐의 시간적 가치를 고려하지 않은 수치이다. 회계적 이익은 각각의 기간별로 보고되는 기간이익의 개념이다. 따라서 이익의 발생

시기가 다를 경우 이익 간의 비교가 곤란하며 같은 크기의 이익이라도 발생시점에
따라 그 질에 있어 차이가 난다. 즉, 현재의 100만 원은 1년 후의 100원보다 더 높은
가치를 지닌다는 화폐의 시간적 가치가 제대로 반영되지 않는다.

셋째, 이윤극대화의 목표에서는 미래 이득의 계산 시 불확실성(위험)을 감안하지
않고 무시한다는 점이다. 즉, 미래에 예상되는 이익의 실현 가능성은 불확실하며, 같
은 크기의 예상이익이라도 그 실현의 불확실한 정도 즉, 위험의 차이가 전혀 고려되
지 않는다.

(2) 기업가치 극대화

현대 재무관리에서는 기업가치의 극대화를 보다 타당한 기업의 목표로 받아들
이고 있다. 여기서 기업가치란 기업이 벌어들일 미래현금 흐름을 그 발생시기와 불
확실성(위험)을 감안하여 적절하게 할인한 현재가치의 합을 의미한다.

기업가치 극대화

기업가치 극대화
(자산가치의 극대화)

주기의 극대화

효율적인
자본시장 전제

주주 부의 극대화

(3) 주주 부의 극대화

주주 부의 극대화는 기업가치의 극대화와 동일하며 이는 곧 주가의 극대화를 의미한다. 왜냐하면 기업가치의 극대화는 주식가치의 극대화, 즉 주식소유자인 주주들의 부가 극대화되도록 운영함으로써 해결될 수 있다.

이익의 극대화가 갖는 문제점들은 주식가격의 극대화, 즉 주주들의 부가 극대화되도록 경영함으로써 해결될 수 있다. 왜냐하면 주가는 이익의 크기, 시간성과 위험을 모두 반영하기 때문이다.

또한 주식가격은 경쟁적인 주식시장에서 기업의 수익성과 위험에 기초하여 해당 주식이 어느 정도의 가치를 가지는가에 대한 투자자들의 평가를 반영하여 결정되기 때문에, 주가는 기업의 실질적 성과에 대해 시장에 의해 평가되는 객관적이고 정확한 척도라 볼 수 있다.

이렇게 볼 때, 주가의 극대화, 즉 주주 부의 극대화 목표가 기업의 진정한 경제적 가치를 보다 정확히 반영시켜 준다는 점에서 재무관리의 목표로서 보다 타당성 있게 받아들여진다.

일반적으로 주주 부의 극대화는 기업가치의 극대화와 같은 의미로 사용될 수 있다. 채권자가 합리적이거나 혹은 재무관리자의 의사결정이 타인자본의 가치에 미치는 영향이 거의 무시할 정도로 작다면, 혹은 경영자가 자신의 부가 아닌 주주들의 부를 극대화시키는 차원에서 기업을 경영하고 있다면, 즉 대리인 문제가 제외되는 경우 주주 부의 극대화는 곧 기업가치의 극대화로 해석될 수 있다.

4 : 대리인 관계

1) 정의

대리인 관계란 기업의 이사, 사장, 또는 주주나 채권자 등이 전문경영자에게 기업의 경영을 맡길 시에 전문경영자와 주주, 전문경영자와 채권자의 관계를 대리인 관계라 한다. 이처럼 대리인 관계는 '소유와 경영의 분리'로 인해 발생하는 관계이다.

2) 대리인 비용(agency costs)

대리인 비용이란 주주와 경영자 사이에 존재하는 이해상충의 문제, 즉 대리인문제를 적절하게 해결하는 데 소요되는 비용으로서 감시비용, 확증비용, 잔여손실 등이 있다.

3) 대리인 문제

대리인 문제는 위임자인 주주와 피위임자인 경영자 간에 이해가 서로 상충되기 때문에 발생하는 제반문제를 의미한다. 경영자와 채권자는 기업자산에 대해 고정된 청구권을 가지고 있고 파산 시 주주에 비해 우선권을 가진다.

이와 달리 주주는 기업에 최초로 자본을 투자하고 잔여재산에 대해서만 청구권을 가지며, 기업 위험에 대해 최종적인 책임을 부담한다. 경영자의 사적 소비 추구, 단기업적주의, 높은 위험 회피도, 무사안일주의, 노력 회피 유인 등이 이해상충의 원인으로 작용한다.

대리인 문제를 보다 쉽게 설명하자면 다음과 같다.

원칙적으로는 주주가 주식회사를 지배한다. 그러나 주식회사의 소유권이 충분히 분산되어 있으면 경영자가 사실상 회사를 지배할 수 있다. 경영자가 회사를 지배하는 경우, 경영자는 주주의 부의 극대화를 추구하는 것에 우선하여 자신의 부의 극대화를 꾀할 수 있다. 이것이 소유와 경영의 분리로부터 발생할 수 있는 대리인 문제인 것이다.

4) 대리인 문제의 완화를 위한 제도적 장치

대리인 문제를 완화시키고 예방하기 위해 다음과 같은 제도적 장치가 마련되어 있다.

대리인 문제의 완화를 위한 제도적 장치

NO	내 용
1	주주총회에서 이사회 구성원을 선출하여 경영자들을 간접적으로 통제
2	경영자 목표와 주주의 목표가 일치하도록 경영자의 보상시스템을 주가에 연계시키는 방법 활용 - 주식옵션(stock options), 성과주(performance shares) 등 유인제도 이용
3	기업인수(takeover) 등을 통한 경영자의 교체압력
4	경영자 인력시장에서의 경쟁
5	경영자 또는 대주주의 독단을 막기 위하여 기업지배구조의 선진화를 통해 소액주주의 권리를 강화 - 사외이사 제도, 위임장 경쟁, 소액주주 운동, 집단소송 제도 등 이용

5) 기업지배구조

기업 경영의 주체인 경영진을 선임하고 선임된 경영진의 의사결정과정을 통제하는 시스템으로 내부지배구조와 외부지배구조로 구분할 수 있다.

① 내부지배구조는 경영자에 대한 효과적인 감시 및 규율적용을 위해 기업내부에 설정된 제반 시스템으로서 주식소유분포, 이사회 구성, 인센티브 보수체계 등이 포함된다. 반면 ② 외부지배구조는 경영자에 대한 감시를 위해 기업 외부에 설정된 시스템으로서 자본시장, M&A시장, 경영자 노동시장, 채권단에 의한 기업 감시, 파산절차의 적절성 등이 있다.

CHAPTER 08
재무제표의 이해

1 재무상태표

재무상태표(Statement of Financial Position)는 기존 대차대조표(balance sheet, BS)의 명칭이 변경되어 사용되나 동일하며, '중소기업회계기준'에서는 대차대조표의 명칭을 그대로 사용하고 있다.

재무상태표는 일정 시점에서 기업의 재무상태, 즉 자산·부채 및 자본의 내용을 수록한 표다. 자본과 부채는 재무상태표의 오른쪽인 대변에 기록되어 자금의 조달 원천을 나타내고 자산은 재무상태표의 왼쪽인 차변에 기록되어 조달된 자금의 운용 상태를 나타낸다.

기업은 자본주가 투자한 돈(자본금)과 금융기관 등으로부터 빌린 돈(타인자본 또는 부채)으로 공장과 기계설비 등 유형자산을 구입하고 일부는 운전자금으로 사용하기 위하여 현금이나 예금 등 유동자산으로 보유한다.

이와 같이 재무상태표는 기업의 자금조달과 그 운용상태를 한 표에 나타낸 계산서이므로 자산합계액과 부채 및 자본의 합계액은 당연히 합치하는 관계에 놓여 있다.

이에 비해 손익계산서는 일정 기간의 경영활동을 파악하는 것이므로 동태표라 하며 양자는 재무제표의 중심적 부분을 구성한다.[1]

재무상태표에 대한 주요계정을 정리하여 살펴보면 다음의 그림과 같으며, 앞의 '중소기업회계기준'의 내용을 같이 보면서 학습을 할 경우 재무제표에 관한 사항을 쉽게 이해할 수 있을 것이다.

---

1 한국경제 경제용어사전, 2017.

재무상태표 주요구조

재무상태표	
자산(asset)	부채(liabilities)
유동자산(current asset)	유동부채(current liabilities)
당좌자산(quick asset)	비유동부채(longterm liabilities)
재고자산(inventories)	
	자본(owner's equity)
비유동자산(non current asset)	자본금(capital stock)
투자자산(investments)	자본잉여금(paid-in capital)
유형자산(PPE)	자본조정(capital adjustment)
무형자산(intangible asset)	기타포괄손익누계액
기타비유동자산	이익잉여금(retained earnings)

2 ┇ 손익계산서

손익계산서(income statement)는 일정 기간 동안의 기업의 경영성과를 나타내는 표이다. 재무제표를 작성하는 중요한 목적 중의 하나는 기업이 일정 기간 중에 얼마나 이익을 남겼는지 또는 얼마나 손해를 보았는지를 정확하게 계산하는 데 있으며 손익계산서는 정확한 손익금액의 계산과 함께 그 손익이 경영의 어떤 부문에서 발생하였나를 알아보기 위하여 작성된다.

생산이나 판매 등 기업의 고유한 영업활동의 결과로 발생한 손익을 영업손익, 영업 외적인 활동의 결과로 발생한 손익을 영업외손익으로 각각 구분하고 이들 활동과는 관계없이 발생한 손익을 특별손익이라고 한다. 또 기업이 얻은 모든 수익에서 기업이 지출한 모든 비용을 공제하고 순수하게 기업에 이익으로 남은 몫을 당기순이익이라 한다.

손익계산서 구조

매출액 (-)매출원가	물건을 판매하여 벌어들인 돈 물건을 만들기 위해 들어간 돈(원자재구입비, 인건비 등)
매출총이익 (-)판매비와 관리비	매출액-매출원가 물건을 판매하거나 관리를 위해 들어간 돈(운반비, 판매사원인건비, 감감상각비 등)
영업이익 (+)영업외수익 (-)영업외비용	매출총이익-판매비와 관리비 금융회사에 맡긴 돈의 이자, 다른 회사 주식에 투자하여 받은 배당금 등 빌린 돈의 이자, 투자자산 처분시의 손실 등
법인세비용차감전순이익 (-)법인세비용	영업이익+영업외수익-영업외비용 회사가 벌어들인 돈에 대해 납부해야 할 세금
당기순이익	회사가 순수하게 벌어들인 돈
주당순이익	회사가 발행한 주식 1주당 순이익(당기순이익/발행주식수)

손익계산서상의 회사가 벌어들인 돈을 '수익'이라 하고 사용한 돈을 '비용'이라고 한다. 회사의 수익에는 '매출액', '영업외수익' 등이 있고, 비용에는 '매출원가', '판매비와 관리비', '영업외비용', '법인세비용' 등이 있다. 이렇게 회사가 얼마를 벌고 썼는지를 알면 당기순이익을 알 수 있고, 이 당기순이익을 회사의 발행주식수로 나눈 것을 주당순이익이라 한다.

3 현금흐름표

현금흐름이란 말 그대로 기업경영에 따른 현금의 움직임이다. 회사채를 발행하거나 제품을 팔아서 들어온 현금이 공장설비 도입과 원료구매 및 인건비, 신공장 부지매입 등에 지출된 내용을 말한다.

들어오는 자금을 현금유입, 나가는 돈은 현금유출이라 하며 일정 기간 동안 현금유입과 현금유출의 차이인 순현금흐름을 일반적으로 현금흐름이라 한다. 기업회계기준에서는 '현금의 변동 내용을 명확하게 보고하기 위하여 당해 회계기간에 속하는 현금의 유입과 유출내용을 적정하게 표시하여야 한다'고 규정되어 있다.

현금흐름표(cash flow table)는 영업활동으로 인한 현금흐름, 투자활동으로 인한 현금흐름, 재무활동으로 인한 현금흐름으로 구분하여 표시하고, 이에 기초의 현금을 가산하여 기말의 현금을 산출하는 형식으로 표시한다.

영업활동에 의한 현금 유입은 매출·이익·예금이자·배당수입 등이 있고 매입, 판공비 지출, 대출이자 비용, 법인세 등으로 유출되며, 투자활동에 의한 현금유출은 유가증권·토지 매입, 예금 등이 있고, 유가증권·토지 매각 등으로 인해 유입된다.

또한 재무활동에 의한 현금유입은 단기차입금의 차입, 사채, 증자 등이며, 단기 차입금·사채 상환 등으로 유출되며, 이러한 것들은 기업의 부도가능성을 예측하는 데 크게 도움이 되는 것으로 평가된다.

기업의 부채비율이 높아져 부도가 증가하면서 현금흐름의 중요성이 높아지자 현금흐름표 작성이 일반화됐다. 현금흐름과 관련된 투자지표로는 주당현금흐름과 주가현금흐름비율(PCR)이 있다. 기업의 현금흐름을 평균발행 주식수로 나눈 것이 주당흐름이며 주가를 이것으로 나눠 PCR을 계산한다.

PCR은 PER처럼 단위가 배이며 낮을수록 저평가돼 있어 상승가능성이 높다고 본다. 현금흐름은 현금흐름표가 발표돼야 정확하게 산출되지만 보통 당기순이익에 감가상각비를 더한 수치를 이용한다.

수익성을 나타내는 당기순이익에다 기업의 투자활동을 간접적으로 보여주는 성장성 지표인 감가상각비가 합쳐진 지표인 셈이다.[2]

4 : 계정과목 및 분석지표[3]

계정과목 분류 및 이해

(1) 대차대조표(Balance Sheet)

대차대조표는 일정시점에 있어서 기업의 재무상태를 나타내는 재무보고서로서 대차대조표의 차변에 기록되는 자산항목은 기업이 소유한 자산의 종류를 나타내며 대변에 기록되는 부채 및 자본항목은 자본의 조달구조를 나타낸다. 또한 대차대조표

---

2 한국경제 용어사전 및 매일경제 용어사전, 2017.
3 한국은행의 계정과목 및 분석지표 기준임.

는 기업의 유동성과 재무적 융통성(financial flexibility)에 관한 정보를 제공한다.

❶ 자산(Total assets)

자산은 과거의 거래나 사건의 결과로 특정실체에 의해 획득되었거나 통제되고 있는 미래의 경제적 효익을 의미한다. 여기에는 기업이 가지고 있는 현금, 재고자산, 토지 등과 같은 각종 유형의 자산과 매출채권, 대여금, 미수금 등과 같은 채권 및 무형의 권리 등이 포함된다. 자산은 이용가능한 자원의 유동성 정도에 따라 크게 유동자산과 비유동자산으로 구분된다.

ⅰ. 유동자산(Current assets)

유동자산이란 1년 이내에 현금으로 전환되거나 판매 또는 소비될 것이 합리적으로 예상되는 자산을 말한다. 여기에는 현금·예금, 상품 등과 같이 일반적인 상거래에서 순환적으로 발생하는 자산과 비순환적이지만 대차대조표일로부터 1년 이내에 현금화할 수 있는 자산을 포함한다. 유동자산은 현금화의 용이성에 따라 당좌자산과 재고자산으로 분류된다.

• 당좌자산(Quick assets)

당좌자산은 판매과정을 거치지 않고 즉시 현금화될 수 있는 자산으로 다른 자산의 취득 또는 유동부채의 지급에 충당할 수 있는 자산을 말한다. 이러한 당좌자산은 현금 및 현금성자산, 단기투자자산, 매출채권, 기타당좌자산으로 구분된다.

- 현금 및 현금성자산(Cash and cash equivalents)

현금 및 현금성자산은 통화 및 타인발행수표 등 통화대용증권과 당좌예금, 보통예금 및 큰 거래비용 없이 현금으로 전환이 용이하고 이자율 변동에 따른 가치 변동의 위험이 중요하지 않은 금융상품으로서 취득당시 만기일(또는 상환일)이 3개월 이내인 것을 말한다.

- 단기투자자산(Short-term investments)

단기투자자산은 기업이 여유자금 활용 등의 목적으로 보유하는 단기투자증권(단기매매증권과 대차대조표일로부터 1년 내 만기가 도래하거나 매도 등에 의하여 처분할 것이 거의 확실한 매도가능증권, 대차대조표일로부터 1년 내 만기가 도래하는 만기보유증권), 단기금융상품(금융기관이 취급하는 1년 내 만기가 도래하는 정기예금 및 정기적금 등) 및 단기대여금 등을 말한다.

- 매출채권(Trade accounts and notes receivable)

매출채권은 일반적인 상거래에서 발생한 채권으로 외상매출금과 받을어음이 있다. 외상매출금은 상품, 제품, 원료 등 영업의 주거래대상인 물품 또는 이에 준하는 것을 신용판매하거나 임가공 등 용역제공에 의해 발생하는 영업상의 미수채권을 말한다. 받을어음은 상품 및 제품의 매출에 대한 대가로 받은 타인발행의 약속어음 또는 타인지급의 환어음 등과 같이 일반적인 상거래에서 발생한 상업어음만 계상되며, 융통어음은 단기대여금으로 계상된다. 또한 매출채권은 대손충당금, 할인어음 및 배서어음을 차감한 금액으로 표시한다.

- 기타당좌자산(Other quick assets)

이상에서 열거한 항목 이외의 당좌자산을 합계하여 기재하며 여기에는 미수수익, 미수금, 선급금, 선급비용, 선급법인세 등이 포함된다. 미수수익은 당기에 속하는 수익중 미수액으로 한다.

· 재고자산(Inventories)

재고자산은 기업이 정상적인 영업활동과정에서 판매를 위하여 보유하거나 생산과정에 있는 자산 및 생산 또는 서비스 제공과정에 투입될 원재료나 소모품의 형태로 존재하는 자산을 말한다. 여기에는 상품, 미착상품, 적송품, 제품, 반제품, 재공품, 원재료, 저장품 등과 선박·건설업의 미완성공사가 포함된다.

- 상품, 제품 및 반제품(Merchandise, finished goods, semi-finished goods)

상품이란 판매를 목적으로 구입한 상품, 미착상품, 적송품 등을 말하며 부동산 매매업의 경우 판매를 목적으로 소유하는 토지, 건물, 기타 이와 유사한 부동산은 이를 상품에 포함시킨다. 제품은 판매를 목적으로 제조한 생산품, 부산물 및 잔폐물 등으로 한다. 반제품은 이미 상당한 가공을 끝내고 저장 중에 있는 중간제품과 부분품으로 그 자체가 판매 또는 저장가능 상태에 있다는 점에서 재공품과 구별된다.

- 원재료(Raw materials)

원재료란 제품을 생산하는 데 소비할 목적으로 외부에서 구입한 재화중 제조과정에 투입되지 아니한 것이다. 여기에는 원료, 재료, 부재료, 매입부분품, 미착원재료 등이 있으며 간접적으로 생산에 사용되는 소모품 등은 여기서 제외하여 기타재고자산으로 분류한다.

- 기타재고자산(Other inventories)

기타재고자산은 위의 항목 이외의 재고자산을 합계하여 기재하며 재공품, 저장품 등이 포함된다. 재공품은 제품 또는 반제품의 제조를 위하여 생산과정에 있는 것을 말하고 저장품은 소모품, 소모성 공구기구비품, 수선용 부분품 및 기타 저장품을 말한다.

ii. 비유동자산(Non-current assets)

비유동자산은 1년 이내에 현금으로 전환되거나 판매 또는 소비가 어려운 자산으로 여기에는 투자자산, 유형자산, 무형자산 등이 포함된다.

• 투자자산(Investments)

투자자산은 장기에 걸쳐 이자 및 배당수익을 얻을 목적이나 다른 기업을 지배·통제할 목적으로 취득한 자산을 말한다. 투자자산에는 장기금융상품, 장기투자증권, 장기대여금, 투자부동산 및 지분법적용투자주식 등이 포함된다.

- 장기투자증권(Long-term securities)

매도가능증권과 만기보유증권은 장기투자증권으로 분류하되 대차대조표일로부터 1년 내 만기가 도래하거나 매도 등에 의하여 처분할 것이 거의 확실한 매도가능증권과, 대차대조표일로부터 1년 내 만기가 도래하는 만기보유증권은 유동자산으로 분류한다. 한편 당행 기업경영분석 편제시 지분법적용투자주식은 장기투자증권에 포함된다.

• 유형자산(Property, plant and equipment)

유형자산은 재화의 생산, 용역의 제공, 타인에 대한 임대 또는 자체적으로 사용할 목적으로 보유하는 물리적 형체가 있는 자산으로서 1년을 초과하여 사용할 것이 예상되는 자산을 말하며 토지, 건물·구축물, 기계장치, 선박·차량운반구, 건설중인 자산 등이 포함된다. 토지와 건설 중인 자산 등 비상각자산을 제외한 대부분의 유형자산은 사용 또는 시간의 경과에 따른 가치감소분에 대해 감가상각을 통해 비용으로 배분되며 취득원가에서 감가상각누계액과 감액손실누계액이 차감된 순액으로 표시된다.

- 토지(Land)

영업을 위하여 소유하고 있는 토지를 말하며 대지, 임야, 전답, 잡종지 등이 포함된다. 따라서 전매를 목적으로 소유하고 있는 토지나 비업무용 토지는 재고자산이나 투자자산으로 표시한다. 토지의 취득원가에는 구입가액과 취득세, 등기 및 명의 이전비, 토지의 정지비용, 조경비용 등 토지를 사용 가능한 상태로 만들기까지 지출되는 모든 비용이 포함된다.

- 설비자산(Plant assets)

유형자산 중 감가상각을 하지 않는 토지와 달리 감가상각 대상 자산인 설비자산은 건물·구축물, 기계장치, 선박·차량운반구 등을 포함한다.

건물·구축물(Buildings and structures)

건물은 기업이 영업목적으로 토지에 건설한 건축물과 그것의 영속적 부속설비로서 건물과 냉난방, 전기, 통신 및 기타의 건물부속설비가 포함된다. 구축물은 토지에 부착된 토목설비 또는 공작물로서 교량, 안벽, 부교, 궤도, 저수지, 갱도, 굴뚝, 정원설비 등이 포함된다.

기계장치(Machinery and equipment)

기계장치는 일반기계와 컨베이어, 호이스트, 기중기 등의 운송설비 및 기타의 부속설비 등을 말하는데 취득원가에는 운송장가격에 운임, 운송보험료, 취득세, 설치비용, 시운전비용 등의 부대비용이 포함된다. 기계는 동력을 받아서 외부의 대상물에 작업을 가하는 설비의 단위를 의미하며 장치는 대상물을 내부에 수용하여 이것을 변질, 변형, 분해, 운동시키는 설비의 단위를 말한다.

선박·차량운반구(Ships, vehicles and transportation equipment)

선박, 차량운반구는 기업소유의 선박 및 기타의 수상운반구와 철도차량, 자동차 및 기타의 육상운반구를 말한다.

기타설비자산(Other plant assets)

이상에서 열거한 항목 이외의 설비자산으로서 공구와 기구, 비품 등이 포함된다.

- 건설 중인 자산(Construction in progress)

건설 중인 자산은 유형자산의 건설을 위해 재료비, 노무비 및 경비 등이 지출되었으나 건설이 완료되지 아니한 경우에 일시적으로 처리하기 위한 계정으로 건설이 완료되어 영업에 사용하게 된 때에는 해당 유형자산계정으로 대체 처리한

다. 또한 건설자금으로 사용된 차입금에서 발생한 순금융비용은 건설 중인 자산
에 포함한다.

- 기타유형자산(Other property, plant and equipment)
이상에서 열거한 항목 이외의 유형자산으로서 입목 등이 포함된다.

• 무형자산(Intangible assets)

무형자산은 재화의 생산이나 용역의 제공, 타인에 대한 임대 또는 관리에 사용
할 목적으로 기업이 보유하고 있으며, 물리적 형체가 없지만 식별가능하고, 기업이
통제하고 있으며, 미래 경제적 효익이 있는 비화폐성자산을 말한다. 무형자산에는
산업재산권, 라이선스와 프랜차이즈, 저작권, 컴퓨터소프트웨어, 개발비, 임차권리금,
광업권 및 어업권 등이 포함된다.

- 개발비(Development costs)
특정 신제품 또는 신기술의 개발을 위한 내부 프로젝트는 연구단계와 개발단계
로 구분하되 연구단계에서 발생한 모든 지출이나 개발단계에서 발생한 지출중
일정요건을 갖추지 못하는 경우에는 경상개발비 · 연구비 과목으로 해당기간의
비용으로 처리한다.

개발비가 무형자산으로 인식되기 위해서는 기술적 실현가능성, 개발 후 완성자
산을 사용하거나 판매하려는 기업의 의도나 능력, 미래 경제적 효익 창출력, 개
발단계에서 발생한 지출의 객관적 측정가능성 등의 요건이 충족되어야 한다.

• 기타비유동자산(Other non-current assets)

임차보증금, 이연법인세자산(유동자산으로 분류되는 부분 제외), 장기매출채권 및
장기미수금 등 투자자산, 유형자산, 무형자산에 속하지 않는 비유동자산을 포함한다.

❷ 부채 및 자본(Total liabilities and stockholders' equity)

기업에 투입된 총자본은 그 원천에 따라 타인자본인 부채와 자기자본으로 나누
어진다. 부채란 과거의 거래나 사건의 결과로 다른 실체에게 미래에 자산이나 용역
을 제공해야 하는 특정실체의 의무를 말하며 유동부채, 비유동부채로 분류한다.

자본은 주주지분 또는 소유주지분이라고도 하는데 기업의 총자산에서 총부채를
차감하고 남은 잔여분을 말하며 자본금, 자본잉여금, 이익잉여금, 자본조정 및 기타

포괄손익누계액으로 구성된다.

ⅰ. 유동부채(Current liabilities)

유동부채는 대차대조표일로부터 1년 이내에 지급기한이 도래하는 부채로서 매입채무, 단기차입금(단기금융기관차입금, 기타차입금), 유동성장기부채, 기타유동부채 등을 포함한다.

• 매입채무(Trade accounts and notes payable)

매입채무는 일반적인 상거래에서 발생한 외상매입금과 지급어음을 말한다. 외상매입금은 상품 또는 원재료 등의 매입과 같은 일반적인 상거래에서 발생한 채무로서 매입에누리 및 환출 등을 차감한 순액으로 기재한다. 지급어음은 일반적인 상거래에서 발생한 어음상의 채무로서 상품이나 원재료의 매입대금에 대하여 약속어음을 발행하거나 타인발행의 환어음을 인수한 경우에 발생한 채무를 말한다. 따라서 상거래를 원인으로 하는 상업어음만 계상하게 되며 자금조달을 위한 융통어음은 단기차입금으로 처리하게 된다.

• 단기차입금(Short-term borrowings)

단기차입금이란 당좌차월을 비롯하여 대차대조표일로부터 1년 이내에 지급기일이 도래하는 단기성 차입금을 말한다. 2008년부터 기존의 단기금융기관차입금과 기타 단기차입금을 통합하였으며 따라서 단기차입금에는 금융기관으로부터의 단기차입금, 관계회사 단기차입금, 주주·임원·종업원 단기차입금 등이 포함된다.

• 유동성장기부채(Current maturities of non-current liabilities)

유동성장기부채는 비유동부채의 회사채 및 장기차입금 중 1년 이내에 상환기일이 도래하는 부채를 말한다.

• 기타유동부채(Other current liabilities)

이상에서 열거한 항목 이외의 부채로서 대차대조표일로부터 1년 이내에 지급·상환되는 채무로 선수금, 예수금, 미지급금, 미지급비용, 미지급법인세, 선수수익, 단기부채성충당금 및 기타의 유동부채가 포함된다.

ⅱ. 비유동부채(Non-current liabilities)

비유동부채는 대차대조표일의 다음날로부터 1년 이후에 지급기일이 도래하는 부채를 말한다. 여기에는 회사채, 장기차입금, 기타비유동부채 등이 포함된다.

• 회사채(Bonds payable)

회사채는 주식회사가 확정채무임을 표시한 증권을 발행하고 계약에 따라 일정한 이자를 지급하며 만기에 원금을 상환할 것을 약정하고 차입한 채무를 말한다.
당행 기업경영분석 통계에서는 사채의 액면가액에서 사채할인발행차금 또는 사채할증발행차금 미상각분을 차감 또는 부가한 순액으로 기재한다.

• 장기차입금(Long-term borrowings)

상환기일이 1년 이후에 도래하는 차입금을 말한다. 2008년부터 기존의 장기금융기관차입금과 기타 장기차입금을 통합하였으며 따라서 금융기관으로부터의 장기차입금, 관계회사장기차입금, 주주·임원·종업원 장기차입금 등이 포함된다.

• 기타비유동부채(Other non-current liabilities)

지급기한이 1년 이상인 비유동부채 중 위에서 열거한 항목이외의 부채성충당금 (1년 이후에 사용되는 충당금으로서 당기의 수익에 대응하는 비용으로 장래에 지출될 것이 확실하고 당기의 수익에서 차감하는 것이 합리적인 것에 대해 금액을 추산하여 계상), 장기성 매입채무 및 기타의 비유동부채 등을 말한다.

ⅲ. 자본(Stockholders' equity)

자본이란 총자산에서 총부채를 차감한 잔액으로서 자본금, 자본잉여금, 자본조정, 기타포괄손익누계액 및 이익잉여금으로 구성된다.

• 자본금(Capital stock)

자본금이란 정관에서 확정된 자본금중 발행이 완료된 주식의 액면가액 총액을 말하며 보통주자본금과 우선주자본금 등으로 분류한다.

- **자본잉여금(Capital surplus)**

자본잉여금은 주식의 발행, 증자, 감자와 같은 자본거래에서 발생한 잉여금으로 이는 원칙적으로 배당이 불가능하며 다음과 같은 항목으로 구성된다.

① 주식발행초과: 주식발행가액이 액면가액을 초과하는 금액
② 감자차익: 자본감소의 경우 그 감소액이 주식의 소각, 주금의 반환에 요하는 금액과 결손보전에 충당할 금액을 초과한 때에 그 초과금액
③ 기타자본잉여금: 자기주식처분이익 등

- **자본조정(Capital adjustment)**

자본조정은 성격상 자본거래에 해당하지만 최종 납입된 자본으로 볼 수 없거나 자본에 가감성격으로 자본금이나 자본잉여금으로 분류할 수 없는 항목으로서 주식할 인발행차금, 배당건설이자, 자기주식, 주식선택권, 출자전환채무, 감자차손 등을 포함한다. 항목별로 보면 주식할인발행차금은 주식회사가 신주를 액면가 이하로 발행한 때에 그 액면에 미달한 금액을 말한다. 배당건설이자는 주식회사가 사업의 성질상 설립후 2년 이상 그 영업의 전부를 개시할 수 없을 때 일정기간 자본금에 대하여 연 5% 이하로 배당한 이자를 말한다. 자기주식은 기발행 주식 중에서 추후에 소각 또는 재발행할 목적으로 발행회사가 매입 또는 증여를 통하여 재취득한 주식을 말한다.

- **기타포괄손익누계액(Accumulated other comprehensive income)**

포괄손익은 일정기간동안 주주와의 자본거래를 제외한 모든 거래나 사건에서 인식한 자본의 변동으로 대차대조표일 현재의 매도가능증권평가손익, 해외사업환산손익, 현금흐름위험회피 파생상품평가손익, 자산재평가이익 등의 잔액이다. 매도가능증권평가이익(손실)은 매도가능증권을 공정가액으로 평가한 경우 정부가액과 공정가액과의 차이를 계상한다.

- **자산재평가이익(Gain on revaluation of property, plant and equipment)**

유형자산의 재평가로 인한 장부가액의 증가는 기타포괄손익으로 인식하고 장부가액이 감소한 경우는 당기손익으로 인식한다(2008.12.30 개정).

- **이익잉여금(Retained earnings)**

이익잉여금이란 유보이익이라고도 하며 기업의 손익거래의 결과 나타난 잉여금

중 사외유출분을 제외하고 사내에 유보된 이익을 말한다. 이익잉여금은 다음과 같이 분류된다.

① 이익준비금: 상법의 규정에 의하여 적립된 금액
② 기타법정적립금: 상법 이외의 법령의 규정에 의하여 적립된 금액으로 기업합리화적립금, 재무구조개선적립금 등
③ 임의적립금: 정관의 규정 또는 주주총회의 결의에 의하여 회사가 이익 가운데서 기업 내부에 유보시켜 임의로 적립하는 준비금으로서 법정적립금과 대비됨
④ 처분전이익잉여금 또는 처리전결손금

(2) 손익계산서(Income Statement)

손익계산서는 기업의 경영성과를 명확히 보고하기 위하여 일정기간 동안에 발생한 모든 수익과 이에 대응되는 비용을 나타내는 동태적 재무보고서이다. 손익계산서는 회계정보이용자로 하여금 기업의 수익성을 판단하는데 유용한 정보를 제공해준다.

❶ 매출액(Sales)

매출액은 상(제)품의 매출 또는 용역의 제공에 따른 수입금액으로서 반제품, 부산품, 잔폐물 등을 포함한 총매출액에서 매출환입액, 에누리액 및 매출할인을 공제한 순매출액을 말한다. 상(제)품의 판매수익은 재화의 소유에 따른 위험과 효익의 대부분이 구매자에게 이전되고, 그 대가로 기업에 귀속되는 경제적 효익의 유입가능성이 매우 높으며, 수익과 거래원가 및 비용을 신뢰성 있게 측정할 수 있을 때 인식한다. 용역 수익은 거래 전체의 수익금액과 진행률, 원가 등을 신뢰성 있게 측정할 수 있을 때 인식한다.

❷ 매출원가(Cost of goods sold)

매출원가는 매출을 실현하기 위한 생산이나 구매과정에서 발생된 재화와 용역의 소비액 및 기타경비를 말한다. 판매업에 있어서의 매출원가는 기초상품재고액과 당기상품매입액의 합계액에서 기말상품재고액을 차감하여 산출되며 제조업에 있어서는 기초제품재고액과 당기제품제조원가의 합계액에서 기말제품재고액을 차감하여 산출된다.

❸ 매출총손익(Gross profit or loss)

매출총손익은 매출액에서 매출원가를 차감한 잔액을 말하며 매출원가가 매출액을 초과하는 경우에는 그 차액을 매출총손실로 표시한다.

ⅰ. 판매비와 관리비(Selling and administrative expenses)

판매비와 관리비는 상품과 용역의 판매활동 또는 기업의 관리 · 유지활동과 관련하여 발생하는 비용으로서 매출원가에 속하지 않는 모든 영업비용을 말한다.

• 급여(Salaries)

판매와 관리부문에 종사하는 종업원에 대한 급료, 임금 및 상여금과 단기간 고용하는 임시 종업원 및 일시적으로 고용하는 인부나 기술자에게 지급하는 잡급 및 정해진 지급기준에 따라 임원에게 지급되는 보수와 제급여 및 임원상여를 포함한다.

• 퇴직급여(Retirement allowance)

퇴직급여는 판매와 관리부문에 종사하는 종업원이 장래에 퇴직할 때 지급하게 될 퇴직금의 적립을 위해 매회계연도마다 일정 금액을 비용화하는 것으로, 동 금액은 부채성충당금중 퇴직급여충당금 계정으로 전입된다. 제조부문에 종사하는 종업원의 퇴직급여는 제조원가명세상의 노무비에 포함된다.

• 복리후생비(Other employee benefits)

복리후생비는 판매와 관리부문에 종사하는 종업원의 복리 및 후생을 위하여 사용된 비용으로서 법정 복리시설의 사업주 부담액과 종업원의 위생 · 보험 · 오락 등 제 후생비와 현물급여를 말한다.

• 수도광열비(Utilities)

수도광열비에는 판매와 관리부문에서 사용된 수도료, 전기료, 가스비 및 연료비 등이 속한다.

• 세금과 공과(Taxes and dues)

세금은 법인세를 제외한 영업과 관련된 사업소세, 재산세, 자동차세 등으로서 제조원가와 유형자산의 원가에 포함되어 있는 제세금이 제외된 것이며 공과란 상공회의소 부과금, 연합회 부과금, 조합 각출금, 회비 등과 같이 영업에 관계가 있는 공공적 지출로서 제조원가에 포함되지 않는 것을 말한다.

· 임차료(Rent)

임차료는 판매와 관리부문에서 사용된 토지, 건물, 기계장치 등의 임차료를 말한다.

· 감가상각비(Depreciation)

감가상각비는 수익·비용대응의 원칙에 따라 판매와 관리부문에서 사용된 유형자산(토지와 건설중인 자산 제외)의 원가를 그 경제적 효익이 발생하는 기간에 체계적이고 합리적인 방법으로 배분한 것을 말한다.

· 접대비(Entertainment)

접대비, 교제비, 기밀비, 사례금, 기타 명목으로 사용되거나 이와 유사한 성질의 비용으로서 법인의 업무와 관련하여 금전이외의 재화나 서비스를 제공하는 데 지출한 금액이며 금전을 제공한 경우는 기부금으로 처리하게 된다.

· 광고선전비(Advertising)

통상적인 영업활동의 수행상 지출된 광고선전비를 말하며 불특정다수를 상대로 지출한 비용이란 점에서 특정인을 상대로 지출한 접대비와 구별된다.

· 경상개발비·연구비(Ordinary research and development expenses)

경상개발비·연구비는 특정 신기술연구 또는 신제품의 개발과 관련하여 발생된 비용으로서 연구단계에서 발생한 모든 지출과 개발단계에서 발생한 지출 중 기술적 실현가능성, 완성 후 판매 또는 사용하려는 기업의 의도 및 능력, 미래의 경제적 효익 창출력 등의 요건을 하나라도 갖추지 못한 경우로서 해당기간의 비용으로 처리한다.

· 보험료(Insurance)

보험료는 판매와 관리부문에 사용되는 건물, 건물부속설비, 비품 등에 대한 화재보험료와 그 밖의 손해보험료를 말한다.

- 운반 · 하역 · 보관 · 포장비
  (Transportation, cargo handling, warehousing and packing)

운반, 하역, 보관, 포장비는 판매를 위하여 상(제)품을 고객에게 배달하는 과정이나 자사 내에서 제품을 이동시키는 과정에서 발생한 운반비와 상(제)품을 양륙 · 적하하는 과정에서 발생한 하역비, 상(제)품의 창고시설에 보관하는 데 소요되는 비용인 보관비, 그리고 상(제)품을 포장하는데 소요되는 포장비를 말한다.

- 대손상각비(Bad debt expenses)

대손상각비는 회수가 불확실한 매출채권에 대하여 산출한 대손처리액과 회수가 불가능한 매출채권을 상각처리한 것을 말한다. 일반적인 상거래에서 발생한 매출채권에 대한 대손상각은 판매비와 관리비로 회계처리하고 기타채권에서 발생한 것은 영업외비용으로 처리한다.

- 무형자산상각비(Amortization of intangible assets)

무형자산은 그 자산의 추정내용연수 동안 체계적인 방법에 의하여 비용으로 배분한다. 무형자산의 미래 경제적 효익은 시간의 경과에 따라 소비되기 때문에 상각을 통하여 장부가액을 감소시키게 된다.

- 개발비상각(Amortization of development cost)

무형자산으로서의 개발비에 대한 상각액을 말한다.

- 지급수수료(Service fee)

용역을 제공받거나 무형자산 사용에 대해 지불하는 비용을 지칭한다. 특허권사용료, 법률자문비 등이 해당되며, 유형자산에 대한 사용대가인 임차료(rent)는 지급수수료에 해당되지 않는다.

- 기타판매비와 관리비(Other selling & administrative expenses)

이상에서 열거한 항목 이외의 판매비와 관리비에 속하는 여비, 교통비, 수선비, 견본비 등을 말한다.

❹ 영업손익(Operating income or loss)

영업손익은 기업의 주된 영업활동의 결과 발생한 손익으로서 매출총손익에서 판매비와 관리비를 차감한 금액을 말한다.

ⅰ. 영업외수익(Non-operating income)

주된 영업활동 이외의 보조활동 또는 부수활동에서 발생하는 경상적 수익을 영업외수익이라고 한다. 영업외수익에는 이자수익, 배당금수익, 외환차익, 외화환산이익, 파생금융상품거래, 평가이익, 투자·유형자산처분이익, 지분법평가이익 등이 속한다.

· 이자수익(Interest income)

이자수익은 예금이나 대여채권에서 발생한 이자를 말한다.

· 배당금수익(Dividend income)

배당금수익은 주식, 출자금 등의 장·단기투자자산에 투자한 결과로 받은 배당금을 말한다.

· 외환차익(Gain on foreign currency transactions)

외환차익은 회계기간 중 외화자산의 회수나 외화부채의 상환 시 환율변동으로 발생하게 되는 이익을 말한다.

· 외화환산이익(Gain on foreign currency translation)

외화환산이익은 화폐성 외화자산 및 화폐성 외화부채를 결산일에 적정 환율로 평가할 때 발생하는 이익을 말한다. 다만 해외지점 또는 해외사업소의 외화표시 자산·부채 및 손익항목을 일괄하여 원화로 환산하는 경우 환산손익을 상계한 후 환산이익이 있으면 해외사업환산대로 하여 자본의 부가항목으로 기재하고 관련지점 또는 사업소가 폐쇄되는 회계연도에 이익으로 처리한다.

· 파생금융상품거래이익(Gain on financial derivative transactions)

선도, 선물, 스왑, 옵션 등 파생상품이 만기도래 등을 사유로 거래가 청산될 때 발생하는 이익을 기록한다.

- **파생금융상품평가이익(Gain on valuation of financial derivative)**

파생상품은 거래목적에 따라 매매목적과 위험회피(헤지) 목적으로 나눌 수 있고 위험회피 목적인 경우는 다시 회피대상에 따라 공정가액위험회피와 현금흐름위험회피로 분리가 가능한데, 이중 매매와 공정가액위험회피 목적인 파생상품으로 인해 발생한 평가이익을 여기에 기록한다. 한편 현금흐름위험회피가 목적인 경우는 대차대조표의 기타포괄손익계정에 기록하게 된다.

- **투자·유형자산처분이익**
  (Gain on disposition of investments & property, plant and equipment)

투자·유형자산처분이익은 투자목적으로 보유하고 있는 투자자산이나 영업활동을 위해 보유하고 있는 유형자산 등을 처분하는 경우 수취금액이 장부가액보다 클 경우 그 차액을 말한다.

- **지분법평가이익**
  (Gain on valuation of investments under the equity method)

지분법평가이익은 투자회사가 직접 또는 지배·종속회사를 통하여 간접으로 피투자회사의 의결권 있는 주식의 20% 이상을 보유하고 있다면 중대한 영향력이 있는 것으로 보아 피투자회사의 당기순이익 발생분에 대하여 투자회사의 지분율만큼 이익으로 인식하는 금액을 말한다.

- **기타영업외수익(Other non-operating income)**

이상에서 열거한 항목 이외의 영업외수익에는 수입임대료, 사채상환이익, 지분법이익, 잡이익, 특별이익 등이 있다.

ii. **영업외비용(Non operating expenses)**

영업외비용은 기업의 주된 영업활동으로부터 발생하는 영업비용 이외의 비용 또는 손실로서 이자비용, 외환차손, 외화환산손실, 파생금융상품거래·평가손실, 투자·유형자산처분손실, 지분법평가손실 등이 해당된다.

- 이자비용(Interest expenses)

이자비용은 자금의 차입과 관련하여 발생하는 이자지출과 기타 이와 유사한 비용으로 장·단기차입금과 사채에 대한 이자비용, 사채발행차금상각(환입)액, 채권·채무의 현재가치평가 및 채권·채무재조정에 따른 현재가치할인차금상각액, 외화차입금과 관련된 환율변동손익 중 이자비용의 조정으로 볼 수 있는 부분, 금융리스이자비용 등을 포함한다.

이자비용은 기간비용으로 처리함을 원칙으로 하되, 자본화대상자산의 취득을 위한 자금에 차입금이 포함될 경우에는 이러한 차입금에 대한 이자비용은 자산의 취득원가에 산입된다.

- 외환차손(Loss on foreign currency transactions)

외환차손은 회계기간 중 외화자산의 회수나 외화부채의 상환시 환율변동으로 발생하게 되는 손실을 말한다.

- 외화환산손실(Loss on foreign currency translation)

외화환산손실은 화폐성 외화자산 및 화폐성 외화부채를 결산일에 적정 환율로 평가할 때 발생하는 손실을 말한다. 다만 해외지점 또는 해외사업소의 외화표시 자산·부채 및 손익항목을 일괄하여 원화로 환산하는 경우 환산손익을 상계한 후 환산손실이 있으면 해외사업환산차로 하여 자본의 차감항목으로 기재하며 관련지점 또는 사업소가 폐쇄되는 회계연도에 손실로 처리한다.

- 파생금융상품거래손실(Loss on financial derivative transactions)

선도, 선물, 스왑, 옵션 등 파생상품이 만기도래 등을 사유로 거래가 청산될 때 발생하는 손실을 기록한다.

- 파생금융상품평가손실(Loss on valuation of financial derivative)

파생상품은 거래목적에 따라 매매목적과 위험회피(헤지)목적으로 나눌 수 있고 위험회피목적인 경우는 다시 회피대상에 따라 공정가액위험회피와 현금흐름위험회피로 분리가 가능한데, 이중 매매와 공정가액위험회피 목적인 파생상품으로 인해 발생한 평가손실을 여기에 기록한다. 한편 현금흐름위험회피가 목적인 경우는 대차대조표의 기타포괄손익계정에 기록하게 된다.

- **투자 · 유형자산처분손실**

  (Loss on disposition of investments & property, plant and equipment)

투자 · 유형자산처분손실은 투자목적으로 보유하고 있는 투자자산이나 영업활동을 위해 보유하고 있는 유형자산 등을 처분하는 경우 수취금액이 장부가액보다 작은 경우 그 차액을 말한다.

- **지분법평가손실**

  (Loss on valuation of investments under the equity method)

지분법평가손실은 투자회사가 직접 또는 지배·종속회사를 통하여 간접으로 피투자회사의 의결권 있는 주식의 20% 이상을 보유하고 있다면 중대한 영향력이 있는 것으로 보아 피투자회사의 당기순손실 발생분에 대하여 투자회사의 지분율만큼 손실로 인식하는 금액을 말한다.

- **자산재평가손실(Loss on revaluation of property, plant and equipment)**

유형자산의 재평가로 인해 장부가액이 감소한 금액을 말한다(2008.12.30 개정).

- **기타영업외비용(Other non-operating expenses)**

기타영업외비용은 이상에서 열거한 항목 이외의 영업외비용으로서 재고자산평가손실, 기부금, 잡손실, 특별손실 등이 있다.

❺ **법인세비용차감전순손익(Income or loss before income taxes)**

법인세비용차감전순손익은 기업의 경상거래, 즉 영업거래와 영업외거래에 의하여 발생된 손익으로 영업손익에 영업외수익을 가산하고 영업외비용을 차감하여 산출한다.

ⅰ. **법인세비용(Income taxes)**

법인세비용은 법인세비용차감전순손익에 법인세법 등의 법령에 의하여 당해 사업연도에 부담할 법인세 및 법인세에 부가되는 세액의 합계에 당기 이연법인세 변동액을 가감하여 산출된 금액을 말한다. 법인세비용과 법인세법 등의 법령에 의하여 당기에 부담하여야 할 금액과의 차이는 이연법인세자산 또는 이연법인세부채의 과목으로 하고 차기 이후에 발생하는 이연법인세부채 또는 이연법인세자산과 상계한다.

❻ 계속사업이익(Income from continuing operations)

기업의 계속적인 사업활동과 그와 관련된 부수적인 활동에서 발생하는 손익으로서 중단사업손익에 해당되지 않는 모든 손익을 말한다.

❼ 중단사업손익(Income from discontinued operations)

중단사업으로부터 발생한 영업손익과 영업외손익으로서 사업중단직접비용과 중단사업자산손상차손을 포함한다.

❽ 당기순손익(Net income or loss)

당기순손익은 계속사업손익에 중단사업손익을 가감하여 산출하며 당해 회계연도의 최종적인 경영성과를 나타낸다.

(3) 제조원가명세서(Statement of Cost of Goods Manufactured)

제조원가명세서는 재무제표의 부속명세서의 하나로서 제품 제조에 소비된 원가의 계산명세를 나타낸다. 여기서 제조는 판매활동이외의 제조활동은 물론 공사, 임대, 분양, 운송활동 등을 포괄하는 의미로 사용한다. 당기제품제조원가는 당기에 발생한 재료비, 노무비, 경비 등의 당기총제조비용에서 기초재공품원가를 더하고 기말재공품원가와 타계정대체액을 차감하여 계상하게 된다.

❶ 당기총제조비용(Current manufacturing cost)

당기중 제품생산에 투입된 총제조비용을 말하며 원가요소에 따라 재료비, 노무비, 경비로 구분한다.

ⅰ. 재료비(Material costs)

제품의 제조에 직·간접적으로 투입된 재료의 비용으로서 기초재료 재고액과 당기재료 매입액의 합계액에서 기말재료 재고액을 차감하여 산출한다.

ⅱ. 노무비(Labor costs)

제품의 제조에 직·간접적으로 종사하는 공장종업원에 대하여 지급하는 임금, 상여금, 잡급과 퇴직급여 등을 말한다.

ⅲ. 경비(Overhead costs)

제품의 제조를 위하여 지출된 원가요소 중 재료비, 노무비를 제외한 일체의 비용을 말한다.

- 복리후생비(Other employee benefits)

제조부문에 종사하는 종업원의 복리후생(의무·위생·보험·오락 등)을 위하여 지출된 제 경비를 말한다.

- 전력비(Electricity)

제조부문에서 소비된 전력비를 말한다.

- 가스수도비(Utilities)

제조부문에서 발생한 수도료, 연료비 및 유류비 등을 말한다. 다만, 운송업종에 있어서 운송수익 창출에 직접 사용되는 연료비 및 유류비는 업종특성상 재료비로 계상된다.

- 감가상각비(Depreciation)

공장의 건물, 기계장치, 차량운반구, 공구 및 비품 등에 대한 감가상각비를 말한다.

- 세금과공과(Taxes and dues)

제조부문에서 발생한 세금과 공과금을 말한다.

- 임차료(Rent)

공장용의 토지, 건물 및 구축물 등을 임차한 경우에 지급되는 임차료 또는 사용료를 말한다.

- 보험료(Insurance)

공장의 건물, 기계, 저장품 등의 화재보험료 및 기타 손해보험료를 말한다.

- 수선비(Repairs and maintenance)

공장의 건물, 기계장치 및 공·기구 등의 수선을 외부에 의뢰했을 경우에 발생하는 비용을 말한다.

- 외주가공비(Conversion costs for outside order)

외주가공비란 하청업자에게 재료를 공급하여 가공을 의뢰한 경우에 발생하는 임가공비용을 말한다.

- 운반·하역·보관·포장비
  (Transportation, cargo handling, warehousing and packing)

제조활동을 위하여 원재료, 재공품, 제품 등을 운반·하역·보관·포장하는 데 발생하는 비용을 말한다.

- 경상개발비(Ordinary development expenses)

경상개발비는 특정 신기술연구 또는 신제품의 개발과 관련하여 개발단계에서 발생한 지출 중 무형자산 요건을 갖추지 못한 경우로서 제조활동과 관련된 비용을 말한다.

- 기타경비(Other overhead costs)

이상에서 열거한 항목을 제외한 경비의 합계액으로 소모품비, 여비교통비, 통신비, 특허권사용료 및 잡비 등을 포함한다.

❷ 기초재공품원가(Beginning work-in-process)

재공품은 제품 또는 반제품의 제조를 위한 생산과정에 있는 것으로, 기초재공품원가는 전기에서 이월된 재공품 잔액을 말한다.

❸ 기말재공품원가(Ending work-in-process)

기초재공품원가와 반대로 결산일 현재 생산과정 중에 있는 재공품 잔액을 말한다.

❹ 타계정대체액(Transferred out)

타계정대체액은 자사의 제품을 자가소비하는 경우 당기제품제조원가에서 차감하여 자산 등 타계정으로 대체하게 되는 제품제조원가를 말한다.

❺ 당기제품제조원가(Costs of goods manufactured)

당기제품제조원가는 당기중 제품생산을 위하여 소요된 총비용으로서 기초재공품원가에 당기총제조비용을 가산하고 기말재공품원가와 타계정대체액을 차감하여 계산한다.

(4) 이익잉여금처분계산서(Statement of Appropriation of Retained Earnings)

이익잉여금처분계산서는 이익잉여금의 처분사항을 명확히 보고하기 위하여 이익잉여금의 총변동사항을 표시하는 재무보고서이다. 즉 이익잉여금처분계산서는 전년도 이월 이익잉여금과 당기순이익 등 가용 이익잉여금이 당해연도중 어떤 용도로 처분되었으며 얼마나 남았는지 그 변동내역을 설명해준다. 한편 미처리 결손금이 있는 기업은 결손금의 보전사항을 표시하는 결손금처리계산서를 작성한다.

❶ 처분전이익잉여금(Retained earnings before appropriation)

처분전이익잉여금은 전기로부터 이월된 전기이월이익잉여금에 당기순이익, 회계변경의 누적효과, 지분법적용회사의 잉여금 변동, 전기오류수정손익 및 기타처분전이익잉여금을 합계한 것이다.

ⅰ. 전기이월이익잉여금
　(Unappropriated retained earnings carried over from prior period)

전기로부터 당기로 이월된 이익잉여금을 말한다. 즉, 전기의 차기이월이익잉여금과 당기의 전기이월이익잉여금이 일치한다.

ⅱ. 당기순이익(Net income)

손익계산서상의 당기순이익을 의미한다.

ⅲ. 회계변경의 누적효과(Accumulated effect of accounting policy change)

회계변경이란 새로운 사실의 발생 또는 환경의 변화에 적절히 대응하기 위하여 전기에 적용해 오던 회계방법을 변경하는 것을 말하며, 이에는 회계원칙의 변경, 회계추정의 변경, 보고실체의 변경 등 3가지 유형으로 구분된다. 회계변경의 누적효과는 회계원칙의 변경과 보고실체의 변경으로 인해 발생된다.

ⅳ. 지분법적용회사의 잉여금변동(Changes in retained earnings of associate companies under the equity method)

피투자회사의 순자산가액의 변동이 이익잉여금의 증가 또는 감소로 인하여 발생하는 것으로 피투자회사의 당기순이익 또는 당기순손실로 인하여 발생하는 평가손익이 영업외수익인 지분법이익 또는 손실로 처리되는 것과는 구분되며 또한 피투자회사의 순자산가액변동이 자본잉여금 또는 자본조정으로 인해 발생하는 경우의 지분법투자주식 평가손익을 자본조정으로 처리하는 것과도 구분된다.

ⅴ. 전기오류수정손익(Gain or loss on prior period error corrections)

전기 또는 그 이전기간에 발생한 오류의 수정인 경우 손익계산서의 영업외비용 (전기오류수정손익)으로 처리하나 중대한 오류의 수정인 경우에는 전기이월이익잉여금에 반영하게 된다. 전기오류수정손익의 대상은 계산상의 실수, 기업회계기준의 잘못된 적용, 사실판단의 잘못, 부정, 과실 또는 사실의 누락 등이며 이는 추가적인 정보를 입수함에 따라 기존의 추정치를 수정하는 회계추정의 변경과는 구분된다.

ⅵ. 기타처분전이익잉여금(Other Retained earnings before appropriation)

처분전이익잉여금 중에서 위에 열거한 항목에 속하지 아니하는 이익잉여금으로서 자사주이익소각, 특별수선충당금환입액 등을 포함한다.

❷ 임의적립금이입액(Transfers from voluntary reserves)

임의적립금이입액은 처분전이익잉여금이 부족하여 배당이나 적립이 곤란한 경우 또는 임의적립금이 더 이상 필요하지 않은 경우 당기 이전에 적립하였던 임의적립금을 이입한 것을 말한다.

❸ 이익잉여금처분액(Appropriation of retained earnings)

처분전이익잉여금과 임의적립금이입액의 합계액을 재원으로 배당금 처분, 법정적립금 또는 임의적립금 적립 등 기간중 이익잉여금 처분금액의 합계액을 의미한다.

ⅰ. 이익준비금(Legal reserve)

이익준비금은 상법의 규정에 의하여 자본금의 2분의 1에 달할 때까지 매결산기 이익배당액의 10분의 1 이상의 금액을 의무적으로 적립하는 것을 말한다.

ⅱ. 기타법정적립금(Other statutory reserves)

기업합리화적립금, 재무구조개선적립금 등 상법 이외의 법령의 규정에 의하여 의무적으로 적립하여야 할 적립금을 말한다.

ⅲ. 배당금(Dividends)

주주총회의 결의에 의하여 지급이 확정된 시점의 이익잉여금 처분액을 말한다. 중간배당액은 기업회계기준상 전기이월이익잉여금의 차감항목이나, 당행 기업경영분석 통계에서는 이익잉여금처분액 항목에 해당하는 배당금으로 처리된다.

ⅳ. 임의적립금(Voluntary reserve)

법적 강제력에 의해서가 아니라 정관의 규정이나 주주총회의 결의에 따라 사내에 유보되는 적립금으로서 사업확장적립금, 감채적립금, 배당평균적립금, 결손보전적립금 및 법인세 등을 이연할 목적으로 적립하여 일정기간이 경과한 후 환입될 준비금 등을 말한다.

ⅴ. 기타이익잉여금처분액(Other appropriation of retained earnings)

이익잉여금처분액 중에서 위에 열거한 항목에 속하지 아니하는 처분액으로서, 이에는 주식할인발행차금상각, 배당건설이자상각, 자기주식처분손실잔액, 상환주식 상환액 등을 포함한다.

❹ 차기이월이익잉여금(Unappropriated retained earnings to be carried over to the subsequent year)

처분전이익잉여금과 임의적립금이입액의 합계에서 이익잉여금처분액을 차감한 금액을 말한다.

(5) 분석지표 해설

❶ 성장성에 관한 지표(Indicators Concerning Growth)

기업의 자산, 자본 등 경영규모와 기업활동의 성과가 당해연도 중 전년에 비하여 얼마나 증가하였는가를 나타내는 지표로서 기업의 경쟁력이나 미래의 수익창출능력을 간접적으로 나타낸다.

ⅰ. 총자산증가율(Growth rate of total assets)

기업에 투하된 총자산이 얼마나 증가하였는가를 나타내는 비율로서 기업의 전체적인 성장성을 측정하는 지표이다.

$$총자산증가율 = \frac{당기말\ 총자산}{전기말\ 총자산} \times 100 - 100$$

ⅱ. 유형자산증가율(Growth rate of property, plant and equipment)

토지, 건물, 기계 등의 유형자산에 대한 투자가 어느 정도 이루어졌는가를 나타내는 지표로서 기업의 설비투자동향 및 성장잠재력을 측정할 수 있다.

$$유형자산증가율 = \frac{당기말\ 유형자산}{전기말\ 유형자산} \times 100 - 100$$

ⅲ. 유동자산증가율(Growth rate of current assets)

기업의 경상적인 영업활동을 위하여 소유하는 유동자산이 얼마나 증가되었는가를 나타내는 지표이다.

$$유동자산증가율 = \frac{당기말\ 유동자산}{전기말\ 유동자산} \times 100 - 100$$

ⅳ. 재고자산증가율(Growth rate of inventories)

기업이 판매 또는 제조를 목적으로 보유하는 상품, 제품, 원재료, 재공품 등의 재고자산이 얼마나 증가되었는가를 나타내는 지표이다.

$$재고자산증가율 = \frac{당기말\,재고자산}{전기말\,재고자산} \times 100 - 100$$

ⅴ. 자기자본증가율(Growth rate of stockholders' equity)

내부유보 또는 유상증자 등을 통하여 자기자본이 얼마나 증가하였는가를 나타내는 지표이다.

$$자기자본증가율 = \frac{당기말\,자기자본}{전기말\,자기자본} \times 100 - 100$$

ⅵ. 매출액증가율(Growth rate of sales)

전기 매출액에 대한 당기 매출액의 증가율로서 기업의 외형 신장세를 판단하는 대표적인 지표이다.

$$매출액증가율 = \frac{당기\,\,매출액}{전기\,\,매출액} \times 100 - 100$$

❷ 손익의 관계비율(Relationship Ratios of Income and Expenses)

일정기간 동안의 기업의 경영성과를 측정하는 비율로서 투자된 자본 또는 자산, 매출수준에 상응하여 창출한 이익의 정도를 나타내므로 자산이용의 효율성, 이익창출능력 등에 대한 평가는 물론 영업성과를 요인별로 분석, 검토하기 위한 지표로 이용된다.

수익성분석은 자산이익률, 매출액이익률, 매출액대비원가율 등을 검토대상으로 하고 있다. 참고로 저량(stock)개념의 대차대조표 항목과 유량(flow)개념의 손익계산서 항목을 동시에 고려하는 혼합비율의 경우 대차대조표 항목은 기초잔액과 기말잔액을 평균하여 사용한다.

ⅰ. 총자산세전순이익률(Income before income taxes to total assets)

기업이 소유하고 있는 총자산운용의 효율성을 나타내는 지표로서 법인세차감전순이익(이하 세전순이익)의 총자산에 대한 비율로서 측정한다.

$$총자산세전순이익률 = \frac{세전순이익}{총자산} \times 100$$

한편 이 비율의 변동요인을 구체적으로 파악하기 위해서는 이 지표를 매출액세전순이익률(세전순이익/매출액)과 총자산회전율(매출액/총자산)의 곱으로 분해하여 볼 수 있다.

$$총자산세전순이익률 = 매출액세전순이익률 \times 총자산회전율$$

$$\frac{세전순이익}{총자산} = \frac{세전순이익}{매출액} \times \frac{매출액}{총자산}$$

예를 들어 매출액세전순이익률은 높으나 총자산회전율이 낮은 경우에는 판매마진은 높았으나 기업의 판매활동이 부진하였음을 나타낸다.

ii. 총자산순이익률(Net income to total assets)

당기순이익의 총자산에 대한 비율로서 ROA(Return on assets)로 널리 알려져 있다. 기업의 계획과 실적 간 차이 분석을 통한 경영활동평가나 경영전략 수립 등에 많이 사용된다.

$$총자산순이익률 = \frac{당기순이익}{총자산} \times 100$$

iii. 기업세전순이익률

(Interest expenses and Income before income taxes to total assets)

자금원천에 관계없이 기업에 투하된 총자본이 얼마나 효율적으로 운용되었는가를 나타내는 지표로서 세전순이익에서 차입금에 대한 이자비용을 차감하기 전의 금액을 총자본과 대비한 것이다. 따라서 기업가의 경영능력을 측정하는 지표로 이용되고 있다.

$$기업세전순이익률 = \frac{세전순이익 + 이자비용}{총자본} \times 100$$

iv. 기업순이익률(Interest expenses and net income to total assets)

당기순이익과 이자비용의 합계액을 총자본과 대비한 비율로서 기업에 투하된 총자본의 종합적인 최종성과를 나타내는 비율이다.

$$기업순이익률 = \frac{당기순이익 + 이자비용}{총자본} \times 100$$

ⅴ. 자기자본세전순이익률(Income before income taxes to stockholders' equity)

세전순이익의 자기자본에 대한 비율로서 출자자 또는 투자자들이 투하자본에 대한 수익성을 측정하는 데 중요한 지표로 이용된다.

$$자기자본세전순이익률 = \frac{세전순이익}{자기자본} \times 100$$

ⅵ. 자기자본순이익률(Net income to stockholders' equity)

자기자본에 대한 당기순이익의 비율을 나타내는 지표로서 ROE(Return on Equity)로 널리 알려져 있다. 자본조달 특성에 따라 동일한 자산구성하에서도 서로 상이한 결과를 나타내므로 자본구성과의 관계도 동시에 고려해야 한다.

$$자기자본순이익률 = \frac{당기순이익}{자기자본} \times 100$$

ⅶ. 자본금세전순이익률(Income before income taxes to capital stock)

기업 활동의 기초가 되는 납입자본금에 대한 세전순이익의 비율이다. 앞에서 설명한 자기자본세전순이익률 산출을 위한 자기자본에는 납입자본금 외에도 잉여금을 포함하고 있으므로 출자자의 지분에 상응하는 정확한 이익률의 산정이 어렵다. 따라서 자본금세전순이익률은 이에 대한 보조지표로 널리 이용되고 있다.

$$자본금세전순이익률 = \frac{세전순이익}{자본금} \times 100$$

ⅷ. 자본금순이익률(Net income to capital stock)

자본금에 대한 당기순이익의 비율로서 기업의 배당능력판단을 위한 기초자료로 중요시되고 있어 투자자들의 투자결정시에 참고지표로 널리 이용되고 있다.

$$자본금순이익률 = \frac{당기순이익}{자본금} \times 100$$

ix. 매출액세전순이익률(Income before income taxes to sales)

기업경영활동의 성과를 총괄적으로 표시하는 대표적 지표로서 기업의 주된 영업활동뿐만 아니라 재무활동 등 영업활동 이외의 부문에서 발생한 경영성과를 동시에 측정할 수 있다.

$$매출액세전순이익률 = \frac{세전순이익}{매출액} \times 100$$

x. 매출액순이익률(Net income to sales)

매출액에 대한 당기순이익의 비율을 나타내는 지표이다.

$$매출액순이익률 = \frac{당기순이익}{매출액} \times 100$$

xi. 매출액영업이익률(Operating income to sales)

기업의 주된 영업활동에 의한 성과를 판단하기 위한 지표로서 제조 및 판매 활동과 직접 관계된 영업이익만을 매출액과 대비한 것으로 영업효율성을 나타내는 지표이다.

$$매출액영업이익률 = \frac{영업이익}{매출액} \times 100$$

xii. 매출원가 대 매출액(Cost of goods sold to sales)

매출액중 매출원가가 차지하는 비중을 나타내는 비율로서 기업원가율 또는 「마진」율을 측정하는 지표이다.

$$매출원가 대 매출액 = \frac{매출원가}{매출액} \times 100$$

xiii. 변동비 대 매출액(Variable costs to sales)

변동비는 조업도의 변동에 비례하여 발생하는 비용이므로 이 비율이 지나치게 낮은 것은 조업도가 낮거나 설비가 지나치게 많음을 의미하고 반대로 과도하게 높은 것은 고정설비의 부족을 의미하게 된다. 따라서 이 비율은 적정조업도 및 투자설비 규모의 판단에 중요한 지표가 된다. 일반적으로 재료비, 외주가공비 등은 변동비로 분류된다.

$$변동비 대 매출액 = \frac{변동비^*}{매출액} \times 100$$

$$^* \ 변동비 \ = \ 총비용^{**} - 고정비$$

$$^{**} \ 총비용 \ = \ 매출원가 + 판매비와관리비 + 영업외비용$$

xiv. 고정비 대 매출액(Fixed costs to sales)

고정비는 조업도에 관계없이 일정하게 발생하는 비용으로서 이 비율이 높으면 조업도가 상대적으로 낮은 것을 의미한다. 경기불황 시에는 매출액 감소에도 불구하고 고정비 지출은 줄지 않아 이 비율이 전반적으로 높아지는 경향이 있다.

일반적으로 감가상각비, 보험료, 임차료, 이자비용 등은 고정비로 분류된다.

$$고정비 대 매출액 = \frac{고정비^*}{매출액} \times 100$$

* 고정비 = 판매비와관리비 + 영업외비용 +

(노무비의 1/2 + 제조경비 − 외주가공비 + 재고조정중의 고정비**)

** 재고조정중의 고정비 = (매출원가 − 당기총제조비용) × $\dfrac{(노무비의 \frac{1}{2} + 제조경비 - 외주가공비)}{당기총제조비용}$

xv. 연구개발비 대 매출액(Research and development costs to sales)

신제품이나 신기술 개발 등과 같은 기업의 연구개발활동과 관련하여 얼마만큼의 비용을 지출하였는가를 나타내는 비율이다.

$$연구개발비 대 매출액 = \frac{연구개발비}{매출액} \times 100$$

• 연구개발비 = 대차대조표상의 개발비 증가액 + 손익계산서상의 경상개발비·연구비, 개발비 상각액 + 제조원가명세서상의 경상개발비 등

xvi. 인건비 대 매출액(Employment costs to sales)

매출액에서 인건비가 차지하는 비중을 나타내는 지표로서 노무관리 및 인건비 결정에 이용된다.

$$인건비 \ 대 \ 매출액 = \frac{인건비^*}{매출액} \times 100$$

*인건비구성은 1002번 참조

xvii. 인건비 대 영업총비용(Employment costs to total operating costs)

영업총비용에서 인건비가 차지하는 비중을 나타내는 지표로서 인건비 대 매출액의 보조지표로 이용된다.

$$인건비 \ 대 \ 영업총비용 = \frac{인건비}{영업총비용^*} \times 100$$

*영업총비용 = 당기총제조비용 + 판매비와관리비

xviii. 재료비 대 매출액(Material costs to sales)

매출액에서 재료비가 차지하는 비중을 나타내는 지표로서 원재료 이용의 효율성을 측정하는 데 이용된다.

$$재료비 \ 대 \ 매출액 = \frac{재료비}{매출액} \times 100$$

xix. 재료비 대 영업총비용(Material costs to total operating costs)

영업총비용에서 재료비가 차지하는 비중을 나타내는 지표로서 재료비 대 매출액의 보조지표로 이용된다.

$$재료비 \ 대 \ 영업총비용 = \frac{재료비}{영업총비용} \times 100$$

xx. 순외환손익 대 매출액

　　(Net gain on foreign currency transactions and translation to sales)

환율변화에 따라 발생한 순손익이 매출액과 비교하여 어느 정도인가를 파악하기 위한 지표이다.

$$\text{순외환손익 대 매출액} = \frac{\text{외환차익} + \text{외화환산이익} - \text{외환차손} - \text{외화환산손실}}{\text{매출액}} \times 100$$

xxi. EBIT 대 매출액(Earnings before interest and tax to sales)

이자 및 법인세차감전순이익(EBIT)은 기업의 경영성과를 평가함에 있어서 타인자금을 사용하는 기업이 금융비용 발생으로 타인자금을 사용하지 않는 기업보다 수익성이 낮게 평가되는 것을 방지하기 위해 도입된 개념이다. 즉 EBIT는 세전순이익에 금융비용을 더해 산출되므로 자금조달방법에 관계없이 수익성을 측정할 수 있다.

$$\text{EBIT 대 매출액} = \frac{\text{세전순이익} + \text{이자비용}}{\text{매출액}} \times 100$$

xxii. EBITDA 대 매출액

　　(Earnings before interest, tax, depreciation, and amortization to sales)

EBITDA는 이자 및 법인세차감전순이익에 감가상각비와 무형자산상각비를 더하여 산출된다. 회계상의 순이익이 금융비용이나 감가상각비 등 영업외적 요인이나 회계처리방식 차이에 의해 영향을 받는 데 비해 EBIT와 EBITDA는 이러한 영향이 배제된 경영성과를 측정할 수 있어 수익성 판단지표로 유용하게 쓰인다.

$$\text{EBITDA 대 매출액} = \frac{\text{세전순이익} + \text{이자비용} + \text{감가상각비} + \text{무형자산상각비}}{\text{매출액}} \times 100$$

xxiii. 감가상각률(Depreciation ratio)

비상각자산 즉 토지, 건설중인 자산을 제외한 나머지 유·무형자산에 대하여 당기에 어느 정도 감가상각비를 계상하였는가를 나타내는 비율로서 이 비율이 높으면 유·무형자산에 대한 재투자비용 회수가 빠름을 의미한다.

$$감가상각률 = \frac{감가상각비}{유형자산 + 무형자산 - (건설중인자산 + 토지) + 감가상각비} \times 100$$

xxiv. 금융비용 대 부채(Interest expenses to liabilities)

기업의 부채에는 차입금과 같이 이자를 부담하는 이자부부채와 매입채무, 선수금, 충당금 등과 같이 이자를 부담하지 않는 비이자부부채가 있다. 금융비용 대 부채비율은 이러한 비이자부부채를 포함한 총부채에 대한 이자비용의 비율을 말한다.

$$금융비용 \ 대 \ 부채 = \frac{이자비용}{부채} \times 100$$

xxv. 차입금평균이자율
(Interest expenses to total borrowings and bonds payable)

회사채, 금융기관차입금 등과 같은 이자부부채에 대한 금융비용의 비율로서 차입금에 대한 종합적 평균이자율을 의미하며, 이 비율과 다른 수익성 지표를 비교해봄으로써 타인자본의 운용이 효율적으로 되었는지를 판단할 수 있다.

$$차입금평균이자율 = \frac{이자비용}{회사채 + 장 \cdot 단기차입금} \times 100$$

xxvi. 금융비용 대 총비용(Interest expenses to total expenses)

총비용중 금융비용이 차지하는 비중을 나타내는 것으로서 차입금의존도와 밀접한 관계가 있다.

$$금융비용 \ 대 \ 총비용 = \frac{이자비용}{매출원가 + 판매비와관리비 + 영업외비용} \times 100$$

xxvii. 금융비용 대 매출액(금융비용부담률, Interest expenses to sales)

기업의 금융비용이 매출액에서 차지하는 비중을 나타내는 지표로서 이 비율이 낮을수록 기업경영이 안정적이라고 볼 수 있다. 금융비용에는 대출이자, 회사채이자 등이 포함되며 금융비용대 매출액은 차입금평균이자율과 차입금의존도가 높을수록 높고 총자산회전율이 높을수록 낮다.

$$금융비용 대 매출액 = \frac{이자비용}{매출액} \times 100 = \frac{이자비용}{차입금} \times \frac{차입금}{총자산} \times \frac{총자산}{매출액}$$

금융비용은 차입금에 대한 대가로 매출수준에 관계없는 고정비 성격의 항목이
므로 불황에 대비한 안정적 경영기반 확립을 위해서는 이 비율을 낮추는 것이 필요
하다. 반면 호경기에는 재무레버리지효과(Financial leverage effect)에 의해서 차입금
비중이 클 경우 주당이익의 증가폭이 커질 수 있으므로 기업은 향후 성장가능성 및
이익창출능력 등을 종합적으로 감안하여 외부차입 규모를 결정할 필요가 있다.

xxviii. 순금융비용 대 매출액(Net interest expenses to sales)
이자비용에서 이자수익을 차감한 잔액, 즉 금융거래로 지급한 순이자비용을 매
출액으로 나눈 지표이다.

$$순금융비용 대 매출액 = \frac{이자비용 - 이자수익}{매출액} \times 100$$

xxix. 이자보상비율(Interest coverage ratio)
이자보상비율은 이자지급에 필요한 수익을 창출할 수 있는 능력을 측정하기 위
한 지표로 이자부담능력을 판단하는 데 유용한 지표이다.

$$이자보상비율 = \frac{영업이익}{이자비용} \times 100$$

xxx. 순이자보상비율(Net interest coverage ratio)
순이자보상비율은 이자지급에 필요한 수익을 창출할 수 있는 능력을 측정하기
위한 지표로 이자부담능력을 판단하는 데 유용한 지표이다.

$$순이자보상비율 = \frac{영업이익}{이자비용 - 이자수익} \times 100$$

xxxi. 손익분기점률(Break-even point ratio)
손익분기점(Break-even point)이란 일정기간의 매출액과 총영업비용이 일치하여
이익이나 손실이 발생하지 않는 점으로 매출량 또는 매출액으로 나타낼 수 있다. 매
출액이 손익분기점을 초과할 경우에는 이익이 발생하고 손익분기점에 미달할 경우에

는 손실이 발생한다.

손익분기점률이란 손익분기점에서의 매출액과 실현된 매출액과의 비율이다. 일반적으로 이 비율이 낮을수록 영업활동의 채산성이 양호함을 의미하며 높을수록 채산성이 좋지 않음을 나타낸다.

손익분기점분석이란 비용을 고정비와 변동비로 분류하여 조업도 변동에 따른 기업의 수익, 비용 및 이익의 상호변동관계를 분석하고 이로부터 매출 및 이익계획을 수립하는 것이다. 다만 기업경영분석에서의 손익분기점분석은 세전순이익을 기준으로 한다.

$$손익분기점률 = \frac{손익분기점에서의매출액}{매출액} \times 100$$

$$손익분기점에서의\ 매출액 = \frac{고정비 - 영업외수익}{1 - \dfrac{변동비}{매출액}}$$

xxxii. 사내유보율(Accumulated earnings ratio)

기업의 미처분이익잉여금중 사내유보분의 비중을 표시하는 비율로 당기에 거둔 경영성과중에서 사내유보된 비율을 나타내는 「플로우(flow)」개념이다.

$$사내유보율 = \frac{사내유보}{처분전이익잉여금 + 임의적립금이입액} \times 100$$

• 사내유보 = 당기에 처분된 이익준비금 + 기타법정적립금 + 임의적립금 + 기타이익잉금처분액 + 차기이월이익잉여금

xxxiii. 배당률(Dividends to capital stock)

주식발행총액(납입자본금)에 대한 배당금지급액의 비율로서 투자자에 대한 배당수준을 나타내는 지표이다. 투자자에게는 수익률에 해당하는 것이 되므로 투자결정에 중요한 지표로 이용되고 있다.

$$배당률 = \frac{배당금}{자본금} \times 100$$

xxxiv. 배당성향(Dividends to net income)

기업이 당기순이익중 어느 정도를 배당금으로 지급하였는가를 나타내는 지표로 사외배당률(payout ratio)이라고도 한다. 기업의 배당률만으로는 배당지급능력의 대소를 알 수 없기 때문에 배당률의 보조지표로 이용된다.

$$배당성향 = \frac{배당금}{당기순이익} \times 100$$

❸ 자산 · 부채 · 자본의 관계비율
(Relationship Ratios of Assets, Liabilities and Stockholders' Equity)

자산과 부채 및 자본의 관계비율은 대차대조표 각 항목간의 관계를 설명하는 정태비율로서 단기채무 지불능력인 유동성과 경기대응 능력인 안정성을 측정하는 지표이다.

ⅰ. 자기자본비율(Stockholders' equity to total assets)

자기자본비율은 총자본중에서 자기자본이 차지하는 비중을 나타내는 대표적인 재무구조 지표이다. 자기자본은 금융비용을 부담하지 않고 기업이 운용할 수 있는 자본이므로 이 비율이 높을수록 기업의 안정성이 높다고 할 수 있다.

$$자기자본비율 = \frac{자기자본}{총자본} \times 100$$

ⅱ. 유동비율(Current ratio)

단기채무에 충당할 수 있는 유동자산이 얼마나 되는가를 평가하여 기업의 단기지급능력을 판단할 수 있는 대표적 지표로서 유동비율이 높을수록 단기지급능력이 양호하다고 볼 수 있으나 과다한 유동자산 보유는 자산운용 효율성을 떨어뜨려 수익성을 저해한다.

$$유동비율 = \frac{유동자산}{유동부채} \times 100$$

ⅲ. 당좌비율(Quick ratio)

유동부채에 대한 당좌자산의 비율로서 유동자산중 현금화되는 속도가 늦고 현금화의 불확실성이 높은 재고자산 등을 제외시킨 당좌자산을 유동부채에 대응시킴으로써 단기채무에 대한 기업의 지급능력을 파악하는 데 사용된다.

산성시험비율(Acid test ratio) 또는 신속비율이라고도 하는 이 비율은 기업의 유동성분석을 위한 보조지표로 사용되고 있다.

$$당좌비율 = \frac{당좌자산}{유동부채} \times 100$$

ⅳ. 현금비율(Cash ratio)

유동부채에 대한 현금및현금성자산의 비율로서 당좌자산 중 현금및현금성자산으로 유동부채를 상환할 수 있는 초단기 채무지급능력을 파악하는 지표이다. 종전에는 단기투자자산 내의 단기금융상품을 분자항목에 포함하였으나 회계기준 변경으로 이를 제외하였다. 그리고 2007년 현금비율도 단기금융상품을 제외하여 산출한 지표로 수록하였다.

$$현금비율 = \frac{현금 및 현금성자산}{유동부채} \times 100$$

ⅴ. 비유동비율(Non-current ratio)

기업자산의 고정화 위험을 측정하는 비율로서 운용기간이 장기에 속하는 비유동자산을 어느 정도 자기자본으로 충당하였는가를 나타내는 지표이다. 비유동비율은 일반적으로 100% 이하를 양호한 상태로 보고 있는데 이는 장기적으로 자금이 고착되어 있는 비유동자산에 대한 투자는 가급적 상환기한이 없는 자기자본으로 충당하는 것이 기업의 장기 안정성을 위해 바람직하다고 판단하기 때문이다.

$$비유동비율 = \frac{비유동자산}{자기자본} \times 100$$

vi. 비유동장기적합률

(Non-current assets to stockholders' equity and non-current liabilities)

비유동장기적합률은 자기자본 및 비유동부채가 비유동자산에 어느 정도 투입되어 운용되고 있는가를 나타내는 지표로 운용자금 조달의 적정성과 투하자본의 고정화 정도를 측정하는 데 사용된다.

일반적으로 비유동자산에 대한 투자는 자기자본의 범위 내에서 이루어지는 것이 안정적이나, 실제로 거액의 설비투자를 필요로 하는 산업의 경우 부족한 자금을 모두 자기자본으로만 충당하기에는 어려움이 있다.

따라서 소요자금의 일부를 타인자본으로 충당하더라도 단기부채보다는 비교적 상환이 긴 장기부채로 조달하게 되면 안정성을 유지할 수 있다고 볼 수 있으며 그러한 의미에서 100% 이하를 표준비율로 보는 것이 일반적이다.

$$비유동장기적합률 = \frac{비유동자산}{자기자본+비유동부채} \times 100$$

vii. 부채비율(Debt ratio)

부채비율은 타인자본과 자기자본간의 관계를 나타내는 대표적인 안정성 지표로서 이 비율이 낮을수록 재무구조가 건전하다고 판단할 수 있다. 부채비율은 자기자본비율과 역(逆)의 관계에 있어 자기자본비율이 높을수록 부채비율은 낮아지게 된다.

타인자본은 차입금, 회사채, 매입채무, 미지급금, 부채성충당금 등의 부채를 말하며 1년 이내에 지급기일이 도래하는 부채는 유동부채, 1년 이후에 지급기일이 도래하는 부채는 비유동부채이다. 경영자 입장에서는 단기채무 상환의 압박을 받지 않고 투자수익률이 이자율을 상회하는 한 타인자본을 계속 이용하는 것이 유리하다.

그러나 채권회수의 안정성을 중시하는 채권자는 부정적일 수 있는데 왜냐하면 기업의 부채비율이 지나치게 높을 경우 추가로 부채를 조달하는 것이 어려울 뿐만 아니라 과다한 이자비용의 지급으로 수익성도 악화되어 지급불능사태에 직면할 가능성이 높아지기 때문이다.

$$부채비율 = \frac{유동부채+비유동부채}{자기자본} \times 100$$

viii. 유동부채비율(Current liabilities ratio)

자기자본에 대한 유동부채의 비율로서 자본구성의 안정성을 측정하는 보조지표
이다. 이 비율이 100%를 초과할 경우 자본구성의 안정성은 물론 재무유동성도 불안
정한 상태에 있음을 의미한다.

$$유동부채비율 = \frac{유동부채}{자기자본} \times 100$$

ix. 비유동부채비율(Non-current liabilities ratio)

자기자본에 대한 비유동부채의 비율로서 자본구성의 안정성을 판단하는 보조지
표이다.

$$비유동부채비율 = \frac{비유동부채}{자기자본} \times 100$$

x. 차입금의존도(Total borrowings and bonds payable to total assets)

총자본중 외부에서 조달한 차입금 비중을 나타내는 지표이다. 차입금의존도가 높
은 기업일수록 금융비용부담이 가중되어 수익성이 저하되고 안정성도 낮아지게 된다.

$$차입금의존도 = \frac{장 \cdot 단기차입금 + 회사채}{총자본} \times 100$$

xi. 차입금 대 매출액(Total borrowings and bonds payable to sales)

차입금 규모가 매출액과 비교하여 어느 정도인가를 나타내는 지표로 차입금의
상대적인 크기를 나타낸다.

$$차입금 \ 대 \ 매출액 = \frac{차입금}{매출액} \times 100$$

xii. 매출채권 대 매입채무(Receivables to payables)

기업간 신용관계를 나타내는 매출채권과 매입채무를 대비시킨 것으로 기업의
자금관리에 중요한 지표로 이용된다. 이 비율이 높을수록 기업의 유동비율은 높게

나타나지만 매출채권의 과다한 보유는 오히려 자금사정의 악화를 초래하는 요인이
될 수도 있다.

$$매출채권\ 대\ 매입채무\ =\ \frac{매출채권}{매입채무} \times 100$$

xiii. 순운전자본 대 총자본(Net working capital to total assets)

기업의 지급능력의 기초가 되는 순운전자본의 총자본에 대한 비율로서 이 비율
이 높을수록 유동성이 양호하다는 것을 의미한다.

$$순운전자본\ 대\ 총자본\ =\ \frac{유동자산 - 유동부채}{총자본} \times 100$$

❹ 자산·부채·자본의 회전율
(Turnover Ratios of Assets, Liabilities and Stockholders' Equity)

자산·부채·자본의 회전율은 기업에 투하된 자본이 기간 중 얼마나 활발하게
운용되었는가를 나타내는 비율로서 활동성분석이라고도 한다.

기업은 수익증대를 목적으로 투입된 자본을 끊임없이 회전시키는데 이에 따른
성과는 매출액으로 대표될 수 있다. 따라서 회전율을 측정하는 기본항목은 매출액
이며, 기업의 활동성은 매출액과 각 자산·부채·자본 항목에 대한 회전배수로 측정
된다.

ⅰ. 총자산회전율(Total assets turnover)

총자산이 1년 동안 몇 번 회전하였는가를 나타내는 비율로서 기업에 투하한 총
자산의 운용효율을 총괄적으로 표시하는 지표이다.

$$총자산회전율\ =\ \frac{매출액}{총자산}$$

ⅱ 자기자본회전율(Stockholders' equity turnover)

자기자본이 1년 동안 몇 번 회전했는가를 나타내는 비율로서 자기자본 이용의
효율성을 측정하는 지표이다.

$$자기자본회전율 = \frac{매출액}{자기자본}$$

iii. 자본금회전율(Capital stock turnover)

납입자본금의 회전속도, 즉 자본금 이용의 효율성을 나타내는 지표이다.

$$자본금회전율 = \frac{매출액}{자본금}$$

iv. 경영자산회전율(Operating assets turnover)

영업활동에 직접 투입활용되고 있는 경영자산의 효율성을 평가하는 데 이용되는 지표이다.

$$경영자산회전율 = \frac{매출액}{총자산-(건설중인자산+투자자산)}$$

v. 비유동자산회전율(Non-current assets turnover)

비유동자산의 효율적 이용도를 나타내는 지표로서 자본의 고정화 정도를 판단하는 수단이 되며 유동성분석에 있어서도 유용한 보조지표로 이용될 수 있다.

$$비유동자산회전율 = \frac{매출액}{비유동자산}$$

vi. 유형자산회전율(Property, plant and equipment turnover)

유형자산의 이용도를 나타내는 지표로서 기업이 보유하고 있는 설비자산의 적정여부를 판단하는 데 유용하다.

이 비율이 높으면 비유동자산의 유지를 위하여 지출되는 상각비, 보험료, 수선비 등의 고정비가 제품단위당 체감적으로 배분되어 원가절감이 효율적으로 이루어지고 있음을 나타낸다. 그러나 영업규모에 비해 설비투자가 부진한 경우에도 이 비율이 높게 나타날 수 있으므로 해석에 신중을 기하여야 한다.

$$유형자산회전율 = \frac{매출액}{유형자산}$$

vii. 재고자산회전율(Inventories turnover)

재고자산회전율은 매출액을 재고자산으로 나눈 비율로서 재고자산의 회전속도, 즉 재고자산이 현금 등 당좌자산으로 변화하는 속도를 나타낸다.

일반적으로 이 비율이 높을수록 상품의 재고손실방지 및 보험료, 보관료의 절약 등 재고자산의 관리가 효율적으로 이루어지고 있음을 나타낸다. 그러나 재고를 정상적인 영업활동에 필요한 적정수준 이하로 유지하여 수요변동에 적절히 대처하지 못하는 경우에도 이 비율은 높게 나타날 수 있으므로 해석에 유의할 필요가 있다.

또한 원자료의 가격이 상승추세에 있는 기업이나 재고자산의 보유수준이 크게 높아지는 기업들의 경우에는 주로 후입선출법(LIFO)에 의해 재고자산을 평가함으로써 재고자산회전율이 높게 나타나는 경향이 있다. 따라서 재고자산회전율에 대한 상대적인 차이에 대해서는 실제로 재고자산이 효율적으로 관리되었는지, 생산기간이 단축되어 재공품이 감소하였는지, 기업의 재고보유 방침이 바뀌었는지, 또한 재고자산 평가방법을 다르게 채택하고 있는지를 비교 분석하여 판단하여야 할 것이다.

$$재고자산회전율 = \frac{매출액}{재고자산}$$

viii. 상(제)품회전율(Merchandise turnover)

상(제)품에 투하된 자금의 회전속도, 즉 상품이 일정기간 동안 몇 번 당좌자산으로 전환하였는가를 나타내는 지표이다.

$$상(제)품회전율 = \frac{매출액}{상(제)품}$$

ix. 매출채권회전율(Receivables turnover)

매출채권의 현금화 속도를 측정하는 비율로서 이 비율이 높을수록 매출채권의 현금화 속도가 빠르다는 것을 의미한다.

매출채권회전율의 역수를 취하여 365일을 곱하면 평균회수기간을 계산할 수 있는데 이 기간이 짧을수록 매출채권이 효율적으로 관리되어 판매자금이 매출채권에 오래 묶여 있지 않음을 의미한다. 그러나 기업이 시장점유율 확대를 위해 판매전략을 강화하는 경우 매출채권회전율이 낮게 나타날 수 있으므로 기업의 목표회수기간이나 판매조건과 비교하여 평가하여야 할 것이다.

$$매출채권회전율 = \frac{매출액}{매출채권}$$

ⅹ. 매입채무회전율(Payables turnover)

매입채무의 지급속도를 측정하는 지표로서 기업의 부채중에서도 특히 매입채무가 원활히 결제되고 있는가의 여부를 나타낸다.

매입채무회전율이 높을수록 결제속도가 빠름을 의미하나 회사의 신용도가 저하되어 신용 매입기간을 짧게 제공받는 경우에도 이 비율이 높게 나타날 수 있다는 것을 유의하여야 하며, 매출채권 회전율과 함께 분석함으로써 운전자본의 압박가능성 등을 검토하여야 한다.

$$매입채무회전율 = \frac{매출액}{매입채무}$$

❺ 생산성에 관한 지표(Indicators Concerning Productivity)

기업활동의 성과 및 효율을 측정하고 개별 생산요소의 기여도 및 성과배분의 합리성 여부를 규명하기 위한 지표이다. 그러므로 생산성에 관한 지표는 경영합리화의 척도라고 할 수 있으며 생산성 향상으로 얻은 성과에 대한 분배기준이 된다. 근래에는 기업경영의 성과를 부가가치 생산성이란 개념으로 측정하는 것이 일반적이다.

ⅰ. 노동장비율(Property, plant and equipment per capita)

생산과정에서 종업원 한 사람이 어느 정도의 노동장비를 이용하고 있는가를 나타내는 지표이다.

$$노동장비율 = \frac{유형자산 - 건설중인자산}{종업원수}$$

ⅱ. 자본집약도(Total assets per capita)

종업원 한 사람이 어느 정도의 자본액을 보유하고 있는가를 나타내는 지표로서 노동장비율의 보조지표로 이용된다.

$$자본집약도 = \frac{총자본}{종업원수}$$

iii. 종업원 1인당 부가가치(Gross value-added per capita)

종업원 한 사람이 창출한 부가가치를 산출한 지표로서 부가가치기준에 의한 노동생산성(Labor productivity)을 말하며 임금결정의 기준이 되기도 한다. 노동생산성이 높다는 것은 기업이 보유노동력을 효율적으로 이용하여 보다 많은 부가가치를 창출했음을 의미한다.

기업의 활동은 크게 노동과 자본의 결합에 의하여 이루어지므로 그 성과도 노동요인과 자본요인으로 구분하여 볼 수 있다. 따라서 노동생산성만을 기준으로 생산성을 평가할 수는 없으며 자본생산성을 함께 고려하여야 한다.

$$종업원\ 1인당\ 부가가치 = \frac{부가가치}{종업원수}$$

iv. 총자본투자효율(Gross value-added to total assets or productivity of capital)

총자본투자효율은 기업에 투하된 총자본이 1년 동안 어느 정도의 부가가치를 산출하였는가를 나타내는 비율로서 자본생산성(Productivity of capital)을 측정하는 지표이다. 이 비율이 높으면 총자본이 효율적으로 운용되었음을 의미한다.

$$총자본투자효율 = \frac{부가가치}{총자본} \times 100$$

v. 설비투자효율(Gross value-added to property, plant and equipment)

설비투자효율을 기업에서 실제로 사용되고 있는 설비자산(유형자산−건설중인 자산)이 어느 정도의 부가가치를 생산하였는가를 나타내는 지표로서 총자본투자효율의 보조지표로 이용된다. 또한 「설비투자효율×노동장비율 = 종업원 1인당 부가가치」로 표시되므로 노동생산성의 변동요인분석에도 이용된다.

$$설비투자효율 = \frac{부가가치}{유형자산−건설중인자산} \times 100$$

vi. 기계투자효율(Gross value-added to machinery and equipment)

기계투자효율은 설비투자효율의 보조지표로 기업이 보유하고 있는 기계장치가 부가가치의 생산에 어느 정도 기여하였는가를 나타내는 지표이다.

$$기계투자효율 = \frac{부가가치}{기계장치} \times 100$$

vii. 부가가치율(Gross value-added to output)

부가가치율은 일정기간 동안 기업이 창출한 부가가치액을 같은 기간중의 산출액으로 나눈 비율로서 산출액중 생산활동에 참여한 생산요소에 귀속되는 소득의 비율을 나타내므로 소득률이라고도 한다.

부가가치액은 산출액에서 다른 기업이 생산한 중간투입물인 재료비 등을 차감한 것이므로 기업의 생산효율성이 높을수록 부가가치율은 높아지게 된다. 부가가치율이 높다는 것은 기업활동의 이해관계자들에게 분배되는 몫이 크다는 것을 의미한다.

$$부가가치율 = \frac{부가가치}{산출액*} \times 100$$

* 산출액 = 매출액 + 제품재고증감** − 외주가공비
** 제조비용 − 매출원가

viii. 노동소득분배율(Employment costs to operating surplus, interest expenses and employment costs)

노동소득분배율은 기업이 창출한 요소비용부가가치 중에서 노동력을 제공한 근로자에게 분배된 몫의 비중을 나타낸다.

$$노동소득분배율 = \frac{인건비}{요소비용부가가치*} \times 100$$

* 요소비용 부가가치 = 영업잉여 + 금융비용 + 인건비

❻ 부가가치의 구성(Composition of Gross Value-Added)

　　부가가치(value added)는 회사의 이익을 주주에게 귀속되는 순이익(net income)에 국한하지 않고 광범위한 이해관계자(stakeholders)에게 귀속되는 이익을 측정한 것이라 할 수 있다. 이런 부가가치는 창출(value added created) 측면과 분배(value added applied) 측면에서 측정할 수 있는데 기업경영분석통계는 분석측면에서 접근하여 영업잉여(영업손익＋대손상각비－금융비용), 인건비, 금융비용, 조세공과, 감가상각비 등으로 구성되어 있으며 손익계산서 및 제조원가명세서에 나타난 해당항목들을 합산하여 산출한다.

　　ⅰ. 영업잉여(Operating surplus)
　　영업손익에 대손상각비를 가산하고 금융비용을 차감한 잔액을 말한다.

　　ⅱ. 인건비(Employment costs)
　　판매비와 관리비중 급여, 퇴직급여, 복리후생비 항목과 제조원가명세서 중 노무비, 복리후생비 항목의 합계액을 인건비로 한다.

　　ⅲ. 금융비용(Interest expenses)
　　차입금이나 회사채발행 등에 대한 대가로 지급되는 이자비용을 말한다

　　ⅳ. 조세공과(Taxes and dues)
　　판매관리부문과 제조부문에서 발생된 제세금과 공과를 말한다.

　　ⅴ. 감가상각비(Depreciation)
　　판매관리부문과 제조부문에서 발생된 감가상각비를 말한다.

CHAPTER 09

──────── 증권시장과 부동산 금융

1 증권시장

1) 증권시장과 유통시장

자본시장에서 가장 중요한 역할을 하는 것은 증권시장이다. 자본시장은 증권시장을 의미하며 증권시장은 유가증권을 발행하고 발행된 유가증권이 거래되는 시장이다.

증권시장은 유가증권 거래가 원활히 이루어지도록 서비스를 제공하는 곳으로 넓은 의미로는 기업 등 자금수요자가 유가증권을 발행하거나 매출하여 필요한 자금을 조달하고 투자자는 유가증권의 매매를 통해 자신의 금융자산을 운용하는 곳을 뜻하며, 좁은 의미로는 다수의 투자자들이 일정한 시간, 일정한 장소에 집결하여 일정한 조직과 거래 질서 하에 증권을 매매하는 조직적이고 구체적인 시장으로 우리나라에는 거래소시장과 코스닥시장을 말하며, 최근에는 간소화된 코넥스시장도 있다.

증권시장은 발행시장(1차 시장)과 유통시장(2차 시장)으로 구성되어 있으며, 이 두 시장은 상호보완적인 관계에 있다. 발행시장은 자금을 조달하고자 하는 기업 또는 정부기관 등이 발행하는 증권(주식·채권 등)이 최초로 투자자에게 매도되는 시장을 말하는데, 이는 유통시장에서 증권의 자유로운 유통성이 보장될 때 활성화될 수 있다.

유통시장은 이미 발행된 증권이 투자자들 사이에서 매매되는 시장을 말하며, 이는 발행시장으로부터 증권의 공급이 원활하게 이루어질 때 가능한 것이다. 즉, 발행시장과 유통시장은 상호보완적인 관계에 있는 것이다.

(1) 발행시장

발행시장은 자금을 필요로 하는 발행주체가 투자자에게 새로 발행되는 증권의 취득을 권유하거나, 이미 발행된 증권의 매도의 청약을 하거나 매수의 청약을 권유

발행시장 구조

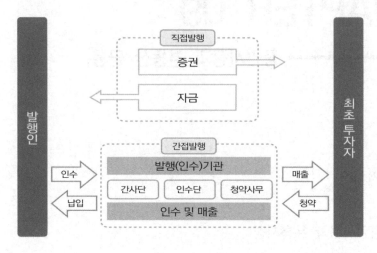

하여 자금을 조달하는 시장을 말한다. 즉, 발행시장은 유가증권의 모집(신규로 발행하는 유가증권의 취득을 권유하는 행위)과 매출(이미 발행된 증권을 대중에게 판매하는 행위)의 기능을 수행하고 있다.

　발행시장은 발행주체의 측면에서 볼 때 수많은 투자자로부터 거액의 장기자금을 일시에 조달할 수 있도록 기회를 제공하고 있다. 또한 수많은 투자자로부터 증권을 매개로 하여 자금의 수요자에게 자본을 집중시켜 주는 역할을 하며, 새로이 발행되는 증권의 최초 분산을 가능하게 하여 기업의 소유구조를 분산시키게 된다. 그뿐만이 아니라 정부는 증권시장에서 공개시장조작 등을 통해 통화량을 조정하여 경기를 조절하는 등 경제안정 기능을 하고, 투자수단을 제공하는 기능을 가진다.

　발행시장의 구조를 이루는 주체는 발행인과 발행기관, 그리고 투자자로 이루어진다. 발행인은 증권시장에서 유가증권을 발행하였거나 발행하고자 하는 자를 의미하며, 증권의 공급자인 동시에 자금의 수요자이다. 여기에는 주식, 사채를 발행하는 사기업과 국공채를 발행하는 국가 및 지방자치단체, 특수채를 발행하는 공사나 특수은행과 같은 특수법인이 있다.

　발행기관은 발행인과 투자자 사이에 개입하여 발행인의 선임에 의하여 증권발행에 따른 사무를 담당하고 때로는 발행 위험도 부담하는 기관으로 인수기관이라고도 한다.

주식 발행기관은 간사단, 인수단, 청약사무취급기관으로 다음과 같이 구분된다.

① 간사단(management group)은 간사회사로 구성되며 발행회사가 발행하는 유가증권을 분석하고 인수단 구성의 책임을 맡는 기관을 말하고, 이 가운데 발행회사로부터 유가증권의 인수를 의뢰받은 회사가 주간사회사가 되고 나머지는 공동간사회가 된다. 간사단은 발행회사와 협의하여 공모, 주선 및 인수가액을 결정하고 발행회사가 사업설명서에 기재한 사항을 성실히 이행하도록 노력하는 등의 책임을 진다.

② 인수단(underwriting syndicates)은 발행증권의 인수를 위하여 구성된 관계 회사를 말한다.

③ 청약사무취급기관은 인수단이 인수한 유가증권을 일반 투자자에게 매도하기 위한 청약사무를 취급하는 기관을 말한다.

이러한 발행기관으로는 증권회사, 은행, 종합금융회사, 자산운용회사 등이 있다. 마지막 주체인 발행시장에서의 투자자는 모집 또는 매출에 참여하여 유가증권을 최종 취득하는 개인 또는 기관 투자자로서, 자금의 공급자이며 최초의 투자자가 된다. 증권발행의 형태는 수요자를 모집하는 방법에 따라 공모발행과 사모발행으로 구분한다. 또한 발행에 따른 위험부담과 발행모집 사무를 누가 부담하느냐에 따라 직접발행과 간접발행으로 구분한다.

(2) 유통시장

유통시장은 이미 발행된 증권이 투자자 사이에서 거래되는 시장을 말한다. 유통시장은 투자자가 소유하고 있는 증권을 매각하여 투자자금을 회수하거나 이미 발행된 증권을 취득하여 금융자산을 운용하는 시장이다.

유통시장은 발행시장에서 발행된 주식이나 채권의 시장성과 유동성을 높여 투자자의 투자를 촉진시킴으로써 발행시장에서의 자본조달을 원활히 해주며, 유통시장에서 증권의 시장성과 유동성은 증권의 담보력을 높여준다.

유통시장은 다수의 투자자가 참여하는 자유경쟁시장이므로 증권의 공정한 가격이 형성된다. 유통시장에서 형성되는 가격은 앞으로 발행할 새로운 증권의 가격을 결정하는 역할을 한다.

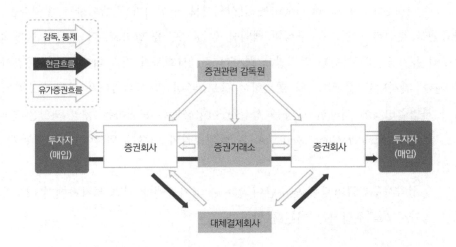

유통시장 구조

유통시장은 거래소시장과 장외시장으로 대별되는데, 거래소시장(exchange market) 은 상장증권의 매매거래가 이루어지는 조직적인 시장을 의미하고, 장외시장(off-board market)은 거래소 이외에서 증권의 매매거래가 이루어지는 경우를 말한다.

우리나라의 경우 거래소시장으로 한국증권선물거래소(KRX)가 있는데, 이것은 과 거 증권거래를 위한 한국증권거래소(KSE), 선물거래를 위한 한국선물거래소(KOFEX) 와 협회중개시장(코스닥시장)을 통합하여 주식회사 형태로 설립한 것이다.

또 다른 유통시장인 장외시장은 증권거래소 밖에서 이루어지는 증권거래 관계 를 총칭하는 시장으로 OTC(over the counter)시장이라고도 부른다.

장외시장은 거래소시장의 전단계 역할을 하며, 장소적·시간적 제한이 있는 거 래소시장의 한계를 보완하여 증권의 유통성을 향상시키는 데 기여한다.

2) 발행시장과 유통시장의 특징

① 자금의 수요자인 기업이 증권을 발행하고 투자자가 이에 응모하여 자금을 공급하는 발행시장을 제1차적 시장, 이미 발행된 증권이 투자자 사이에 끊임없이 매 매가 이루어지는 유통시장을 제2차적 시장이라 한다.

② 발행시장은 매도자가 1인 또는 소수의 집단이며 매수자는 보통 다수의 투자 자인 데 비해 유통시장은 매도자나 매수자 모두 다수로 구성되어 있는 경쟁적인 시 장이다.

③ 발행시장은 구체적인 공간에서 이루어지지 아니하기 때문에 추상적 시장이

라 부르고, 유통시장은 거래소시장 및 코스닥시장이므로 구체적이고 조직적 시장이며 거래가 반복적으로 이루어지는 계속적 시장이다.

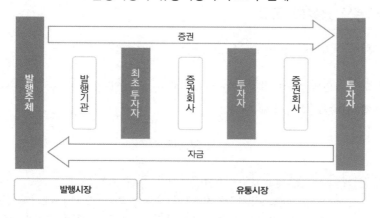

발행시장과 유통시장의 구조적 관계

2 부동산 금융

1) 부동산 금융

부동산 금융(不動産金融, real estate finance) 좁은 뜻으로는 산림·택지·농경지·건물 등의 부동산을 담보로 하는 대출을 말하지만, 넓은 뜻으로는 그 외의 재산저당에 대한 금융도 포함한다.

여기서 말하는 부동산이란 단지 법률상의 부동산인 토지 및 정착물에 그치는 것이 아니라, 금융상 부동산으로 간주되는 각종 재단(財團)까지도 포함한다. 원칙적으로는 부동산에 저당권설정 등기를 한 후에 금융을 한다.

부동산금융이 성립하는 요인은, 자금의 수요자는 부동산투자의 회전율이 길어 장기간 자금이 구속되는 데 비하여, 공급자측은 안전·확실한 담보를 대상으로 융자를 할 수 있다는 점에 있다.

부동산금융이 제도적으로 독립하고 있는 곳은 유럽 각국에서 많이 활용되고 있으며, 주로 부동산은행에 의하여 이루어지고 미국이나 영국에서는 각종 금융기관에서 맡고 있다.

부동산금융은 상환기간이 오래 걸리고 부동산의 감정(鑑定)에는 전문적 지식을 요하기 때문에, 금융기관 중 일반은행에 의한 부동산금융은 비교적 적고 신탁은행이나 보험회사와 같은 장기자본을 흡수하는 기관에 의하여 행하여진다.

2) 부동산 금융의 종류

(1) 부채금융(debt project financing, 負債金融)

저당권 설정이나 사채 발행으로 타인자본을 조달하는 것으로, 자금조달자의 장부에는 부채(채무)가 증가하게 된다.

부채금융

구 분	내 용
저당금융 (mortgage financing)	소유자(채무자, 차입자)가 소유권을 보유한 채 대상 부동산에 저당을 설정하고, 금융기관으로부터 직접 자금을 대출받는 방법임. 현실적으로는 사용·수익을 하고 있는데 돈을 빌려준 채권자가 처분권을 갖게 됨
신탁증서금융 (trust deed financing)	담보신탁에 의한 대출 방법임
주택상환사채	주택법에 의하여 주택건설을 위한 주택상환 사채 발행 방법임
자산담보부증권 (ABS)	자산유동화에 관한 법률에 근거하여 부동산을 담보로 자산담보부증권(ABS)을 발행하는 방법으로 저당담보부증권(MBS)도 해당됨

(2) 지분금융(equity project financing, 持分金融)

기업이 주식 발행이나 지분권 판매로 자기자본을 조달하는 것을 말한다.[4]

지분금융

구 분	내 용
부동산신디케이트 (real estate syndicate)	부동산투자조합을 결성하여 자본을 조달하는 방법
조인트 벤처 (joint venture)	지분투자의 한 형식이라 할 수 있는데, 이는 미국의 세법상 20% 이상 50% 미만의 투자 파트너를 말함
부동산투자신탁 (REITs)	부동산투자회사법 또는 신탁업법에 의한 불특정금전신탁 등 부동산투자를 위한 뮤추얼펀드
간접투자자산운용법상 부동산간접투자펀드	CR-REITs와 유사한 서류상의 회사인 부동산투자 목적의 특수목적회사 (SPC, special purpose company)를 통한 자본조달 방법

---

4 네이버 용어 사전, 2017.

3) 부동산 금융의 유형[5]

(1) 개발단계별 유형

부동산 금융의 유형은 개발단계별, 부동산 형태별, 투자형태별로 구분된다.

개발단계에 따른 부동산 금융의 종류에는 개발형 부동산 금융, 건설형 부동산 금융, 운영자금형 부동산 금융이 있다. ① 개발금융은 토지매입, 부지택지개발 등에 소요되는 자금을 조달하는 것이다. ② 건설 금융은 건축시설공사 등 건설에 필요한 자금을 조달하는 것이며 운영금융은 부동산 개발 및 건설기간 동안 소요되는 운영자금을 조달하는 것이다.

(2) 부동산 형태별 유형

부동산 형태에 따른 부동산 금융의 종류는 주거형 부동산 금융과 상업용 부동산 금융, 업무용 부동산 금융으로 구분할 수 있다.

① 주거형 부동산 금융은 단독주택, 아파트, 다가구 주택 등 주거용 부동산 관련된 자금조달이다. ② 상업용 부동산 금융은 상가, 오피스텔, 주상복합 등 상업용 부동산과 관련된 자금조달을 말한다. ③ 업무용 부동산 금융은 공장, 업무용 건물 생산시설 등과 관련된 자금조달을 말한다.

(3) 투자형태별 유형

투자형태에 따른 부동산 금융의 종류에는 지분투자형 부동산투자, 부동산 간접투자형, 부동산 관련 유가증권형으로 구분할 수 있다.

① 지분투자형 부동산 투자는 프로젝트 파이낸싱이 있으며, ② 부동산 간접투자형에는 부동산 투자회사, 부동산 펀드 등이 있고, ③ 부동산 관련 유가증권형에는 부동산 자산유동화증권, 주택저당증권이 있다.

---

5 윤주현, 부동산금융 시장분석 및 기반구축방안 연구, 국토연구원, 2001.

CHAPTER 10

환율과 금리

1 환율

1) 환율의 정의

환율(換率, exchange rate)은 일정시점에서 어떤 한 나라의 통화와 다른 나라 통화와의 교환비율을 의미한다. 외환시장에서의 외국 통화는 마치 일종의 상품으로 취급되어 환율이라고 하는 매매가격이 형성되는데 이는 기본적으로 그 통화에 대한 수요와 공급에 따라 결정된다.

2) 환율의 표시

직접표시방법 Direct Quotations	• 외화1단위 또는 100단위(우리나라의 경우 일본 엔화, 인도네시아 루피아 등에 대해 100단위를 적용하고 있음)에 대한 자국통화의 교환대(Equivalent)를 표시하는 방법 • 우리나라를 포함한 대부분의 국가에서 자국 내 외환거래에 사용하고 있으며 자국통화 표시법이라고도 함 예) 우리나라에서 USD 1 = KRW 1295.00 　　　　　　　　 JPY 100 = KRW 1072.02
간접표시방법 Indirect Quotations	• 자국화 1단위 또는 100단위에 대한 외화의 교환 대가를 표시하는 방법 • 영국, 호주, 뉴질랜드 등 국가에서 사용하고 있으며 외국통화 표시법이라고도 함 예) 영국에서 GBP 1 = USD 1.5790, GBP 1= EUR 1.3595

3) 환율의 종류

(1) 매입율과 매도율

매입률	• Market Maker입장에서 기준통화를 사고자 하는 환율
	  - European Terms의 경우 미달러, American Terms의 경우 다른 나라 통화
	• 은행이 고객으로부터 외화를 매입하는 환율
	  - 전신환매입율, 현찰매입율 등

매도율	• Market Maker의 입장에서 기준통화를 팔고자 하는 환율 • 은행이 고객에게 외화를 매도하는 환율 - 전신환매도율, 현찰매도율, 여행자수표매도율 등

시장에서 매입·매도율의 판단기준은 Market Maker의 입장에서 기준통화를 정상적으로 사고파는 것을 기초로 하며, 해당 거래당사자는 Market Maker(시장주도자)와 Market User(시장이용자)로 구분된다.

① Market Maker(또는 Market leader)란 경제동향, 외환수급전망 등의 제 요인을 감안하여 자신의 위험과 책임하에 환율을 고시하고 적극적으로 시장을 주도해 나가는 자를 말하며, 환율을 고시하는 자라는 뜻으로 Quoting Party라고도 하고, 대고객 거래에서는 외국환은행이 그 역할을 수행한다.

② Market User(또는 Market Follower)는 Market Maker가 고시하는 가격을 수동적으로 받아들여 고객의 요구 또는 자신의 필요에 따라 외환거래를 수행하며 일반적으로 자체 포지션을 크게 보유하지 않으며, 환율고시를 요청하는 자라는 뜻으로 Calling Party라고도 한다.

(2) 은행간 시장환율과 대고객환율

은행간 시장환율	은행간 외환시장에서 형성되는 환율로 개장시간 중에 끊임없이 변동.
대고객환율	• 은행이 대고객 외환거래에 적용하는 환율로 은행간 시장환율을 기초로 결정하며, 시시각각 변동하는 은행간 시장환율을 그대로 대고객거래에 반영하게 되면 시장환율이 움직일 때마다 대고객환율도 변경해야 하는 등 많은 불편이 야기됨. • 이러한 불편을 해소하고자 나라에 따라서 은행이 독자적으로, 또는 은행간의 협의에 의하여, 또는 국가의 공권력에 의하여 고객거래에 적용할 환율을 결정함 • 우리나라의 경우, 한국금융결제원에서 시장평균환율(USD의 경우)과 재정환율(USD 이외의 기타통화)을 고시하면 각 외국환은행이 자율적으로 이 환율에 일한 마진율을 가감하여 대고객환율을 고시함.

(3) 크로스환율(Cross Rate)과 재정환율(Arbitrated Rate)

크로스환율 Cross Rate	• 자국통화가 개입되지 않은 외국통화간의 환율을 의미. 　한편, 국제외환시장에서의 크로스환율은 달리 해석됨. • 앞에서 언급한 바와 같이 국제외환시장에서는 미달러화 대가 환율표시를 하는데, 크로스환율은 미달러화가 개입되지 않는 3국간의 환율을 의미(GBP/EUR, EUR/JPY, CHF/EUR 등).
재정환율 Arbitrated Rate	• 특정통화와 한 외국통화간(예컨대 USD/KRW)의 환율을 기준 환율로 정하고, 기준이 된 외국통화와 다른 외국통화간의 크로스 환율과 기준환율과의 관계로부터 재정하여 산출되는 환율을 말하며, Parity Rate 또는 간접환율이라고도 함. • 이와 같이 첫 단계로 기준환율을 결정하고, 기준환율과 크로스환율로부터 각종 통화의 환율을 연쇄적으로 산출하는 방법을 연쇄법(Chain Rule)이라고 하는데, 현실적으로도 환율의 산출은 이러한 연쇄법에 의하여 이루어짐. • 환율이 연쇄법에 의하여 산정된다는 것은 각국 환율간에 균형체제가 유지되며, 어떠한 이유에서든 현실적인 환율이 연쇄법에서 이탈 시 환율체계상의 모순을 이용한 환차익거래 곧 재정거래(Arbitrage Transaction)를 유발하게되어 환율체계는 다시 균형을 되찾게 됨.

(4) 현물환율과 선물환율

외환의 매매계약에 따른 자금결제를 언제 행하느냐에 따라 현물환거래와 선물환거래로 나누어진다. 즉, 자금결제일(Value Date)이 현물환결제일(Spot Date) 이내의 거래이면 현물환거래라 하고, 이를 초과하면 선물환거래로 구분되며, 여기에서 현물환거래에 적용되는 환율을 현물환율, 선물환거래에 적용되는 환율을 선물환율이라 하는데 일반적으로 환율이라 하면 현물환율을 말한다.

4) 환율의 변동 요인

(1) 경제적 요인

이자율	• 이자율의 상승은 단기자금의 유입을 초래하므로 단기적으로 해당통화의 즉각적인 강세요인이 된다.
통화량	• GNP증가율을 감안한 통화량의 증가율이 상대적으로 높은 경우 인플레이션율을 상대적으로 높게 하여 해당국통화의 약세요인이 됨. • 그러나 정책의 신뢰도가 높은 나라(미국, 독일, 일본 등)에서는 통화량 억제를 위한 금리인상 가능성으로 단기적으로 강세요인이 되는 경우도 있음.
Inflation	• 구매력 평가설에 의하면 상대적으로 높은 인플레이션율은 해당국 통화를 약세시키는 요인이 됨.
국제수지	• 어떤 나라의 국제수지가 적자라는 것은 외국에 대하여 채무가 증가하는 것을 의미하며, 이에 따라 국제수지 특히 경상수지가 적자를 실현하는 경우에는 적자국 통화는 약세를 보이게 됨.
경제성장률	• 경제성장률이 높아지면 그 나라 통화는 강세를 보인다.

(2) 정치적 요인

정치적, 경제적 정세가 불안할 때는 해당국의 통화를 기피하여 다른 안정된 통화로 투자대상을 바꾸려는 투자가들 때문에 해당통화의 약세요인이 된다.

1992년과 1993년에 걸쳐 유럽통화제도의 위기에 따른 환율급변 등을 들 수 있는데 이렇게 굵직한 정치적사건이 있게 되면 통상 안정된 통화를 선호하여 미국달러는 강세를 나타낸다. 또한 최근 미·일 무역전쟁에서 보는 것처럼 경제적 불균형을 정치적, 인위적인 수단으로 해결하려고 하는 경우에도 환율에 영향을 미치게 된다.

(3) 기술적 요인

환율이 한쪽 방향으로 과도하게 움직이다보면 자율적으로 단기적인 반등 또는 반락이 있게 되는데 이렇게 환율변동 그 자체의 작용에 따라 환율이 변한다.

(4) 중앙은행의 정책

환율의 급격한 변동으로부터 자국화를 보호하기 위하여 중앙은행이 시장에 직접 개입하거나 금융통제 수단으로 지준율, 할인율 등의 정책을 사용하게 되며, 중앙은행이 시장에 개입하는 경우에는 단기적으로 강력한 힘을 발휘하게 된다.

(5) 시장참가자들의 예측과 기대

시장참가자들은 환율에 영향을 미치는 각종 경제지표 등을 미리 예측하여 거래를 하는 경우가 많고 특히 권위 있는 Economist들의 예측은 환율변동에 중대한 영향을 미친다.

5) 용어 이해

(1) 확대변동폭 변동환율제도

IMF의 스미소니언 체제하에서 채택되었던 제도로서 지금도 많은 국가들이 채택하고 있는데 평가의 상하 2.25% 내에서 환율을 변동시키는 제도이다.

(2) 평가조정환율제도

평가의 소폭적 범위 내에서 환율을 변동시키거나 평가자체를 시장시세의 실세 또는 국제수지의 사정에 따라 극히 소폭적으로 자주 변경시키는 제도이다. 예컨대 평가변경률을 연간 2%로 제한하고 매월 1/5% 이내 또는 매주 1/22% 이내에서 수개월에 1회 또는 매월 매주 평가를 변경시킨다.

(3) SDR 고정환율제도

먼저 SDR과 자국화의 환율을 정하고 그 다음 각 외국화의 환율을 정하는 방법이다. 예컨대 SDR/ 환율이 780이고 SDR/US$환율이 1.3이면 US$/ 환율은 600이 된다.

(4) 실효환율

일국통화의 대외가치를 특정통화에 대한 환율로 표시하는 방법으로는 주요국통화가 상호 변동하는 경우 그 가치를 적절히 나타내지 못하므로 이를 보완하기 위하여 고안된 복합환율(지수)을 말한다. 통상 자국의 무역에서 차지하는 상대국의 비중에 따른 가중치를 감안, 계산하여 특정시점을 기준으로 한 지수 또는 동지수의 변동률로 표시한다.

예로써 Morgan 은행이 작성하는 실효환율지수가 있으며 무역상대국의 셰어뿐만 아니라 국별, 상품별, 가격탄력성이 감안된 것으로 IMF MERM(Multilateral Exchange Rates Model)방식을 들 수 있다. 이 밖에 영란은행, OECD 등에서도 이 방식에 의한 지수를 발표하고 있다.

(5) 시장평균환율제

외환시장의 수요와 공급에 따라 환율이 결정되는 제도, 1980년 2월부터 도입해온 복수통화 바스켓제도를 폐지하고, 1990년 3월부터 이 제도에 따라 환율을 결정하게 되었다.

시장평균환율이란 현재 한국은행이 고시하는 집중기준율과 같이 은행과 고객과의 외환거래나 은행과 은행간 외환거래의 기준이 되는 원화와 달러화의 환율이다. 이는 전날 은행들이 은행간 외환거래의 기준이 되는 원화와 달러화의 환율로 전날 은행들이 은행간 외환시장에서 다른 은행들과 거래환 환율을 거래량으로 기준평균하여 결정한다.

예를 들어, A은행과 B은행이 1,000원에 100만 달러를 거래하고 C은행과 D은행이 1,050원에 50만 달러를 거래했다면 시장평균환율은, 1,000원×2/3＋1,050원×1/3＝1,016.70원이 된다.

이 시장평균환율제의 의미는 ① 환율을 제한적이나마 시장기능에 의해 결정토록함으로써 국내금융시장과 국제시장과의 연계를 추진하기 위한 포석이며 ② 급작스럽게 환율제도를 바꿈으로써 생기는 혼란과 충격을 막기 위해 변동폭을 제한, 환율안정을 도모했고 ③ 시장기능을 반영함으로써 대외 통상마찰을 완화시킬 것으로 기대되는 점 등이다.

(6) 복수환율제도

외환거래를 일반거래와 특정거래로 분류하고 각각 상이한 기준환율을 적용하는 제도를 가리킨다. 이와 같은 제도를 채택하는 것도 인플레이션이 심한 국가에서 국제수지균형을 유지하기 위하여 불요불급한 수입도 억제하고 필수품의 수입에 특혜를 제공하고자 하는 데 있다.

(7) 변동환율제도

시장의 가격기구기능에 따라 환율이 결정되도록 하거나 약간의 간섭을 하는 환율제도를 말한다. 변동환율제도의 장점은 다음과 같다.

① 자동적 조절기능에 의하여 국제수지가 이루어진다. ② 국제수지균형을 달성하기 위하여 신용제한정책, 무역과 외환정책 등을 실시할 필요가 없어 대외균형을 위해 대내균형이 희생되는 일이 없다. ③ 환율을 일정한 수준에 유지하기 위해 외환보유고의 필요성이 없다.

그러나 변동환율제도는 다음과 같은 단점을 가지고 있다. ① 환율이 시시각각으로 변동되므로 환위험이 발생하여 무역과 국제투자가 저해되고 물가 불안과 기업경영의 불안이 초래된다. ② 물가와 환율이 상호교환적으로 영향을 주어 물가 상승의 악순환이 초래될 가능성이 있다. ③ 통화신용정책으로 인플레이션을 규제하기가 어렵다. 변동환율제도에는 자유변동환율제도와 관리변동환율제도가 있는데 전자는 환율변동에 전혀 간섭을 하지 않는 경우이고 후자는 환율을 안정시키기 위하여 정부가 간섭을 하는 경우이다.

(8) 빅맥환율(換率)

빅맥환율은 미국의 맥도널드 햄버거 값을 기준으로 각국의 통화가치를 평가한 것으로 일종의 구매력 평가환율을 말한다.

빅맥은 맥도널드사가 세계 66개국에 체인점포망을 가지고 있고, 여러 나라에서 어떤 제품보다 공동적으로 팔리고 있는 상품이기 때문에 영국의 경제전문 주간지인 이코노미스트지는 매년 한 번씩 세계 각국에서 판매되고 있는 빅맥 값을 기준으로 환율을 계산한다.

(9) 관리변동환율제도

관리변동환율제도(managed floating system)란 순수한 고정환율제와 자유변동환율제의 중간 형태라 할 수 있으며, 각국이 적정하다고 판단하는 수준에서 환율을 안정시키기 의해 중앙은행이 외환시장에 개입(market intervention)하는 환율제도이다.

IMF체제가 변동환율제로 이행 후 오늘날의 환율제도는 여러 가지 제도가 혼재되어 있으나 지배적인 환율제도는 관리변동환율제도라 할 수 있으며 EC공동변동환율제 참가국을 포함한 변동환율제 채택국의 무역이 자유세계 전체 무역에서 차지하는 비중은 70% 이상이다.

(10) 공정환율

자유환율과 대립되는 외환율울 말한다. 자유환율(free exchange rate)은 금본위제나 또는 관리통화제를 막론하고 외환의 수급에 따라서 자유로이 변동하는 데 반해 공정환율은 정부가 인위적으로 정한 환율이므로 외환의 수급에 따라 자유로이 변하지 않는다는 특징이 있다. 그러나 오늘날 공정환율이란 일반적으로 IMF(국제통화기금)의 평가와 관련된 외환율을 가리킨다.

우리나라 공정환율은 1955년 8월 15일에 500환(50원)대 1달러로 단일공정환율이 설정될 때까지 일반공정환율 이외에 대출자금환율, 유엔군에 대한 환율 기타 유엔군기관에 대한 환율 등이 있다. 우리나라는 고정환율제를 사용해오다가 변동환율제에 이어 90년 3월부터 시장평균환율제를 채택하고 있다.

(11) 공동변동환율제도

특정지역 내의 국가들이 상호 무역 및 자본거래의 안정을 위해 공동으로 고정환율제도를 채택하고 역외국가들에 대해서는 공동으로 변동환율제도를 채택하는 제도를 말한다.

1970년대 초기 달러화의 유동성악화로 통화불안이 발생하자 EC제국이 결속하여 공동고정환율제를 채택한 바 있다. EC의 EMS(유럽통화제도)가 이의 대표적인 예이다.

(12) 참고환율제

각국 통화의 환율수준에 일정한 밴드를 두고 외환시장 변동으로 이 범위를 넘어설 우려가 있다고 판단될 때 각국 통화당국들이 시장에 협조개입하여 그 범위를 유지하도록 하는 제도이다.

이 제도는 관리변동환율제도의 일종이라 할 수 있으나 1971년 닉슨쇼크 이후 변동환율제가 정착된 국제통화제도를 신인도가 약해진 달러화를 기축통화로 미국 중심의 새로운 시스템으로 변화시킨다는 비판도 대두되고 있다.

1985년의 플라자합의, 1987년의 루블회의 등을 거치면서 계속 논의되어 왔으나 1994년부터 본격적으로 제기되고 있다.

(13) 명목환율

외환시장에서 매일 고시되는 이종통화간의 환율을 말한다. 외환시장에서의 명목환율은 일반적으로 은행간 거래에 적용되는 환율을 말하며, 우리나라의 경우는 통상 은행이 고시하는 환율이 된다.

(14) 명목실효환율

변동환율제에서 일국 통화의 명목적인 환율변화에 대해 주요 교역상대국의 교역량 등으로 가중평균한 환율을 말한다. 주로 특정시점의 실효환율을 기준으로 비교시점의 실효환율을 지수화하여 이용한다. 자국통화의 외국통화에 대한 대외가치를 나타낸다는 점에서 대외경쟁력을 평가하는 중요한 척도가 되나 주요 교역 상대국간의 상대적인 물가변동을 고려하지 않는다는 한계가 있다.

2 : 금리

금리란, 이자·이식(利息)과 동의어이기는 하지만 관용상으로는 이자가 추상적인 관념인 데 비하여, 금리는 자금시장에서 구체적으로 거래되고 있는 자금의 사용료 또는 임대료이다.

자금을 대출할 때는 대출해 주는 사람이 차용하는 사람에게 사용료를 부과하고 있는데, 그 외에도 대출에 소요되는 각종 수수료, 위험부담을 위한 보험료, 원금을 반환할 시기의 화폐가치 하락에 대한 손실에 대비하는 보상금 등을 부과하기도 한다.

금리에는 이처럼 네 가지 요소가 있는데, 그 가운데에서도 자금의 사용료인 금리만을 가리켜서 순수금리라고 한다. 그것은, 금리의 가장 본질적인 것이다. 자금의 수요와 공급의 관계에서 정해지는 금리가 주로 이 부분이다.

대출 후에 일정한 기간 동안 수수되는 금리의 원금에 대한 비율을 이자율이라고 한다. 1년에 대한 이자비율을 연리, 1개월에 대한 비율을 월리라고 한다.

또한, 금리는 적용되는 장소에 따라 은행에서 사용하는 이자율을 공공금리, 시장에서 적용되는 금리를 시장금리로 구분한다.

그렇다면 금리가 우리 삶과 관련이 깊은 예금과 대출, 주식 등과 무슨 상관이 있으며 국가 경제에는 어떤 영향을 미치는지 한번 알아보자.

시장경제체제하에서 가격을 수요와 공급에 의해 정해진다. 예를 들어, 어떤 개인이 소유하고 있는 상가 주변에 큰 아파트 단지가 새로 생긴다면 유동인구가 그만큼 늘 것이고 그 개인의 상가에 들어오려는 상인(수요)도 늘 것이다. 그만큼 그 개인이 가격을 올려 받을 수 있게 된다. 마찬가지로 수요(대출)가 늘면 금리가 오르고, 공급(예금)이 늘면 금리가 내려간다. 돈도 마찬가지이다. 수요(대출)가 늘면 금리가 오르고, 공급(예금)이 늘면 금리가 내려간다.

은행입장에서는 대출 금리를 높이고 예금금리를 낮추면 최대의 이익을 얻을 수 있다. 그러나 그게 쉽지 만은 않다. 대출 금리를 올리면 사람들이 대출을 꺼리게 될 것이다.

따라서 가능한 많은 사람들이 높은 이자를 내고 대출을 할 수 있도록 은행입장에서 금리를 정한다. 은행도 돈이 무한이 있는 것이 아니므로, 대출할 재원(자금)을 마련하기 위해서 예금을 확보해야 한다.

예금하는 사람들도 바보는 아니라서 금리가 낮으면 예금을 꺼린다. 결국 시장금리란 대출자와 은행, 예금자의 치열한 두뇌싸움의 결과라고 볼 수 있다.

금리변동의 원인은 인플레이션이나 경제성장률의 조정을 위해서 금리를 조절한다. 금리조정을 통해서 경제 전반에 안정적인 성장이 일어 날 수 있도록 하는 것이 금리조정의 목적이라고 할 수 있다.

그렇다면 이런 금리가 꼭 중앙은행만 변경할 수 있을까? 대답은 NO이다. 금리는 시장경제에 따라 스스로 변하기도 한다. 왜냐하면 기본적으로 금리는 돈의 수요와 공급에 의해 결정되기 때문이다. 하지만 대부분의 국가에서 중앙은행을 통해 금리 변동을 많이 실시한다.[6]

3 : 환위험측정과 관리

1) 환위험 측정

외화로 거래를 하는 경우에는 발행 당시의 환율로 이 거래를 환산하여 장부에 기록한다. 그러나 거래가 발생한 시점의 환율은 그 거래가 결제되는 시점의 환율과는 다르기 때문에 애초의 장부상 금액과 실제 수수 혹은 지급한 금액과는 차이가 나게 마련이다.

---

6 한국경제신문, 2017.

거래적 환위험이 발생하는 대표적인 예는 기업이 외화로 표시된 외상매입금이나 외상매출금을 가지게 되는 경우이다.

예를 들어, AB주식회사가 2018년 8월 1일 미국에서 1억 달러의 기계를 수입하고 대금은 3개월 후에 지급하기로 하였다고 하자. 계약당시 원/달러 환율은 1,200원/달러였고 3개월 후 원/달러 환율이 1,220원/달러가 되었다면 AB주식회사는 20억 원의 환차손을 입게 된다.

또한 거래적 환위험은 외화로 표시된 자금의 차입 또는 대출시에도 발생한다. 예를 들어, AB주식회사가 일본의 엔화표시자금을 사쿠라은행의 서울지점으로부터 1억엔을 차입하였는데 이때 원/엔환율은 8원/엔이었다. 1년 후 상환시점에서는 엔화가 평가 절상되어 원엔환율이 9원/엔이 되었다면 1억 원의 원금상환부담이 늘어나게 된다.

2) 환위험 관리

기업이 환리스크관리를 위하여 취할 수 있는 여러 가지 헷징조치는 크게 내부적 기법과 외부적 기법으로 구분할 수 있다. ① 내부적 기법이란 환리스크를 극소화하기 위하여 기업 내부에서 재무관리의 한 부분으로 수행되는 기법을 말하며, ② 외부적 기법은 기업외부의 외환 금융시장을 이용하는 기법을 말한다.

즉, 내부적 기법의 환노출 발생 그 자체를 감소 또는 예방하기 위한 기법으로서 모든 종류의 환노출 관리에 사용될 수 있는 것인 데 비하여 외부적 기법은 내부적 기법에 의하여 제거되지 못한 환노출로부터 손실이 발생하지 않도록 관리하는 기법으로서 환산환 노출 및 거래환 노출에 한하여 사용될 수 있다는 데 그 차이가 있다. 흔히 환리스크 관리 기법으로 외부적 기법이 지나치게 강조되는 경향이 있다.

그러나 외환 금융시장을 이용한 외부적 기법은 비용이 많이 소요될 뿐만 아니라 내부적 기법이 최대한 활용되는 경우에는 환노출 그 자체가 발생되지 않을 것이며, 따라서 외부적기법사용의 필요성도 사라지게 되므로 내부적 기법과 외부적 기법에 고루 중요성을 부여하여야 할 것이다.

(1) 내부적 관리기법

내부적 관리기법	내 용
상계	다국적기업의 본사와 지사 EH는 지사 상호간에 발생하는 채권, 채무관계를 개별적으로 결제하지 않고 일정기간 후에 이들 채권의 차액만을 정기적으로 결제하는 방법.
매칭	외화자금의 유입과 지급을 통화별 및 만기별로 일치시킴으로써 외화자금의 흐름의 불일치에서 발생할 수 있는 환위험을 원천적으로 제거하는 기법.
리딩과 래깅	환율변동에 대비하여 외화자금의 흐름의 결제시기를 의도적으로 앞당기거나(leading) 지연(lagging)시키는 방법.
자산, 부채관리 전략	환율의 전망에 따라 기업이 보유하고 있는 외화자산, 외화부채의 포지션을 조정함으로써 관리.
통화구성의 다양화	기업이 가지고 있는 외화자산이나 외화부채를 여러 개의 통화로 구성하여 통화간의 환율변동이 서로 상쇄되는 효과를 통해서 환율변동에 따른 위험을 줄여주는 방법.
재송장 센터 이용전략	별도의 법인체를 해외에 설립하여 본사와 지사간 이종통화표시 채권, 채무를 동 법인체와의 단일통화거래로 단순화한 후 동 법인이 환위험을 관리하게 하는 전략.

(2) 외부적 관리기법

외부적 관리기법	내 용
선물환 거래	거래상대방이 특정 외화의 가격을 현재시점에서 미리계약하고 동 계약을 미래의 특정시점에서 이행함으로써 환위험을 회피하는 기법.
통화선물거래	일정 통화를 미래의 일정시점에서 약정가격으로 매입, 매도하기로 한 금융선물거래.
통화옵션거래	환위험 회피를 위하여 강세가 예상되는 통화의 콜옵션 매입과 약세가 예상되는 통화의 풋옵션 매입, 외화자금수지의 불확실성에 대비한 통화옵션 매입거래.
통화스왑거래	두 거래 당사자가 계약일에 약정된 환율에 따라 원리금 상환을 상호교환하는 외환거래로서 주로 중장기 환위험 관리전략으로 이용.
단기금융시장 이용	외화자금의 대차를 통한 거래.

4 인플레이션과 이자율

1) 인플레이션(inflation)

1921년 1월에 독일 일간신문의 가격은 0.3마르크였다. 그러나 불과 2년도 안 되는 1922년 11월에는 7,000만 마르크가 되었다. 당시 독일의 다른 물건 값들도 이와 비슷한 정도로 상승했다고 한다. 이것은 경제사상 가장 기록적인 인플레이션의 한 사례다.

즉, 인플레이션(inflation)은 물가가 지속적으로 상승하는 경제현상을 정의하며, 이는 우리 지갑 속의 지폐로 살 수 있는 재화와 서비스 양이 줄어들기 때문에 화폐 가치 가치가 지속적으로 떨어지고 있다는 것을 의미한다. 인플레이션을 일으키는 여러 가지 요인들 중에서 상품에 대한 수요가 갑자기 올라가면 물가가 상승하게 되는데 이것을 수요 견인 인플레이션이라고 한다. 반면 원자재 가격, 임금 등의 생산요소의 가격이 올라가서 생기는 것을 비용 상승 인플레이션이라고 한다. 이러한 수요 견인과 비용 상승의 인플레이션은 상호 작용하여 인플레이션이 지속되는 특징이 있다.

예컨대, 인플레이션이 심해지면 물가가 올라가므로 노동조합 등은 임금을 올려달라고 한다. 임금이 올라가니 기업은 물건 가격을 올려야 하고, 이렇게 하여 경제는 악순환의 고리에 빠지게 되어 일정한 봉급으로 살아가야 하는 서민 생활은 더욱 어려워지게 되는 것이다. 한편 돈이 있는 부유층은 인플레이션으로 자산 가치가 떨어지므로 수익율이 높은 금융 자산에 투자하려 한다. 특히 상대적으로 가격이 큰 폭으로 오르는 부동산에 돈이 몰리면서 투기가 심해진다.

결국 돈을 가진 부자들은 불로소득으로 더욱 많은 돈을 벌 수 있는 기회가 오고, 그렇지 못한 서민들은 삶의 의욕이 저하되고 열심히 일하려는 근로 의욕은 좌절당하게 된다. 정리하자면, 인플레이션은 국민경제나 각 개별경제에 여러 경제적 결과를 가져온다.

그 중 중요한 것은 소득의 재분배, 부의 재분배, 국제수지 및 경제성장에 미치는 영향이다.

(1) 소득의 재분배

인플레이션은 정액소득자에게 불리한 소득 재분배를 가져온다. 임금은 물가에 비해 느리게 상승하기 때문에, 화폐임금은 다소 오르더라도 실질임금은 낮아지게 되어 근로자(정액소득자)로부터 기업가에게로 소득을 재분배하는 효과를 가져온다. 따라서 인플레이션은 경제·사회 정의라는 관점에서 볼 때 주요한 악덕의 하나이다.

(2) 부의 재분배

인플레이션은 채무자에게는 유리하게, 채권자에게는 불리하게 부가 재분배되어 간다. 이와 같은 면에서 인플레이션은 부의 불균등을 확대시키고 빈부의 질서를 뒤바꾸어 놓기도 한다.

(3) 국제수지와 경제성장의 저해

인플레이션은 수입을 촉진하고 수출을 저해하여 무역수지와 국제수지를 악화시키며, 소비를 조장하고 저축을 저해하여 자본축적을 방해함으로써 경제성장을 저해한다.

이러한 부정적 영향으로 인해 정부는 인플레이션을 막기 위해 여러 가지 정책을 사용하는데, 물가정책의 정책적 수단은 인플레이션의 원인에 따라 달라진다.

① 총수요억제정책

인플레이션이 과잉 통화공급인 경우에는 통화의 공급을 줄이고, 실물수요의 증가인 경우에는 투자수요와 재정수요 등의 총수요(소비수요＋투자수요＋재정수요)를 줄임으로써, 총수요와 총공급을 균형화 시키는 총수요억제정책을 이용한다. 총수요억제정책은 전통적으로 대표적인 물가정책수단이 되어 왔다.

② 경쟁촉진정책

독과점가격의 형성이 물가상승의 원인인 경우에는 정부가 이들 기업에 대하여 규제를 가함으로써, 기업 간의 자유경쟁을 조장하고, 공정거래가 이루어지도록 하는 경쟁 촉진정책을 취한다. 구체적인 내용은 카르텔 형성의 불법화, 공정거래법의 제정 시행, 소비자보호운동의 지원 등이다.

③ 소득정책 물가상승이 특히 임금상승

정부가 물가와 임금의 상승한계에 대한 기준(guide line)을 설정해 놓고, 그 한계 내에 머물도록 비공식적인 통제를 가하는 소득정책(income policy)을 취한다. 소득정책은 오늘날 서구, 특히 미국, 영국, 프랑스 등 많은 나라에서 채택되고 있는 정책으로서, 1960년대에 등장한 새로운 정책이다.

④ 구조정책

물가상승의 원인이 특정산업의 저생산성에 있는 경우, 이 분야(중소기업이나 농업

부문 등)의 생산성을 높여 주기 위한 근대화의 촉진, 유통구조의 개선 등을 도모하는 구조정책을 취한다. 이는 결국 산업합리화 촉진정책이다.

⑤ 기타 정책

물가상승의 원인에 따라 환율의 안정, 공공요금의 인상억제, 국제협력 등의 정책이 있다.

2) 이자율

우리는 매일 경제 내에서 셀 수 없이 많은 거래가 일어나는 것을 볼 수 있다. 이러한 거래에서 소비자들은 재화 또는 서비스의 이용이라는 '혜택'을 누리는 '대가'로 돈이나 기타 보상을 제공해야만 한다.

현실의 경제 거래는 매매거래와 대차거래로 크게 구분할 수 있다. 매매거래란 우리가 상점에서 물건을 사는 것과 같이, 대가를 지불하고 그와 동시에 재화·서비스의 이용이라는 혜택을 직접 얻는 경우를 말한다.

이때 대가의 지불이 완전하게 이루어지면 거래는 그 자리에서 완결된다. 이에 비하여 대차거래란 기업이 설비투자를 위하여 은행에서 자금을 빌리는 경우와 같이 혜택과 대가지불의 연결에 신용과 시간의 흐름이 개입되는 거래를 말한다. 기업이 은행에서 자금을 빌리는 거래의 이면에는 원금에 이자를 더하여 갚겠다는 약속과 이를 뒷받침하는 신용이 개입되며, 이후에 약속이 충실히 이행되어야만 비로소 거래가 완결된다.

대차거래에 시간의 흐름이 개입된다는 것은 오늘의 혜택과 미래의 혜택을 비교하는 문제가 결부된다는 것이다. 따라서 대차거래에서는 서로 다른 시점에서의 혜택의 가치를 어떻게 평가할지의 문제가 대두된다. 이와 관련된 핵심 개념이 시간선호이다.

시간선호란 경제주체들이 현재소비를 미래소비보다 상대적으로 얼마나 더 선호하는가를 나타내는 개념이다. 경제학에서 현재소비를 미래소비보다 더 좋아한다는 시간선호의 가정을 받아들인다면, 그 다음에는 과연 현재를 미래보다 얼마만큼 좋아하느냐는 정도의 문제가 대두된다.

그 정도를 측정하는 지표가 바로 시간선호율로서, 시간선호율이 큰 사람일수록 미래의 재화·서비스의 가치를 상대적으로 낮게 평가한다. 그런데 현실적으로 개개인의 효용함수를 정확히 알 수 없기 때문에 현재의 효용과 미래의 효용을 직접 비교하는 대신, 현재의 재화·서비스 가격과 미래의 재화·서비스 가격을 직접 비교하게 되는데 이를 반영한 것이 이자율이다.

이자율의 결정이론에는 크게 두 가지가 있다. 먼저 대부자금설은 남에게 빌려줄 수 있는 돈, 즉 대부자금의 수요와 공급에 의해 이자율이 결정된다는 이론이다. 일반적으로 재화와 서비스의 가격은 그 것의 수요와 공급에 의해 결정된다. 마찬가지로 이자율도 자금시장에서 대부자금의 수요와 공급에 의해 결정된다는 것이다. 이 이론에 따르면 이자율은 자금의 수요·공급을 균형시키는 가격기능을 담당하게 된다.

그렇다면 시장에서 채권 가격은 어떻게 형성되는가? 이 질문에 대부자금설은 단순하면서도 직관적으로 명백한 답을 제시한다. 채권가격은 채권의 수요와 공급에 의해 결정된다는 것이다. 이때 채권의 수요는 자금의 공급을, 채권의 공급은 자금의 수요를 의미한다.

채권에 대한 수요는 채권을 받고 자금을 공급하려는 사람들에 의해 결정된다. 채권수요곡선은 채권가격과 채권수요량간의 관계를 나타내는데, 다른 재화나 서비스의 수요곡선들처럼 우하향하는 형태를 띤다.

이는 액면가가 주어진 상태에서 채권가격의 하락은 만기수익률의 상승과 같은 효과를 가져오므로 자금의 공급이 늘어날 것이기 때문이다.

물론 엄밀하게 분석하자면 금융상품에 대한 수요는 가격뿐만 아니라 위험성과 유동성 등에 의해서도 결정된다 하지만 여기서는 분석의 편의를 위해 다른 요인들을 고정시켜놓고 오로지 채권의 가격과 수량만을 고려한다.

채권의 공급은 채권시장에서 자금을 조달하고자 하는 경제주체에 의해 결정된다. 자본주의 경제에서 일반적으로 자금을 조달하려는 경제주체는 기업이다. 채권공급곡선 역시 채권가격과 채권공급량간의 관계를 나타내는데, 채권가격이 상승할수록 채권의 공급량은 늘어난다.

채권가격의 상승은 채권이자율의 하락, 즉 자금조달비용의 하락을 의미하므로, 자금을 조달하려는 경제주체는 채권을 더 많이 발행하여 자금을 더 빌리려고 할 것이기 때문이다.

이번에는 채권의 수요·공급곡선이 어떤 요인에 의해 이동하는지에 대해 살펴보자. 먼저 채권수요곡선을 이동시키는 요인으로는 채권수요자의 부, 다른 자산의 기대수익률, 채권의 위험성, 채권의 유동성, 예상인플레이션 등을 들 수 있다. 동일한 채권가격에서 채권수요자의 부가 증가하면 채권수요자는 더 많은 돈을 채권에 투자할 수 있기 때문에 채권수요곡선은 오른쪽으로 이동한다.

또한 다른 자산의 기대수익률이 낮아지면 채권의 상대적인 수익성이 높아지므로 수요곡선이 우측으로 이동할 것이다. 채권의 위험도가 낮아지거나 유동성이 높아져도 채권을 보유할 이점이 커지므로 수요곡선은 우측으로 이동할 것이다. 반면 예상 인플레이션율이 높아지면 채권의 실질이자율은 낮아지므로 수요곡선이 좌측으로 이동하게 될 것이다.

채권공급곡선을 이동시키는 요인으로는 채권공급자(기업)의 사업전망, 인플레이션 예상 등을 들 수 있다. 먼저 기업의 사업전망이 좋아지면 기업가는 보다 많은 자금을 확보하여 사업에 투자하고자 할 것이므로 채권발행을 늘릴 유인이 생긴다. 따라서 채권공급곡선은 우측으로 이동할 것이다. 또한 미래에 높은 인플레이션이 예상되면 같은 명목이자율이라 할지라도 실질이자율이 낮아진다. 즉 실질 자금조달비용이 하락하는 것과 같아지므로 기업은 자금조달 과정에서 채권의 비중을 늘리게 되어 채권공급곡선은 우측으로 이동하게 된다.

이상을 종합하여 표현한 것이 다음의 그림이다. 다른 조건이 일정할 때 채권수요의 증가요인이 발생하여 채권수요곡선이 우측으로 이동하면 균형점이 E_0에서 E_1으로 이동하면서 채권가격이 상승하고 채권의 거래량은 증가한다. 다른 조건이 일정할 때 채권공급의 증가요인이 발생하여 채권공급곡선이 우측으로 이동하면 균형이 E_0에서 E_1로 바뀌면서 채권가격이 하락하고 채권의 거래량은 증가한다. 채권수요의 감소요인 또는 채권공급의 감소요인이 발생하는 경우에 대해서도 이 같은 논리에 따라 다음과 같이 각각 분석할 수 있다.

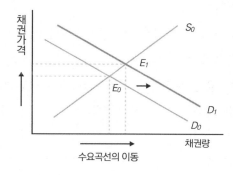

수요곡선의 이동

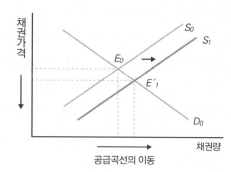

공급곡선의 이동

앞의 그림에서 가로축에 나타난 채권거래량은 그대로 자금거래량으로 해석할 수 있다. 자금거래량은 대부자금량이라고도 한다. 마찬가지로 채권시장은 채권을 매개로 자금의 대차가 이루어지는 일종의 대부자금시장이라고 볼 수 있다.

여기서 채권에 대한 수요는 대부자금의 공급이 되며, 채권의 공급은 대부자금에 대한 수요가 된다. 왜냐하면 직관적으로 채권과 자금이 서로 반대방향으로 교환되기 때문이다.

이러한 사실로부터 우리는 이자율에 대해서 대부자금의 공급곡선은 우상향하고 수요곡선은 우하향함을 쉽게 이해할 수 있다. 대부자금의 공급곡선이 우상향하는 것은 채권가격에 대해 채권수요곡선이 우하향하는 것과 같은 원리로 설명된다. 이자율이 상승하면, 즉 채권가격이 하락하면 자금공급자(채권수요자)는 대부자금을 더 공급하고자(채권을 더 수요하고자) 할 유인이 있다.

마찬가지로 대부자금의 수요곡선이 우하향하는 것은 채권공급곡선이 우상향하는 것과 같은 원리이다.

이자율이 상승하면, 즉 채권가격이 하락하면 자금수요자(채권공급자)는 자금조달 비용 상승으로 자금을 덜 빌리고자(채권을 덜 공급하고자) 할 것이다.

한편, 대부자금의 수요 및 공급곡선이 이동하는 것도 채권수요 및 공급곡선이 이동하는 것과 동일한 방식으로 설명할 수 있다. 다른 조건이 일정할 때 자금공급자의 부가 증가하거나 다른 금융상품들의 기대수익률이 하락하면 자금공급곡선이 우측으로 이동한다.

또한 채무불이행 위험의 감소나 채권 유동성의 증가 그리고 예상 인플레이션 하락에 의해서도 자금공급이 늘어날 것이다. 이와 같은 대부자금의 공급증가 현상의 결과 이자율은 낮아지고 대부자금량은 늘어난다.

마찬가지로 대부자금의 수요측면에서도 기업의 사업전망이 좋아지거나 예상 인플레이션이 높아지면 자금 수요곡선이 우측으로 이동할 것이다.

이처럼 대부자금의 수요가 늘어나면 이자율은 상승하고 대부자금량은 늘어난다. 이러한 현상을 다음 그림을 통해 이해할 수 있다.

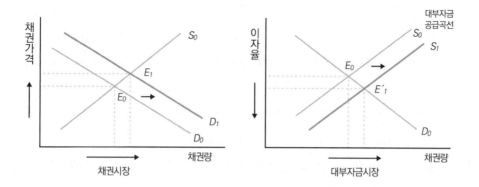

위의 그림은 채권가격과 이자율이 역의 관계를 가지고 있음을 보여준다. 즉 채권수요곡선의 우측이동은 대부자금 공급 곡선의 우측이동과 같다. 이때 채권시장에서 채권가격은 상승하지만 이것은 곧 자금시장의 이자율 하락을 의미한다. 한편 채권거래량과 대부자금거래량이 증가하는 것은 동일하다.

채권공급곡선의 우측이동 또한 대부자금수요곡선의 우측이동과 동일하다. 이처럼 이자율은 금융시장에서의 금융자산에 대한 수요와 공급에 의해 결정되는데 이러한 사고를 반영하는 것이 바로 대부자금설이다.

대부자금설은 고전학파의 이자율 결정이론에서 출발했다고 하도 과언이 아니다. 그래서 대부자금설을 종종 고전학파의 이자율 결정이론이라고도 한다.

현대적 의미의 대부자금설에서 대부자금량을 어느 특정 시점에서의 잔액이다. 이것은 고전학파의 이론에서 이자율은 저축·투자 등 유량변수에 의해 결정된다고 보았기 때문이다.

근본적으로 대부자금의 공급은 가계의 저축에 의해서 결정되고, 대부자금의 수요는 기업의 투자에 의해 결정된다. 이 둘을 일치시키는 이자율이 균형이자율이 된다. 이때 대부자금의 수요와 공급은 화폐부문이 아닌 실물부문에 의해 영향을 받는 것이므로, 고전학파에서 이자율이란 실물부문에 의해 결정된다.

다음은 유동성 선호설이다. 이는 케인즈가 제시한 이자율 결정이론이다. 앞에서 살펴본 것처럼 고전적 대부자금설에서 이자율 결정은 저축과 투자에 의해 이루어지는 실물적 현상으로 간주된다. 반면 케인즈는 이자율 결정이란 화폐적 현상이며 기본적으로 유동성을 포기한 데 따른 대가로 정의한다.

화폐와 채권 등 여러 금융자산 중에서 화폐는 유동성은 높으나 이자수익이 없는 반면 채권은 유동성은 낮은 대신 이자수익이 보장된다. 따라서 이자란 일정 기간 동안 유동성을 포기한 대가이다.

　케인즈는 이자율이 화폐시장에서 경제주체들의 유동성에 대한 선호와 화폐공급의 상호작용에 의해서 결정된다고 파악하였다. 케인즈가 제시한 이자율 결정이론인 유동성선호설을 이해하기 위해 먼저 화폐시장과 채권시장의 관계를 살펴보자.

　케인즈는 개인의 자산선택 또는 포트폴리오 선택 행위를 분석할 때 두 종류의 금융자산, 즉 화폐와 채권만이 존재하는 상황을 가정했다.

　이렇게 분석하면 사실상 앞 절에서 살펴본 채권시장을 통한 이자율 결정이론과 유동성선호설은 동일한 결과를 가져온다.

　이를 살펴보면, 경제전체의 자산이 화폐(M)와 채권(B) 두 가지만으로 이루어져 있다고 가정할 때, 자산수요와 자산공급의 균형조건은 화폐수요(M_d)와 채권수요(B_d)의 합이 화폐공급(M_s)과 채권공급(B_s)의 합과 동일하다는 것이다. 즉, 자산시장의 균형조건은 다음의 식으로 표현할 수 있다.

$$M_d + B_d = M_s + B_s \ \cdots \ ❶$$

　위의 식의 각 항들을 좌우로 옮기면 다음과 같이 식이 변형된다.

$$M_d - M_s = B_s - B_d \ \cdots \ ❷$$

　화폐시장 균형조건은 $M_d = M_s$이며, 채권시장 균형조건은 $B_s = B_d$이다. 그런데 ②번 식을 통해서 우리는 다음과 같은 사실을 알 수 있다. 만약 화폐시장이 균형 상태에 있다면, 다시 말해서 $M_d - M_s = 0$이면, 채권시장도 균형상태가 되어 $B_s - B_d = 0$이다.

　결국 자산이 두 가지만 존재하면, 어느 한 시장의 균형은 다른 시장의 균형을 자동적으로 보장해 준다. 따라서 채권시장의 균형을 보장하는 이자율과 화폐시장의 균형을 보장하는 이자율은 동일하게 된다. 유동성 선호설에서 균형이자율을 화폐에 대한 수요와 공급 간의 관계와 연결시켜 생각해 보자.

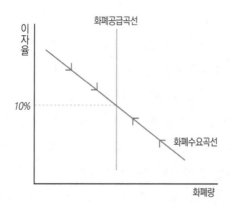

위의 그림에서 화폐에 대한 수요곡선은 우하향한다. 다시 말해 화폐수요는 이자율이 높아질수록 감소한다. 이자율이 화폐보유의 기회비용이기 때문이다. 다른 조건이 일정할 때 이자율이 높아지면 화폐보유를 줄이고 대신 채권보유를 늘려 더 높은 수익을 올리고자 할 것이다.

반면에 화폐공급은 이자율과 무관하게 일정수준으로 주어진다고 가정하자. 따라서 화폐공급곡선은 이자율의 영향을 받지 않는 것이므로 그림에서 수직선으로 나타난다. 위의 그림에서 화폐수요와 공급을 일치시켜 주는 이자율은 10%이다.

그렇다면 이 균형은 안정적인가?

우선 이자율이 균형수준 10%보다 높으면 화폐시장에서는 초과공급이 발생한다. 사람들이 보유하고자 하는 화폐량, 즉 화폐수요가 사람들이 실제로 보유하고 있는 화폐량, 즉 화폐공급보다 작게 된다. 그러므로 사람들은 초과 보유된 화폐를 처분하고 채권을 구매하려고 할 것이다. 이 과정에서 채권수요 증가로 채권가격 상승 및 이자율 하락 현상이 발생한다. 결국 화폐의 초과공급은 이자율을 하락시킨다.

반대로 이자율이 10%보다 낮으면 어떤 현상이 벌어질까?

이번에는 화폐에 대한 초과수요가 발생한다. 사람들은 현재 갖고 있는 화폐보다 더 많은 양의 화폐를 보유하고자 한다. 따라서 사람들은 채권시장에서 채권을 처분하여 이를 현금으로 바꾸려고 할 것이다.

이 과정에서 채권가격 하락과 이자율 상승현상이 발생한다. 다시 말해서 화폐의 초과수요는 이자율을 상승시킨다. 결국 유동선선호설에서 균형이자율은 화폐에 대한 수요와 공급을 일치시켜 주는 이자율이며, 이 균형은 안정적이다.

이제 유동성선호설에서 화폐수요 및 공급곡선을 이동시키는 요인들을 알아보면, 화폐수요 미공급분석은 화폐량과 이자율 평면에서 이루어지므로, 이자율 변화는 곡선상의 이동일 뿐 곡선 자체를 이동시키는 것은 아님을 염두해 두어야 한다. 화폐수요곡선을 이동시키는 대표적인 요인으로는 소득, 물가수준 및 부를 들 수 있다.

우선 소득이 증가하면 경제의 거래량이 증가하므로 거래의 매개수단인 화폐를 더 많이 수요하게 될 것이다. 마찬가지로 물가수준이 오르면 명목거래량이 증가하기 때문에 명목단위로 표시된 화폐수요량도 증가할 것이다. 또한 부가 증가하면 사람들은 가치저장수단으로서 화폐를 더 많이 가지고자 할 것이다. 이 상황을 나타낸 것이 아래의 그림이다.

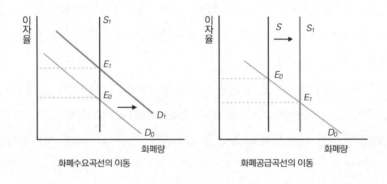

화폐수요곡선의 이동   화폐공급곡선의 이동

다른 조건이 일정할 때 화폐수요곡선이 우측(좌측)으로 이동하면 이자율은 상승(하락)한다. 다시 말해서 소득·부·물가수준이 상승(하락)하면 화폐수요가 증가(감소)하여 이자율이 상승(하락)하게 된다.

한편 화폐공급은 중앙은행에 의해 외생적으로 결정되는 것으로 가정했다. 따라서 화폐공급곡선은 중앙은행의 정책의지에 따라 좌우로 이동하게 될 것이다. 중앙은행이 화폐공급을 늘리고자 하면 공급곡선이 우측으로 이동할 것이며, 줄이려고 하면 좌측으로 이동할 것이다. 따라서 다른 조건이 일정할 때 위의 오른쪽 그림과 같이 중앙은행이 화폐공급을 늘리면 이자율이 하락하고, 화폐공급을 줄이면 이자율이 상승할 것이다.

CHAPTER 11
채권의 가치평가

1. 채권의 이해

1) 채권의 정의

기업이나 정부가 거액의 자금을 비교적 장기간 사용하기 위하여 투자자들로부터 집단적·공개적으로 자금을 빌리고 그 증거로서 발행하는 유가증권이다. 채권발행에 의해 조달된 자본은 기업 측에서는 부채로 처리된다.

기업의 과도한 채권발행은 원리금의 사환불능 위험에 빠질 염려가 있기 때문에, 상법에서는 채권자들을 보호하기 위하여 일정한 범위 이내로 채권발행을 규제하고 있다. 또한 채권에는 채권의 액면가(face value), 이자율(coupon rate), 만기(maturity)를 반드시 표시하도록 되어 있다.

2) 투자자 관점에서 본 채권의 장·단점

① 채권은 자유로이 매매 거래될 수 있으므로 투자자들은 일시적인 여유자금이라 하더라도 마음 놓고 채권에 투자할 수 있다.

② 채권은 기업의 확정채무이므로 기업의 영업실적에 관계없이 투자자들은 일정한 확정이자소득을 얻을 수 있다.

③ 채권은 기업이 해산한다 하더라도 주식에 우선하여 원금에 대한 보상을 받을 수 있도록 법적인 보장이 되어 있기 때문에 주식에 비하여 훨씬 안전한 투자대상이다.

3) 투자자의 관점에서 본 채권의 단점

① 채권소유자들은 채권이자율이 명시되어 있으므로 소정의 이자소득으로 만족하여야 하며 기업이 이익을 많이 실현시켰다 하더라도 주주의 경우와 같이 추가적인 소득을 얻을 수 없다.

② 채권소유자들은 기업경영에 대하여 일체의 의결권을 행사할 수 없으며, 인플레이션이 발생하면 화폐가치의 하락으로 인하여 채권소유자들의 실질투자가치는 하락하게 된다.

4) 채권발행을 통해 기업이 얻을 수 있는 이점

① 채권의 자본비용은 주식의 자본비용보다 훨씬 저렴하다는 점이다. 채권은 주식에 비하여 위험이 적기 때문에 주식에 있어서의 기대수익률보다 낮은 이자율로 발행될 수 있다. 또한 채권의 이자비용은 감세효과를 가지고 있기 때문에 채권의 자본비용은 저렴하다.

② 채권발행은 기존 주주의 기업에 대한 지배권에 아무런 변동을 가져오지 않는다는 점이다. 주식을 발행하면 기존주주의 지분율에 따라 비례적으로 신주인수권이 부여되지만, 실권주가 발생하면 기존주주의 지분율이 변동되고 따라서 기업경영에 대한 지배권도 변동될 가능성이 있다.

그러나 채권발행의 경우에는 채권소유자들은 어디까지나 채권자일 뿐이며 기업의 지배에는 영향을 미치지 못하므로 경영지배권이 희석(dilute)되지 않는다.

5) 채권발행을 통해 기업이 얻을 수 있는 불리한 점

① 사채발행은 자본구조를 악화시켜 대외 신용도를 저하시키며, 경영실적에 관계없이 일정이자를 지급하여야 하므로 기업의 유동성이 악화되고, 만기에 가서는 원금을 상환하여야 하므로 자금의 부담이 커지게 된다.

따라서 근래 우리나라에서는 채권의 원금상환기가 도래하였을 때 그 채권을 상환하기 위하여 다시 채권을 발행하는 채권차환(bond refunding)이 일반화되고 있다.

② 기업이 채권을 발행할 때의 계약내용에는 채권소유자를 보호하기 위하여 배당지급의 제한, 감채기금의 규정 및 일정수준의 유동성유지 등이 포함되는 것이 일반적이다. 이러한 보호조항들은 채권발행회사의 경영활동을 제약하는 요인이 된다.

2 : 채권의 유형

1) 발행주체에 따른 분류

(1) 국채(government bond)

헌법 제93조와 예산회계법 제4조에 의거하여 재정경제부장관이 각 부처의 발행
수요를 취합하여 예산안과 함께 국회의 의결을 거쳐 정부가 발행하는 채권이다. 정
부가 원리금지급을 보증하기 때문에 지명도와 신용도가 가장 높다.

국채는 일반 재정적자 보전, 재정자금의 수급조절, 특정사업의 재원조달, 보상재
원 마련 등을 마련할 목적으로 발행된다. 우리나라에서의 국채의 효시는 1949년에
발행된 건국채권으로 정부수립 후 계속된 재정적자를 보전하기 위하여 발행하였다.

현재 우리나라에서 발행되고 있는 주요 국채는 국채관리기금채권, 재정증권, 외
국환평형기금채권, 국민주택채권, 양곡기금증권 등이 있다.

유형에 따른 분류

구 분	유 형
발행주체	국채, 지방채, 특수채, 회사채
이자지급방법	이표채, 할인채, 복리채
보증유무	보증채, 담보부채, 무보증채, 무담보부채
상환기간별	단기채, 중기채, 장기채
지급 이자율 변동여부	확정금리채권, 변동금리채권, 역변동금리채권
주식연계여부	전환사채, 신주인수권부사채, 교환사채
모집방법	사모채, 공모채(직접발행, 간접발행)
상환방법	수시상환사채, 감채기금부사채, 연속상환사채
상환순서	선순위채권, 후순위채권
원금지급형태	만기일시 상환채권, 액면분할 상환채권

(2) 지방채(municipal bond)

지방자치단체가 지방재정법의 규정에 따라 특수한 사업에 필요한 자금을 조달
하기 위해 발행하는 채권이다. 지방채는 국채보다 발행액수가 적고 신용도도 국채에
비해 비교적 떨어져 유동성이 낮은 편이다.

현재 각 지방자치단체가 특정 사업의 재원을 조달하기 위해 발행하고 있는 상수도공채, 도로공채, 지역개발채권과 서울특별시에서 발행하는 도시철도채권, 부산시의 부산교통채권 등이 있다.

(3) 특수채(specific laws bond)

한국토지개발공사, 한국전력(주), 한국기술개발주식회사, 한국도로공사 등 특별법에 의하여 설립된 법인이 발행하는 사채의 형태이나 명시적으로나 묵시적으로 정부가 보증하는 채권이므로 회사채와는 그 성격이 다르다.

(4) 금융채(financial bond)

특수채 중 발행주체가 은행인 채권으로 장기대출자금을 조달하기 위하여 발행하는 채권이다. 통화조절을 위해 한국은행에서 발행하는 통화안정증권, 산업자금조달을 위해 발행되는 산업금융채권, 중소기업을 지원하기 위한 중소기업금융채권 그리고 국민주택 건설재원을 조달하기 위한 주택금융채권이 있다.

(5) 회사채(corporate bond)

회사의 장기자본을 조달할 수 있는 원천으로 회사는 회사채를 발행하여 금융기관 및 일반투자자들로부터 거액의 장기자금을 조달할 수 있다. 이것은 증자를 통한 자본조달과 유사하지만 회사채는 부채이다.

따라서 회사채를 발행한 회사는 채권자에게 약정된 이자를 지급해야 하고 만기에는 원금을 상환해야 한다. 채권자는 주주의 배당에 우선하여 이자를 지급받게 되며 기업이 도산하거나 청산 시 주주에 우선하여 기업 자산에 대한 청구권을 갖는다. 회사채는 상법상의 주식회사가 발행하며, 보통 3년에서 5년 만기로 발행된다.

2) 이자지급 방법에 따른 분류

(1) 이표채(coupon bond)

우리나라에서 요즘 발행되는 가장 일반적인 형태로 일정기간마다 지급되는 소정의 이자지급액을 명기한 쿠폰이 사채권에 첨부되어 있어 사채권자는 이자지급 시기가 도래하면 이자지급 기관에 해당 쿠폰을 제출하고 이자를 수령하는 형태이다.

따라서 이표채를 중간에 매입하는 경우에는 만기까지의 쿠폰이 완전히 첨부되어 있는가를 확인할 필요가 있다. 우리나라 국고채와 회사채의 대부분은 이표채로 발행되며 매 3개월마다 후급으로 이자를 지급한다.

(2) 할인채(discount bond)

액면금액에서 상환기일까지 이자를 단리로 미리 할인한 금액으로 발행하는 채권이다. 이표채와 달리 채권을 매입하는 순간 이자와 만기상환금액이 확정되어 만기 때의 세후수익률이 정해진다. 대표적인 채권으로는 통화안정증권, 금융채 중 일부가 해당된다.

(3) 복리채(compound bond)

이자가 이자지급기간 동안 복리로 재투자되어 만기 상환 시에는 원금과 이자를 동시에 지급하는 채권을 말한다. 국민주택채권 1, 2종, 지역개발공채, 금융채 중 일부가 여기에 해당한다.

3) 보증유무에 따른 분류

(1) 보증채(guaranteed bond)

원리금 상환의무가 있는 발행자가 원리금을 지급하지 못할 경우 정부 또는 금융기관이 원리금의 지급이행을 보증하는 채권으로 정부보증채, 일반보증채(시중은행, 보증보험, 신용보증기금 등) 등이 있다.

(2) 담보부채(secured bond)

원리금의 확실한 지급을 위하여 담보를 필요로 하는 사채를 말한다. 담보로 제공되는 자산에는 주로 기업이 소유하고 있는 기계, 설비, 토지, 건물 등의 실물자산과, 타 기업의 주식 및 사채 등의 유가증권이 있으나, 특수한 경우에는 공장 내의 모든 제조설비가 포함되는 수도 있다.

우리나라에서는 담보부채가 발행되는 경우에는 신탁기관(주로 신탁은행)이 사채권자들의 권익을 보호하기 위하여 담보물을 관리하고 원리금지급이 의문시된다고 판단될 때에는 사채발행 회사를 상대로 담보권을 행사하기도 한다.

(3) 무보증채(unguaranteed bond)

정부나 금융기관의 지급보증 없이 단지 발행주체의 자체 신뢰도에 의해서 발행·유통되는 채권이다. 특수채와 회사채가 무보증으로 발행될 때는 그 발행기관의 원리금 지급능력이 중요하므로 공모발행할 때 신용평가기관으로부터 신용평가를 받아야 한다. 신용평가등급이 높을수록 유통수익률이 낮고 신용평가등급이 낮을수록 유통수익률은 높게 형성된다.

(4) 무담보부채(unsecured bond)

사채발행에 있어 아무런 담보를 필요로 하지 않고 기업의 신용만으로 발행되는 사채를 말한다.

4) 상환기간별 분류

(1) 단기채(short-term bond)

통상 상환기간이 1년 이하인 채권으로, 통화안정증권, 재정증권, 금융채 1년 만기 등이 있다.

(2) 중기채(mid-term bond)

상환기간이 1년 초과 5년 이하의 채권으로 1종 국민주택채권, 국민주택기금채권, 외국환평형기금채권, 금융채, 일부 회사채 등이 있다.

(3) 장기채(lond-term bond)

상환기간이 5년 이상인 채권으로 2종 국민주택채권, 도시철도채권 등이 있다.

단기채와 장기채 비교

구 분	단기채	장기채
유동성(환금성)	크다	작다
수익성(표면금리)	낮다	높다
가격변동성(탄력성)	작다	크다
위험	작다	크다

5) 지급 이자율 변동여부에 따른 분류

(1) 확정금리부채권(fixed coupon rate bond)

사채발행시에 이자율이 확정되어 있는 사채로서 그 이자율은 시중금리변동과 무관한 전통적인 개념의 채권이다.

(2) 변동금리부채권(Floating Rate Note, FRN)

시중금리(일반적으로 금융기관의 공금리) 수준에 따라 그 이자율이 자동적으로 변동되는 사채이다. 예를 들면 액면이자율이 "3개월 LIBOR＋200bp"[7]라면 지급하는 액면이자는 LIBOR금리에 2%p를 더한 금액이 된다. 최근 우리나라에서 발행되는 사채는 일정기간까지는 확정금리부이고, 그 후 일정기간은 변동금리부인 경우가 많다.

---

7 bp란 basis point로 0.01%p를 말한다.

(3) 역변동금리채권(inverse FRN)

액면이자율이 특정기준금리에 연동하여 반대방향으로 변동하는 채권이다. 예를 들면 액면이자율이 "15%−LIBOR"로 발행된 채권을 들 수 있다. LIBOR가 올라가면 액면이자는 줄어들고, LIBOR가 내려가면 액면이자는 늘어난다.

6) 주식연계여부에 따른 분류

(1) 전환사채(convertible bond)

사채 발행 시에 결정된 조건에 의하여 일정기간 경과 후 사채권자의 희망에 따라 발행회사의 보통주로 전환될 수 있는 사채를 말한다. 사채권자들은 보통주의 주가가 높을 경우에는 전환사채를 보통주로 전환함으로써 자본이득(capital gain)을 얻을 수 있으며, 그렇지 못할 경우에는 전환하지 아니하고 계속 사채권자로 남게 될 것이다.

전환사채는 투자자들에게 사채의 안전성과 더불어 보통주의 주가상승에 따른 자본이득까지도 얻을 수 있게 하므로 매력적인 투자대상이 될 수 있다. 반면에 기업은 전환사채를 이용하여 낮은 이자율로 사채를 발행할 수 있다.

영업실적이 좋지 않아 보통주 발행에 의한 자본조달이 어려운 상태이지만, 기업전망이 밝아 주가상승이 기대되는 기업에게는 전환사채가 적절한 자본조달수단이 될 수 있다.

(2) 신주인수권부사채(bond with warrants)

기업이 신주를 발행할 때 이를 인수할 수 있는 권한이 부여된 사채를 말한다. 이는 전환사채와 같이 기업의 보통주에 연결된 자본조달수단이며 사채권자의 자유재량으로 그 인수여부가 결정되는 옵션(option)의 성격을 가지고 있다.

그러나 전환사채는 전환에 의하여 사채가 소멸되어 보통주로 전환되나, 신주인수권부사채는 사채의 형태가 그대로 존속되면서 별도의 신주를 유상으로 인수할 수 있다는 점에서 서로 다르다. 신주인수권부사채의 발행 동기는 전환사채의 경우와 비슷하다. 즉, 기업은 전환사채의 전환을 통하여 추가적인 자본을 조달하지 못하지만, 신주인수권부사채의 신주인수로부터는 추가적인 자본을 조달할 수 있다.

(3) 교환사채(exchangeable bond)

채권자가 사전에 합의한 교환조건에 따라 특정기간 내에 채권을 발행회사가 보유한 유가증권으로 교환할 수 있는 권리(교환권)가 부여된 채권으로 우리나라에서는 1991년에 허용되었다. 예를 들어, 1997년 한국코트랠이 국민은행 주식을 교환대상으로, 삼표제작소가 포철 주식을 교환대상으로 교환사채를 발행하였다.

7) 모집방법에 따른 분류

(1) 사모채(private placements)

채권의 발행주체가 특정 투자자에게 직접 채권을 매각하는 방법이다. 즉, 발행기관이 인수기관에 대하여 일정조건으로 인수계약을 체결하고, 그 발행총액을 인수기관이 전액 인수함으로써 발행되는 채권이다.

사모채는 중개인 또는 대리인을 통하지 않고 발행기관이 제반 절차를 직접 수행하는 직접발행의 형태를 취한다. 보통 채권은 공모로 발행되지만 특수채, 지방채, 회사채 등에서는 발행자와 연고관계가 있는 일부 금융기관이나 법인 등을 대상으로 모집되기도 한다.

(2) 공모채(public issues)

발행주체가 불특정 다수인에게 채권을 매각하는 방법으로 채권발행에 따른 제반 업무처리와 발행에 따른 위험을 누가 부담하느냐에 따라 직접발행과 간접발행으로 구분한다.

① 직접발행은 발행주체가 직접 모집 또는 매출하는 방법으로 채권발행에 필요한 모든 사무절차를 이행함과 동시에 발행위험도 스스로 부담하게 된다. 비교적 소액이거나 연고자 모집인 경우에 이용될 수 있는 방법이다.

② 간접발행은 직접발행에 따르는 발행위험을 줄이기 위하여 발행주체가 발행업무를 전문성 있는 대리인에게 위임하여 대리인이 자기의 위험부담으로 채권을 발행하는 방법이다.

8) 상환방법에 따른 분류

(1) 수시상환사채(callable bond)

일반적인 사채는 만기에 상환되나, 만기 이전이라도 발행기업이 원하는 시기에 상환할 수 있다. 기업이 수시 상환사채를 발행하는 이유는 자금사정이 호전되면 수시상환을 통하여 사채에 대한 이자비용을 절약할 수 있기 때문이다.

만약 시중금리가 하락하여 기존사채(outstanding bond)의 이자율이 상대적으로 높게 될 경우 기업은 현재의 낮은 이자율로 신규 사채를 발행하여 기존의 사채를 차환함으로써 이자비용을 절약할 수 있을 것이다.

따라서 수시상환은 발행기업에게는 유리하나 사채권자들에게는 불리하기 때문에 발행기업은 기존사채를 액면가 이상으로 상환해 주는 것이 통례이다. 이때 액면가를 초과하는 금액을 콜 프리미엄(call premium)이라 한다.

우리나라의 경우에는 만성적인 자금의 초과수요가 있었기 때문에 사채권자에게 불리하게 여겨지는 수시상환사채의 발행은 흔하지 않다.

(2) 감채기금부 사채(sinking fund bond)

만기에 거액의 상환자금을 일시에 지출함으로써 발생하는 자금부족상태를 방지하며, 사채원금상환의 확실성을 높이기 위하여 상환에 필요한 금액을 매 결산기마다 일정액을 적립할 것을 규정한 채권이다. 감채기금은 일반적으로 신탁기관에 적립된다.

(3) 연속상환사채(serial bond)

일단 발행된 사채에 대하여 일정기간마다 일정액을 계속하여 상환할 수 있도록 되어 있는 채권이다.

연속상환사채도 만기일에 일시 거액의 상환부담을 줄이기 위한 것이며, 상환방법은 발행 시에 만기를 서로 다르게 연속적으로 정하는 경우도 있고, 일단 발행된 사채에 대하여 일정기간마다 추첨에 의하여 그 일부를 상환하는 경우도 있다.

연속상환사채는 기업이 감채기금부사채의 목적을 직접적으로 달성할 수 있도록 하며, 투자자들로 하여금 각자의 기호에 맞는 만기를 선택할 수 있게 해주는 이점이 있다.

CHAPTER 12
주식의 가치평가

1 : 증권발행과 매매제도

1) 증권시장

증권시장은 주식과 채권 등의 유가증권이 매매·거래되는 시장으로 자본시장의 역할을 대부분 담당하고 있어서 협의의 자본시장이라고 한다. 증권시장에서는 기업이 필요로 하는 자본을 조달하기 위하여 주식과 회사채 그리고 정부와 공공기관이 공익을 목적으로 국공채를 발행하여 투자자들에게 공급하고 투자자들이 유가증권을 매매함으로써 자신의 금융자산을 운용하는 시장이다.

좁은 의미로는 다수의 매매 당사자가 일정한 시간과 장소에 집합하여 정해진 규칙에 따라 매매거래를 하는 구체적, 조직적 시장으로 거래소가 개설하는 시장을 말한다.

2) 증권의 발행

증권의 발행은 증권발행을 통하여 자금을 조달하는 발행시장으로부터 이루어진다. 발행시장에서의 증권 발행 방법에는 직접발행과 간접발행이 있다. 직접발행은 발행주체가 일반투자자들을 대상으로 직접 증권을 발행하여 판매하는 것이라 할 수 있다.

직접발행을 위해서는 발행주체가 증권발행에 관한 전문지식이 있어야 하며 매출하려는 유가증권을 판매할 수 있는 능력이 있어야 한다. 간접발행은 발행주체가 직접발행 능력을 갖추기 어렵기 때문에 증권발행의 사무절차와 발행위험을 담당하는 전문 발행기관을 통한 것이라 할 수 있다.

① 직접발행의 경우에는 사모발행이 있다. 사모발행은 발행주체가 특정한 소수의 증권 수요자만을 대상으로 발행하는 방법으로 발행에 따른 비용을 절감하면서도 단기간에 모집할 수 있는 장점이 있으나, 발행증권의 소화능력에 문제가 있을 수 있다. 증권발행 총액을 전액 소화할 수 있는 경우에 취할 수 있다는 점이 특징인 발행형태이다.

② 간접발행의 경우에는 공모발행이 있다. 공모발행은 자금을 조달하기 위하여 발행주체가 50인 이상의 일반대중을 대상으로 유가증권의 수요자를 구하는 방법이다. 발행가격 및 발행시점 등이 균일한 조건하에 공개적으로 모집되며 투자자들은 발행주체와 관련이 없는 일반투자자들이 대상이 되는 것이 특징이다. 또한 발행위험을 부담하는 방법에 따라서 위탁모집, 잔액인수, 총액인수가 있다.

  i) 위탁모집은 유가증권 모집에 관한 제반절차를 제3자인 발행기관에 위탁하는 방법으로 모집주선이라는 말로 쓰인다. 발행주체가 스스로 발행위험을 부담하지만 발행사무는 전문기관에 위탁하는 방법으로 소화되지 못한 증권을 발행주체에게 되돌아온다는 것이 특징이다.

  ii) 잔액인수는 발행 및 모집사무와 인수위험을 분리하여 발행기관에 위임하는 방법이다. 전문기관에 발행 및 모집사무를 위탁하고 매출기간이 경과한 후 모집부족액이 발생하는 경우 인수기관이 그 잔량을 인수하는 것이다. 이러한 방법의 경우 발행증권의 인수자를 일반투자자로부터 모집하고 응모총액이 모집총액에 미달하면 인수기관이 미달액을 인수할 의무를 갖는 것이 특징이라 할 수 있다.

  iii) 총액인수는 인수기관이 공모증권의 전액을 자기명의로 인수하고 발행위험의 부담 및 발행 사무를 모두 담당하는 방법이다. 인수매출이라고도 불린다. 인수기관이 발행증권의 인수를 위하여 많은 자금을 필요로 할 뿐만 아니라 매출하기까지의 기간 동안 인수증권의 매출 잔량을 보유하여야 하므로 발행증권의 가격변동에 따른 위험을 부담하게 된다는 것이 특징이다. 일반적인 간접발행의 대부분은 총액인수 방식으로 공모 발행되고 있다.

③ 증권의 발행은 신규로 발행되는 것인 회사설립시의 주식발행 이외에 자본금 증자 시에도 이루어진다. 증자란 주식의 증가발행을 말하는데 추가로 더 발행하여 자본금의 크기를 늘리는 것을 말한다. 증자의 방법은 무상증자와 유상증자 두 가지 방법이 있다. 지금부터는 유상증자와 무상증자에 대해서 알아보자.

ⅰ) 무상증자는 주주들의 실질적인 주금의 납입 없이 회사의 준비금 등을 자본금으로 전입할 때 주주들에게 무상으로 신주를 발행하는 것이다. 무상증자의 구체적인 재원으로는 이익준비금과 자본준비금 등이 있다.

준비금의 자본전입에 의한 무상증자를 살펴보면 법률규정에 의하여 적립된 법정준비금을 이사회결의를 통하여 그 전부 또는 일부를 자본금으로 전환하고 그에 해당하는 금액만큼 새로운 주식을 발행하여 기존 주주에게 무상으로 교부하는 것이다.

또한 무상증자가 이루어지더라도 기업의 자산가치는 실질적으로 변하지 않고 발행주식수만 증가하므로 주당가격이 하락하여 주주의 부는 이론적으로 무상증자 전과 후가 동일하여야 한다.

무상증자는 새로 현금이 유입되는 것이 아니라 이익금의 자본전입으로 단지 회계장부상 이익금 항목에 있던 금액이 자본금 항목으로 넘어온 것에 불과한 것이다. 결국 자본 총계액은 무상증자하기 이전이나 이후나 동일하며 자본을 구성하는 항목들끼리 금액의 이동이 생겼을 뿐이므로 무상증자의 경우는 재무구조를 개선하는 효과는 전혀 없다. 그러나 현실의 증권시장에서는 무상증자 후 주식가격의 하락이 이론상의 하락보다 작다.

ⅱ) 유상증자는 현금으로 주금의 납입을 받고 자본금을 증가시키는 것이다. 유상증자는 증자되는 물량을 어떻게 소화시키느냐에 따라 사모와 공모로 나눌 수 있다. 사모에는 구주주 배정방식과 제3자 배정방식이 있다.

④ 구주주 배정방식은 기존주주에게 소유주식수에 비례하여 신주인수권을 나눠 줌으로써 주주의 권리를 소유지분대로 보호한다.

⑤ 제3자 배정방식은 구주주들을 배제하고 제3자에게 신주인수권을 부여하는 방식으로 회사정관에 명시되어 있거나 주주총회의 특별결의를 거쳐야 한다. 제3자는 경영진, 임직원 등이 되는 것이 특징이다.

⑥ 사모에 의한 유상증자는 발행비용은 극소화되지만 증권가격이 납입가격에 못 미칠 경우에 신주인수권을 행사하려들지 않을 것이므로 계획된 자금조달액을 확보 못할 경우가 생길 수 있다.

⑦ 공모에는 주주우선공모방식과 일반공모방식이 있다. 주주우선공모방식은 인수기관이 유상증자분의 총액을 인수하고 구주주에게 우선청약권을 부여하여 청약을 받은 다음 청약미달분을 공모하는 것이다.

일반공모방식은 구주주의 신주인수권을 완전히 배제하고 일반투자자를 대상으로 공개적으로 신주를 모집하는 것이다. 자본조달 가능액이 극대화된다는 특징이 있다. 두 가지 공모를 통한 유상증자는 전문인수기관을 통하여 증자물량을 소화시켜야 하므로 발행비용이 사모의 경우보다도 많아지고 기존주주의 이익이 침해되는 상황이 발행할 수 있다.

유상증자의 경우 투자자의 이해관계에 직접 영향을 주는 것은 신주의 가격수준이다. 그러한 발행가격 기준에 의해서 발행제도가 2가지로 나누어지게 된다. 그 2가지는 액면발행제도와 시가발행제도이다.

 i) 액면발행제도는 유상증자시 구주의 현재 시장가격과 상관없이 액면가로 발행하고 주금을 납입받는 것이다. 이 제도는 기존주주의 입장에서 보면 구주주배정의 경우에는 동일한 납입금으로 시가발행보다 많은 주식을 교부받게 되어 이득이 되지만 일반공모를 할 경우는 구주주에게 손실을 입힐 수 있다는 점이 특징이다.

 ii) 시가발행제도는 기업의 미래 수익력과 위험이 모두 반영되는 현재 시장가격을 기준으로 증자하는 것이다. 전망이 밝은 기업은 높은 주식가격으로 많은 자금을 조달할 수 있고 기업내용이 좋지 못한 기업은 낮은 주식가격으로 적은 자금밖에 조달할 수 없으므로 증권시장에서 효율적 자본배분기능을 수행하게 된다. 액면발행제도하에서 나타나는 시장가격과 발행가격의 괴리현상이 없어서 주가의 급격한 변동을 방지할 수 있다는 것이 특징이다. 우리나라의 경우에는 기준주가가 액면가 이하인 경우를 제외하고는 시가발행을 하는 것을 원칙으로 한다.

주식배당, 주식분할, 전환주식과 전환사채의 전환, 신주인수권부사채의 행사라는 발행 방법이 있다.

⑧ 주식배당이란 주식회사가 주주에 대하여 이익배당을 하는 경우 현금배당 대신 그에 상당하는 신주를 발행하여 배당하는 것이다. 주식배당의 경우에는 사외로 유출될 자금을 자본화시켜 주식으로 지급하는 것이므로 자산이 기업내부에 유보될 수 있다는 점이 특징이다.

기업이 주식배당을 시행하는 경우에 기업의 실질적 내용에는 아무런 변동이 없고 각 주주가 자신이 보유한 주식 수에 비례하여 신주를 교부받기 때문에 무상증자와 동일하다고 볼 수 있다.

배당에 따른 현금의 유출을 방지하여 자금사정을 개선하고 간단한 절차만으로 자본을 증가시키며 주식의 시장성을 증대시킬 수 있다는 것이 주식배당의 목적이라 할 수 있다.

⑨ 주식분할이란 주식회사가 자본금의 변화 없이 이미 발행된 주식을 세분화함으로써 주식수를 증가시켜 주주에게 소유주식수에 비례하여 교부하는 것이다. 주식분할은 주식의 단위를 세분화함으로써 주식의 시장성을 제고시키고 이를 통해 주식의 소유권을 분산시킬 수 있으며 증권시장에서 기업공개 및 상장, 기타 회사간 합병을 원활히 할 목적으로 행해진다는 것이 특징이다.

⑩ 전환주식과 전환사채의의 전환이란 전환주식 또는 전환사채의 소유자가 전환권을 행사할 경우 여러 조건에 따라 신주가 발행되고 교환되는 것이다. 전환주식은 보통 우선주에서 보통주로 전환되며 주주의 회사에 대한 권리내용도 그에 따라 달라지지만 회사의 자본금이나 자산액에는 아무 변화가 없다는 것이 특징이다.

전환사채는 전환액에 상당하는 타인자본이 감소하고 그 금액만큼 자기자본이 증가하므로 신주발행이 회사자산에는 아무런 변화를 가져오지 않는다. 그러나 타인자본이 자기자본화 된다는 점이 증자에 실질적인 효과가 있다.

⑪ 신주인수권부사채란 사채발행 후 일정한 가격에 일정 수량의 주식을 매입할 수 있는 권리가 부여된 조건부사채로 채권자가 신주인수권을 행사할 경우 자동적으로 유상증자가 이루어지는 것이다. 권리행사시에는 신주에 대한 추가적 자금을 납부해야 하며 채권자로서의 권리는 유지된다는 것이 특징이다.

3) 증권 매매제도

이미 발행된 유가증권의 거래가 이루어지는 곳인 유통시장에서 증권매매는 이루어진다. 유통시장의 대표적인 장소는 거래소시장이며 우리나라의 경우에는 한국증권선물거래소(Korea Exchange: KRX)에서 이루어진다.

증권선물거래소는 유가증권시장, 코스닥시장, 선물시장이 각각 독립적인 시장으로 구분되어 있다. 유가증권시장에는 대형·우량기업 중심시장으로 상대적으로 안정적인 투자기회를 제공하는 시장으로서의 역할을 하고 있다.

코스닥시장은 중소·벤처기업 중심의 고위험-고수익을 추구하는 증권시장으로서의 역할을 하고 있다. 선물시장은 현물시장에서 발생하는 가격변동위험을 효과적으로 제거하는 기능을 담당하고 있다. 지금부터는 증권 매매에 관하여 유가증권시장과 코스닥시장 그리고 최근 간소화 절차에 의한 코넥스시장까지 살펴보면 다음과 같다.

(1) 유가증권시장[8]

우리나라 대표증권시장인 유가증권시장(KOSPI[9] Market)은 1956년 개장 이래 삼성전자, 현대자동차, POSCO, LG전자 등 세계적인 기업들이 상장되어있다.

또한 주요 선진국 증권시장으로부터 투자적격 해외증권시장으로 인정받아, 상장기업이 해외자금조달과 해외진출, 합작투자 등을 추진할 경우 상장기업으로서의 지명도를 활용할 수 있을 뿐만 아니라, 세계적인 수준의 유동성을 가진 KOSPI200주가지수 선물·옵션의 기초지수인 KOSPI200에 포함된 기업의 경우에는 국내외 투자자로부터 더욱 많은 관심을 받고 있으며 투자 증대로 이어지고 있다. KOSPI는 (비교시점의 시가총액/기준시점의 시가총액×100)으로 산출한다.

유상증권시장 상장요건

상장요건		일반회사	지주회사
규모 요건 (모두)	기업규모	자기자본 300억원 이상	좌동
	상장 주식수	100만주 이상	좌동
분산 요건 (모두)	주식수	다음 중 하나만 충족하면 됨	좌동
		1. 일반주주소유비율 25%이상 또는 500만주 이상 (다만, 상장예정주식수 5천만주 이상 기업은 상장예정주식수의 10% 해당 수량)	
		2. 공모주식수 25% 이상 또는 500만주 이상(다만, 상장예정주식수 5천만주 이상 기업은 상장예정주식수의 10% 해당 수량)	
		3. 자기자본 500억 이상 법인은 10% 이상 공모하고 자기자본에 따라 일정규모이상 주식 발행 - 자기자본 500억~1,000억원 또는 기준시가총액 1,000~2,000억: 100만주 이상 - 자기자본 1,000억~2,500억원 또는 기준시가총액 2,000~5,000억: 200만주 이상 - 자기자본 2,500억원 이상 또는 기준시가총액 5,000억 이상: 500만주 이상	

---

8 KRX, http://open.krx.co.kr/contents/OPN/01/01010101/OPN01010101.jsp, 2017, 재인용 및 내용 정리.

9 KOSPI(Korea Composite Stock Price Index)란 종합주가지수를 뜻하는 단어로, 현재는 유가증권시장의 주가지수를 코스피지수, 유가증권시장을 코스피시장이라고 부르기도 한다. 현재 코스피지수는 시가총액식 주가지수로 1980.1.4.시가총액을 기준시점으로 현재의 지수를 산출하고 있다(기준지수 100).

		4.국내외동시공모법인은 공모주식수 10% 이상 & 국내공모주식수 100만주 이상	
	주주수	일반주주 700명 이상	좌동
	양도제한	발행주권에 대한 양도제한이 없을 것	좌동
경영 성과 요건 (택1)	매출액 및 수익성	매출액: 최근 1,000억원 이상 및 3년 평균 700억원 이상 &	좌동
		최근 사업연도에 영업이익, 법인세차감전계속 사업이익과 당기순이익 각각 실현&	
		다음 중 하나 충족	
		1. ROE: 최근 5% & 3년 합계 10% 이상	
		2. 이익액 : 최근 30억 원 & 3년 합계 60억 원 이상	
		3. 자기자본 1천억원 이상 법인 : 최근 ROE 3% 또는 이익액 50억 원 이상이고 영업현금 흐름이 양(+)일 것	
	매출액 및 기준시가 총액	최근 매출액 1,000억 원 이상 &	좌동
		기준시가총액 2,000억 원 이상	
		기준시가총액=공모가격 x 상장예정수식수	
	기준시가 총액 및 이익액	기준시가총액 2,000억 원 이상 &	좌동
		최근 이익액 50억 원 이상	
	기준시가 총액 및 자기자본	기준시가총액 6,000억 원 이상 &	좌동
		자기자본 2,000억 원 이상	
안정성 및 건전성요건	영업활동 기간	설립 후 3년 이상 경과&계속적인 영업활동 (합병 등이 있는 경우 실질적인 영업활동기간 고려)	좌동 (주요자회사의 실질적인 영업 활동기간 고려)
	감사 의견	최근 적정, 직전 2년 적정 또는 한정 (감사범위 제한에 따른 한정의견 제외)	좌동(개별 및 연결재무제표)
	매각제한 (보호예수)	최대주주 등 소유주식 & 상장예비심사신청 전 1년 이내 최 대주주 등으로부터 양수한 주식: 상장 후 6월간	좌동 (금융지주회사의 경우 최대주주 등 소유주식 매각제한 제외)
		상장예비심사신청 전 1년 이내 제3자배정 신주: 발행일로 부터 1년간. 단, 그날이 상장일로부터 6월 이내인 경우에는 상장 후 6월간	

코스닥 시장 상장요건

요건		코스닥시장 상장요건(2014.6.18 개정규정 기준)		
		일반기업	벤처기업	기술성장기업
설립 후 경과연수		3년 이상	미적용	미적용
규모 (① or ②)	① 자기자본[1]	30억 원 이상[1]	15억 원 이상[1]	10억 원 이상[1]
	② 기준시가총액	90억 원이상		
지분의 분산		다음 요건 중 택일		
		1. 소액주주 500명 이상, 지분 25% 이상 & 청구 후 모집 5% 　(25% 미만시 10%)		
		2. 자기자본 500억 원 이상, 소액주주 500명 이상, 청구 후 모집지분 　10% 이상 & 규모별 일정주식수 이상		
		3. 공모 25% 이상 & 소액주주 500명		
자본상태[1]		자본잠식[1] 없을 것 (대형법인 미적용)		자본잠식률 10% 미만
감사의견		최근 사업연도 적정일 것 (연결재무제표 작성대상법인의 경우 연결재무제표에 대한 감사의견포함)		
경영성과		계속사업이익 시현(대형법인 미적용) (연결재무제표작성대상법인의 경우 연결재무제표 기준)		미적용
이익규모[1]		다음 요건 중 택일		
매출액[2] & 시가총액		1. ROE1) 10%	1. ROE1) 5%	미적용
		2. 당기순이익[1] 20억	2. 당기순이익[1] 10억	
		3. 매출액[2] 100억원 & 　시가총액 300억	3. 매출액[2] 50억원 & 　시가총액 300억	
		4. 매출액증가율 20% 　(&매출액 50억)	4. 매출액증가율 20% 　(&매출액 50억)	
최대주주 등 지분의 매각제한		6월		1년
기타　외형요건		주식양도 제한이 없을 것		

주 1) 연결재무제표 작성대상법인의 경우에는 연결재무제표상 자기자본(자본금)을 기준으로 하되
　　비지배분은 제외
주 2) 재화의 판매 및 용역의 제공에 한함(단, 지주회사는 연결재무제표 기준)
　　- ROE(자기자본이익률) = 당기순이익/자기자본×100
　　- 기술성장기업: 전문기관 기술평가(복수) 결과 A & BBB 등급 이상인 기업
　　- 대형법인: 자기자본 1,000억원 또는 기준시가총액 2,000억원 이상 기업
　　　(상장예비심사청구일 현재)

(2) 코스닥시장[10]

코스닥시장은 IT(Information technology), BT(Bio technology), CT(Culture technology) 기업과 벤처기업의 자금조달을 목적으로 1996년 7월 개설된 첨단 벤처기업 중심 시장이다.

코스닥시장은 시장 개설 이후 괄목할 만한 성장을 이루었다. 세계 주요 신시장 중에서 가장 유동성이 풍부한 시장으로 인정받아 해외 유망기업들이 상장하는 등 질적 측면에서도 우수한 시장으로 평가되고 있다.

특히 코스닥시장은 IT, BT 관련 기술주와 엔터테인먼트, 소프트웨어, 게임 등 시대를 선도하는 기업들이 참여하는 젊은 시장이며, 이러한 코스닥 시장에 참가하는 것은 기업의 기술력과 성장 잠재력을 인정받는 뜻깊은 기회가 될 것이다.

(3) 코넥스시장[11]

코넥스(KONEX, Korea New Exchange)는 자본시장을 통한 초기 중소기업 지원을 강화하여 창조경제 생태계 기반을 조성하기 위해 새로이 개설되는 중소기업전용 신시장이다.

현재 중소기업의 자금조달 현황을 살펴보면 대부분 은행대출에 편중되어 있고, 직접금융(주식발행)을 통한 자금조달은 매우 낮은 수준이다.

이로 인해 중소기업 등 비상장기업의 부채비율이 높아지고, 이자비용 부담도 상장기업에 비해 과중한 실정이며 은행의 대출정책 변화 등에 따라 기업의 존립이 위협받을 수 있는 가능성도 있다.

중소기업 자금조달이 이처럼 은행대출 등에 편중된 데에는 중소기업 지원을 위한 코스닥시장이나 프리보드의 기능이 미흡했다는 점에서도 이유를 찾을 수 있다. 코스닥시장의 경우 투자자 보호를 위한 계속적인 상장요건 강화로 인해 성숙단계의 중소기업 대상 시장으로 변모하여 초기 중소기업은 진입이 곤란한 시장이 되었다.

설립부터 코스닥시장 상장까지 소요되는 기간이 2004년에는 평균 9.3년이었던

---

10 KRX, http://open.krx.co.kr/contents/OPN/01/01010201/OPN01010201.jsp, 2017, 재인용 및 내용 정리.

11 KRX, http://listing.krx.co.kr/contents/LST/04/04030100/LST04030100.jsp, 2017; 재인용 및 내용 정리

것에 비해, 2011년도에는 평균 13.3년으로 크게 늘어났다. 그리고 프리보드의 경우에는 계속된 거래부진으로 인해 그 시장기능이 크게 위축되었다.

이러한 이유로 초기 중소기업에 최적화된 증권시장의 필요성이 제기되었으며, 초기 중소기업 특성을 반영한 시장제도를 마련하기 위해서는 기존 증권시장을 활용하기보다는 제로베이스에서 설계하는 것이 용이하다는 판단하에 코넥스시장을 개설하게 되었다.

코넥스시장의 상장요건은 질적요건 심사방식과 외형요건 심사방식이 있으며, ① 질적요건 심사방식과 관련하여 코넥스시장은 지정 자문인이 신규상장신청기업의 상장적격성을 심사하고 있으며 한국거래소에서는 해당 기업의 상장이 공익과 투자자 보호에 적합한지 여부를 위주로 심사하고 있다.

이와 관련하여 한국거래소는 지정자문인이 제출한 상장적격성보고서를 토대로 경영진의 시장건전성 저해행위 여부, 경영투명성, 회계정보 투명성, 투자위험 등을 종합적으로 검토하여 공익과 투자자보호에 부적합한 사유가 없는지에 대해 심사하고 있다.

② 외형요건 심사방식과 관련하여 코넥스시장은 아직 실적이 가시화되지 않은 성장 초기 중소·벤처기업이 원활하게 코넥스시장에 상장할 수 있도록 매출액·순이익 등의 재무요건을 적용하지 않고 있다.

그 밖에 초기 중소·벤처기업 실정에 부합하지 않는 요건은 폐지하거나 완화하고, 증권의 자유로운 유통과 재무정보의 신뢰성 확보를 위한 최소한의 요건만 적용하도록 하였다. 코스닥시장 상장을 위한 진입요건을 살펴보면 다음과 같다.

코스닥시장 상장 진입요건

구 분	내 용	비 고
주권의 양도제한	정관 등에 양도제한의 내용이 없을 것. 다만, 他법령에 의해 제한되는 경우로서 그 제한이 코넥스시장에서의 매매거래를 저해하지 않는다고 인정되는 경우에는 예외	
감사의견	최근 사업연도 감사의견이 적정일 것	
지정자문인	지정자문인 1사와 선임계약을 체결할 것	특례상장은 제외
중소기업 여부	중소기업기본법 제2조에 따른 중소기업에 해당될 것	
액면가액	100원, 200원, 500원, 1,000원, 2,500원, 5,000원 중 하나일 것	액면주식에 한함

2 발행시장과 유통시장

    증권시장은 크게 발행시장과 유통시장으로 나눌 수 있다. 발행시장은 회사가 증권을 만들어 처음 투자자에게 첫 소비자에게 팔릴 때까지의 과정을 말하는 것으로, 이를테면 냉장고와 같은 내구재가 공장에서 출고된 후 첫 소비자에게 팔릴 때까지의 과정에 비유된다.

    증권도 다른 상품과 같이 만든 회사가 직접 소비자에게 팔(직접 발행) 수도 있지만, 보통은 도·소매업자를 거치게 된다. 도매업자에 해당되는 증권회사를 인수업자라고 한다.

    인수업자는 인수단을 조직하여 같이 책임을 지는데, 여기서 맡는 역할에 따라 주간사(manager), 공동간사(comanager) 등으로 불린다.

    이들은 일단 발행증권 전액을 매입한 후 소량씩 나누어 팔기 때문에 도중에 시세가 떨어지면 손해를 볼 수 있다(총액인수제도). 청약일까지 팔리지 않은 것만 따로 인수단이 책임지는 잔액인수 방법도 있고, 파는 데 힘을 쓰되 책임은 지지 않는 주선 방법도 있다. 인수단에 가입하더라도 수수료를 받고 팔아 주기만 하는 업자들도 있다. 발행시장에는 구체적인 시설을 갖춘 시장은 없고, 각 증권회사의 인수부가 시장을 대신한다.

    유통시장은 한번 팔려 나간 냉장고가 중고품으로 다시 매매되는 것에 비유된다. 발행시장을 1차 시장(primary market), 유통시장을 2차 시장(secondary market)이라고도 한다. 유통시장에서는 중개업자인 증권회사가 주된 역할을 한다.

    증권회사는 주문받은 매매를 고객의 양해만 있으면 거래소시장을 통하지 않고도 성립시킬 수 있다. 채권 같은 경우는 거래소에 가는 것보다 서로 전화로 개별 흥정하는 편이 편리하기 때문에 거래소시장을 거치지 않는 경우가 더 많다. 이를 장외시장에서 하는 장외거래라고 한다.

    그러나 특히 주식의 경우에는 주가변동이 심하여 각자의 판단에 자신이 없기 때문에 거의 모두를 거래소시장에 가지고 나가 매매를 시킨다.

    사고 팔 사람이 한 곳에 많이 모이면 모일수록 매매가 원활해지고 시세가 공정하게 형성되므로 정책적으로도 되도록 많은 매매가 거래소에 집중되도록 뒷받침하게 된다. 한국의 경우, 주식매매의 거의 모두가 거래소에서 이루어지는 데다가, 특별한 시설을 갖춘 실내시장을 가지고 있으며 매매상황이나 시세를 수시로 공표하고 있기 때문에, 증권시장이라 하면 바로 거래소시장으로 인식된다.

3 : 증권시장의 이상현상

1) 시간특성적 이상현상

효율적 시장에서는 주가가 무작위로 변동하므로 시간변동에 따른 일정한 규칙을 가질 수 없다. 즉, 특정 월이나 특정 요일 또는 특정 시간에 주식을 매매한다고 해서, 다른 시점에 매매하는 경우보다 더 높은 수익률을 지속적으로 얻을 수 없다. 그러나 많은 실증연구들은 주식수익률에 특정한 시계열적 패턴이 존재함을 보여주고 있다.

(1) 1월효과(January effect)

1월의 주가수익률이 다른 달의 수익률보다 높은 현상을 말한다. 효율적 시장에서는 특정한 달의 수익률이 다른 달의 수익률에 비해 지속적으로 높거나 낮게 형성될 수 없다. 그럼에도 불구하고 1월의 수익률이 지속적으로 높은 것은 주식시장의 비효율성을 말해준다.

즉, 1월효과가 존재하면 투자자는 12월 말 또는 1월 초에 주식을 매입하여 1월 말에 매도하면 비정상수익을 얻을 수 있다. 그러나 시장이 효율적이라면 1월효과에 기초한 투자전략이 일시적으로 유효하겠지만, 곧 모든 투자자들이 이를 모방하므로 비정상수익은 사라질 것이다.

(2) 월요일효과(Monday effect)

주말효과 주중효과라고도 하는 월요일효과는 월요일의 주가수익률이 낮고, 주말의 주가수익률이 이례적으로 높게 나타나는 현상을 말한다. 효율적 시장에서는 특정 요일의 주가수익률이 지속적으로 높거나 낮을 수는 없다. 더욱이 월요일의 수익률은 휴장일을 포함하여 3일간 얻어진 수익률이기 때문에 다른 날의 수익률보다 더 높아야 한다.

그럼에도 불구하고 월요일에 매입하여 주말에 매도하는 투자전략을 사용하여 비정상수익을 얻을 수 있다는 것은 시장이 비효율적이라는 증거이다. 월요일효과가 나타나는 이유로서, 나쁜 뉴스는 거래가 이루어지지 않는 주말에 공표된다는 가설,

투자자금 수급이 요일별 규칙성을 갖기 때문이라는 가설 등이 있으나 충분한 설득력을 가지지는 못한다.

(3) 하루 중 효과(Intra-day effect)

주가가 하루 중에서도 어느 정도 예측 가능한 패턴을 보이면서 변동하는 현상을 말한다. 월요일의 음(−)의 수익률의 대부분은 개장 후 한 시간 내에 얻어지고, 개장 한 시간 후의 수익률의 움직임은 요일별로 큰 차이가 없음을 보여주고 있으며, 모든 요일에 있어 폐장시간이 가까워 올수록 주가가 상승하는 경향이 있음을 보여주고 있다.

그러므로 하루 중 효과를 이용한다면 장 중반 시간대에 주식을 매입하여 폐장직전이나 다음 날 개장 직후에 매도함으로써 비정상수익을 얻을 수 있다.[12]

2) 기업특성적 이상현상

효율적 시장에서는 이용가능한 모든 정보가 주가에 충분히 반영되기 때문에 어떤 특별한 정보를 이용하여도 미래의 주가변동을 예측할 수 없다. 그러나 단순한 기업특성에 관한 정보만으로 주가변동을 예측할 수 있다면 이는 효율적 시장가설에 위배되는 증권시장의 이상현상이라 할 수 있다.

(1) 규모효과(size effect)

효율적 시장에서는 기업규모 차이에 따른 수익률의 차이가 있을 수 없다. 그러나 현실적으로는 같은 위험을 가지는 기업일지라도 소규모기업의 주식이 대규모기업의 주식보다 수익률이 높다는 이상현상이 발견되고 있다. 이를 규모효과라고 하며 여기서 기업규모란 상장주식수에 주가를 곱한 주식의 시장가치 규모를 의미한다.

---

12 홍영복·이해영, 증권투자의 실제, 탐진, 2007, pp.250~251.

(2) PER효과(PER effect)

PER가 낮은 주식들의 수익률이 PER이 높은 주식들의 수익률보다 위험을 조정한 후에도 높게 나타나는 현상을 말한다. PER(price-earning ratio: 주가수익비율)은 주당이익 1원이 시장에서 얼마의 가격으로 평가되고 있는가를 나타낸다.

따라서 기본적 분석에서는 PER가 낮아 수익력에 비해 가격이 저평가되어 있는 주식들에 투자하면 비정상수익을 얻을 수 있다고 주장한다.

효율적 시장에서의 주가는 그 주식의 수익력과 위험에 관한 정보를 충분히 반영한 것이기 때문에 PER가 낮은 주식이라도 비정상수익을 얻을 수 없어야 한다. 즉, PER가 낮은 주식이 보다 더 큰 비정상수익을 가져다준다면 그것은 증권시장의 이상현상이다.

(3) PBR효과(PBR effect)

PBR(price-book value ratio: 주당장부가치비율)은 장부가치 1원이 시장에서 얼마의 가격으로 평가되고 있는가를 나타낸다. 따라서 기본적 분석에서는 PBR이 낮아 자산 가치에 비해 가격이 저평가되어 있는 주식들에 투자함으로써 비정상수익을 얻을 수 있다고 주장한다.

그러나 효율적 시장에서의 주가는 장부 가치에 관한 정보나 미래 성장기회에 간한 정보를 충분히 반영한 것이기 때문에 PBR이 낮은 주식이라 하더라도 비정상수익을 얻을 수 없어야 한다. 만일 PBR이 낮은 주식이 보다 더 큰 비정상수익을 가져다준다는 증거가 존재한다면 그것은 이상현상이다.

많은 연구들은 PBR이 낮은 주식의 수익률이 PBR이 높은 주식의 수익률보다 높다는 것을 보여주고 있는데, 이를 PBR효과라고 하며 또한 PBR이 낮은 주식을 자산주라고 하기 때문에 PBR효과를 자산주 프리미엄이라고도 한다.

(4) 소외기업효과

증권에 대한 정보를 생산하는 증권분석가 또는 기관투자자의 관심도가 낮은 기업들의 수익률이 관심도가 높은 기업의 수익률 보다 위험을 조정한 후에도 더 높게

나타나는 현상을 말한다.[13]

3) 기타 이상현상

(1) 과민반응 현상(수익률 반전 효과)

주식시장은 단기적으로는 새로운 뉴스에 과민반응을 보여준다. 주가의 과민반응은 시장에 대한 정보가 부족하고 개인 투자의 비중이 큰 경우, 예상치 못한 정보의 출현에 증권가격이 비정상적으로 반응하는 현상을 말한다.

어떤 기간 중 상대적 수익률이 낮았던(높았던) 종목은 다음 기간에는 수익률이 높아지는(낮아지는) 경향이 있다. 과거기간에 크게 하락한 주식을 사고, 상승한 주식을 파는 반대매매전략을 이용하여 비정상수익을 얻을 수 있음을 보여주는 현상이다.

(2) 평균회귀 현상(mean reversion effect)

적정한 수준에서 유지되던 주가가 별다른 이유 없이 올랐다가는 떨어지고 떨어졌다가는 다시 제자리를 찾는 현상이다. 수익률의 평균회귀란 한 해 좋은 성과를 냈던 시장이 다음해에는 상대적으로 약세를 보이거나 또는 그 반대의 상황이 되풀이되는 것으로 궁극적으로는 대부분 나라들의 수익률은 평균에 가깝게 기록되는 현상을 말한다.

---

13 허화·박종해, 증권시장론, 삼영사, 2008, p. 238.

CHAPTER 13

위험관리

1 : 금융기관 위험관리

1) 의의

금융리스크는 일반적으로 시장위험, 신용위험, 유동성위험, 운영위험, 국가위험 등으로 크게 분류될 수 있다. 시장위험(market risk)은 금융자산과 부채의 가치가 변동함으로써 발생하며 미결제 포지션의 가치변동으로 측정된다. 이러한 시장위험에는 금리위험, 환율위험, 주가위험, 원유와 같은 상품가격 변동위험 등이 포함된다.

① 금리변동위험은 예상치 못한 금리변동에 이해 금융기관·기업의 자산 및 부채가치가 변하게 될 위험을 의미한다.

② 환율변동위험은 금융기관이나 기업이 환율변동으로 인해 손실을 입게 될 위험을 의미한다.

③ 신용위험은 거래상대방이 계약의무의 이행을 거부하거나 이행할 수 없을 경우에 발생하는 위험으로 금융기관의 입장에서는 보유하고 있는 대출자산이나 유가증권 등으로부터 예상되는 현금흐름이 계약대로 지불되지 않을 가능성을 의미한다.

④ 유동성위험은 예금자나 채권보유자들이 금융기관에 즉각적인 인출요구나 현금화를 요구할 때 발생하는 위험으로, 통상적인 경우에 금융이관은 이러한 인출요구에 대비하여 일정한 현금흐름(예: 지불준비금)을 유지함으로써 이러한 위험에 대처할 수 있다.

⑤ 운영위험은 부적절하거나 실패한 내부절차와 직원 및 시스템 등으로 인해 직·간접적인 손실이 발생하는 위험으로 정의된다.

⑤ 국가위험은 해당 국가의 신용도와 연관되어 있는 위험으로 국가프리미엄으로 측정될 수 있다. 특정 국가의 신용등급은 그 나라가 해외채무를 이행할 능력과 의사가 얼마나 있는지를 등급으로 표시한 것으로 국제금융시장에서 차입금리나 투자여

건을 판단하는 기준이 된다.

⑥ 리스크관리는 조직이나 회사가 직면한 리스크의 파악에서부터 시작해 이 리스크가 잠재적으로 미치는 재무적 영향, 가용자원 및 필요성에 따라 리스크를 어떻게 회피하거나 최소화 또는 이전시킬지 그리고 어느 정도 감수할지에 대한 의사결정 등 리스크과 관련된 다양한 측면들을 포괄하고 있기 때문에 리스크관리를 정의하는 것은 어려운 일이다.

예를 들면, 리스크관리는 '모든 유형의 리스크들을 정의하고 측정 및 평가하는 틀(framework)'을 의미하기도 하고, '포트폴리오의 수준과 구성을 결정하기 위한 규칙', '리스크를 감당하기 위해 자본을 측정 및 평가하고 할당하는 데 사용되는 방법론', '투자 의사결정을 둘러싼 철학', 또는 '조직이나 회사 전체의 리스크를 관리하는 과정' 등을 의미할 수도 있다. 이러한 금융기관의 위험성 관리 방법 중 하나로는 자기자본제도가 있다.

2) 자기자본 제도 개요

BIS 자기자본규제 제도는 금융기관의 건전성과 안정성을 측정하기 위해 세계 중앙은행 협의기구인 국제결제은행(Bank for International Settlement, BIS)이 제정한 지표로서, 위험가중자산에 대한 자기자본비율이 8%를 넘도록 권고한 일종의 건전성 지표이다. 이러한 자기자본규제 제도는 신용리스크의 효율적인 관리와 국제업무를 영위하는 은행 간 형평성 확보를 위해 1988년부터 시행하고 있다.

우리나라는 1992년 7월 경영지도기준의 하나로 BIS자기자본비율을 도입하였고 2002년 1월부터는 시장리스크를 BIS비율 산출하는 제도가 운영 중이다.

2 ┊ 수익률

1) 위험과 기대 수익률

투자자들은 미래의 투자 수익을 극대화시킬 수 있는 최적의 투자 결정을 원한다. 이 때, 투자대상이 되는 증권의 가치는 다음과 같이 두 요인, 즉 투자로부터 예상되는 기대수익률과 그 예상수익률에 대한 위험에 의하여 결정된다.

$$V=(R,\sigma)$$

$V=$ 증권의 가치 $R=$ 예상수익률 $\sigma=$투자의 위험

최적의 투자결정을 위해서는 무엇보다도 투자의 기대수익률과 위험을 계량적으로 측정할 필요가 있다. 투자 대상이 되는 증권의 기대수익률과 위험에 대한 측정이 가능하다면 수많은 투자 대상들 중에서, 예상되는 기대수익률이 같은 것들 가운데 위험이 가장 작은 투자대상을 선택하거나, 혹은 예상 위험이 같은 투자대상 중에서는 기대수익률이 가장 큰 것을 선택함으로써 최적의 투자의사결정을 할 수 있을 것이다.

그러면 주식투자에 있어서 위험과 기대 수익률은 어떤 것인지 살펴보도록 하자.

먼저 기대수익률이란 특정 투자로부터 장래에 발생하게 될 불확실한 여러 가지 가격변동가능성을 투자시점의 투자가치와 비교하여 평균적인 증가분으로 나타낸 수치를 말한다.

즉, 미래에 발생 가능한 여러 수익률 수준에 대응되는 확률을 가중치로 사용하여 평균치로 나타낸 지표로서, 투자안 평가에 있어서 가장 기본적인 고려대상이 된다. 투자위험이란 투자(투기를 포함)수익이 갖는 위험, 즉 불확실성, 좀 더 구체적으로 말한다면 투자수익률이 그 기대치로부터 괴리되는 정도를 말한다.

2) 위험과 기대 수익률의 관계

위험－수익률 보상관계(risk－return tradeoff)는 일반적으로 투자자들은 위험을 싫어하고 위험을 회피하고자 한다. 만약 투자자들이 위험이 많은 투자대상에 투자할 경우에는 그 위험에 대한 적절한 보상을 요구하게 된다.

결과적으로 위험 수준이 높은 증권(high－risk assets)은 투자자들로 하여금 그 증권을 구매하도록 유인하기 위해 높은 기대수익률을 제공하게 된다.

그러므로, 위험 수준이 높은 증권의 기대수익률은 위험 수준이 낮은 증권의 기대수익률보다 높게 된다.

예를 들어, 국가가 발행하는 채권인 국채는 위험이 전혀 없는 무위험자산(risk－free asset)으로 볼 수 있으며, 회사채는 국채보다 위험하며, 회사채보다는 우선주가, 우선주보다는 보통주가 더 위험하다.

따라서, 기대수익률은 개별증권의 위험수준과 비례하여 '국채＜회사채＜우선주＜보통주' 순으로 높아지게 된다. 국채와 같은 무위험자산에 대한 기대수익률을 특

별히 무위험 이자율(risk-free interest rate)이라고 부른다.

이러한 기대수익률과 위험과의 관계를 위험-수익률 보상관계라고 부르며, 다음의 식과 같이 나타낼 수 있다. 따라서, 모든 증권의 기대수익률은 시간에 대한 보상인 무위험이자율과 그 증권이 갖는 위험에 대한 보상률(risk premium)을 합한 것이다. 위험이 높은 증권일수록 투자자들은 높은 위험보상률을 요구하게 되므로 기대수익률이 높아지게 되며, 다음의 그림과 같이 '위험-수익률 보상관계' 나타낼 수 있다.

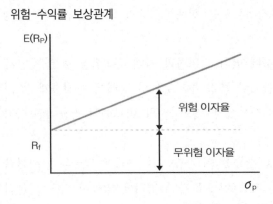

위험-수익률 보상관계

3 : 기업의 위험관리

오늘날 대부분의 기업들은 다양한 유형의 위험에 노출되어 있는데 그 중에서도 조사에 따르면 금리위험과 환위험에 가장 높게 노출되어 있다.

최근 특히 시장이 통합되고 글로벌화 되면서 위험관리는 더욱 중요해지고 있고 국제통화기금(IMF)의 금융지원을 받은 뼈아픈 경험은 한국 기업들에 위험에 대한 개념과 위험관리 능력의 중요성을 깨닫게 해준 계기가 됐다.

기업경영에서 위험을 완전히 배제할 수는 없으며 위험을 회피하는 것이 항상 바람직한 것도 아니다. 위험이 없으면 기회도 없다.

그러나 경제 주체들은 각자의 상황이 어떤 위험을 내포하고 있는지 파악하고 이에 대처할 준비를 하고 있어야만 기회가 왔을 때 최대한 활용을 할 수 있고 위기가 왔을 때는 지혜롭게 극복할 수 있을 것이다.

위험관리를 체계적으로 실행하기 위해선 먼저 기업이 당면한 위험의 요인과 위험에 노출된 정도를 파악하는 것이 중요하다. 위험 노출 정도가 낮다고 판단되면 영업에서 보다 과감한 전략을 취할 수 있으며 과다한 위험을 안게 됐다고 판단될 때는 위험관리 기법을 활용해 위험을 감당할 만한 수준으로 낮추는 경영 전략을 구사해야할 것이다.

위험들을 관리할 수 있는 다양한 파생상품들이 도입되었다. 통화선물, 주식가격위험, 금리위험, 상품가격위험, 환위험, 신용위험 등을 관리할 수 있는 다양한 유형의 선도, 선물, 옵션, 스왑계약이 개발됨으로써 파생상품시장이 크게 성장하였다. 단기적으로는 파생상품을 활용해 위험을 감소시킬 수 있다.

예를 들면 환율 변동 위험을 관리하기 위해 외환선물 또는 외환옵션을 활용한다든가 정유회사의 경우 원유선물을 매입해 원유 가격의 변동에 따른 위험을 관리하는 방안은 널리 알려져 있는 초보적 위험관리 기법이다.

장기적으로는 재무구조의 개선, 부채의 조건 조정 및 자금 조달 통화의 다변화등 재무 전략과 생산 기지의 재배치, 제품 구성의 재조정, 판매 전략 등 영업 전략을동시에 활용하는 방안을 고려할 수 있다.

차입 또는 회사채에 의한 자금 조달의 경우 만기가 얼마나 먼가, 금리가 변동인가 고정인가, 상환조건은 무엇인가, 조기상환이 허용되는가 등의 조건에 따라 위험노출 정도가 다르게 됨을 인식해야 한다.

기업의 위험관리도 경영활동의 하나이므로, 그 목표는 기업가치의 극대화여야한다. 위험을 없애는 것이 아닌 이유는 때로는 과도한 위험관리는 큰 비용을 유발시킴으로써 기업가치의 감소를 초래할 수도 있기 때문이다.

1) 위험관리(risk management)

기업경영에 있어 재무적 손실 가능성을 최소화하기 위한 최선의 방법을 모색하는 일련의 위험관리 방법을 말한다. 이는 손실의 원천을 확인하고, 손실발생의 재무적 영향을 평가하며 실제 손실과 그 재무적 영향을 통제함으로써 이루어진다.[1]

---

1 한국경제신문 용어사전, 2017.

2) 위험관리의 단계

위험관리는 4단계로 나뉜다. 1단계로 대부분의 기업은 금리위험, 환위험, 상품 가격위험 등에 노출 되는데 이 단계에서는 기업이 어떤 종류의 위험에 노출되어 있는지 확인하는 단계이다. 2단계는 위험을 측정하고 변화를 감시하는 단계이다.

이 단계에서는 민감도 위험측정치와 통계적 위험측정치를 사용해 위험을 계량화한다.

위험요인의 변화에 대한 포지션 가치의 변화를 의미하는 민감도 위험측정치는 주식의 위험을 측정하는 베타와 채권의 위험을 측정하는 듀레이션이 포함된다. 통계적 위험측정치는 통계에 기초한 위험측정치로서 표준편차와 분산을 대표적으로 사용한다.

3단계는 위험관리 기법을 선택하는 단계이고 4단계는 선택된 위험관리기법을 실행하고 평가하는 단계이다.

3) 위험관리 전략

기본적인 위험관리 전략에는 위험회피전략, 위험통제전략, 위험보유전략, 위험전가전략 이렇게 4가지가 있고 위험에 노출된 기업은 하나를 선택할 수 있다.

(1) 위험회피전략(risk avoidance strategy)

특정 위험에 노출될 확률이 높고 그리고 그 손실이 클 때 가장 효과적인 위험관리전략이다.

(2) 위험통제전략(risk control strategy)

손실의 가능성과 손실의 크기를 줄이고자 하는 전략이다. 대표적으로 원자재 구입처와 판매망을 다변화하는 등 집중을 피하고 분산시키는 것이다.

(3) 위험보유전략(risk retention strategy)

기업이 보유하고 있는 자산을 이용하여 위험을 흡수하고 이로부터 발생하는 손실을 자체적으로 부담하고자 하는 전략이다. 기업이 풍부한 유동성을 확보하게 되면 어느 정도의 위험을 부담하는 것이 가능해진다.

(4) 위험전가전략(risk transfer strategy)

위험을 제3자에게 전가시키고자 하는 전략이다. 이 방법에는 보험을 이용하는 방법과 자본시장에서 파생상품을 이용하는 방법인 헷지(hedge) 등으로 나누어 볼 수 있다.

4) 전략적 위험관리

기업이 사용할 수 있는 위험관리의 수단은 크게 실물 영업활동의 조정, 금융기법, 자본구조 변경 이렇게 세 가지로 구분할 수 있다. 이 방법들 중 하나만 사용해야 하는 것은 아니므로 이들을 적당히 조합하여 기업가치의 관점에서 최적의 방법을 찾아야 할 것이다.

이렇게 기업 전체의 관점에서 위험관리를 하는 것을 ERM(전사적 위험관리, Enterprise Risk Management)이라고 한다.

(1) 영업활동과 위험관리

영업활동의 조정을 통한 위험관리의 예로는 커다란 공장을 한 나라에 짓는 대신에 소규모 공장을 여러 나라에 분산시켜서 짓는 것이 있다. 이렇게 함으로써 한 나라의 경제나 정치적 영향을 덜 받게 된다.

그리고 기업이 자주 사용하는 방법으로는 정규직 직원 대신 임시직을 일부 사용함으로써 경기 변화에 신속하게 대응하는 것도 여기에 해당된다.

하지만 영업활동의 변경으로 인한 위험관리는 비용이 과도하게 많이 들기 때문에 항상 유연하게 변경할 수는 없다. 또 다른 나라에 공장을 짓는 의사결정은 새로운 환율 위험 헤지의 필요성을 만들 수도 있기 때문이다.

(2) 금융기법과 위험관리

최근 금융기법의 발전과 정보기술의 발전은 보다 저렴한 비용으로 위험관리를 가능하게 해준다. 금융시장은 금융 혁신을 통해 끊임없이 위험을 다룰 수 있는 금융상품을 개발하고 있다.

전통적인 보험 외에도 선물, 옵션 등의 다양한 파생상품들이 개발되어 좀 더 손쉽게 위험관리를 할 수 있게 해주고 있다. 환율이나 금융 위험들에 초점을 맞춰서 개발되어 있지만, 최근에는 신용위험이나 날씨위험 등의 비금융위험의 영역도 위험관리의 대상으로 확대되고 있다.

일반적으로 금융기법을 이용한 위험관리가 영업활동 조정을 통한 비용보다는 작은 비용을 발생시키지만, 거래가 활발히 되지 않는 금융상품의 경우에는 그 비용도 만만치 않게 들어간다.

(3) 자본구조와 위험관리

기업의 위험관리는 기업이 손실이 나지 않고 지속적인 영업을 할 수 있게 하고자 하는 것이다. 위험관리의 실패가 가져오는 기업가치의 하락은 대부분 재무상태가 좋지 않을 경우에 발생한다. 자기자본을 증가시켜 부채비율을 줄이며 파산비용이나 재무적 곤경비용 등을 줄일 수 있는 것이 여기에 해당된다.

이 방법에서는 부채를 이용해서 얻을 수 있는 세금 절약효과를 포기하는 비용이 든다. 또한 주식이 분산되는 결과를 가져 오면, 적절한 경영자 감시가 부족하게 되어, 경영자의 도덕적 해이문제를 증가시킬 수도 있기 때문이다.

5) 위험관리를 통한 기업가치 증가

(1) 세금감소와 기업가치 증가

기업은 위험을 관리함으로써 세금을 감소시킬 수 있고 이는 기업가치의 증가로 연결된다. 세금은 일반적으로 볼록함수의 형태를 띠고 있다고 말한다.

영업이 잘 안 되어 기업의 세전 이익이 음수일 경우에는 세금이 0이고, 이익이 양수가 되고 증가함에 따라, 양수의 세금이 부과된다.

세율 구조는 세전 소득이 증가함에 따라 기업에 적용되는 평균 세율이 증가하는 구조를 말한다. 세율은 일반적으로 일정 비율이지만, 일정 이익 이상이 되면 더 높은 세율이 부과된다.

동일한 평균 세전 이익이라고 하더라도, 이익이 작기도 하고 크기도 한 경우에는 계속 동일한 이익을 얻을 때와 비교해서 더 많은 세금을 내게 된다. 기업이 위험을 관리하여 현금흐름의 변동성을 감소시키면 세금을 줄일 수 있다.

(2) 재무적 곤경비용 감소와 기업가치 증가

기업은 위험관리를 통하여 재무적 곤경비용을 감소시킴으로써 기업 가치를 증가시킬 수 있다. 현금흐름의 변동성을 감소시킴으로써 기업이 재무적 곤경에 처할 가능성을 감소시킨다. 재무적 곤경확률이 낮아지면 재무적 곤경비용 또는 파산비용이 감소한다.

또 기업의 재무상태가 좋지 않을 경우에, 투자를 해야만 하는 투자안을 무시하거나, 반대로 투자해서는 안 되는 투자안에 투자를 하는 경우들이 발생할 수 있는데 이 두 경우 모두 재무곤경비용을 발생시키는 요인이 된다. 위험관리를 통해서 재무상태를 건전하게 유지한다면 이런 비용은 발생하지 않는다.

(3) 최적투자와 기업가치 증가

기업은 채권자와 주주간의 갈등을 감소시켜 기업의 가치를 증가시킬 수 있다. 기업이 재무적 곤경에 처하면 주주들은 순현가가 0보다 큰 투자안을 기각시키는 과소투자문제가 발생할 수도 있고 또는 순현가가 0보다 작더라도 위험이 큰 투자안을 선택하는 자산대체문제가 발생할 수 있다. 기업은 위험을 관리함으로써 재무적 곤경 위험을 줄일 수 있고, 이를 통해 과소투자문제와 자산대체문제로 인한 부채의 대리인비용을 감소시키고 최적투자를 유도하여 기업가치를 증가시킬 수 있다.

6) 위험관리의 비용

경영자의 경영활동의 일부인 위험관리는 언제든지 이익 추구를 위해서 변경될 수 있기 때문에 도덕적 해이문제에 노출되어 있다. 예를 들어 영업 실적이 떨어지는 것을 만회하기 위해 환율에 도박하는 경우처럼 경영자의 실적 개선을 위해서 위험관리 기능을 위험 증폭의 도구로 삼을 수도 있다. 위험관리를 외부에 위험을 전가하는 형태도 또 다른 형태의 도덕적 해이문제를 발생한다.

대표적으로 보험의 구매를 생각해보면, 기업은 손실 발생 시에 보험사가 그를 보상해 줄 것이므로, 위험을 줄이려는 노력을 덜하게 될 것이기 때문에 오히려 위험은 증가할 수 있다. 물론 이러한 가능성을 알고 있는 보험사는 이를 통제하기 위해 공동보험이나 자기 부담금, 경험 요율 등의 방법을 이용하게 된다.

기업가치 극대화에 목표를 둔 전략적 위험관리 혹은 ERM은 일반적으로 개별 위험관리에 초점을 두는 경우보다 효과적일 수 있다. 개별 위험은 서로 중복되거나 상쇄될 수 있기 때문에, 개별 위험을 따로 관리하는 것보다 전체를 통틀어서 한꺼번에 관리하는 것이 더 비용 효율적이기 때문이다.

하지만 통합된 위험은 그만큼 복잡한 구조를 띠게 되어, 이를 헷지하는 수단 역시 복잡한 계약의 형태를 띠게 될 것이고 이로 인해 계약에 따른 거래비용을 증가시킬 수 있다. 복잡한 금융상품은 거래가 잘 되지 않으므로, 위험관리 비용은 증가하고 실질적인 위험관리는 비효율적으로 진행될 수 있다.

또 이렇게 여러 위험이 혼합되면 개별 위험 자체의 중요성은 작아지거나, 개별 위험이 불투명해짐으로써, 개별 위험을 관리해야 하는 경영자의 도덕적 해이를 증가시킬 수 있다. 더욱 중요한 것은 위험관리는 기업 경영의 핵심이 아니라 기업의 핵심사업에 부수적으로 수행되어야 하는 것이다.

모든 영업활동의 위험을 관리한다고 해서 기업가치가 증가할 수는 없다. 위험관리의 핵심은 주어진 실물활동에 대해서, 그 결과의 불확실성을 줄이는 것이지, 무작정 위험을 줄이는 것은 아닌 것이다.

CHAPTER 14

──────── 경영전략과 기업가치

1 ⋮ 경영계획과 전략

전략(Strategy)의 어원인 그리스 'Strategos'는 적을 섬멸하기 위해 군대를 배치하고 이동시키는 용병술을 뜻한다.[1] 19세기의 전쟁이론가 클라우제비츠(Carl Von Clausewitz)는 '전략이란, 전쟁의 기본계획을 세우고 용병술을 통해 개별 군인들이 따르도록 하는 것'이라고 정의하고 있다.

비즈니스를 하는 사람들도 이런 식의 군사용어를 즐겨 사용해 왔다. 전쟁과 마찬가지로 비즈니스 세계에서도 제한된 인적·물적 자원을 활용하여 목표를 달성하고 이익을 방어하는 방법론으로써 '전략'의 개념이 필요했기 때문이다.

그렇다면 과연 전략이란 무엇인가? 전략(Strategy)은 차별화를 통해 경쟁자를 이길 수 있는 '우위'를 창조하려는 계획이다. 전략이란 우리가 현재 무엇을 하고 있고 무엇을 목표로 하고 있으며, 그 목표를 위해 어떤 계획을 가져야 하는지를 이해하는 것이다. 명확한 목표와 방향이 제시됨으로써 참여자들이 자발적으로 각자의 일을 정의하고 달성하려는 의지를 가질 수 있어야만 '좋은 전략'이라 할 수 있다.

회사의 다른 모든 운영요소들과 마찬가지로, 전략의 수립과 실행에도 프로세스적 접근이 필요하다. 전략은 회사의 미션으로부터 시작한다. '미션'이란 회사의 존립 목적, 그리고 고객 및 주주들에게 주고자 하는 가치를 정의하는 것이다. 경영진은 주어진 미션으로부터 목표를 설정하게 된다. 미션이 추상적인 것이라면 '목표'는 과정을 측정할 수 있는 구체적인 것이다. 목표는 내부조직의 역량에 근거해야 하지만, 시장의 위협이나 기회 등 외부환경에 의해서도 제약된다.

──────────

1 Harvard business school publishing corporation, Harvard Business Essentials, 웅진윙스, 2007, p.9.

경영전략

경영전략은 기업이 미래에 수행해야 할 방향을 정하는 것이다. 즉, 기업이 추구하고 있는 경영의 목적을 달성하기 위한 모든 방법 및 기업의 내·외부의 환경변화에 대한 전체적인 경영활동을 계획적으로 적용시키기 위한 기업의 방침을 말한다.[2]

(1) 전략으로 미래를 만든다

기업이 어떤 방향으로 나가야 하는지, 그것을 실현시키기 위한 방법은 무엇인지를 결정하는 전략이다. 예를 들어 항해하는 배가 나침반 없이 항해할 수 없는 것처럼, 전략이 없는 기업은 있을 수 없으며, 전략이 없는 기업은 망할 수밖에 없다.

또한 아무리 훌륭한 전략이 있다 하더라도 그 전략을 실행하는 실천이 없으면 성과는 "0"으로서 "전략×실행＝성과"라는 등식이 성립된다. 그렇기 때문에 전략은 반드시 "최고경영자의 의지가 담긴 포괄적인 계획"이 되어야 한다.

(2) 전략목표를 위한 과정 확인

① 조직의 궁극적인 목표 확인
② 조직의 여건 분석
③ 가능한 대안 선택

예를 들면 경영자의 장기적이며 궁극적인 전망이 "인류의 질병으로부터의 해방"이라고 한다면, 이것을 달성하기 위해서는 암을 정복하는 것이 그 목표가 되는 것이며, 이를 위해 그 기업이 처해 있는 환경 분석으로는 외부환경으로 선진국 제약회사의 기술수준에 도달해야 하는 것이다. 그런데 자사의 기술능력은 선진국 제약회사에 비해 약 2년 정도 뒤지는 것으로 평가되었다면, 그 기업의 경영전략은 "모든 조직의 힘을 투입해 앞으로 5년 이내에 암 정복 치료제를 개발하기로 하는 것"이다.

---

2 박남규, 전략적 사고(Strategic Thinking), 트라일러 & 컴퍼니, 2007, p.38.

(3) 구성원들에게 회사의 전략을 알리자

① 전략은 목표관리와 융합되어야 하는데, 목표관리라고 하면 경영자가 부하와 협의하여 활동 목표를 정하고, 그 활동목표에 따라 부하의 실적을 평가하는 제도를 목표관리이다.

② 전략을 실행하는 방법으로는 조직구조의 변경, 급여와 상여시스템 활용, 기업문화의 재점검, 교육훈련 실시 등이 있다.

③ 경영전략도 환경에 적응하는 것으로써 이를 과잉적응 하면 실패할 수도 있다.

일본의 시세이도 화장품회사[3]

"시세이도"라는 회사는 화장품을 사용하는 분은 누구나 알 수 있는 유명회사로서 지금도 일본 화장품 시장의 선두그룹 메이커이지만 시장 환경에 과잉 적응함으로써 실패한 사례가 있다.

이 회사는 소비자의 제품 반응을 조사하여 소비자의 요구를 반영한 신제품을 시장에 계속적으로 내 놓았다. 신제품을 개발하여 제품을 출시하는 데 많은 시간과 비용 그리고 많은 연구 인력을 투입하여 신제품을 출시하였지만 회사의 매출액은 증가하지 않고 현상 유지 또는 오히려 감소하였다고 한다.

회사에서는 이러한 원인을 분석한 결과, 소비자는 신제품이 너무나 빨리 시장에 나오기 때문에 제품에 대한 신뢰감이 떨어지는 현상이 나타나게 되어 소비자는 그 회사의 제품을 구입하기를 꺼리는 기현상이 나타났었다고 한다.

이와 같이 시장 환경에 적응하는 것도 너무나 지나치게 되면, 기업은 비용을 투입하면서도 매출이 증가하지 못하는 비경제적인 일이 발생할 수 있다는 것을 보여준 사례이다.

---

3 화장품, 향수, 헤어케어 등의 브랜드. Shiseido Company., Ltd. 본사는 일본 도쿄에 소재.
  데이비드 누난, 이솝경영학, 세종서적, 2006, pp.107-108.

2 : 전략의 수립

　　전략의 수립은, 지속적인 성공을 위해 우리 회사가 가장 우선적으로 다루어야 할 핵심 이슈들에 관하여 집중적으로 연구하고 분석하는 것으로 시작된다. 핵심 이슈의 처리를 위해 먼저 부문, 팀 등의 단위조직이 대략적인 실행계획을 수립하게 되고, 이 실행계획들을 통해 회사 전체의 전략적 목표와 방향은 보다 명확해진다.

　　전략의 수립은 충분한 시간이 필요한 작업이다. 최고경영자로부터 부서의 실무자에 이르기까지 전체 구성원의 원활한 의사소통이 반드시 필요하다. 조직의 모든 구성원들이 토론과 조사에 참여함으로써 전략은 보다 정교해진다. 전략 수립의 과정에서 일선조직의 참여는 반드시 필요하다.

　　현장경험이 축적된 각 실무부서는 경쟁우위를 달성하는 방법과 자신의 역량 수준을 누구보다 잘 알고 있을 것이다.

　　전략을 직접 실행하는 주제가 전략의 수립에 참여함으로써 회사가 무엇을 해야 하고 또 어떤 방향으로 나아가야 하는지 보다 분명해질 수 있다. 전략의 실행 주체가 전략수립 과정에 참여한다면 실행력 또한 향상될 것이다. 각 실무부서(Unit)들은 전략을 실행하는 주체이다. 또한 전략을 실행하는 데 필요한 리더십, 사람 그리고 기술을 보유한 단위이다.[4] 전략을 수립하는 단위는 세분화할수록 더 좋은 성과를 기대할 수 있다. 각 부문이 처한 현실은 그곳에 속한 이들이 누구보다 더 잘 알고 있기 때문이다.

　　따라서 최고 경영자와 각 부문별 관리자는 전사적 전략과 부문별 전략의 수립을 효과적으로 연계함으로써 전략을 성공적으로 실행하는 것이 가능하다.

1) SWOT 분석

　　SWOT은 Strength(강점), Weakness(약점), Opportunities(기회), Threat(위협)을 뜻한다.

　　강점: 회사 전체나 부문, 팀의 목표 달성에 적합한 역량

　　약점: 목표 달성을 방해하는 모든 장애요소

---

4 Harvard business school publishing corporation, 앞의 책, pp.9－19.

기회: 활용해야 할 시장의 동향, 세력, 사건, 아이디어

위협: 대비해야 할 외부의 통제 불가능한 사건, 세력

사업이나 조직이 원하는 미래의 비전을 달성하려면 반드시 내외부의 환경을 동시에 고려해야 한다. 마이클 포터 교수는 '경쟁전략'의 본질을 '회사와 그 회사가 처한 환경을 연관짓는 것'이라 정의하였다.[5] 모든 기업의 '외부환경'은 고객, 경영자, 공급자, 규제 등 다양한 요소들로 이루어져 있다. 그리고 이 모든 요소들은 회사의 잠재적 이익과 관련이 있다.

2) 일과 삶의 패러다임 변화

어느 업종에서건 사람들의 일과 삶이 변화하는 흐름은 기업의 미래에 많은 영향을 준다. 예를 들어 인터넷 쇼핑, 연구, 여행준비, 자산관리 등을 더 빠르고 편리하게 변모시키고 있다. 인터넷 환경이 우리 회사에게는 기회가 될 것인가 위기가 될 것인가. 변화는 기업들에게 새로운 전략의 수립을 요구하고 있다.

우리는 민간 리서치 업체나 정부의 각종조사기관 등 다양한 보고서를 항상 곁에 두고 세상의 변화를 주시해야 한다. 변화에 대한 이해도가 클수록 장차 큰 위협이 될 요인으로부터의 영향을 최소화할 수 있을 것이다.

3) 마이클 포터의 5-Force 프레임 이론

경쟁 환경에 관한 마이클 포터 교수의 '5-Force 이론'을 살펴보자. 5-Force 이론은 1979년에 <하버드 비즈니스 리뷰>에 소개된 '전략을 형성하는 경쟁요소들(How Competitive Force Shape Strategy)'이라는 글에서 처음 소개되었으며, 현재에 이르기까지 경쟁상황과 그 저변의 경제학적 현상을 이해하는 도구로 널리 활용되고 있다.

이 이론은 전략 수립가들로 하여금 동종 업계의 직접적인 경쟁자들뿐 아니라 잠재적으로 자산의 성장과 수익성에 영향을 줄 수 있는 다른 요소들까지 볼 수 있도록 해준다. 포터 교수는 '경쟁을 지배하는 힘(Forces)'들을 다음과 같이 정의하였다.

---

5 이기문, 글로벌 기업의 경영전략, 2006, 도솔, p.47.

① 시장의 신규 진입자의 위협(Threat of new entrants)

② 공급자의 교섭력(Bargaining Power of suppliers)

③ 기존 경쟁자들의 선두경쟁

(The Industry Jockeying for position among current competitors)

④ 고객의 교섭력(Bargaining power of customers)

⑤ 대체재의 위협(Threat of substitute products or services)

포터 교수는 '5-Forcer 간의 조합'에 의해 회사의 잠재이익 수준이 결정된다고 주장하였다. 업종마다 각 힘의 크기가 다를 것이므로 잠재이익의 수준도 차이가 날 것이다.

예를 들어, 최근에는 통신 분야의 이익이 갈수록 줄어들고 있는데, 기존의 통신 사업자들과 신규사업자들 간의 과도한 경쟁에 그 원인이 있다. 새로운 시장 진입자들은 낮은 가격과 새로운 부가서비스의 제공을 통해 기존 업체의 고객들을 이탈시키고 있다. 통신업체와 서비스가 다양하므로 고객들의 입장에서는 '갈아타기'가 매우 쉽다.

유선전화, 무선전화, 이메일, 문자 및 음성메시지, 인터넷폰 등 다양한 서비스들이 존재하기 때문에 선택의 폭이 넓고 제공업체도 많다. 그 와중에도 기술은 계속 발전하기 때문에 기존 사업자들도 지속적으로 기술투자를 할 수밖에 없는 상황에 처해 있다.[6]

4) 핵심역량

핵심역량은 전략을 달성하기 위한 잠재력이라 할 수 있다. 여기서 핵심역량 (Core Competency)이란, 회사가 뛰어난 성과를 보이고 있는 영역의 전문성 혹은 기술을 의미한다. 예를 들어 소니(Sony)의 핵심역량 중의 하나는 창의적인 제품 디자인과 전자회로 기술이다.

5) 재무적 상황

새로운 전략이 내부역량에 많이 의존하고 있다면 반드시 회사의 재무적 역량을

---

6 Michael E. Porter, 경쟁론, 세종연구원, 2001, pp.44-45.

파악하는 것이 좋을 것이다. 만약 신규 전략의 전제가 대규모 자산을 구입하거나 다른 회사를 인수해야 하는 것이라면, 그 전략은 실행하는 데 매우 많은 돈이 필요할 것이다.

6) 경영방식과 기업문화

약진을 위해 새로운 전략을 수립하고자 할 때 경영방식과 조직문화의 변화가 필연적임을 깨달을 필요가 있다. 예를 들어, GM(General Motors)은 아시아의 경쟁자들이 치명적인 위협이 되리라는 사실을 깨닫는 데 많은 시간이 걸렸다. 뒤늦게 그 위협을 깨닫고 대책마련을 시작했지만 그마저도 곧 난관에 부딪히게 되었다. 정도의 차이만 있을 뿐 모든 회사들은 '환경에 대처하는 유연성'에 있어 많은 어려움을 겪고 있다.

오랜 시간에 걸쳐 형성된 경영방식과 조직문화는 현재의 전략에 걸맞는 모습을 갖추고 있을 것이다. 하지만, 전략이 전혀 새로운 것이어야 한다면 현재의 경영방식과 조직문화는 오히려 핸디캡이 된다.[7] 그렇다면 내부역량을 제대로 평가하는 방법은 무엇인가?

7) 내부역량의 강점과 약점을 평가하는 방법

① **단계 1:** 가장 분석력이 좋은 사람을 진행자로 선택한다.
② **단계 2:** SWOT분석에 능하되 회사 내의 각기 다른 분야에서 일하고 있는 사람들을 골라 SWOT팀을 만든다.
③ **단계 3:** 회사 혹은 사업부, 팀 단위 등에서 확보하고 있는 강점에 대해서 브레인스토밍을 실시한다.
④ **단계 4:** 참가자들이 제시하는 모든 제안마다 각각 하나의 차트에 정리한다.
⑤ **단계 5:** 아이디어를 통합하고 차트를 벽에 붙인다.
⑥ **단계 6:** 각각의 아이디어를 명확히 정의한다.
⑦ **단계 7:** 최상의 강점 3가지를 정한다.
⑧ **단계 8:** 회사의 강점을 간단하게 요약한다.
⑨ **단계 9:** 회사의 약점에 대해서도 단계 2에서 6까지의 과정을 반복한다.

---

7 김경준, 위대한 기업, 로마에서 배운다, 원앤원북스, 2006.

3 ┊ 전략유형과 전략실행

전략의 유형

경영전략과 관련된 많은 서적들을 살펴보면, 원가우위 전략, 제품·서비스 차별화 전략, 고객관계 전략, 그리고 네트워크 효과 전략이다.

(1) 원가우위 전략

원가우위 전략은 현재까지도 많은 기업에 성공을 가져다주는 전략이 되고 있다. 1950년대와 1960년대에 미국에서는 코베트(E. J. Kovette), 그리고 이보다 나중에 등장한 K마트가 전통적인 소매점과 백화점을 누르고 미국 소매시장의 대부분을 점유하였다. 그들의 성공요인은 더 싼 가격으로 상품을 공급하는 것이었다. 또한 그들은 경쟁자인 기존 소매점과 백화점보다 낮은 가격을 지속적으로 유지하기 위해 꾸준히 역량을 개발하였다.

그러나 이후 등장한 Walmart와 Target은 이들보다 더 효율적인 운영을 통해 더 낮은 상품가격을 제공할 수 있었다. 그 결과 초기의 할인점들 역시 시장에서 퇴출되기에 이른 것이다.

BI Intelligence 분석에 따르면, Amazon이 드론 배송에 가장 적극적이지만, 효율성 측면에서는 오히려 Walmart와 Target이 드론 배송의 최대 수혜자가 될 수 있다는 분석이 나왔다. 즉, Amazon에 밀려 전자상거래 분야에서는 미약하지만, 드론의 배송 거리를 감안하면 오히려 촘촘한 매장 네트워크를 통해 드론 배송에서는 Amazon에 우위를 점할 수 있다는 것이다.[8]

(2) 원가우위 전략의 지속적 유지

운영효율성의 지속적 개선: 일본 기업들은 생산의 효율성을 극대화시키기 위해 '카이젠(kaizen)'이라는 지속적인 프로세스 개선법을 고안하였다. 카이센은 창고에서 물건을 나르는 사람으로부터 최고경영자에 이르기까지 전 직원들이 각자 맡은 일을 '끊임없이' 향상시키도록 하는 것이다.

---

8 로버트 브래드포트·피터 던컨, 전략노트, 비즈니스북스, 2005, pp.72-74.

(3) 학습곡선의 적극적 활용

사람들은 같은 일을 반복적으로 할 경우 시간이 지남에 따라 그 일을 더 빠르고 정확하게 할 수 있는 능력을 가지게 된다. 심장수술의 경우 처음에는 8시간 걸리던 것이 점차 숙달됨에 따라 4시간, 그리고 2시간까지 단축된 예가 있다. 생산 분야에서도 마찬가지로 관리자나 생산직을 불문하고 모두에게는 이러한 학습능력이 있다.

(4) 안정적인 공급망의 구축

델 컴퓨터의 PC유통 방식은 누구나 익히 알고 있다. 델컴퓨터는 유통의 중간 단계를 모두 없애고 주문을 받은 후 고객에게 직배송한다. 주문이 들어온 후에 조립을 시작하므로 완성품 재고가 없다. 이 회사의 공급망은 부품공급자, 조립라인, 그리고 물류를 담당하는 UPS(United Parcel Service)업체를 실시간으로 연결하는 전산시스템으로 관리되고 있다.

따라서 주문이 들어오는 순간, 어떤 부품을 공급해서 언제 고객의 집 앞까지 배달할 것인지에 관한 계획이 수립된다. 이로써 주문 후 배송기간을 1주일 이내로 단축시켰고, 중간 마진과 재고비용도 없으므로 원가경쟁력 또한 확보할 수 있었다.

월마트도 델컴퓨터와 마찬가지로 효율적인 유통망 구축으로 원가경쟁 우위에 있는 회사 중 하나이다.9

(5) 제품의 재디자인

대규모 원가절감은 제품의 재디자인(Re-Design)에 의해서 종종 달성된다. 스위스의 전자부품 및 시계제조 업체인 SMH(Societe Microme Caniqueet Horlogere)는 기존의 제조방식에 비해 훨씬 낮은 원가구조를 갖는 플라스틱 소재의 시계를 개발하였다. 대량생산이 가능하면서도 디자인과 품질은 여전히 뛰어난 Quartz방식의 시계를 만들어 낸 것이다.

이를 통해 탄생한 브랜드가 바로 '스와치(Swatch)'이다. SMH의 이러한 디자인 혁신은 저가 시계 위주의 경쟁업체들이 즐비한 아시아 시장에서조차 시장을 지배할

---

9 Harvard business school publishing corporation, 앞의 책, p.56.

수 있게 하였다.

(6) 차별화 전략

원가우위 전략을 포함한 모든 전략의 승패는 아마도 차별화 전략(Differentiation)에 달려 있을 것이다. "그 어떤 항공사보다 여러분을 저렴하게 모시겠습니다." "우리는 싸게 팔지 않겠습니다." 등은 차별화를 앞세운 문구들이다. 많은 회사들은 가격차별화뿐만 아니라 고객 가치에 대한 질적인 차별화도 추구한다.

(7) 고객관계 전략

카메라나 광각렌즈를 가장 싸게 사려면 이마트나 홈플러스 같은 할인마트에 가야 한다는 것은 누구나 아는 사실이다. 필름 구입이나 필름의 현상도 할인마트에서 가장 저렴하게 할 수 있다. 그럼에도 불구하고 많은 사람들은 카메라나 관련 액세서리, 그리고 필름을 구입하려고 할 때마다 여전히 작은 단골 상점을 이용하고 있다.

그 원인은 다음과 같다. 고객이 상점 주인이나 종업원들과의 관계에 더 많은 가치를 부여하기 때문이다. 이러한 관계형성에는 여러 가지 유형이 있다. 판매자가 지인인 경우, 상품의 사용법·단점과 함께 여러 가지 다른 옵션에 대해서도 설명을 잘해주는 경우 등이다. 온라인 쇼핑몰이나 대형할인점처럼 오로지 단순거래만을 제공하는 경우에는 '관계'와 같은 질적인 측면의 이점을 가지기가 힘들다.

(8) 네트워크 효과 전략

19세기 후반에 전화 서비스가 처음 등장했을 때만 해도 전화기를 구입하는 사람은 별로 없었다. 이미 전화기를 가진 소수의 사람에게만 전화를 할 수 있었기 때문이다. 그러나 전화기를 보유한 가정, 상점, 사무실의 수가 늘어남에 따라 전화를 이용하는 사람의 수도 기하급수적으로 늘어났다. 이런 현상을 '네트워크 효과(Network Effect)'라고 한다.[10]

제품이 많이 팔리면 팔릴수록, 그리고 제품을 가진사람들이 서로 네트워크를 형성

---

10 Harvard business school publishing corporation, 앞의 책, p.341.

하면 할수록 제품의 가치도 상승하는 효과이다. 우리나라의 경우 '싸이월드(Cyworld)'가 대표적이다. 많은 사람들이 싸이월드 미니홈피를 개설할수록 그 파급효과는 기하급수적으로 커지는 것이다.

싸이월드가 다른 사람들의 삶을 들여다보고 싶어 하는 사람의 심리를 이용하고 또한, 자신을 효과적으로 홍보할 수 있는 콘텐츠가 되자, 이어서 카메라의 수요도 동시에 늘어나는 등 싸이월드가 일으킨 파급효과는 돌풍적이였다.

네트워크 효과는 지금까지도 매우 신선하게 느껴지는 전략이다. 아마도 오늘날 네트워크 전략을 가장 잘 활용하고 있는 회사는 이베이일 것이다. 이베이는, 창립자인 피에르 오미디아(Pierre Omidyar)가 개발한 온라인 소프트웨어와 운영시스템을 통하여 이용자들이 사용하던 중고제품이나 새 제품을 등록, 경매할 수 있도록 해주는 서비스이다.

처음에는 창립자가 그저 취미 삼아 운영하는 서비스에 불과했지만 얼마 지나지 않아 당시의 다른 온라인 경매업체들을 제치고 이베이는 가장 유명한 경매 싸이트로 성장하게 되었다.[11] 지금까지 가장 일반적인 4가지 전략을 알아보았다. 이 전략들을 기초로 각자 자신의 상황에 맞게 활용한다면 틀림없이 성공할 수 있을 것이다.

4 : 전략의 수립과 실행

전략의 수립은 전략의 실행에 비하면 아주 작은 일에 불과하다. 실행에 역량이 집중되지 못한 전략은 허풍일 뿐이다. 전략 실행(Implementation)은 전략적인 의도가 구체적 행동으로 바뀌는 정도를 측정하는 척도이다.

전략 실행은, 실행 단위의 모든 요소와 직원들에 대해서 경영자의 끊임없는 관심을 요구한다. 전략의 수립은 기업가적 사고와 시장중심의 사고에 의해 탄생하지만, 전략의 실행은 회사의 운영 프로세스에 집중함으로써 진행된다. 탁월한 실행력은 적절한 전략 수립 못지않은 반대급부를 가져다 줄 수 있다. 전략 실행은 전략의 핵심적인 요소이다.

---

11 로버트 브래드포트·피터 던컨, 앞의 책, p.60.

1) 전략 실행을 위한 정렬

전략의 실행을 위해 정렬되어야 하는 요소는 사람(직원), 인센티브, 지원활동, 조직구조, 문화, 그리고 리더십 등으로 구성된다. 성공적인 전략의 실행을 위해서는 이러한 요소들이 효과적으로 정렬될 필요가 있다.

2) 인적자원과 인센티브

회사의 모든 구성원들은 전략의 실행에 빠짐없이 관여되어 있어야 한다. 경영진과 고급관리자들은 중간관리자 및 전 직원들과 함께 회사의 전략 방향에 대해 끊임없이 소통해야 한다. 또한 사람측면의 전략 실행력을 높이는 문제에 있어 인센티브는 매우 중요한 요소 중 하나이다. 어쩌면 가장 중요한 요소일 수도 있다. 전략을 실행하는 주체는 사람이다.

전략 실행에 있어 가장 확실한 성공조건은 '보상'이다. 회사의 보상 시스템이 전략의 실행과 연계해야 함은 당연하다. 물론 이렇게 하기 위해서는 명확하고 측정 가능한 목표에 대한 정의가 전제되어야 한다.

3) 전략 지원활동

인적 자원이 제대로 전략과 정렬되지 못하여 전략 실행에 실패하는 경우는 비일비재하다. 평소에 우리가 별로 중요하게 여기지 않은 활동들도 때로는 전략 실행에 매우 중요한 요소가 될 수 있다. 하버드 대학의 데이비드 콜리스 교수와 신시아 몽고메리 교수는 이렇게 말한다.

"전사적 차원에서의 전략이란, 상호의존적인 각 부분들이 작동하는 방식을 시스템화한 것이다." 전략의 성공에 있어 한 개인이나 부서 단위의 성과도 물론 중요하지만, 한 요소가 다른 요소의성과에 어떻게 영향을 미치는 구조인가가 더 중요하다. 마이클 포터 교수는, 서로 관련이 없어 보이는 활동들로 서로 영향을 주어 성공을 견인할 수 있다는 점을 사우스웨스트 항공의 사례를 들어 설명하고 있다. 사우스웨스트의 전략은 한마디로, '낮은 원가와 높은 운항 빈도'로 요약할 수 있다.[12]

---

12 Michael E. Porter, 앞의 책, pp.233−244.

4) 조직구조

사람, 자원, 그리고 조직구조 등이 모두 전략을 위해 정렬되어 있어야 한다. 회사의 전략은 각각의 팀의 목표도 부여했을 것이다. 그 목표를 달성하는 것이 곧 회사의 전략에 기여하는 것이다. 그렇다면 팀들은 회사의 전략을 달성하는 데 적합하도록 조직되어 있는가를 스스로에게 물어야 할 것이다.13

5) 조직문화와 리더십

문화와 리더십은 전략의 실행력을 제고할 때 마지막으로 고려되어야 할 사항이다. 문화와 리더십은 전략 실행을 위한 '일상'의 활동을 지원하기 때문이다.

6) 실행계획 수립(전략 실행의 구조)

전사적 전략의 성공적인 실행은 조직 단위의 구체적 실행계획(Action Plan)으로 달성될 수 있다. 단, 실행계획은 달성하고자 하는 전략목표를 확실하게 명시해야 하며, 실현 가능한 현실적인 진행 단계에 근거해야 한다. 또한 각 단계의 측정방법이 정의되어 있어야 하며, 필요한 자원의 확보 및 진행상황의 관리가 철저히 이루어져야 한다.

실행계획은 전략계획과 전략의 실행을 서로 연결시켜 주는 부분이다. 실행계획에서는 대개 중간관리자의 관리가 매우 중요한 의미를 가진다.

7) 전사적 전략 계획에서 부문조직의 실행계획까지

PBC(Pedalpower Bicycle Company)라는 회사가 있는데, 이들은 독과점 없이 고도로 분화된 북미의 자전거 시장에서 매출을 늘리기 위해 새로운 전략을 수립하였다. 출퇴근 및 생활용 자전거이면서도 고급스러움을 지향하는, 이익이 매우 많이 발생하는 자전거 시장을 목표시장으로 잡고, 자전거로 여가를 즐기거나 심부름, 출퇴근을 위해 자전거를 이용하되 품질에 매우 민감한 성인층을 목표고객으로 잡았다.

PBC는 이 전략에 따라 펑크가 잘 나지 않는 광폭타이어와 바지에 오일이 묻는

---

13 로버트 브래드포트·피터 던컨, 앞의 책, p.415.

것을 방지하는 체인가드, 그리고 비 오는 날에 대비한 탈부착식 흙받이를 자전거에 장착하였다. 경주용이나 산악용 자전거를 원하는 마니아층이나 아이들은 대상 고객 이 아니었다.

결국 이 자전거는 성공을 거두어 연간 4십만 대의 판매실적을 올릴 수 있었다. 그 후로도 PBC는 제품을 더욱 차별화하여, 고객이나 딜러들이 취향껏 부품을 고를 수 있는 주문형 자전거를 출시하기도 하였다. 이런 식의 주문형 자전거는 일본이나 한국 같은 아시아 시장에서 이미 성공을 거둔 바 있는데, PBC는 이 전략을 북미지역 에 도입하여 성공시킨 것이다.[14]

8) 목표 수립

회사의 미션과 전략목표는 회사 전체와 각 부문활동의 시작점이다. 이는 또한 회사조직이 향후 수년간에 걸쳐 그들의 노력을 어디에다 쏟아 부을 것인지를 결정하 는 중요한 지표가 된다. 그러므로 회사 내의 각 부문조직들은 회사 전체의 전략적 목 표를 정확히 이해하여 명확하고 측정 가능한 목표를 만들어야 할 것이다.

9) 성과측정 방식의 결정

목표를 설정하고 실행계획을 세운 후에는 목표달서의 정도를 측정할 수 있는 방법을 찾아야 한다. 성과에 대한 측정방법은 합리적이고 명확하게 정의되어야 한 다. 예를 들어 어떤 회사의 성과목표가 '라틴 아메리카의 사장에서 향후 5년 동안 각 연도별로 10%씩 시장점유율을 높이는 것'이라는 조건부 측정지표를 사용해야 할 것이다.

10) 실행단계의 구체화

부문 단위에서 '구체적이고 측정가능하며 현실적으로 달성 가능한' 목표와 측정 지표가 설정되었다면, 그 다음의 문제는 '목표를 어떻게 달성할 것인가'의 문제일 것 이다. 그 해답은 바로 실행단계(Action step)를 만드는 것이다. 실행단계는 '누가' '무

---

14 하라다 츠토무, 사례로 읽는 경쟁역전의 경영전략, 삼각형북스, 2001, p.89.

엇을' 그리고 '언제' 전략과제들을 실행할 것인지를 결정하는 것이다.

　그리기 위해서는 먼저 목표달성에 필요한 단계들을 뽑아보고, 다시 각 단계별로 더 세부적인 하위 단계로 나누는 작업을 반복해야 한다. 마침내 더 이상 쪼개어질 수 없는 단계에 도달하게 되면, 바로 그 지점에서 우리는 각 실행단계를 비로소 명확하게 정의할 수 있을 것이다. 관리자들을 종종 이러한 방법을 이용하여 업무의 범위와 세부 단계 및 할일 등을 정의하곤 하는데 이를 WBS(Work Breakdown Structure)라 한다.

　각 단계와 할 일들에 대해서는 반드시 '소요 시간'을 산정해야 한다. 업체는 '주요단계'와 '하위단계'를 나누고 각 단계에 책임자를 반드시 정해야 한다.

11) 필요자원의 규모 결정

　실행계획은 필요 자원에 대한 계획이 수립되어야 비로소 완전해진다. 실행계획은 아래와 같은 자원 요소들을 필요로 한다.

① 사람
② 예산
③ 기술
④ 사무실(작업장)
⑤ 다른 부서의 직원
⑥ 전략적 파트너
⑦ 시간
⑧ 교육

　관리자들을 흔히 필요자원의 규모를 과소평가하는 경우가 많다. 현실적인 자원의 필요량을 예측하지 못한다면 전략 실행도 성공시키기 어렵다. 자원의 투입수준을 결정하려면 당해연도만이 아니라 실행계획이 종료되는 시점까지의 전 기간에 걸친 자원 소요량을 예측해보아야 한다.

　당장은 필요하지 않더라도 미래에 필요한 기술과 역량에 걸맞는 자원을 미리 준비해두어야 시장에서 지속적인 경쟁우위를 점할 수가 있다. 예를 들어 어떤 회사가 장기적인 관점에서 미래 시장을 선도할 신기술을 채택하고, 그 기술을 토대로 신제품을 개발할 계획이라고 보면, 당연히 신기술에 익숙한 팀원들이 필요할 것이고, 그들은 지금부터 훈련시켜야만 제품 출시에 맞춰 효과적으로 투입할 수 있을 것이다.

미리 계획하고, 전략적으로 사고하고, 현재 자원의 활용을 극대화하는 것이 주어진 조건하에서 성공할 수 있는 방법이다. 필요한 시점에 적절한 자원이 준비되어 있는 상황을 목표로 해야 한다.[15]

12) 재무설계

마지막 단계는 실행계획과 관련된 비용의 산정이다. 예를 들어, 어떤 회사의 고객서비스 부문의 목표가 고객만족도 지수 10% 향상시키는 것이라 하자. 이를 위해서 2명의 직원을 새로 채용하고, 고객을 상대하는 모든 직원들에 대한 교육을 실시하기로 하였다.

이때 고객서비스 부문을 이와 관련한 비용이 얼마가 소요되는지 명확하게 산정해 보아야 한다. 아울러 판매 부문 역시 고객만족도가 향상된 것과 관련하여 매출이 얼마나 증가하게 될지를 예측해 보아야 한다.

5 : 계획

1) 계획

(1) 계획의 의미

미래의 여러 대체적인 행동과정 중에서 기업목표에 가장 부합되는 행동과정을 선택하는 것을 계획수립(planning)이라 하며, 선택된 행동 대안을 계획(plan)이라 한다.

(2) 계획수립의 의의

계획은 모든 경영 직능 중에서 가장 기본적인 직능이다. 또한 계획수립은 경영의 다른 네 가지 직능이 어떻게 수행될 것인가 하는 것을 결정해주는 지침이 된다.

---

15 Harvard business school publishing corporation, 앞의 책, pp.147－150.

경영자는 수립된 계획에 따라서 목표를 달성할 수 있도록 조직화, 충원, 지휘 및 통제를 하게 되는 것이다. 계획수립은 목표에 도달하기 위한 수단을 결정하는 것뿐만 아니라 기업 전체목표와 부분목표를 선정하는 것도 포함한다.

다시 말해서 계획은 무엇을(What)을 해야 할 것인가, 그것을 어떻게(How), 언제(When) 해야 할 것인가, 그리고 누가(Who) 해야 할 것인가를 미리 결정하는 것이라고 할 수 있다.

계획수립과 다른 관리기능의 관계

출처: 신재정 외, e-Biz시대의 포커스 경영, 현학사, p.295.

(3) 계획수립의 중요성

미래의 관리방향을 제시할 수 있다.

가장 중요한 의의는 기업경영의 방향과 목적의식을 제공한다.

업무수행과정에서의 조정의 개선을 기할 수 있다.

업무가 계획적으로 수행하게 될 때, 이를 계획적으로 추진할 수 있다면 업무수행의 총체적 성과는 증대될 것이다.

업무수행에 대한 통제를 개선할 수 있다.

관리적 통제는 업무성과를 측정하고 평가해서 계획과 차질이 있다고 판단될 때, 시정조치를 강구함으로써 총체적 경영성과를 개선한다.

업무수행에 필요한 시간 관리를 할 수 있다.

업무수행에 대한 시간 스케줄을 잘 짜서 계획적으로 업무를 수행하게 되면 총체적 업무효율은 증대된다.

업무수행의 집중성과 신축성을 기할 수 있다.

계획적으로 업무수행을 할 경우 최상의 업무수행 방법을 강구할 수 있다든지 고객의 요구에 부응할 수 있는 업무추진을 가능하게 한다.

미래의 기회와 위험제시

장기경영계획은 기업환경 변화에 대응하여 성장과 발전을 도모하기 위해 수립되는 것이다.

(4) 계획화의 성과

계획을 수립하여 기업 활동을 수행하는 기업과 그렇지 못한 기업 간의 경영성과의 차이는 분명하게 존재하고 있다. 많은 연구들이 계획화와 성과간의 관계를 검증하였는데 다음과 같은 결론을 내리고 있다.

- 일반적으로, 더 높은 이익, 더 높은 수익률, 그리고 다른 긍정적인 재무적 결과와 관련이 있다.
- 계획화 과정의 질과 계획의 적절한 수행이 계획의 범위보다는 높은 성과와 더 많은 관련이 있다.
- 공식적인 계획이 더 높은 성과를 가져오지는 않으며, 환경이 중요한 문제로 등장하고 있다. 정부의 규제, 강력한 노동조합, 그리고 유사한 환경이 경영자의 권리를 제한할 때 계획화는 조직의 성과에 더 작은 영향을 미치고 있다. 그 이유는 경영자는 계획화가 제시할 수 있는 대체안의 선택의 폭이 작아지기 때문이다.

2) 계획의 수립과정

(1) 현재의 상황을 평가한다.

기업의 외적·내적 환경을 개관하고 기회를 이용하고 위험은 피하고자 추구하는 장기적 목적을 설정한다. 기업의 강점과 약점이 무엇인지 평가한다.

(2) 목적과 목표를 설정한다.

목적은 기업의 사명을 달성할 미래의 상태 또는 조건을 의미한다. 목표는 기업의 목적을 달성할 단기적이고 더욱 구체적이며 측정 가능한 타깃을 말한다.

목표설정 시 고려사항

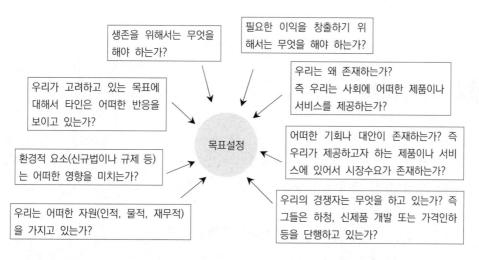

출처: 신재정 외, 앞의 책, p.297.

(3) 실행계획을 수립한다.

각 목표를 달성하는 데 도움이 되는 대안을 평가하고 이러한 수단을 통하여 목표를 달성할 자원은 무엇인지, 이러한 과정에서 발생할 장애 요인은 무엇인지 규명한다.

(4) 자원배분을 한다.

목표를 설정함으로써 조직은 어떻게 인적, 물적, 재무적, 시간적 자원을 활용할 것인가를 결정하게 된다. 목표를 잘못 설정하게 되면 낭비나 비효율을 얻게 된다.

(5) 실행을 한다.

실행이란 계획을 행동으로 실천하기 위하여 자원을 활용하는 것을 말한다.

(6) 실행을 통제한다.

기업은 의도하는 목표가 달성될 수 있도록 모든 작업활동을 관리해야 한다. 통제란 실제 결과가 계획결과와 일치하도록 모든 경영활동을 관리해야 하는 것을 말한다.

6 : 계획의 유형

경영자는 조직을 운영·통제·감독하기 위하여 여러 가지 유형의 계획을 수립하게 된다. 다음 표는 계획의 유형을 정리해 주고 있다.

계획의 유형

구분기준	계획의 유형
기업활동의 범위	기본계획(장기적 계획) 실행계획(단기적 계획)
계획의 대상	개별계획(프로젝트) 기간계획(단기, 중기, 장기계획)
계획의 반복성	상설계획(방침, 절차, 규칙) 단용계획(프로그램, 프로젝트, 예산)

출처: 황복주 외, 경영학 원론, 두남, p.228.

1) 기본계획과 실행계획

기업 활동의 어떠한 범위를 대상으로 수립되었느냐에 따라 기본계획과 실행계획으로 나누어진다.

2) 개별계획과 기간계획

계획이 무엇을 대상으로 수립되는가 하는 관점에서 개별계획과 기간계획으로 구분된다. 개별계획은 흔히 프로젝트로 불리는 특정한 문제별로 세운 계획을 말한다. 또 기간계획은 한정된 특정한 기간 동안에 수행될 여러 가지 개별계획을 포괄한 계획이다.

3) 상설계획과 단용계획

이용 빈도나 반복성에 따라서 상설계획과 단용계획으로 구분할 수 있다. 상설계획은 조직 활동 과정에서 반복적으로 발생하는 사상들에 대한 표준화된 의사결정 지침을 말하며, 단용계획은 장래에 반복적으로 발생하지 않는 사상들에 대한 행동과정을 말한다.

7 미래형 계획 활동

1) 시나리오(Scenario) 경영

오늘날의 경영환경은 변화의 폭이 크며 그 복잡성도 증대되고 가치관도 빠른 속도로 변하고 있어, 환경이 변한 후에 원인을 분석하고 대처하면 실기하는 상황이다. 기업이 미래의 불확실한 경영 환경변화를 가능한 최대한 감안하여 향후에 전개될 변화 과정을 시나리오로 그려 보고, 각 상황에 따라 미리 준비된 대안에 대해 유연하게 대처하는 경영방식을 시나리오 경영이라 한다.

지금까지의 경영환경은 비교적 예측 가능한 지속형과 점진적 변화형이어서 근면·성실형으로 대처할 수 있는 환경이었다. 급격한 환경변화하에서 기업들은 미래의 시장을 선점하기 위해 공격경영, 스피드경영 등을 하며 그 기대효과가 클수록 투자도 커지는 경향이 있다.

난기류의 경영 환경 속에서 기업은 경영 환경변화에 탄력적으로 대응할 수 있는 능력이 무엇보다 중요하며 이를 위해 필요한 것이 시나리오 경영기법이다.

2) 글로벌 환경변화에 대응한 유연한 계획 수립

미래에는 글로벌화·정보화가 더욱더 진전되면서 기업 내외부적으로 경계가 없는 무경계환경이 도래한다. 무경계 환경 속에서 적시·적기의 전략을 구사하여 환경에 신속하게 적응하는 기업은 크게 성공할 수 있지만 타이밍을 놓치면 치명적인 상황이므로 민첩하고 유연한 기업경영이 생존의 길이다. 기업들은 불확실한 환경에 대응하기 위해 단 한 가지의 계획만을 고집해서는 안 된다. 기본적인 계획을 선택하되 일어날 수 있는 상황에 대한 몇 가지 시나리오를 설정하여 상황별 계획도 만들어 놓아야 유연한 대처를 할 수 있다.

3) 체계적 자원관리를 위한 장기계획 필요

미래에는 정보사회, 지식사회 이므로 정보와 지식은 경영에서 활용하는 중요한 자원이다. 정보와 지식을 경영활동에 체계적으로 활용하기 위해서는 장기계획이 필요하다.

8 기업가치

기업가치(*EV*) Enterprise Value는, 즉 *EV*는 기업의 총 가치로, 기업매수자가 매수 시 지급해야 하는 금액이다. *EV*는 자기자본의 가치와 부채의 가치를 더하거나(총자산개념과 비슷) 주식의 시가총액에서 순 부채를 더하여 산출한다. 이때 순차입금은 총 차입금에서 현금 및 투자증권을 차감한 금액이다.

$$EV = 시가총액 + 순차입금(총차입금 - 현금예금)$$

*EV*는 기업의 미래수익 창출능력을 현재가치로 환산한 것이다. 따라서 기업이 앞으로 벌어들일 총수익을 이자율(평균자본비용)로 할인해 현재시점에서 그 기업의 가치를 산출한 값이다. 이 수치가 현 주가보다 높은 기업은 앞으로 주가가 오르리라

고 생각되는 것이다.

기업가치 산정하는 방식을 알아보자면 기업 가치는 대체로 자산 가치, 수익가치, 상대가치라는 서로 다른 세 가지 방식에 의해 구해진다. 기업자산은 크게 매출채권이나 재고자산 같은 유동자산, 토지 및 건물, 설비 등의 고정자산이 있다. '자산가치 방식'이란 이들 개별 자산들의 가치를 합산하여 기업 가치를 내자는 것이다. '수익가치 방식'은 영업을 통한 현금흐름의 가치에 착안한다.

모든 기업은 서로 다른 제품을 만들지만, 투자자의 관점에서 보면 '현금'이라는 동일한 물건을 산출한다. 즉, 기업이 산출하는 현금흐름을 적절하게 할인하여 현재가치를 구하면 그것이 기업가치라는 것이다.

자산가치는 기업이 현재 보유하고 있는 유·무형의 자산들이 얼마인지에 의해, 수익가치는 해당기업의 미래 수익에 의해 평가된다. 동일한 자산구성을 가진 두 기업도 핵심 노하우와 조직 효율성, 경영진의 능력 등에 의해 현금흐름 창출의 차이를 가져올 수 있다.

'수익가치'는 이런 무형의 시너지 효과를 현금흐름에 반영한다. 이를 영업권적 가치라고 한다. 자산 가치는 수익가치에 비해 영업권적 가치만큼 과소 계상하는 경향이 있다.

'상대가치'는 주식시장에서 거래되고 있는 기업 중 비슷한 업종의 기업 가치를 통해 간접적으로 비교해 보는 것이다. 세계 자동차 산업에서 경쟁전략의 세 가지 유형을 찾아보고, 성공적인 경쟁전략을 수행함으로써 기업가치가 향상된 사례를 분석해보면 유용하다.

CHAPTER 15

──────── 창업지원금융과 신용관리

1 창업지원금융

1) 분류

(1) 지원자금

- 소요자금의 일부 또는 전부를 무상으로 지원(상환부담 없음)
- 예비창업자 및 창업기업 시제품 개발과정 지원
- 주관기관이 위탁 집행하며 일정한 선정과정이 존재

(2) 출연자금(R&D)

- 소요자금의 최고 90%까지 출연하여 지원
- 기술개발자금을 과제형태로 수행하며 지원
- 개발 성공 후 지원금의 일부(10~20%) 상환 조건이 있을 수 있음

(3) 보증자금(차입금)

- 신용보증기금, 기술신용보증기금, 지역보증재단, 농림수산업자 신용보증
- 대출금액의 80~100%까지 신용보증
- 기관별 총 보증한도는 통합관리하고 금융기관을 통하여 대출

(4) 융자자금(차입금)

- 중소기업진흥공단, 소상공인시장진흥공단, 기타 정부부처별 자금, 지자체 자금 등
- 기업 보유 담보(부동산, 지적재산권 등)를 근거로 저금리로 융자, 혹은

신용융자

  - 운영시설, 창업, 기술개발 등 다양한 사업지원

(5) 투자자금

  - 신주발행 등 법인 주식 혹은 채권(CB, BW)을 대가로 자금조달
  - 벤처캐피탈, 금융기관, 기업 및 엔젤투자자 등이 투자
  - 투자심사부터 집행까지 약 3~12개월 소요

2) 지원자금

(1) 시설공간 지원

① 1인 창조기업 비즈니스센터

  - 사업개요: 우수한 아이템을 보유한 1인 창조기업에게 사무공간 및 법률,
    세무, 마케팅 등 경영지원을 통해 지속적인 성장지원 도모
  - 지원규모: 66억원
  - 지원대상: 1인 창조기업 육성에 관한 법률 제2조에 해당하는 1인 창조
    기업 또는 1인 창조기업 분야 예비창업자
  - 지원내용:
    • 사무공간: 입주공간, 회의실, 상담실 등 비즈니스공간 지원
    • 경영지원: 세무, 회계, 법률, 창업, 마케팅 관련 전문가 상담 및 교육 등 지원
    • 시설이용: 팩스, 프린터, PC 등 사무용 집기 이용 지원
   - 주관기관: 중소벤처기업부, 창업진흥원

② 시니어 기술창업

  - 사업개요: 중·장년(40세 이상) (예비)창업자가 경력·네크워크·전문성을
    활용하여 성공적인 창업을 할 수 있도록 지원
  - 지원규모: 시니어 기술창업센터 23개 내외(47.4억원)
  - 지원대상: 만 40세 이상 (예비)창업자
  - 지원내용:
    • 창업교육과 창업준비공간, 경영지원 프로그램 등 지원

- 대기업·공공기관 등에 소속된 퇴직예정자를 대상으로 맞춤형 기술창업 교육 및 멘토방문 프로그램 운영
    - 주관기관: 중소벤처기업부, 창업진흥원

(2) 지적재산권 지원

① IP 디딤돌 프로그램

- 사업개요: 혁신형 창업 유도를 위해 창의적 아이디어를 사업 아이템으로 구체화하고, 실제 창업까지 연계될 수 있도록 맞춤형 지원 프로그램 운영
- 지원규모: 26억원(약 680건 지원)
- 지원대상: 창의적 아이디어를 보유한 예비창업자
- 지원내용:
    - 구체화 컨설팅: 지원 대상 아이디어와 동일 및 유사한 기술을 검색, 분석하고 발전 가능한 방향으로 아이디어 구체화
    - IP 권리화: 고도화된 아이디어를 보호하거나 경영, 마케팅에 활용할 수 있는 최적의 IP를 선정하여 출원 진행
    - 제품화 컨설팅: 제품의 기능, 모양, 재질, 가격, 생산 가능성 등을 종합 고려하여 제품 기회 상담
    - 사업 아이템 도출: 구체화된 제품을 3D 형상으로 모델링하고, 3D 프린터를 통해 모형 제작
- 주관기관 : 특허청 지역산업재산과

② IP 나래 프로그램

- 사업개요: 기술기반 창업기업의 아이디어 제품이 독점시장을 확보할 수 있도록 특허 포트폴리오 구축 등 지식재산 역량 강화 지원
- 지원규모: 72억원(약 270개사 지원)
- 지원대상: 기술기반 창업기업
- 지원내용
    - 사업 아이템 IP 검증: 창업기업의 주력 사업 아이템에 대한 특허, 디자인 정보를 분석하여 IP 동향을 파악하고 타 IP 침해 여부 검토
    - IP 출원 기술 선별: 창업기업이 보유한 기술을 정밀 분석, 진단하여 지재권으로 보호할 기술과 비공개할 기술을 선별

- 고품질 특허 포트폴리오 구축: 주력 사업 아이템을 효과적으로 보호할 수
  있도록 핵심·주변특허를 설계하고 출원하는 등 특허 포트폴리오 구축 및
  고도화
- IP 융합, 확장: 타깃시장 맞춤형 디자인·브랜드 전략을 수립하고 디자인, 브
  랜드 권리 획득을 지원하여 IP 융합 포트폴리오 구축
- 주관기관: 특허청 지역산업재산과

(3) 시제품 제작 지원

① 시제품 제작터 운영

- 사업개요: (예비)창업자의 창업아이템을 [디자인→설계→모형제작]까지
  일괄 지원을 위해 시제품 제작터를 구축, 운영
- 지원대상: 예비창업자, 중소기업
- 지원내용:

  - 전문가 서비스: 시제품개발에 대한 상담, 제품디자인, 제품설계, 3차원측정
    및 역설계, 시제품제작 등 분야별 전문가가 제품디자인 개발부터 시제품
    제작까지 직접 지원
  - 셀프제작 서비스: 예비창업자 또는 중소기업 등이 자신의 아이디어를 스스
    로 직접 구현할 수 있도록 장비, 공구, 제작 공간, 단순자문 제공
- 주관기관: 5개 지방중소기업청(경기, 대구경북, 광주전남, 부산울산, 전북)

(4) 멘토링, 컨설팅 지원

① 6개월 챌린지 플랫폼 사업

- 사업개요: 창조경제타운 및 창조경제혁신센터 등에서 발굴된 아이디어를
  대상으로 최대 6개월 동안 사업화 가능성을 검증하고 창업 및
  사업화를 집중지원
- 지원규모: 112.5억원
- 지원대상: 아이디어의 사업화를 준비하는 예비창업자 및 신청일 기준 창
  업 1년 이내 기업
- 지원내용: 직접적인 자금지원이 아닌 서비스 형태의 간접지원

  ▲ 구체화(사업화 모델개발 등) ▲ 권리화(특허출원 등)

      ▲ 실증화(시제품 제작, 기술도입 등) ▲ 시장검증(데모데이 등)
      ▲ 공공기술연계 등을 선별적 지원

- 지원규모 :
  - 기술사업화서비스 지원 - 아이디어별 50백만원 이내
  - 공공기술 이전 지원 - 소정의 절차를 거쳐 30백만원 이내 추가 지원
- 주관기관: 미래창조과학부 창조경제진흥과, 연구개발특구진흥재단

② 엑셀러레이터 연계지원 사업

- 사업개요: 지역 혁신센터별 검증된 창업기업의 창업자금(초기 R&D)지원 및 민간 엑셀러레이터 연계 보육을 통한 지역 아이디어의 사업화 촉진
- 지원규모: 91억원(창업자금, 보육, 멘토링 등)
- 지원대상: 혁신센터를 통해 검증된 창업기업, '6개월 챌린지 플랫폼' 졸업 기업 등
- 지원내용
  - 엑셀러레이터를 통한 보육 및 멘토링 지원
  - 엑셀러레이터로부터 투자 받은 기업 등에 창업자금(초기 R&D) 지원
- 주관기관: 미래창조과학부 창조경제진흥과

(5) 지식서비스 사업화 지원

① 스마트벤처창업학교

- 사업개요: 앱, 콘텐츠, SW융합 등 유망지식서비스 분야 전문기업 육성을 위해 전국 4개 스마트벤처창업학교에서 창업 全단계를 지원
- 지원규모: 121.5억원(최대 1억원, 총 140개팀 내외)
- 지원대상: 앱, 콘텐츠, SW융합 등 유망지식서비스 분야의 창업 및 사업화를 희망하는 만 39세 이하의 예비창업자(팀) 및 3년 이내 창업기업
- 지원내용
  - 사무실 등 인프라, 창업 일반·전문 개발 교육, 멘토링
  - 사업화 지원금: 최대 1억원(총 사업비의 70%)

- 주관기관: 중소벤처기업부 지식서비스창업과, 창업진흥원 스마트창업부

② 스마트창작터
- 사업개요: 앱, 컨텐츠, ICT융합분야 등 유망지식서비스 분야 (예비)창업를 대상으로 사업성을 검증해 볼 수 있는 온·오프라인 실전형 창업교육 진행
- 지원규모: 98.4억원
- 지원대상: 대학생, 일반인 등 창업을 희망하는 예비창업자 및 창업 3년 이내의 초기기업
- 지원내용
  - 1부: 온·오프라인 실습교육(체험형 창업교육)
  - 2부: 사업모델 검증(1부 교육 우수 수료자를 대상,비용 최대 5백만원 지원)
  - 후속지원: 1, 2부 교육 우수 수료생을 선발하여 사무공간, 사업화자금, 멘토링 등 지원
- 주관기관: 중소벤처기업부 지식서비스창업과, 창업진흥원 스마트창업부

(6) 사업화 지원

① 창업도약패키지
- 사업개요: 사업아이템의 경쟁력과 사업모델 차별화 가능성이 높은 창업기업을 발굴하여 사업모델개발, 아이템검증 및 개발, 시장진입 등을 지원하여 창업기업의 빠른 수익창출 도모
- 지원규모: 500억 원(860개사 내외)
- 지원대상: 3년 이상 7년 이내 창업기업
- 지원내용
  - 사업모델(BM) 혁신, 아이템 검증, 보강, 판로개척 및 글로벌 시장 진출, 투자유치 및 정부사업 연계, 성과 창출 프로그램 등 지원
  - 사업화자금: 최대 1억원(2년간)
  - 서비스: 후속지원 엑셀러레이팅(10백만원), 전문가 코칭 멘토링, 특화교육, R&D 연계, 투·융자 연계
- 주관기관: 중소벤처기업부 창업진흥과, 창업진흥원 창업사업화부

② 선도벤처연계 기술창업

- 사업개요: (예비)창업자의 성공적인 창업을 위해 선도벤처기업의 인프라
  활용, 성공 노하우 전수, 상호 협력 비즈니스 지원
- 지원규모: 70억원(78개 내외-(예비)창업자)
- 지원대상: 2인 이상의 예비창업자 및 3년 미만의 창업기업 등
- 지원내용

  - 창업전반에 필요한 인프라 구축, 교육, 컨설팅, 사업아이템 개발 및 마케팅
    비용 등
  - 선도벤처의 직접투자 및 구매, 아웃소싱, VC유치, 해외마케팅 등 협력비즈
    니스 연계 지원

  - 주관기관: 중소벤처기업부 벤처정책과, 창업진흥원

③ 창업인턴제

- 사업개요: 창업 준비과정에 중소·중견기업에서의 현장근무기회를 제공하
  고 사업화 자금을 지원하여 예비창업자의 성공창업을 도모
- 지원규모: 50억원(창업인턴 50명 내외)
- 지원대상

  - 창업아이템과 창업의지를 지닌 대학(원)재학생 또는 고등학교, 대학(원) 졸업
    후 7년 이내의 미취업자
  - 채용기업 요건: ① 직전연도 기준 상시근로자수 3인 이상
                  ② 직전연도 매출액 1억 원 이상

  - 지원내용

  - 인턴활동: 기업 현장근무 지원(월 100만원 이내의 인턴활동비 지원), 근무기
    간은 최대 6개월이며, 희망 시 단축(3개월 이내) 가능
  - 사업화 지원: 시제품 제작, 창업인프라 구축, 창업활동, 마케팅 등 창업 관련
    비용(최대 1억원 이내), 인턴활동 수료자 중 사업화 평가를 통해 대상 선정

  - 주관기관: 중소벤처기업부 창업진흥과, 창업진흥원 창업교육부

④ 민관공동창업자 발굴 육성

- 사업개요: 엑셀러레이터, 초기전문 VC 등 민간이 선별한 유망기술 창업
  팀(TIPS 창업팀)에 창업사업화 자금지원을 통해 기술창업 성공
  률제고 지원

- 지원규모: R&D 자금 410억원(연계지원: 창업사업화 90억원, 해외마케팅 60억원)
- 지원대상: (예비)창업팀으로 창업하여 사업을 개시한 날로부터 3년이 지나지 않은 창업기업
- 지원내용
  - 운영사의 엔젤투자금(1억원)에 정부 기술개발자금(5억원)을 매칭하여 지원하고, 창업자금 등(4억원)을 추가로 연계(모태 2억, 창진원 1억, 마케팅 1억)
  - 창업팀은 협약기간 동안 운영사가 지정하는 인큐베이터에 입주하여 운영사의 보육 및 멘토링 지원을 받음
- 주관기관: 중소벤처기업부 창업진흥과, 창업진흥원 TIPS글로벌사업부

⑤ 창업성공패키지(청년창업사관학교)

- 사업개요: 기술성 및 사업성이 우수한 (예비)창업자의 원활한 창업 활동과 지속적인 성장을 위해 창업 계획수립부터 사업화까지 창업 단계별 지원
- 지원규모: 500억 원(500팀 내외)
- 지원대상:
  - '17.1.1 기준 만 39세 이하인 자로서, 창업을 준비 중인 예비창업자 또는 창업 후 3년 이하 기업의 대표자
  - 신청과제와 관련된 기술경력 보유자는 정원의 10% 이내 만 49세까지 지원
- 지원내용
  - 프리스쿨: 청년창업사관학교 입교 희망자 대상 창업역량강화를 위한 교육 및 코칭 등 지원
  - 사업화지원(청년창업사관학교)
    창업공간: 사관학교(안산, 천안, 광주, 경산, 창원)내 창업 준비 공간 제공
    창업코칭: 전문인력을 전담교수로 배치하여 진도관리
    창업교육: 기술사업화 및 전문지식 등 단계별 집중교육(미 이수 시 중간 탈락 퇴교)
    기술지원: 제품설계(CAE, 역설계 포함), 시제품제작 등 제품개발 과정의 기술 및 장지 지원
    자금지원: 창업활동지, 기술개발비, 시제품제작비 등 사업비(연간 최대 1억원 지원), 신청인은 총사업비의 30% 이상 부담
    후속연계: 청년창업사관학교 졸업 기업의 성장 촉진을 위한 신속지원프로그램(Fast-track) 보유, 코칭, 기술개발, 정책자금, 마케팅, 수출, 투자유치 등

- 주관기관: 중소벤처기업부 창업진흥과, 중소기업진흥공단 창업기술처

⑥ 패키지형 재도전 지원
- 사업개요: 사업계획을 보유한 우수 (예비)재도전기업인을 발굴하여 실패
원인 분석 등 재창업 전문교육과 사업화를 지원
- 지원규모: 총 250개사 약 125억원(평균 35백만원)

• 제조, 지식서비스 분야: 중소기업청, 250개사, 100억원
• ICT 분야: 미래창조과학부, 50개사, 25억원

- 지원대상: 기존 사업 실패(폐업) 후 재도전을 준비 중인 (예비)재창업자
또는 재창업 3년 미만 재창업 기업의 대표
- 지원내용

• 실패원인 분석 등 재창업에 필요한 문제해결형 실무교육과 분야별 전문가
멘토링(컨설팅) 지원
• 시제품제작비 및 마케팅비 등 재창업활동 등에 소요되는 사업화 자금을 평균
35백만원(최대 1억원 한도, 총사업비의 70% 이내) 규모로 차등 지원
• 서울, 부산 등을 통한 전용 입주 공간 및 네트워킹 공간, 전문가 상시 멘토
링 등 제공

- 주관기관

• 제조, 지식서비스 등 일반분야: 중소벤처기업부, 창업진흥원
• ICT분야: 미래창조과학부, 정보통신산업진흥원

⑦ 사회적 기업가 육성사업
- 사업개요: 사회적 기업가로서의 자질과 혁신적인 사회적 기업 창업 아이
디어를 보유한 창업자(팀)를 선발하여 사회적 기업 창업의 전
과정을 지원
- 지원규모: 150억원(500팀 내외)
- 지원대상: 사회적 기업 창업을 준비하고 있는 예비창업자(팀) 또는 창업
1년 미만의 기업
- 지원내용

• 창업공간: 창업활동에 필요한 업무공간 및 기본적인 사무집기 제공
• 창업비용: 교육비, 운영경비, 사업모델 개발비 등 창업비용 지원
• 창업멘토링: 담임멘토, 전문멘토를 통한 상시 창업 경영 상담 및 자문
• 창업교육: 사회적기업 창업 관련 교육프로그램 제공

- 사후지원: 네트워크 및 외부자원 연계 등 사후지원 프로그램 제공
- 주관기관: 고용노동부 사회적기업과, 한국사회적기업진흥원 창업지원팀

3) 출연자금(R&D)

(1) 창업성장기술개발 창업기업과제

- 사업개요: 성장잠재력을 보유하고 있으나, 기술개발자금 부족으로 어려움
  을 겪고 있는 창업기업에게 기술개발자금을 지원
- 지원규모: 1,306억원(약 1,130개 과제 지원)
- 지원대상: 창업 후 7년 이하인 중소기업
- 지원내용
  창업 후 7년 이하인 중소기업에게 필요한 기술개발자금을 총사업비의
  80% 이내에서 최대 2억원(개발기간: 1년)까지 지원
- 주관기관: 중소벤처기업부 기술개발과, 중소기업기술정보진흥원

(2) 창업성장기술개발 기술창업투자연계

- 사업개요: 엑셀러레이터(엔젤투자, 보육전문법인), 크라우드펀딩, 전문엔
  젤 등이 주도로 선별·투자한 창업기업을 대상으로 기술개발
  지원
- 지원규모: 645억원(약 310개 과제 지원)
- 지원대상: 창업 후 7년 이하 중소기업 중 아래의 요건을 충족
  • 민간투자주도형(TIPS): 엑셀러레이터 등 TIPS 운영사로부터 투자(확약) 및
    추천을 받은 창업팀 또는 예비창업팀(2인 이상으로 구성)
  • 크라우드펀딩 연계형: 전문엔젤, 지역엔젤 및 엔젤클럽 등이 추천한 기업 중
    국내외에서 크라우드펀딩에 성공한(5천만원 이상) 기업
- 지원내용: 총사업비의 80% 이내 최대 5억원(개발기간: 2년)까지 지원
- 주관기관: 중소벤처기업부 창업진흥과, 벤처투자과, 한국엔젤투자협회

4) 보증자금

(1) 신용보증제도 메커니즘

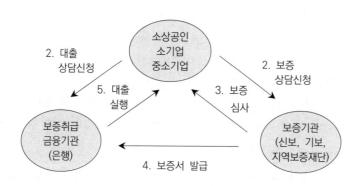

(2) 신용보증기관 현황

구 분	신용보증기금	기술신용보증기금	지역신용보증재단
설립근거	신용보증기금법	기술신용보증기금법	지역신용보증재단법
설립연도	1976년 6월	1989년 4월	1996년 3월
설립목적	담보력이 미약한 중소 기업의 채무보증	신기술사업에 대한 자금공급 원활화	담보력이 미약한 소기업 소상공인 등의 채무보증
운영주체	중앙정부	중앙정부	광역자치단체
재원조성	정부, 금융기관	정부, 금융기관	지자체, 금융기관
업무감독	금융위원회	금융위원회	중소벤처기업부, 지자체
예산확보	중소벤처기업부	중소벤처기업부	중소벤처기업부, 지자체
보증한도	30억원	30억원	8억원
대상기업	중소기업 (제조, 도매, 건설 등)	기술혁신기업 (벤처, 이노비즈 등)	소상공인, 소기업 (생계형 영세창업)
보증료	0.5~3.0%	0.5~3.0%	0.5~2.0%
보증방식	부분보증	부분보증	부분보증

(3) 창업기업에 대한 보증제도

① 신용보증기금

- 유망창업기업 성장지원 프로그램
  - 예비창업보증: 예비 유망창업기업 대상, 창업 전에 보증한도를 심사·통지하고 사업개시 후 6개월 이내에 보증지원(보증한도: 10억원, 보증비율: 100%, 보증료: 0.7% 고정)
  - 신생기업보증: 창업 후 1년 이내인 유망창업기업(보증한도: 10억원, 보증비율:

100%, 보증료: 0.4% 차감)

- 창업초기보증: 창업 후 1년 초과 3년 이내인 유망창업기업(보증한도: 20억 원, 보증비율: 95%, 보증료: 0.3% 차감)
- 창업성장보증: 창업 후 3년 초과 7년 이내인 유망창업기업(보증한도: 30억원, 보증비율: 90%, 보증료: 0.2% 차감)

  유망창업기업: 다음의 창업유형에 해당하는, 사업개시일로부터 보증신청 접수일까지 의 기간이 7년 이내인 중소기업

- 전문자격 창업유형(전문자격보유, 교수, 박사, 연구원 등)
- 아이디어 창업유형(지식재산권보유, 창업경진대회 수상 등)
- 기술·지식 창업유형(차세대성장산업, 창조형 서비스산업 등)

- 청년창업특례보증

  - 청년층에 대한 적극적인 창업유도를 통한 일자리 창출로 청년실업 문제 해 소를 위해 지원하는 보증상품
  - 대상: 대표자의 연령이 만 17세 이상 만 39세 이하이고 창업 후 5년 이내인 기업으로 사업을 개시하는 업종에서 신보에서 정하는 보증제한, 보증취급 유의업종 또는 음식·숙박업에 해당되지 않는 기업
  - 우대지원: 보증비율 100%, 고정보증료 0.3%, 한도 3억원

② 기술보증기금

- 기술창업기업 보증

  - 창업 후 7년 이내 기술창업기업에 대한 보증지원
  - 지원규모: 업체당 최대 5억 원까지 보증지원
  - 맞춤형 창업분야: 지식문화 창업, 이공계 챌린저 창업, 기술경력·뿌리산업, 첨단, 성장연계 창업, 보증비율과 보증료 우대지식재산권은 건당 운전자금 추가한도 가산

- 청년창업 특례보증 : 신용보증기금과 동일

- 예비창업자 사전보증:

  - 창업 준비단계에서 기술평가를 실시하여 창업자금 지원가능금액을 제시해주 고, 창업 즉시 당초 제시한 창업자금보증을 지원하는 제도

③ 지역신용보증재단

- 소상공인의 창업활성화를 위한 소상공인 창업자금 보증 및 일반 경영안 정자금 등을 보증함

④ 융자자금

ⅰ. 중소기업진흥공단

일반창업자금

- 사업개요: 우수한 기술력과 사업성은 있으나 자금력이 부족한 중소, 벤처
기업의 창업을 활성화하고 고용창출을 도모

- 지원규모: 16,500억원

- 지원대상: 사업개시일로부터 7년 미만(신청·접수일 기준)인 중소기업 및
창업을 준비 중인 자

- 지원내용

  • 시설자금 및 운전자금

  • 융자한도: 업체당 연간 45억 원(운전자금 5억원)

  • 융자기간: (시설) 8년 이내(거치기간 3년 포함)
(운전) 5년 이내(거치기간 2년 포함)

  • 대출금리(변동금리): 정책자금 기준금리(기준) −0.3% 차감

청년전용 창업자금

- 사업개요: 우수한 아이디어를 보유한 청년층의 창업초기 운영자금 공급
으로 창업촉진 및 일자리 창출

- 지원규모: 1,300억원

- 지원대상: 대표자 만 39세 이하로 사업개시일로부터 3년 미만(신청, 접수
일 기준) 중소기업 및 창업을 준비 중인 자

- 지원내용

  • 융자한도: 기업당 최대 1억원

  • 융자금리: 연 2.0% 고정금리

  • 융자기간: 시설, 운전 6년 이내(거치기간 3년 포함)

  • 융자방식: 중진공이 자금 신청, 접수와 함께 교육·컨설팅 실시 및 사업계획
서 등에 대한 평가를 통하여 융자대상 결정 후 직접대출

(4) 소상공인시장진흥공단

구 분	세 부	신청요건	금 리
성장 기반 자금	소공인특화자금 (4,100억원)	제조업을 영위하는 10인 미만의 소공인(직접대출)	연 2.39%
	성장촉진자금 (2,300억원)	업력 5년 이상 소상공인, 직전 사업연도 대비 총자본금, 유형자산, 연간매출액 상시 근로자수 등이 증가한 소상공인(직접대출)	연 2.19%
경영 안정 자금 (9,350 억원)	일반경영안정자금	업력 1년 이상 소상공인	연 2.39%
	창업초기자금	업력 1년 미만이고, 중소기업청장이 정한 교육과정을 수료한 소상공인사관학교 졸업생 중 창업자(직접대출)	연 2.39%
	사업전환자금	'소상공인 재창업패키지' 교육을 이수한 소상공인	연 1.99%
	긴급경영안정자금	재해확인증을 발급받은 소상공인 정책자금 확인서 발급 없이 진행	연 2.0% (고정금리)
	경영애로자금	재난·재해 및 감염병 등의 발생으로 영업에 심대한 피해를 입은 소상공인	연 2.0% (고정금리)
	수출소상공인 특별자금	최근 1년 이내 수출실적이 있는 소상공인(직접대출)	연 2.19%
	청년드림자금	아래 요건 중 1개 이상 충족하는 자로서 중소기업청장이 정한 교육과정 수료자 ① 청년 소상공인(만 39세 이하) ② 청년 근로자(만 29세 이하)를 고용한 소상공인	연 2.19%

- 대출한도: 업체당 최고 7천만원 이내, 소공인특화자금 5억원(운전자금 1억원) 이내, 성장촉진자금 2억원(운전자금 1억원) 이내, 장애인(기업), 사업전환자금, 청년드림자금, 수출소상인 특별자금 1억원 이내
- 대출기간: 5년(거치기간 2년 포함), 장애인(기업)은 7년(거치기간 2년 포함)
- 상환방식: 거치 한도 기간 후 상환기간 동안 대출금액의 70%, 3개월 마다 균등분할상환하고 30%는 상환기간 만료 시 일시 상환

① 투자자금

ⅰ. 엔젤투자자

창의적인 아이디어나 기술력을 갖고 사업을 추진하고자 하는 창업 초기기업에 부한 자금을 공급해주면서 지속적인 경영지도를 통하여 기업을 성장시켜 투자이익을 회수하는 개인투자자

ⅱ. 엑셀러레이터(창업기획자)

스타트업에게 자금지원, 업무공간, 멘토링, 마케팅, 홍보 등을 총괄적으로 제공

하는 스타트업 운영기관

iii. 크라우드펀딩

창의적인 아이디어나 사업계획을 갖고 있는 기업가 등이 인터넷 등 온라인
(On-line)상에서 자금모집을 중개하는 자(온라인소액투자 중개업체)를 통하여 자신의
아이디어나 사업계획을 제시하고 이에 공감하는 불특정 다수의 소액투자자로부터 사
업자금을 조달하는 방식

iv. 벤처캐피탈

기술력은 있으나 자본과 경영능력이 부족한 설립 초기 Startup에 자본참여를 통
해 기업과 위험을 함께 부담하면서 기업을 일정수준 성장시킨 후 높은 자본이득을
취할 것을 사업목적으로 하는 투자 활동기관

2 성장 단계별 창업 지원시책

창업 성장 로드맵

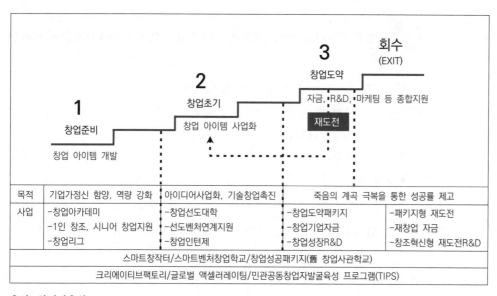

목적	기업가정신 함양, 역량 강화	아이디어사업화, 기술창업촉진	죽음의 계곡 극복을 통한 성공률 제고	
사업	-창업아카데미 -1인 창조, 시니어 창업지원 -창업리그	-창업선도대학 -선도벤처연계지원 -창업인턴제	-창업도약패키지 -창업기업자금 -창업성장R&D	-패키지형 재도전 -재창업 자금 -창조혁신형 재도전R&D
	스마트창작터/스마트벤처창업학교/창업성공패키지(舊 창업사관학교)			
	크리에이티브팩토리/글로벌 액셀러레이팅/민관공동창업자발굴육성 프로그램(TIPS)			

출처: 창업진흥원

3 창업지원금융 정책[16]

1) 건강한 창업생태계 조성을 위한 지원방안 마련

(1) (창업이전 단계) 준비된 예비창업자 집중지원

- 예비창업보증 규모를 확대하고 지원기준·절차 등 개선(신·기보)
  - 예비창업자 창업보증을 확대(3,200억원→3,500억원)하고 우수기술기업에 대해서는 보증비율 우대(창업 1년 후 90%→95%)
  - 기술기반 예비창업자에 적합한 평가모형 마련
  - 우수기술 예비창업자에 대해서는 투자자금까지 지원(총 50억원)
- 부가가치 높은 준비된 기술형·숙련형 스타트업 활성화를 위해 총 8,000원 규모의 특화 프로그램 마련(신·기보, 기은)

(2) (창업 후 7년 이내) 창업단계별 맞춤형 지원 강화

- 창업기업 연대보증 면제 확대
  - 중진공과 신보의 연대보증 폐지기준을 신·기보와 동일하게 창업 후 5년까지 확대
  - 시중은행의 경우에도 정책금융기관 수준으로 창업기업 연대보증을 폐지하도록 적극 유도
- 창업기업에 대한 보증 프로그램 전면 정비
  - 창업기업에 대한 지원을 체계적으로 정비하는 한편, 초기 창업 기업(창업 3년 이내)에 대한 보증공급을 확대(신·기보)
  - 창업기업 범위를 창업 후 5년 → 7년으로 확대·통일하고 보증공급을 대폭 확대(신규보증 비중 ('17년) 60% → ('21년) 70~80%)
- 창업금융 3종(이자유예·저금리·신용대출) 세트 도입
  - 창업기업에 대한 저금리의 신용대출 활성화를 위해 총 1,000억원 규모의 「창업금융 3종 세트 마련」(기은)
- 액셀러레이터 역할 활성화
  - 액셀러레이터와 정책금융지원 프로그램을 연계(산·기은, 신·기보)

---

16 상세한 내용은 다음 자료 참조(2017.4.19. 경제관계장관회의 및 발표자료)

- 창업기업 대상 투자금융 활성화
  - '17년 중 3,000억원 규모의 창업펀드를 조성하는 한편, 보증연계투자와 투자옵션부 보증의 규모를 확대하고 활성화(산은, 신·기보)
  - 창업 투자를 촉진할 수 있도록 정책펀드 운영 관행을 개선
- 창업·벤처기업 투자 관련 세제지원 확대
  - 우수 기술을 보유한 창업기업에 대한 개인투자자들의 투자가 활성화될 수 있도록 엔젤투자 소득공제 투자대상을 확대(기재부)

3) (성장단계) 지속적인 성장을 위한 금융공급

- M&A, 사업재편, 해외진출 등에 대한 지원 강화
  - 정책금융·민간자본을 활용하여 1조원 규모 M&A 펀드 조성(산은 등 3,000억원 출자 + 민간 7,000억원)
  - 사업재편이 보다 활성화되도록 사업경쟁력강화자금(산은, 2.5조원)의 지원대상을 확대하고 사업재편지원펀드 조성(산은, 2,000억원)
  - 해외진출 지원펀드를 2,000억원 규모로 신규 조성(산은)
  - 정부출연 연구소의 기술개발-이전-사업화와 연계한 R&BD지원프로그램 마련(산은, 500억원)
  - 중소기업 저리 자금지원을 위한 온렌딩 활성화(산은)
- 시장기능을 활용한 성장자금 공급확충
  - 증권신고서가 면제되는 소액 공모제도 개선(금융위)
  - 협약보증 활성화를 위해 협약보증 출연 회사의 경영평가(금융회사), 공정거래협약평가(대기업)시 우대(금융위, 공정위)
  - 벤처투자 직접운용이 어려운 소규모 공제회의 자금을 모아 모자형 펀드로 운영하는 벤처투자풀 결성(총 9천억원 조성 목표)

2) 혁신창업 생태계 조성방안[17]

(1) 혁신창업 친화적 환경 조성

- 기업·대학 등 핵심 기술인력의 창업도전 환경 조성
  - (사내벤처, 분사창업) 대기업, 중견기업의 우수인력이 적극적으로 혁신창업에 나설 수 있도록 특화지원 프로그램 운영

---

17 상세한 내용은 다음 참조(2017.11.2. 경제관계장관회의 발표자료)

- (대학, 출연연 인센티브 개편) 창업실적, 창업지원 등의 지표를 교원, 대학, 출연연 평가에 반영 유도, 휴·겸직 기간 및 조건 완화
- (창업유형 다양화) 다양한 분야, 배경, 세대의 인재들이 창업하여 일자리 창출에 기여할 수 있도록 정책적 지원 강화

－ 민간 중심의 혁신기업 선별기능 강화

- (벤처확인 전면개편) 혁신성, 성장성 높은 기업들이 벤처기업 인증을 받을 수 있도록 민간 주도의 제도로 과감히 전환
- 민간위원회를 통한 벤처기업 확인, 대출·보증실적에 근거한 확인유형(90% 차지) 폐지
- (TIPS 방식 확산) 민간 자율로 대상을 선정하고 정부가 후속 지원하는 TIPS 방식을 창업·벤처정책 전반으로 확산
- (기술금융 활성화) 혁신기업이 기술력을 바탕으로 소요자금을 금융기관에서 원활히 조달할 수 있도록 인프라, 제도 확충

－ 창업 걸림돌 및 애로와 부담을 획기적으로 해소

- (부담금·세금부담 경감) 창업기업에 대한 부담금 면제를 대폭 확대[18]하고, 재산세·취득세 등 조세감면 방안[19]도 적극 추진
- (창업플랫폼 구축) 국민참여를 토대로 아이디어 공유 및 창업을 지원하기 위한 한국형 메이커 스페이스를 전국적으로 조성
- (창조경제혁신센터) 지역 창업생태계 허브로 역할을 재정립하여 취약한 지역 혁신창업 지원기반 강화
- (창업공간 확충) 판교창조경제밸리를 혁신 선도모델로 개발하고, 전국 11개 도시첨단산단으로 확산

－ 죽음의 계곡(death valley) 극복과 성장 지원 강화

- (성장지원 강화) 창업 3~7년 기업의 성장을 지원하는 창업도약 패키지 규모를 현재(’18년 예산안 500억원)보다 2배 확대
- (혁신형 조달제도) 창업기업의 판로 확보를 실질적으로 뒷받침하기 위한 공공조달 혁신방안 마련
- (글로벌 스타기업 창출) 매년 우수기업 20개 선발 후 집중지원(최대 45억원), 해외진출 지원을 위해 외자유치펀드 조성·운영

---

18 일몰기한 5년 연장(~’22년), 면제부담금 확대(15종) 및 대상 추가(지식서비스업 포함)
19 창업 3년 내 재산세 100% 감면, 기술혁신기업에 대한 수도권 내 취득세 중과 면제

(2) 벤처투자자금의 획기적 증대

- 재·정책금융을 마중물로 대규모 모험자본 공급

  - (혁신모험펀드) 향후 3년간 10조원 규모의 혁신모험펀드를 신규 조성하여 국내 모험자본 공급을 획기적으로 확충
  - (대출프로그램) 신·기보 등 정책금융기관과 민간자금이 함께 혁신모험펀드 투자기업 등에 자금공급(20조원 규모) 연계 추진
  - (모태펀드 특화) 일자리 창출 우수기업, 지방기업, 사회적 기업 등 국정과제 지원을 위한 투자기능 강화

- 벤처투자 확대, 성장과실 공유를 위한 4대 세제지원 패키지 도입

  - (엔젤투자 소득공제) 은퇴자·선배벤처 등의 창업기업 투자를 유도하기 위해 소득공제 혜택을 대폭 확대

현 행		개 선	
투자구간	소득공제율	투자구간	소득공제율
1,500만원 이하	100%	3,000만원 이하	100%
1,500만원~5,000만원	50%	3,000만원~5,000만원	70%
5,000만원 초과	30%	5,000만원 초과	30%

  - (스톡옵션 비과세) 핵심인재의 혁신기업 유입을 촉진하기 위해 벤처기업 스톡옵션 비과세를 10년 만에 재도입[20]
  - (우리사주 소득공제) 창업자-근로자의 동반성장을 지원하기 위해 근로자의 우리사주 출자 소득공제 확대(400만원→1,500만원)
  - (공모창투조합 세제지원) 일반국민의 손쉬운 벤처투자를 위한 운영기반 정비(법령 개정) 후 창투조합과 동일한 세제혜택 적용

- 벤처투자에 우호적 환경을 조성하기 위한 과감한 규제혁신

  - (크라우드펀딩 규제개선) 다양한 창업기업들이 크라우드펀딩을 활성화할 수 있도록 관련 규제를 완화[21]하고, 사후감독 강화 병행
  - (벤처투자 제도 통합) 벤처법, 창업법 등에 분산된 벤처투자 관련제도를 벤처투자촉진법으로 일원화하고, 규제적용 최소화
  - (창업투자 규제혁신) 신규 사업자들의 창업투자 시장진입을 촉진하고 자유로운 투자가 이루어질 수 있도록 규제 완화[22]

---

20 스톡옵션 행사이익에 대해 2천만원까지 비과세 혜택 적용
21 [업종제한] 금융·보험업, 부동산업, 도박업 등을 제외하고 크라우드펀딩 허용
　[발행한도] 크라우드펀딩을 통한 기업당 연간 자금조달한도(현 7억원) 상향
22 혁신창업 국가 실현을 위한 대표 규제혁신 사례로 중점 추진

· 창투사의 자본금 요건 하향(50억원→20억원), 전문 인력 자격요건 완
　화(자격, 학위→창업, 투자경험)

· 창업기업 의무투자비중(40%)을 창투사 규모별로 차등화, 사행성 업종
　외 모든 업종에 벤처투자 허용, 해외투자 제한 합리화

4 : 신용관리

1) 신용정의

　　신용(Credit, 信用)의 정의를 살펴보면 일상적의미로 '특정인의 말에 대한 신뢰'일
것이다. 이를, 경영학적 의미로 풀어보면 '외상거래에 대하여 요청자의 언행으로 보
아 외상대금의 지불이 틀림없을 것이라는 믿음'이라고 할 수 있다. 즉, '장래의 어느
시점에 그 대가를 치를 것을 약속하고 현재의 가치를 얻을 수 있는 능력을 말한다.

　　한편 [신용＝빚]이라고 이야기 하는데, '신용(Credit)'이란 신용을 제공하는 측의
입장에서 사용하는 말이며, 신용을 이용하는 입장에서는 신용을 통해 제공받은 '빚'
이 되는 셈이니 '신용'과 '빚'은 동전의 양면과 같은 성질을 가지고 있다.

　　신용의 구성요소는 '4C'라고 한다. 그 내용으로는 경영자의 인격(Character, 차입
금 상환의지를 뜻함), 기업이 채무를 만기일에 제대로 상환할 수 있는가의 여부인 지급
능력(Capacity), 자본의 조달상태와 운용상태(Capital), 재무건전성에 영향을 미치는 경
제상황(Condition)이 그 내용이며, 담보(Collateral)는 경영자의 능력이 미지수이거나
자본이 불충분할 때, 그리고 산업의 현 경제상태가 특이하여 신용위험이 크다고 판
단될 때 이를 보완하기 위한 수단으로서 부수적으로 신용의 한 요소로 간주하여 '5C'
라고도 한다.

2) 신용분석(Credit Analysis)

　　신용분석은 경영성과 또는 기업신용을 구성하고 있는 요소들을 분해하고 가공
하여 그 의미를 종합하는 것이다. 즉, 신용요소들이 전체로써 어떠한 의미와 어느 정
도의 수준에 있는지 통합적 의미를 찾아내는 분석적인 과정을 말한다.

이는 신용능력 또는 신용수준을 확인하고 미래 부실가능성을 파악하여 금융의 대상을 선별하는 것을 포함한다. 신용분석의 중요성은 1997년 발생한 대기업의 부도 현황을 살펴보면 절실히 느낄 수 있으며, 금융기관에 고스란히 부실채권으로 돌아갔고 금융위기에 기름을 부은 꼴이 되었다.

신용분석 실무는 수집된 기업정보를 분해, 가공, 결합함으로써 정보분석 및 평가결과를 유기적으로 연결하여 경영성과가 취약한 기업들 중에 부실가능성이 낮은 기업을 선별하고, 경영성과가 양호한 기업들 중에 부실가능성이 높은 기업을 탈락시키는 탐색과정이다.

신용조사의 경우 은행제도 생성과 함께 시작된 절차로서 이해당사자인 대출기관이 신용조사의 주체가 되어 대출기관 내부목적인 대출결정에 사용하고 그 결과를 공개하지 않는 것이 일반적이나, 신용평가의 경우 20세기 초 미국 자본시장에서 대규모 직접금융의 필요성이 증대되면서 이를 매개할 수 있는 기관의 출현과 함께 중립적인 제3자의 전문적인 신용상태평가가 요구되면서 나타난 제도이다.

특히 신용평가는 이해당사자가 아닌 일반투자자에 대한 정보공시를 목적으로 하기 때문에 그 결과를 불특정 다수에게 공시한다는 데 신용조사와 분명한 차이를 보이고 있다.

3) 신용평가(Credit scoring)

대부분의 기업들은 금융기관에서 대출을 받거나 보증을 서는 등 여러 가지 이유로 기업신용상태를 평가받는다. 신용조사와 신용평가 결과에 따라 신용등급이 결정되면, 그 등급에 의한 대출한도와 이자율 및 보증입보 자격이 결정되고, 조달청 입찰자격을 획득하거나 대기업의 협력업체로 선정되기도 한다.

이와 같이 다양한 목적과 사유로 기업체의 신용을 평가하는데, 기업신용평가란 기업체의 영업위험, 경영위험, 산업위험, 재무위험 등 기업신용에 영향을 미치는 재무 및 비재무 요소를 분석, 평가하여 그 기업의 부실위험도와 종합적인 신용상태를 부도확률과 신용등급으로 나타내어 정보이용자가 보다 쉽게 이해하고 합리적인 의사결정을 하는 데 도움을 주기 위한 시스템이라고 할 수 있다.

신용평가 항목은 재무항목, 계량비재무 항목, 순수비재무 항목 등으로 구분하며, 해당 기업체의 기업규모와 업종, 업력에 따라 가중치를 상이하게 적용하여 최종 신용등급을 결정한다.

Moody's 社의 신용평가 항목

주요항목	세부항목
Market Risk	
Business Environment	• Condition of economy • Company business cycle relative to the economy • Degree of company seasonality • level of external regulation • level of environment risk
Industry Status	• Riskness of the borrower's industry • Industry life cycle • Company life cycle • Degree of over capacity in the market
Competitive Environment	• Barriers to entry / exit • Idensity of domestic / foreign competition • Bargaining power of buyers / suppliers
Company vulnerability	• Dependency of dominant employer • Client concentrations
Management Risk	
Management skills	• CEO performance • Performance of marketing sales manager • Performance of production / operating manager • Performance of financing manager • Performance of planning & administration manager
Resources & Succession	• Position overload is more than 1 of the positions held by the same person? • Management succession
Planning & Implementation	• Develop and implement business plans • Managing market disturbances
Management Integrity	• Trade credit history & reference checks • Business loan history & bank reference checks • Loan covenant compliance • Credit check of personal guarantors • D&B business information report • Experian(formerly TRW) personal credit report
Financial Risk	
Profitability	• Gross margin • CG&A expenses as % of sales • Operating profit margin %
Liquidty	• Cash balance • Cash after Debt Amortization • Current ratio • Cash flow ratio
Capital structure	• Dept / Worth ratio • Short term Debt % of trading assets
Trading accounts	• Accounts receivalble days • Accounts payable days • Inverntory days
Sales growth	• Annual sales growth

금융기관의 중소기업 신용평가 체계

하지만 세계 3대 신용평가 기관인 S&P(Standard & Poor's), Mooy's Investors Sevice(이하 Moody's 社), Fitch-IBCA(피치), 국내 신용평가기관 및 금융기관들의 세부평가내용과 항목별 가중치 적용은 각 기관별 차이를 보이고 있으며, 그 세부내용은 공표하지 않고 있다.

매출은 기업의 신용(대출상환능력)을 판단함에 있어 현금흐름이 발생하는 영업활동이 얼마나 잘 운용되고 있는지를 판단하는 주요한 지표로 이용될 수 있다. 채권자가 기업을 상대로 대출을 할 때 그 대상기업이 어느 정도의 평균 매출을 내고 있는지가 바로 매출 조건이다. 가령 월 매출이 평균 3,500만 원의 자영업자가 신용대출을받을 수 있는 한도는 얼마정도인가 하는 문제이다.

간단한 예로써, 모 자영업자가 사업부진으로 인해 새로운 사업비용 조달의 어려움을 겪고 있다. 은행을 찾아가 3,000만 원의 자금을 대출 받으려 한다. 이 자영업자가 대출을 받기 위한 담보가 없다면 일정 이상의 매출을 증빙해 냄으로 인해 대출상환능력(신용)을 인정받아 대출을 받을 수 있게 된다.

4) 신용등급(Borrower Risk Rating)과 부도율(Default)

Moody's 社는 신용등급에 대하여 특정채권의 원금 및 이자를 적기에 지급할 수 있는 발행기업의 미래 상환능력과 상환능력 및 법적채무에 관한 평가회사의 의견(Opinion)이라고 정의하였다.

신용등급의 비교

등급의 정의 및 내용	Moody's	S&P	Fitch-IBCA	국내평가사
최상의 신용상태 원리금 지급 항상가능	Aaa	AAA	AAA	AAA
신용상태 안전 약간의 투자위험	Aa1 Aa2 Aa3	AA+ AA AA-	AA+ AA AA-	AA
신용상태 양호 미래위험요소 내포	A1 A2 A3	A+ A A-	A+ A A-	A
신용상태 적절 미래위험 존재 불황시 유의 필요	Bbb1 Bbb2 Bbb3	BBB+ BBB BBB-	BBB+ BBB BBB-	BBB
투기적 요소 미래안전 불투명, '성과불확실로 투자시 주의	Bb1 Bb2 Bb3	BB+ BB BB-	BB+ BB BB-	BB
원리금 지급 불확실 투자부적격 대상	B1 B2 B3	B+ B B-	B+ B B-	B
신용상태 불량 원리금 지급불능위험	Caa Ca	CCC+ CCC CCC- CC	CCC+ CCC CCC- CC	CCC CC C
최악의 신용상태로 채무불이행 등급채권	C	C D	C DDD DD D	D

그러나 신용등급을 회사채 등 특정 부채, 즉 Facility Risk Rating으로 정의할 때에는 원리금이 약정대로 상환될 확률을 평가하고 그 평가결과를 일정한 기호 또는 문장의 형태로 표현함으로써 투자자가 투자정보로 활용할 수 있는 정보체계를 의미하게 되는 것이다. 각 신용평가기관의 신용등급 분류는 다음의 표와 같다.

부도는 차주 또는 채권발행자가 채무를 이행할 수 없는 상태를 의미하는데 국제결제은행(BIS)는 부도에 대하여 다음과 같은 사건이 1개 이상 발생할 경우에는 채무자의 부도에 해당한다.

① 채무자가 원금과 이자 또는 수수료를 포함하여 채무 전액을 지급할 가능성이 없는 것으로 판정된 경우

② 대손상각, 특정 대손충당금 설정 또는 원금, 이자, 수수료의 면제 또는 연장 등의 채무조정과 같은 신용손실사건이 발생한 경우

③ 채무자가 채무를 90일 초과하여 연체한 경우

④ 채무자가 파산신청 또는 이와 유사한 형태로 채권자들로부터 법적 보호를 신청한 경우이다.

5) 회수정책(채권보전 관리)

(1) 보전처분의 필요성

채무자가 채무를 변제하지 못하게 되면 채권자는 채권의 확보를 위하여 채무자 소유의 유체동산, 부동산, 채권 등 각종 권리에 대한 보전처분조치를 취하게 된다. 그러나 채권자가 근저당권 등의 담보권을 설정하지 못하였을 시에는 채무자의 재산 파악을 통하여 채무자 재산이 발견 시 가압류·가처분 등의 조치를 한 후 확정판결을 받아 채권을 회수하게 된다.

그러나 채무자는 채권자의 이러한 행동을 미리 예상하여 주요 재산의 매각, 타인에 대한 담보의 제공 등으로 채무를 변제하지 않으려고 조치를 취하기 마련이다. 이러한 때에 확정판결을 받기 전에 미리 채무자의 일반재산이나 부동산에 대한 매각 등을 하지 못하도록 재산을 동결시켜 두거나, 임시로 잠정적인 법률관계를 형성시켜 두는 조치를 취함으로써 채권자가 후에 확정판결을 얻었을 때 그 판결의 집행을 용이하게 하기 위함이다.

(2) 보전처분의 특징

잠정성	보전처분은 확정판경의 집행보전을 위하여 법률관계를 잠정적으로 규율하기 위한 처분이어서 잠정적인 성질을 갖음
긴급성	긴급히 그 내용이 실현되지 않으면 소기의 목적을 달성할 수 없는 경우가 많기 때문에 재판 및 집행절차도 그 처리에 긴급성이 요구됨
부수성	보전처분은 본안소송에 부사하는 절차로서의 성질을 갖으며, 제소명령을 어기고 본안소송을 제기하지 않으면 보전 처분이 취소될 수 있고, 본안소송의 경과는 사정변경을 이유로 하여 보전처분을 취소하는 경우 중요한 참작사유가 됨
밀행성	보전처분은 채무자의 재산상태나 다툼의 대상에 관하여 법률적, 사실적 변경이 생기는 것을 막고자 함이 그 목적이기 때문에 절차를 원칙적으로 상대방이 알 수 없는 상태에서 비밀리에 심리되고 실행되어야 함
자유재량성	서로 상충되는 2개의 요구에 대해서 법원에 그 심리 방법에 관한 많은 재량을 주고 있는데, 변론을 거칠 것인가, 서면심리에 의할 것인가, 담보의 종류 등에 관한 것은 모두 법원의 재량행위에 속함

(3) 보전처분의 종류

❶ 가압류

가압류는 채무자의 일반재산의 감소를 방지하고자 금전채권이나 금전으로 환산할 수 있는 채권에 대해서 장래에 그 집행을 보전하려는 목적으로 미리 채무자의 재산을 압류하여 그 처분을 중지시키려는 집행보전제도이다.

즉, 신청인이 본안소송에서 승소하였을 경우 그 집행이 불능으로 돌아가거나 집행이 현저히 곤란할 염려가 있는 경우에 신청하는 것으로서 채무자의 책임재산의 낭비, 훼손, 포기, 은닉, 저가판매 등을 방지하기 위함이 가압류제도의 목적이다.

집행의 대상이 되는 재산의 종류에 따라 부동산가압류, 선박, 항공기, 자동차,건설기계에 대한 가압류, 채권가압류, 유체동산가압류 등으로 구분하고 있다.

❷ 가처분

가처분은 금전채권 이외의 권리 또는 법률관계에 대한 확정판결의 강제 집행을 보전하기 위한 집행보전제도이다. 계정물에 관한 가처분은 채권자가 금전 이외의 물건이나 권리를 대상으로 하는 청구권을 가지고 있을 때 그 강제집행 시까지 다툼의 대상(계정물)이 처분·멸시되는 등 법률적·경제적·사실적 변경이 생기는 것을 방지하고자 다툼의 대상을 동결시키는 보전처분이다.

임시의 지위를 정하는 가처분은 당사자 간에 현재 다툼이 있는 권리 또는 법률관계가 존재하고 그에 대한 확정 판결이 있기까지 현상의 진행을 그대로 방치한다면 권리자가 현저한 손해를 입거나 급박한 위험에 처하는 등 소송의 목적을 달성하기 어려운 경우에 그로 인한 위험을 방지하기 위해 잠정적으로 권리 또는 법률관계에 관하여 임시의 지위를 정하는 보전 처분이다.

❸ 가처분과 가압류의 차이점
- 가처분은 가압류와 달리 금전채권이 그 대상이 아니다.
- 채무자의 일반재산이 아닌 특정 계정물이다.
- 금전채권으로써는 가처분이 허용되지 않는다.

6) 신용관리(Credit Management)

기업경영에 있어 신용관리란 금융거래와 상품거래 등 상거래상의 신용판단에 대하여 과학적이고 체계적인 계획수립, 효율적인 조직구성 및 신용거래와 관련된 각종 행동을 통제하는 행위이다.

이는 금융거래와 상품거래 등의 상거래에 있어서 신용거래의 확대와 추심기능은 물론 경영관리의 전사적 시스템에서 원자재 조달관리, 상품의 생산관리 및 판매관리와 재무관리의 경계선상에 있는 하위시스템으로써 기업전체의 목표와 조화를 이루면서 경영목표의 수립, 개별 경영정책의 실행, 경영성과의 분석, 의사결정과정 및 기법의 체계화, 기업내부의 관리조직의 정비, 최고경영자를 포함하는 모든 조직구성원들의 교육 및 훈련을 포함하는 전사적인 경영활동을 의미한다.

다시 말해 신용관리란 생산자원의 조달, 상품의 생산 및 판매, 자금조달에 관련된 각각의 업무를 효율화함으로써 재무구조와 경영성과를 제고하는 모든 경영활동으로 정의할 수 있다.

4차산업혁명과 창업금융

———————————— 부록

사업계획서 작성 예시(사업계획서 Part II)

□ 중소기업들에게 사업계획서 작성에 도움을 드리고자 사업계획서 Part II의 항목별로 작성해야 할 주요내용 및 작성예시를 제시한 자료임

□ 세부사업별로 사업계획 Part II 양식 및 작성 페이지수가 다를 수 있으므로 사업별 공고문의 내용 및 첨부파일을 확인 후 작성하여 주시기 바랍니다.

□ 사업계획서 Part II 작성방법 자료 구성

작성항목	예시과제분야 및 과제수
기술개발의 개요 및 필요성	바이오의료 1개 과제
기술개발의 목표	화학(1), 기계소재(1), 정보통신(1) 3개 과제
기술개발의 방법	정보통신 1개 과제
사업화 계획	정보통신(1), 전기전자(1) 2개 과제

* 본 자료는 사업계획서 작성시 참고자료로만 활용하여 주시기 바랍니다.

사업계획서 part II(5~10페이지 이내 작성)

1. 기술개발의 개요 및 필요성

작성방법

○ 개발 기술의 개요 및 필요성
- 개발대상 기술(제품, 서비스 등)의 개요, 기존제품(기술)의 문제점, 수요처의 개선요구, 향후 시장의 변화대비 등에 관해서 기술하고 이에 따른 기술개발의 필요성을 서술

<작성예시> 용이한 삽입과 강한 초기 고정력을 갖는 기능성 인공고관절 개발
(바이오 의료-기능복원/보조 및 복지기기-기타 기능복원/보조 및 복지기기)

○ 인공고관절의 사용 목적은 회복이 불가능할 정도로 손상된 환자의 기존 고관절을 제거하고 기존의 고관절을 대체하여 보행과 같은 일상생활을 가능하게 하는 데에 있음. 인공 고관절의 기본 구조는 인체 정상고관절 구조를 있는 그대로 모방하였고, 그림과 같이 대퇴골 내로 삽입되는 스템, 대퇴골두, 골반 쪽에 고정되는 비구컵, 그리고 대퇴골두와 비구컵 사이의 마찰을 최소화하기 위한 라이너로 구성됨.

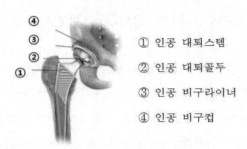

① 인공 대퇴스템
② 인공 대퇴골두
③ 인공 비구라이너
④ 인공 비구컵

인공고관절의 상세 구조

○ 현재 상용화된 인공고관절의 문제점

■ 인공고관절을 뼈에 고정시키는 방법으로 현재 골성유합법을 사용하고 있음. 기존 인공고관절들을 뼈에 밀착시키고 단단히 고정시키기 위해 인공고관절 크기에 맞게 뼈를 깎아내는 라스핑과 물리적 힘을 가해 삽입하는 햄머링을 과도하게 시행하는 경우가 많아 시술이 어렵고 뼈에 손상이 갈 수 있기 때문에 환자와 의사들이 큰 부담감을 안고 있음. 또한, 뼈가 자라는 데 시간이 걸리기 때문에 수술 직후에는 고정력이 약함.

■ 인공고관절의 수명에 한계가 있는 데다 인공고관절의 마모로 인해 생긴 금속이나 고분자 파편 때문에 뼈가 녹는 골용해와 같은 문제 때문에 인공고관절을 시술한 환자의 재수술이 필요함. 기존의 대부분 인공고관절을 사용한 수술은 라스핑과 햄머링을 과도하게 실시하여 뼈를 많이 손상시키고 재수술 시점에서의 인공고관절은 뼈와 강하게 결합되어 있으므로 시술된 인공고관절의 제거가 극히 어려운 실정임.

■ 기존의 상용화된 인공고관절은 초기 시술과 재수술에 환자가 위험부담을 안고 있고, 더욱 시술 직후 뼈가 자라기 전에는 움직임이 힘듦.

○ 제안하는 인공고관절 기술은 회복이 불가능할 정도로 손상된 엉덩이관절을 치료할 때 사용되는 인공고관절로서 삽입이 용이하고, 강한 초기 고정력을 가지는 특징으로 하여 환자에게는 안전하고 고통을 줄여줄 수 있고, 또한 재수술이 필요할 경우 큰 어려움 없이 사용된 인공고관절을 제거할 수 있으며, 의사에게는 간편한 시술로 수술의 부담을 덜어 줄 수 있는 기능성 인공고관절의 설계와 제조를 위한 기술개발임

2. 기술개발의 목표

작성방법

○ 최종목표
  - 개발하고자 하는 기술의 내용을 개발결과물(제품, 기술 등)을 중심으로 명확하게 기술(적용분야, 적용기술, 주요성능 등을 제시)
  - 개발결과물에 대해서 명확하게 제시: 예) ooo 알고리즘, ooo 시스템 등

○ 기술개발내용
  - 개발내용은 전체 개발하고자 하는 주요 핵심기술 위주로 세부 개발내용 서술(12개월 이상인 사업은 1차연도, 2차연도로 구분하여 기술개발내용 서술, 표 형태로 제시 가능함)
  - 기술 및 사업화 경쟁력을 확보하는 데 필요한 핵심기술제시 및 성능지표 중에서 가중치가 높은 성능지표의 목표를 달성하기 위한 기술개발내용을 제시

○ 목표달성도 평가지표(표 성능지표 목표 및 측정방법 참고)
  - 개발결과물에 대한 검증을 위한 성능지표들을 제시
  - 주요성능지표는 5개 이상 제시, 정량적 지표로 중심으로 제시, 그렇지 못할 경우에는 측정방법(측정환경)을 작성하여 객관적으로 검증실시계획 제시
  - 시험규격은 주요 성능지표의 측정(시험)방법에 대한 객관적 기준이 되는 규정
    * KS 시험규격, ISO 규격, JIS 규격 등
  - 측정결과의 증빙방법은 1) 공인시험·인증기관 2) 외부기관(학교나 연구소 등) 3) 자체평가 중 하나를 선택하여 제시
  - 성능지표들에 대해서 시료의 정의 및 측정방법(측정환경)을 명확하게 제시
※ KOLAS 시험기관 검색 : https:/www.kolas.go.kr >> 검색서비스 >> 시험기관검색 활용

<작성예시 1> 내한굴곡성(00000회/−00℃) 및 투습방수기능이 우수한 하이브리드 필름 소재 및 섬유융합제품개발(화학−섬유제품−융합섬유제품)

2.1 최종목표

○ 바이오매스기반 투습방수 PU 필름 제조 및 PTFE필름을 사용한 복합 하이브리드 필름의 라미네이팅 공정기술을 개발하여 내한굴곡성 및 투습방수성 우수한 원단 및 기능성 의류 제품을 개발.

2.2 목표달성도 평가지표

목표달성도 평가지표

주요 성능지표[1]	단위	최종 개발목표[2]	세계최고수준 (보유국/보유기업)	가중치[3] (%)	객관적 측정방법	
					시료 수 (n≥5개)	시험규격[4]
1.바이오매스함량 (Biomass-PU)	%	OO 이상	–	15	2	ASTM D 6866
2. 두께	μm	OO	15~20	5	5	KS K ISO 5084
3. 내수도	mmH₂O	OOOOO 이상	10,000	15	5	KS K ISO811(저수압법)
4. 투습도	g/m²/24h	OOOOO 이상	8,000	15	5	KS K 0594(초산칼륨법)
5. 내한 굴곡후 내수도	mmH₂O	OOOO 이상	6,000	20	5	KS M ISO 17694 준용 (20,000회/-20℃) KS K 0591(저수압법)
6. 인장강도	N	OO 이상	5~10	5	5	KS K 0520(그래브법)
7. 인열강도	N	OO 이상	15	5	5	KS K 0535(펜듈럼법)
8. 발수도	급	O	4~5	10	5	KS K 0590(스프레이법)
9. 박리강도	N	OO 이상	15	10	5	ISO 2411

□ 시료수 5개 미만(n<5개)시 사유

○ 바이오매스 함량 측정은 기기측정으로 2회로 충분히 검증된다고 판단됨. 수지합성이 연차별 1~2회 정도 이루어지기 때문에 같은 시료로 반복 측정하는 것은 비용부담이 너무 큼.

□ 측정결과의 증빙방법 제시

○ 성능지표 1~2는 개발제품의 필름 형태로 해당 공인 시험인증기관(한국의류시험연구원 또는 FITI 시험연구원)의 시험성적서 제출.

○ 성능지표 3~9는 개발제품의 라미네이팅 섬유제품으로 해당 공인 시험인증기관(한국의류시험연구원 또는 FITI 시험연구원)의 시험성적서 제출.

○ 시료정의 및 측정방법

주요성능지표	시료정의	측정방법
1. 바이오매스함량 (Biomass-PU)	Biomass-PU필름	첨단 가속질량분석기 (Accelerator Mass Spectrometry: AMS)
2. 두께	하이브리드 필름	KS K ISO 139에 규정된 상태에서 컨디셔닝된 시험편으로 두께 측정
3. 내수도	원단과 필름이 합쳐진 라미네이팅 원단	KS K ISO 139에 규정된 상태에서 컨디셔닝된 시험편으로 내수도 측정
4. 투습도	원단과 필름이 합쳐진 라미네이팅 원단	양변에서 전폭의 1/10씩 양끝에서 100cm 이상 떨어진 곳에 채취함
5. 내한 굴곡후 내수도	원단과 필름이 합쳐진 라미네이팅 원단	KS M 17694 준하는 시험기기에서 내한굴곡후 내수도를 측정
6. 인장강도	원단과 필름이 합쳐진 라미네이팅 원단	표준화상태의 습윤 상태에서 정속 인장식(CRE) 시험기를 사용함
7. 인열강도	원단과 필름이 합쳐진 라미네이팅 원단	예비컨디셔닝, 컨디셔닝 및 시험환경은 KS K ISO139에 따라야 함
8. 발수도	원단과 필름이 합쳐진 라미네이팅 원단	별도로 규정되어 있지 않고 발수처리된 표면을 고르고 평평하게 당겨서 측정
9. 박리강도	원단과 필름이 합쳐진 라미네이팅 원단	시험편을 KS M ISO 2231의 방법에 따라 전처리하고 박리강도 측정 규격에 따라 시험을 진행함

<작성예시 2> 실시간 입도제어 기술을 융합한 나노 Hydro dispersion 시스템 개발
(기계·소재 – 나노·마이크로 기계시스템 – 시스템 통합화 기술)

2.3 최종목표

○ 실시간 입도제어 기술을 융합한 나노 Hydro dispersion 시스템 개발
  – 초고압(OOOO MPa 이상)을 이용한 분말 및 slurry 소재의 나노 hydro dispersion 요소기술 개발
  – 처리량 OOO ml/min의 나노 hydro dispersion system 시작품 개발
  – 실시간 입도 측정 장치 모듈 적용 및 제작 기술 개발
  – 실시간 입도 제어 및 나노 Hydro dispersion 기술의 융합 공정 및 장치 개발
  – Hydro dispersion된 나노 소재 분말의 물리적 특성 평가(분말의 크기: OOnm 급, 분산도: SPAN OO 이하, 불순물 유입량: OOOO% 이하)
    (대상: CNT 및 SiOx 분말 소재)

2.4 목표달성도 평가지표

목표달성도 평가지표

주요 성능지표[1]	단위	최종 개발목표[2]	세계최고수준 (보유국/보유기업)	가중치[3] (%)	객관적 측정방법	
					시료 수 (n≥5개)	시험규격[4]
1. Capacity	ml/h	OOOO이상	1,500 (일본/Yoshida)	20	5	입회시험
2. Nozzle Gap	μm	OO 이하	70μm(일본/Yoshida)	15	5	3차원 측정
3. 압력	Psi	OOOO 이상	1,000 (이탈리아/GAE)	20	5	입회시험
4. Contamination	%	OOOO 이하	0.001 (이탈리아/GAE)	15	5	ICP
5. 나노입자 크기	nm	OO 이하	60	10	5	TEM
6. 분산도	Span	OO 이하	3.0	10	5	PSA
7. 온도	℃	OO 이하	30 (이탈리아/GAE)	10	5	입회시험

□ 시료수 5개 미만 (n<5개)시 사 유

○ 해당사항 없음

□ 측정결과의 증빙방법 제시

○ 성능지표 1의 경우, 3축 고압 분산기의 처리 용량으로 투입 분말 대비 생산되는 분말의 용량을 의미하는 것으로 OOOOml/h을 자체 평가를 통해 검증

○ 성능지표 2의 노즐 gap은 분산 압력 및 입자의 크기에 따른 분말의 분사 노즐의 크기를 의미하며, 자체 평가를 통해 제어 가능한 노즐의 크기를 측정

○ 성능지표 3의 압력은 나노 분말의 분산을 위해 물질에 가해지는 압력으로 측정은 자체 평가 수행 후, 입회 시험 평가를 수행

○ 성능지표 4-6은 최종 생산되는 나노 입자의 크기, 분산도 및 순도를 측정하는 지표로서 입자의 불순물은 ICP-MS(한국화학시험연구원)를, 나노입자의 크기는 TEM(나노융합기술연구원), 이때의 입자 분산도는 Nano-PSA(나노융합시험연구원) 통해 각각 분석을 진행하여 공인인증서를 제출

○ 고압 분산기를 이용하여 분산된 분말을 함유한 용액의 온도를 측정하는 것으로 보정된 온도측정 장치를 이용하여 자체평가 및 입회 시험 수행

○ 시료정의 및 측정방법

주요성능지표	시료정의	측정방법
1. Capacity	초고압분산기의 처리용량	일반 상온 및 대기 조건에서 초고압 분산 장치를 통해 처리되는 시료를 시간당 부피를 측정.부피 측정 방법은 정량 용기를 이용하거나 또는 피스톤을 이용하여 부피 측정
2. Nozzle Gap	초고압 분산기의 분사 노즐의 gap size	일반 상온 및 대기 조건에서 초고압 분산 노즐의 gap size를 3차원 측정기를 이용하여 측정(정밀도 OOμm 이내)
3. 압력	나노 분말의 분산 시 가해지는 압력	일반 상온 및 대기 조건에서 초고압 분산기의 노즐을 통해 분사되는 시료의 압력을 측정
4. Contamination	최종 분산 후 분말의 불순물 함량	XRF 또는 XRD를 이용하여 불순물의 정성분석 실시 후 ICP 분석을 이용하여 불순물의 정량 분석 실시
5. 나노입자 크기	초고압 분산 및 분급 후 분말의 입자의 크기	나노입자를 분석하기 위해서는 투과전자현미경을 이용하여 나노입자의 크기를 분석(OOnm 이하)
6. 분산도	초고압 분산 및 분급 후 분말의 분산도	PSA 분석을 통하여 D_{50}, D_{10}, D_{90} 값을 분석하여 분산도 (span=$(D_{90}-D_{10})/D_{50}$)를 계산함
7. 온도	초고압 분산 후 분말을 함유한 용액의 온도	보정된 온도측정 장치를 이용하여 초고압 분산기를 통해 처리된 시료의 온도를 측정

<작성예시 3> IoT 시계열 빅－데이터 실시간 저장 분석 및 시각화 플랫폼 기술 개발
  (정보통신－U－컴퓨팅－U－컴퓨팅 플랫홈 및 응용기술)

2.5 최종목표

○ IoT 시계열 빅－데이터 실시간 저장 분석 및 시각화 플랫폼 기술 개발
 － 기존 다중 사물인터넷 플랫폼을 지원하는 IoT Adaptors 개발하여 사용자가 쉽게 데이터 분석 플랫폼과 연동할 수 있는 인터페이스 구축
 － 사물인터넷 실시간 스트리밍 데이터를 처리 분석하는 In－Memory 기반의 Complex Stream Processing 기술을 개발하여 실시간 분석 기술 적용
 － 사용자 인터페이스 기반의 다양한 분석 알고리즘 개발 및 적용 툴 개발
 － 데이터 특성에 따른 다양한 Visualization 기법을 제공하여 다양한 서비스 제공
 － 대용량 시계열 데이터 베이스를 이용한 사물인터넷 빅데이터 저장 및 처리 시스템 구축
 － Open API를 통한 분석 결과의 서비스 연동 인터페이스 개발

2.6 목표달성도 평가지표

목표달성도 평가지표

주요 성능지표[1]	단위	최종 개발목표[2]	세계최고수준 (보유국/보유기업)	가중치[3] (%)	객관적 측정방법	
					시료 수 (n≥5개)	시험규격[4]
처리량	건	OOO건/초	무제한 (Amazon/미국)	20	–	TTA 공인기관 인증시험
시각화	건	OO건	50건 (Google/미국)	20	–	자체 시험 및 평가 시 시연
데이터베이스 응답 속도	ms	OOOms	500ms (Oracle/미국)	20	–	TTA 공인기관 인증시험
알고리즘	건	O건	–	20	–	자체 시험 및 평가 시 시연
Notification 응답속도	초	O초	–	10	–	TTA 공인기관 인증시험
연동 IoT 플랫폼 수	건	O건	무제한 (Amazon/미국)	10	–	TTA 공인기관 인증시험

☐ 시료수 5개 미만 (n<5개)시 사유

○ 실시간 처리에 대한 속도 건으로 시료수 문제는 없는 것으로 판단됨.

☐ 측정결과의 증빙방법 제시

○ 처리량, 시각화 등 단순 증빙이 가능한 것들은 자체 시험으로 증빙하도록 함.

○ 데이터베이스 응답속도, Notification 응답속도 등 객관적 측정이 필요한 지표는 공인시험기관인 TTA에 평가를 의뢰할 계획임.

◦ 시료정의 및 측정방법

주요성능지표	시료정의	측정방법
처리량	실시간 처리량 분석을 위한 임의을 시계열 데이터 발생기를 통한 데이터 처리량	• 플랫폼에 데이터 쉽을 위한 수집 처리단의 데이터 시계 열 포인트 수 • 구성된 플랫폼 내의 1초에 처리할 수 있는 실시간 처리 및 데이터베이스 저장 • 초당 플랫폼에서 데이터를 수집 및 처리하여 데이터를 저장되는 것까지 확인 • TTA 시험성적서로 처리량 목표 달성 여부 검증
시각화	IoT에서 생성되는 실시간 시계열 데이터	• 분석 시스템에서 제공하는 시각화 기법 확인 • 기본 시계열 데이터를 표현하는 정량적인 시각화 화면 수를 체크
데이터베이스 응답속도	분한 환경 기반의 IoT 시계열 데이터 조회	• OO만건 이상의 시계열데이터를 서버에 질의하여 사용자에게 전달되는 데 걸린 시간 측정 • TTA 시험성적서로 데이터베이스 응답 속도 목표 달성 여부 검증
알고리즘	IoT에서 생성되는 실시간 시계열 데이터	• 데이터 포인트별로 적용할 수 있는 분석 알고리즘의 개수 확인 • 연동된 IoT 디바이스의 실제 데이터를 기반으로 분석 적용 가능 알고리즘 확인
Notification 응답속도	분석 및 이벤트 발생시 사용자에게 응답 전송	• 이벤트 발생 시점에서부터 사용자 인터페이스로 Notification이 도달하는 데 걸리는 시간 측정 • TTA시험성적서로 이벤트 검출에 따른 사용자 응답 속도 목표 달성 여부 검증
연동 IoT 플랫폼 수	분석 시스템과 연동되는 개방형 IoT 플랫폼	• 이기종 플랫폼 연동을 통한 데이터 취득 확인 • 연동을 위한 API 및 제공 방식 확인 검증을 통한 연동 플랫폼 수 측정 • TTA 시험성적서로 연동 IoT 플랫폼 수 목표 달성 여부 검증

3. 기술개발의 방법

작성방법

○ 기술개발방법

   – 기술 및 사업경쟁력을 확보하기 위한 핵심요소기술, 최종목표달성(가중치 높은 성능지 표 달성 등)을 위한 기술개발내용에 대한 방법론(각 기능에 대한 구현방법) 및 핵심 기술 확보 방안 등에 대해 기술

   – 개발하고자 하는 핵심기술에 대해서는 아래와 같이 표 형태로 제시하는 것도 가능함

핵심기술	기술개발방법	핵심기술 확보 방안	비고
		자체개발 (관련기술전문가 O명 보유)	
		기술이전을 통한 확보	
		솔루션 도입하여 자체개발	

   – 12개월 이상인 사업은 1차년도, 2차년도로 구분하여 제시요망(해당시)

   – 수행기관(주관, 공동개발, 참여, 위탁등)별 기술개발내용을 구분하여 제시 요망 (해당시)

<작성예시> IoT기반 표준화된 현장 보급확산형 가두리 통합 관리 시스템
   (정보통신 – RFID/USN – RFID/USN서비스)

(1차연도)

○ 해양 환경 데이터 수집 장치 개발(유인＋무인 Hybrid방식)

   – 전원 컨트롤러 및 전류제어 컨트롤러 H/W 및 S/W 개발

   – 센서 장비의 종류에 관계없이 설치 가능한 유연성을 가진 제품 설계

   – 쉽게 설치 및 해제가 가능한 제품 개발

   – 양식장의 위치와 관계없이 설치 가능한 장비 개발(GPS 부착)

   – 유지보수가 용이한 장비 개발

○ 데이터 측정 정확도를 위한 센서 이물질 방지 장비 개발

   – 센서에 해양 생물 부착으로 인해 센서값 오작동을 방지하기 위한 장비 설계

   – 특수케이스(자체기술보유)로 제작하여 해양 환경에 견딜 수 있는 장비 설계

   – 압축공기 주입 방식으로 센서 이물질 제거 장비로 주기적으로 센서 주변을 청소

○ 지능형 환경정보 측정을 위한 센서 이동 장치 개발 및 임베디드 SW개발
  - 수중 깊이에 따라 표면, 중층, 심층의 센싱 데이터를 자동으로 연동하며 정보를 수집
  - 원치를 활용하여 수중 깊이에 따라 자동으로 측정하는 센서 이동 장치 개발
  - 센서 이동 장치를 제어하는 임베디드 SW 개발

○ Sensor Data 수집 컨트롤러 및 표준화된 인터페이스 모듈 개발
  - IoT기반(RFID, 센서 등) 실시간 데이터 수집을 위한 표준 인터페이스 개발
  - 이기종 센서 통합 API 개발
  - RS232, 485, TCP/IP, LTE 통합인터페이스 개발
  - TCP/IP, HTTP 송수신 프로토콜 개발
  - AIDC(자동식별 및 데이터 획득 기술) Adaptor 연동기술

○ 무인 양식장의 상시 전원공급이 가능한 자가발전장치(태양광) 적용
  - 태양광을 통해 운영이 가능하도록 저전력 기반 운영 시스템 설계
  - 유지보수 및 설치가 용이하도록 장비 설계
  - 표면유리는 유리 자체의 반사 손실을 최대한 줄이기 위해 표면 반사율이 낮은 저철분 강화유리를 사용
  - 충진제는 EVA(Ethylene Vinyl Acetate)를 사용하여 깨지기 쉬운 셀을 보호
  - 무인부표의 데이터수집장치와 연동되는 Solar Module, Sensor Module 제어 및 관리 알고리즘 기술 개발

○ CCTV포함 대용량 데이터 통신을 위하여 OGHz대의 모뎀 개발 및 적용
  - 보급형 IoT 기반 가두리 통합 관리 시스템은 환경 데이터량 증가(센서, 무인사료급이기, CCTV 등)로 인하여 기존 WIFI 및 LTE 모뎀 변경이 필요하여 파도와 너울 등 해양 환경에 적합한 무선 통신 모뎀으로 보급형 IoT 기반 가두리 통합 시스템 완성하고자 한다.
    • 주파수: OOG ISM 대역(OOOO~OOOOMHz)
    • 대역폭: OOMHz
    • 변조 방식: 직교주파수 분할 다중방식(OFDM)
    • TDD(Time Division Deplexing) 방식의 양방향 통신
    • 암호화: AES-128

○ 차별화된 IoT기반 무인 사료 급이 장치 개발
  - 양식장에 직접 접근하지 않고 원격으로 사료 급이 관리
  - 무인 사료 급이 장치 개발로 생산 효율성 증대
  - 과학적인 데이터에 근거한 DB 구축에 의한 사료급이로 체계적인 양식기술 및
    노하우 축적

○ 마이크로버블과 수중카메라를 활용한 양식어들의 생장/발육 관리 시스템 개발
  - 수중카메라와 자동 급이 장치를 활용해 양식어 생장/발육 상태 관리
  - 양식어 활동 상태 실시간 모니터링
  - 수중카메라를 이용하여 어병 및 생장 상태 모니터링
  - 산소와 사료를 함께 공급하면 섭이 활동이 증가되는 어류의 특성을 이용하여
    산소와 사료를 함께 공급하여 생산량 증대

(2차연도)
○ 최신 IoT기술 기반 장치모니터링 및 제어 임베디드 프로그램 개발
  - 최신 IoT 기술을 활용하여 컨트롤러 및 장비 제어용으로 사용되던 산업용 PC
    대신 자체 제작 Controller를 제작하고 SW를 개발하여 장비 제어 및 관리
  - 통신모듈, 통신부, 제어부, 전원부, 데이터 저장 기능을 가진 Controller 제작

○ 기존 양식장통합관리시스템을 사용자 편의를 위하여 GUI/UX 고도화 개발
  - 기존 양식장통합관리시스템 GUI/UX 고도화 개발
  - 이기종간 호환이 가능한 플렛폼으로 전환
  - 사용자 친화적인 GUI/UX 사용

○ 기존 양식장 App 해양환경데이터, 생장·생육 관리 추가 개발
  - 모바일 확산에 따라 기존 양식장 App에 해양환경데이터 분석 자료 및 양식어
    생육 생장 관리 추가 개발

○ 자연 재해(고온, 오염 등)에 대응하기 위한 저층수 공급 장치 개발
  - 2016년 해수면 30도 고수온으로 물고기 폐사
  - 고수온 발생시 저층해수의 공급 장치를 작동시켜 일시적으로 양식장 주변 온
    도를 내려줌으로써 물고기 대량 폐사를 방지

○ 양식장 네트워크 성능 및 환경 테이터 수집 및 처리 장치 등의 성능 검증을 위한
   테스트베드 구축
   – 양식장 환경정보가 정상적으로 수집되는지 Check
   – 양식장 안전장비(CCTV)가 정상적으로 작동, 운용되는지 모니터링할 수 있는
     기능 개발
   – 관리자가 운용상황을 실시간으로 쉽게 파악 가능한 시스템 개발

4. 사업화 계획

작성방법

○ 제품화 및 양산, 판로개척
  - 제품화: 개발한 기술이 최종 제품 서비스 형태로 개발되는 동안의 계획과정
  - 양산: 제품화 이후의 양산 계획과 방법
  - 판로개: 양산제품의 마케팅, 판매전략 등 판로개척 계획
○ 해외시장 진출 계획
  - 개발대상 기술(제품, 서비스)의 현지 시장분석 및 해외마케팅 전략 작성
  - 현재 직·간접 수출액이 없더라도 기술개발을 통한 해외진출 방안 계획을 기술
○ 고용현황 및 기대효과
  - 현재 고용현황 및 향후 고용유지 고용창출을 위한 계획
  - 기술인력을 위한 교육프로그램 운영, R&D 성과 공유, 스톡옵션, 직무보상 발명제도, 내일채움공제 가입 여부 등 주관기관에서 현재 시행중인 성과공유 현황을 반드시 작성

<작성예시 1> 저전력 장거리 통신(LPWAN) 기반 스마트 축산 통합 플랫폼 개발
(수출실적이 있는 기업, 정보통신 – RFID/USN – RFID/USN서비스)

4.1 제품화 및 양산, 판로확보계획

○ 제품 개발 계획

1) 실제 사용 고객 수요 조사
  - 사용자 중심 UX 시나리오를 위한 설문 조사
    • 트랜드 연구, 사용자 니즈 및 시장 분석
    • 이용 패턴 분석을 통해 제품 기획에 반영
  - 제품 컨셉 추출
    • 이해 관계자 인터뷰, 다학제적 워크샵 실시
    • 사용자 중심 시나리오 개발
    • 제품 개발 컨셉 도출
  - 디자인 및 설계 사상 추출

- 핵심 아이디어 도출
- 디자인 시안 개발 및 품평회

2) 서비스 플랫폼 기획 및 설계
  - 서비스 요구사항 및 프레임 워크 설계
    - 가상 서비스 지역 설정 및 서비스 형태 분류
    - 최대 이용자 산정 및 이용 편의성 예측 및 분석
    - 기획/설계/제조/공급에 따른 업무 공정표 작성 및 이행
  - 플랫폼 설계
    - 최대 대응 상품수에 따른 데이터베이스 설계
    - OS 및 데이터베이스 선정
    - 프레임워크에 설정된 데이터를 토대로 하드웨어 사양 규정
  - 디바이스 장치 인터페이스 규정
    - 서버 통신을 위한 통신 프로토콜 정의
    - 프레임워크에 반영된 가상 데이터를 토대로 최적의 제품 스펙 결정
  - 디바이스 디자인 및 설계 반영
    - 금형제품용 디자인 및 설계

3) 테스트 시나리오 개발
  - 벌크빈 레벨 정보 수집
  - 개체 생태 정보 수집

4) 테스트 디바이스 개발
  - 테스트 제품 워킹 샘플 개발
  - 테스트 베드 설정 및 스트레스 환경 조성
    - 임시 테스트 베드 설정(농가 선정) 및 성능 및 내구성 등의 스트레스 테스트 가동
  - 스트레스 테스트
    - 1일 이용 예상 데이터 업데이트 시간 체크
    - 결과 값 수집 후 재반영

양산 및 판로 확보 계획

○ 1단계: 벌크빈 레벨 측정 기술 개발 및 디바이스 생산 계획
- 레벨 측정 센서 개발 및 생산
  - 레벨 측정 기술 환경 파악
  - 통신 연결 테스트 실시
  - 최적화 기술 완료
  - 자체 개발 및 시범 서비스 수량 생산 계획 수립
  - 축산 농가 시범 서비스 실시 계획 수립 및 모니터링 실시
  - 운영상 문제없는 품질 확보를 위한 품질 관리 계획 수립

○ 2단계: 개체 상태 측정 기술 개발 및 디바이스 생산 계획
- 개체 상태 측정 태그 개발 및 생산
  - 체온 측정 정확성 확보
  - 통신 인터페이스 시, 인식 속도 및 인식률 확보
  - 자체 생산 계획 수립
  - 전문업체 협력관계 마련으로 인한대량 생산 시스템 구축
  - 축산 농가 시범 서비스 실시 계획 수립 및 모니터링 실시
  - 운영상 문제없는 품질 확보를 위한 품질 관리 계획 수립

○ 3단계: 저전력 장거리 통신 기술 개발 및 디바이스 생산 계획
- 통신 모듈 개발 및 생산
  - 전문업체 협력관계 마련으로 인한 대량 생산 시스템 구축
  - 사용 전력 최소화 기술 및 통신거리 확보
  - 센서 디바이스와 인터페이스 시, 통신 최적화

○ 마케팅 전략
- 초기시장 접근 전략
  - 초기 사업 방향에 맞추어 축우농가에 특화된 플랫폼 도입 및 판매계획 수립, 이를 수행하기 위한 전담 인력 확보를 통한 사업 준비 초기 마케팅 진행
  - 해외 전시회, 바이어 초청 등 다양한 마케팅 활동을 통한 제품 홍보시작
  - 특히 사료업체의 해외시장 진출 가속화 발맞춰 사료 업체와 전략적 제휴 및 연계를 통한 글로벌 시장 진출 계획 수립 및 진출 도모

- 사업성숙 단계 접근 전략
  - 글로벌 서비스 운영 및 확장을 위한 개발 인력 충원 및 영업/마케팅 확대를 위한 인력 확충
  - 서버 운영에 대한 안정성 확보를 위한 글로벌 플랫폼 연계 및 Cloud 확장
  - 이를 기반으로 센서 디바이스를 더욱 확대 적용하여 생산업 전반으로 서비스 확장

4.2 해외시장진출계획

○ 해외 마케팅 전략 및 제품 경쟁력
  - 도입 니즈가 큰 국가들(중국 등)을 대상으로 개발 플랫폼 제안
  - 당사 자체 파트너사(OOO, OOOO 등)를 대상으로 플랫폼 연동 및 연계 시스템 제안
  - 국내 고품질 우유 수입에 대한 중국시장의 큰 수요와 함께 국내 유가공 기술 및 우유 생산 방식에 대한 꾸준한 관심 증가
  - 실제로 OOOO를 통한 중국 사료 수출 및 국내 스마트 축산기술에 큰 관심을 가지고 있음

○ 해외시장(또는 고객) 발굴을 위한 정보수집 활동 계획
  - 축산 대형화를 구축하여 적용 가능한 국가들을 조사 제품의 수출가능성 타진
  - 해당국가의 ICT환경 인프라에 대한 파악
  - 당사 지사회 사업을 지원하고 있는 KOTRA를 활용하여 정보수집 및 클라이언트 제안

4.3 고용창출 효과 및 고용의 질 향상

○ 기술개발을 통한 고용창출 효과 및 신규인력 채용 계획
  - 센서네트워크 연구개발을 위한 연구 인력 고용
  - 디바이스 연동 시스템 연구개발을 위한 전담팀 구축 및 연구 인력 고용
  - 전담 마켓팅 및 영업기획 관리 인력 보충

○ 고용유지를 위한 복리후생 등 기업 자체적 방안
  - 관련 아이디어 및 특허 출원 제안 및 적용 시 포상

- 업무 효율 향상을 위한 제안 및 적용 시 포상
- 휴식을 위한 편의 시설 구축
- 구성원들 간의 여가생활이나 자기 계발 지원

○ 신규인력에 대한 교육 프로그램 등 기술인력 육성계획
- 업무분장 프로세스를 확립하고 지속적인 사내 교육 실시
- 연구개발 관련 교육훈련 프로그램 및 세미나 참여 지원
- 전략 분야 전문인력을 양성하기 위한 훈련 및 교육기회 지원

<작성예시 2> O2O 시장에서 모바일 가상화폐 및 선불카드 결제를 수행하는 스마트 스탬프 솔루션 개발(수출실적이 없는 기업, 전기·전자－가정용기기 및 전자응용기기 －음성정보기술 응용기기)

4.4 제품화 및 양산, 판로확보계획

○ 제품 개발 계획

제품 개발 프로세스

분석 및 기획 (1개월)	설계 (2.5개월)	개발 (5개월)	테스트 (2개월)	양산 준비 (1.5개월)
자료수집 시장조사 컨셉기획 기능정의	세부기능 정의 디자인 컨셉 정의 H/W설계 펌웨어 설계 알고리즘 설계	H/W 개발 펌웨어 개발 앱 SDK 개발 서버 개발 DB 구축	3D 기구 설계 목업 제작/테스트 H/W 성능테스트 SDK 성능테스트 서버 테스트	금형 기구 설계 부품 주문 PCB 설계 및 확정 SDK 상용화 서버 런칭

○ 양산 계획 및 방법
- 기구 설계 및 디자인
  • 외부 전문가 바우처를 활용하여 비용을 절감하고 좀 더 획기적인 디자인의 스마트 스탬프를 구현하고자 함.
- PCB 개발 및 양산
  • PCB 개발은 개발 경력이 풍부한 외부 전문가의 경험을 바탕으로 보다 효율적인 개발을 추진 예정임.

- 제대로 된 시제품을 제작하여 양산에 대비한 생산 시 고려사항을 파악하고 원활한 양산준비를 할 예정임.
  - 금형
    - 양산에 있어 큰 비중을 차지하는 금형은 현재 거래처를 통하여(OOOO사) 기본적인 견적을 받고 진행할 예정이나, 단가협의 등에 따라 달라질 수도 있기 때문에 업체 추후 변동 가능성 있음.
- 부품 주문
  - 배터리: 리튬폴리머 OOOmAh 사용이 예정이며 부품 중에서 가장 큰 비용이 발생되는 부분으로 현재 거래처인 OO업체와 지속적인 협력을 유지하려 함 밧데리에 대한 정확한 spec.이 확정되면 복수 견적을 구해서 추진하려고 함.
  - 스피커 등 주요 부품: 해당 부품에 대한 정확한 spec은 설계가 완료된 이후 정의될 것으로 예상됨. 따라서 정확한 spec이 나온 이후 여러 회사견적을 구한 후 부품사와 조립사를 선정할 예정임.

o 마케팅 및 판매전략
  - 제품(Product): 본 개발 제품의 타깃은 포인트 시스템을 이미 구축한 대기업 프랜차이즈, O2O 사업자, 신용카드사, 통신사 등의 기업이 주 고객임. 이러한 기업 고객이 소상공인을 대상으로 기업의 포인트 사용처/적립처를 확대할 수 있고 포인트 사용처의 확대로 인하여 기업이 포인트 시스템을 더욱 차별화하고 고객을 획기적으로 유치할 수 있음.
  또한 해외 특히 동남아시아에서 범용화된 선불카드 결제 문화를 모바일에서 할 수 있도록 솔루션을 제공할 수 있음.
  - 가격(Price): 본 개발 제품의 비즈니스 모델은 스마트 스탬프 디바이스 기기 및 결제수행에 대한 수수료로 구성됨.
  스마트 스탬프 디바이스의 가격은 O만원~O만원 선으로 목표하고 있으며, 결제 수수료는 결제 건당 OO~OO원 수준으로 고려하고 있음.
  상세한 비즈니스 모델은 양산 단가 및 결제 시장 상황을 고려하여 추후 결정할 예정임.
  - 프로모션(Promotion): 본 개발 기술의 사업모델은 많은 가맹점에서 많은 사용자가 많은 인증을 하는 것이 핵심임. 따라서 초반에 스마트 스탬프 기기를 적은 마진 혹은 투자의 성격으로 많은 가맹점에 확산을 시킬 예정임. 이에 초기 스마트 스탬프 디바이스를 많이 확산하기 위한 투자유치도 추진할 계획임.

    – 장소 및 판매 채널(Place): 대형 유통사 혹은 메신저 서비스와 전략적인 제휴를 체결하여 많은 고객이 실제로 포인트 결제를 하는 혜택을 강화할 예정임. 하나은행 KEB 포인트 시스템에서 볼 수 있듯이 이종의 포인트 시스템을 통합하여 소상공인 등 다양한 곳에서 활용할 수 있도록 할 예정임.

4.5 해외시장진출계획

○ 해외 마케팅 전략 및 제품 경쟁력

    – 각종 해외 박람회를 통한 지속적인 홍보와 마케팅 추진 예정(OOOOO, OOOOOO, OOOOOOO 등)

    – 수출을 위한 제품 경쟁력

- 결제 시스템이 아직 잘 갖춰지지 않은 동남아시아 지역, 남미지역에서는 본 개발 기술이 높은 효과를 얻을 것으로 예상됨.
- 포인트 시장이 활성화된 일본은 아직 네트워크망이 원활하지 않은 소매상점이 많아 스마트 스탬프 대중화가 빠르게 진행될 수 있을 것이라고 기대하고 있음
- OOO만의 OOOO기술은 모든 모바일 디바이스에 사용이 가능하기에 범용성이 높고 OO만 개 이상의 패턴이 오인식 없는 성능으로 기술력이 있음.
- 결제 시 잊기 쉬운 비밀번호방식이나 사용할 때마다 설정을 바꾸어야 하는 NFC 방식과는 달리 OTP 알고리즘의 OOOO는 보안성에서 매우 우수함.
- OOO의 OOOO는 세계유일의 숫자패드가 장착된 OOOO기반의 스마트 스탬프로써 핀테크 시대를 맞이하여 결제가 이루어지는 모든 곳에 활용이 가능함.

○ 해외시장(또는 고객) 발굴을 위한 정보수집 활동 계획

    – 국내에서 열리는 기술 박람회 및 해외의 여러 박람회에 참가함으로서 스마트 스탬프를 알리고자 함.

    – 구글에 키워드 검색 광고 등록을 통해 해외에서도 스마트 스탬프를 쉽게 검색이 가능하게 하고자 함.

    – 기존 해외 파트너들에게 스마트 스탬프를 소개하고 더 많은 분야의 비즈니스 확장을 이끌어 내고자 함.

4.6 고용창출 효과 및 고용의 질 향상

○ 기술개발을 통한 고용창출 효과 및 신규인력 채용 계획
- 기술개발을 위한 개발자 5명 채용(안드로이드 & iOS)
  현재 OOO가 입주해 있는 창조경제추진단/콘텐츠진흥원이 운영하는 문화창
  조벤 처단지의 Job Matching 프로그램을 통해 선발 예정임
- 제품디자인 및 기타 앱디자이너 채용 3명
- 마케팅 및 기획담당자 채용 3명

○ 고용유지를 위한 복리후생 등 기업 자체적 방안
- 중식, 간식비, 야근시 석식 및 교통비 지원
- 관련서적 구입비용 및 자기개발 교육비 지원
- 연간 15일 연차제공

○ 신규인력에 대한 교육 프로그램 등 기술인력 육성계획
- 문화창조벤처단지 내 직원교육 프로그램 활용(ex: 투자, 펀딩, 회계 등)
- 데모데이 및 스타트업 관련 프로그램 활용
- 기술관련 컨퍼런스와 멘토링제공

사업계획서 작성예시(세부설명자료)

▫ 중소기업들에게 사업계획서 작성에 도움을 드리고자 세부설명자료의 항목별로
작성해야 할 주요내용 및 작성예시를 제시한 자료임

▫ 세부사업별로 세부설명자료 양식 및 작성 페이지수가 다를 수 있으므로 사업별
공고문의 내용 및 첨부파일을 확인 후 작성하여 주시기 바랍니다.

▫ 세부 설명자료는 사업계획서 PartⅡ를 보충하는 수준에서 작성하고, 필요시 추가
내용 작성 가능

　* 세부적인 기술개발내용 보충, 사업화 전략 보충 및 기술개발준비현황 등 기술 및 사업화
　경쟁력을 드러낼 수 있는 내용 중심으로 추가내용 작성 가능

▫ 세부설명자료 작성방법 자료 구성

작성항목	예시과제분야 및 과제수
개발 기술의 독창성·차별성	전기전자 1개 과제
기술개발 관리체계	정보통신 1개 과제
기술개발 이후 계획	기계소재(정보산업장비) 1개 과제

※ 본 자료는 사업계획서 작성시 참고자료로만 활용하여 주시기 바랍니다.

세부설명자료

▫ 개발 기술의 독창성 차별성

> **작성방법**
>
> ○ 개발 기술의 독창성 및 도전성
> - 개발대상 기술(제품 또는 서비스)의 개념도, 구조도, 프로세스 등 설명자료
> - 개발대상기술(또는 제품)의 독창성, 신규성 및 차별성 등을 기존기술 및 세계수
>   준과의 비교를 통해 구체적으로 서술
>   * 기존제품(기술)과 개발하고자 하는 제품(기술)과 비교하여 표로 작성 가능
>   (성능개선, 새로운 기능 추가 등을 드러낼 수 있음)
> - 관련기술의 국내·외 기술개발현황 및 트렌드, 정부정책 방향, 향후 전망을
>   객관적·구체적으로 서술(인용한 경우 출처 명기)
>   * 중소·중견기업기술로드맵(smroadmap.smtech.go.kr) 활용
> ○ 개발대상 기술(제품, 서비스 등) 관련 지식재산권 제시
> - 특허정보넷 키프리스 활용(www.kipris.or.kr)

<사례> 임피던스 측정기술을 이용한 대용량 이차전지 성능진단기 개발

　(전기·전자 > 계측기기 > 전자 계측기)

□ 개발기술 개요

본 과제에서는 주 전력시스템이나 각종 설비의 예비 전원으로 사용하는 이차전지의 관리를 보다 효율적이고 정확하게 하고 관리비용 절감과 사용자 안전 확보가 가능한 비간섭적인 측정방법인 교류 임피던스 측정방법으로 전지의 임피던스, 전압, 전류, 온도를 측정하고 이를 기반으로 전지의 상태를 진단, 평가해서 고장여부와 교체시기의 판단이 용이한 진단기기의 개발이 주요 기술개발 내용임.

성능 진단기의 주요용도

- 이차전지 불량으로 인한 전력공급시스템의 장애를 방지하기 위함
- 이차전지 제조 및 복원 후 불량 셀을 찾기 위함
- UPS 이차전지 설치 후 불량 셀을 찾기 위함
- 설치된 이차전지 열화를 진단하고 교체시점을 예측하기 위함
- 이차전지 유지, 보수비용 절감을 위함
- 이차전지의 신뢰성을 유지하기 위함
- 온라인 BMS 설치 전 불량 셀을 찾아 교체 후 감시하면 BMS 운영효과 극대화

이차전지 성능진단기 기본 개념도

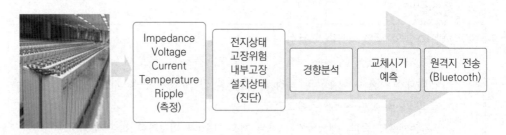

□ 개발기술의 독창성 및 도전성

◇ 기술적인 경쟁력

제안기술과 해외 유사 경쟁제품과의 가장 큰 차별성은 대용량 SD를 저장 메모리를 채용해서 성능진단기기 자체에 이차전지 기준 데이터베이스와 셀, 유닛별 측정데이터의 누적 저장이 가능하고 저장된 측정데이터를 이용해서 측정전지의 열화경향 및 교체시기 예측이 가능한 독창성과 차별성 확보.

- 이차전지 열화정도 및 교체시기 예측가능
- 데이터베이스를 활용한 이차전지 고장위험여부 및 성능분석
- 최대 OOO만개 이상의 측정데이터 저장(PC를 통한 데이터관리→자체 데이터관리)
- AC Ripple Voltage 측정
- DC Floating Current 측정
- Bluetooth를 이용한 측정데이터 모바일 전송

◇ 기존 계측기기(수입계측기기)의 문제점
- 이차전지의 열화정도를 계측기기 자체에서 분석하는 기능 없음
- 계측기기 자체에서 관리대상 전지의 교체시기 판단이 불가능
- Impedance를 측정 비교해서 고장 위험여부를 간이로 판정
- 전지의 충전율과 효율 측정불가능

◇ 주요성능 비교표

수입제품과 주요 성능비교표

Maker 주요사양		개발제품	OOOOO	OOOOO	OOOOO	OOOOO
임피던스	측정범위	OmΩ~OΩ	OmΩ~OΩ	OΩ~OOOmΩ	OmΩ~OΩ	OmΩ~OΩ
	정확도	±O%	±O%	±O%	±O%	±O%
	전지전압	0~OOOV	0~OOV	0~OOV	0~OOV	0~OOV
전류	직류	0~OOOA	OOOmA	0~OOA	OOOA	X
	교류	0~OOOA	X	X	OOOA	X
직류전압		0~OOOV	X	X	0~OOOV	X
리플전압		O	X	X	O	X
온도		O	O	O	X	O
경향분석		O	X	X	X	X
교체시기 예측		O	X	X	X	X
데이터로그		O	X	X	X	X
배터리효율		O	X	X	X	X
고장위험 인지		pass/fail	pass/fail	pass/fail	pass/fail	pass/fail
데이터 저장		OOO	OOO	OOO	OOO	OOO
통신방식		Bluetooth/ USB	USB	USB	Bluetooth/ USB	USB
LCD Display		4″ Graphic	3.5″ S	5.7″ VGA	3.0″ Graphic	3.5″ Graphic
제품크기		Handy	Handy	Bench	Handy	Handy
제품가격		OOO만	OOO만	OOO만	OOO만	OOO만

□ 관련기술 현황

• 최근 발생한 블랙아웃 사태 및 환경오염에 대한 인식 전환의 일환으로 이차전지 산업에 대한 관심이 높아지고 있으며 국내에서는 대기업인 삼성SDI, LG화학, SK 등이 꾸준한 기술 개발과 자체 투자를 통해, 세계 1, 2위의 기술력과 생산 능력을 보유하고 있음. 그러나 이차전지 성능평가 장비의 경우 주로 일본, 미국, 유럽 등 선진국 회사들이 제품을 개발 생산하여 전 세계시장을 점유해서 공급하고 있는 실정임.

• 국내 이차전지 성능평가 장비 관련업체는 소규모 영세 업체들로서 기술개발 수준이 낮고 기술개발 인력이 부족하여 기술 경쟁력 및 국제 경쟁력이 취약함. 따라서 정부에서는 이차전지 성능평가 장비산업 육성을 위해, 세제 혜택 및 정부지원 자금 확대 등을 통해 중소기업의 기술개발 참여를 확대할 필요가 있음.

• 특히, 이차전지 성능평가 장비 중, 전기화학 분석 분야를 구성하고 있는 Potentiostat/Galvanostat 임피던스 전자부하기의 경우 국산화가 전무한 상태임. 따 라서 정부지원 및 투자 확대를 통해 기술개발 수준을 향상할 필요가 있으며, 많은 기업들의 참여를 유도하여 관련 산업의 저변 확대를 위해 노력해야 함.

출처: 2013중소기업기술로드맵/에너지변환저장/이차전지/이차전지 성능평가 장비

○ 국내기술동향

계측분야에서는 일부 업체에서 자동차용 전지의 저온시동능력(CCA) 측정이 가능한 휴대형 자동차 배터리 측정기를 제품화해서 시판하고 있으나 산업용 이차전지를 부동충전상태에서 측정, 분석 및 배터리의 교체 시기나 수명을 예측할 수 있는 제품은 전무한 상태임.

배터리 테스터

국내에서 이차전지의 잔존용량 체크 기술은 각종 컴퓨터에 적용·활용되고 있으며 최근에는 컴퓨터에 연결된 UPS의 이차전지 잔존용량을 항상 점검할 수 있는 기능들이 탑재되어 운영되고 있음. 그러나 기술내용이 단순히 전지에 충전된 전하량을 계산하고 이 값에서 방전된 전하량을 감산하여 잔존용량을 나타내는 방식으로 동작되고 있음. 이 방식은 알고리즘이 간단하지만 오차율이 약 20~30%대에 이르는 것으로 보고되고 있음.

이차전지 자체에 대한 제조, 성능평가 기술은 확보된 상태이고 최근에는 정보통신용 이차전지 팩을 제조하고 있으며 이 이차전지 팩 내부에 각종 보호기능이 내장된 제품들도 생산되고 있다. 특히 이차전지에 대한 제조 기술력은 선진국 수준의 제조 기술력을 확보하고 있음.

현재 국내에서 제조되는 각종 전기전자통신설비에 대용량의 이차전지를 적용하고 있지만 설비의 전원용량에 이상이 발생할 경우 효과적으로 대처할 수 있는 대용량 이차전지 관리용 계측기기가 개발되지 않아 전량 해외제품에 의존하고 있는 상태임.

○ 국외기술동향

국외의 이차전지 성능측정기나 모니터링부분에서는 OOOOO, OOOOO, OOOOO, OOOOO, OOOOO를 포함한 10여 개 이상의 기업이 전문화해서 여러 종류의 측정기와 모니터링시스템을 개발해서 시장을 점유하고 있음.

캐나다 Vencon사의 Battery Analyzer는 이차전지의 상태를 점검하고 분석이 가능한 장비이나 부하상태에서 이차전지의 특성을 분석하지 못하고 분리된 이차전지에 충전과 방전시험을 일정한 패턴으로 실시해서 전지의 성능을 분석하고 복원하는 장비이나 대용량 이차전지에는 사용이 불가능한 장비.

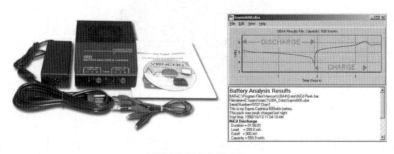

VENCON UBA5

캐나다의 CADEX사의 제품은 대체적으로 용량이 적은 이차전지의 성능을 분석하고 관리가 가능한 계측기기로 용도에 따라 다양한 제품으로 구성이 되어 있으며 특히 이 회사의 제품은 이차전지의 성능을 분석하고 관리하는 데 있어서 가장 중요한 측정인자로 이차전지의 내부임피던스를 기준으로 하고 있다. 다만 분석하고 판단하는 알고리즘은 기존 제품과 일부 차별성을 가지고 있는 것으로 판단이 되며 주요 사용용도는 모바일기기용 전지 팩의 성능분석과 자동차 배터리의 상태를 점검하는 장비임.

CADEX 배터리 유지관리 시스템

영국의 Megger사에서는 IEEE권고에 적합한 대용량 이차전지 성능진단기를 가장 다양하게 개발해서 판매하고 있으며 모든 측정기의 기본 측정기술은 이차전지의 내부임피던스를 측정해서 이를 기준으로 이차전지의 설치, 교체여부 등을 분석이 가능한 BITE series가 대표적인 이차전지 측정분석 장비이나 가격이 고가이고 사용의 불편함이 일부 있는 장비임.

Megger BITE3

일본 Hiokki사는 대용량 이차전지의 관리나 생산에 적합한 다양한 종류의 제품을 출시하고 있는 회사로 이 회사의 제품도 전지의 상태를 점검하는 가장 기본적인 측정인자는 이차전지 내부임피던스로 휴대용의 제품과 탁상용 제품 등 다양한 형태의 제품을 출시하고 있으나 모든 제품이 이차전지의 현재 상태를 점검하는 정도이고 측정한 데이터를 기준으로 상태를 분석하는 기능은 전무한 제품.

Hiokki 3554

반도체 분야에서는 TI, Maxim 등의 반도체 업체가 스마트 배터리 및 Power Management 분야의 선두업체로 주로 가장 수요가 많은 정보통신기기에 적용이 가능한 chip과 배터리 업체 및 적용 시스템 업체와의 협력을 통하여 Mobile, 디지털 카메라 등의 시장을 개척해 나가고 있음.

○ 선행연구 결과 및 애로사항
◇ 전기화학임피던스(Electrochemical Impedance Spectroscopy) 측정모듈 시험
  - 이차전지 내부저항의 주요 측정방법인 교류 임피던스 측정법과 전류차단법의 기술적인 검토(교류 브릿지법, 위상검파법, FRA(Frequency Response Analyzer)를 이용하는 방법이나 FFT Analyzer를 이용하는 방법).
  - 1㎑/10mA, 100mA 교류 정전류원 모듈을 제작해서 배터리에 전류를 인가해서 배터리 내부저항에서 교류전압강하 검출시험.
  - 부동충전상태에서 배터리 임피던스를 측정할 경우 Battery Charger에서 발생하는 Ripple Noise제거용 필터시험 및 노이즈에 포함되어 있는 신호 복원용 Lock-In Amp시험.

◇ 타사 제품조사 및 분석
  - 개발제품과 시장에서 가장 경쟁이 심할 것으로 예상되는 OOOOO와 OOOOO, OOOOO을 대여해서 실측을 통한 장비의 성능 조사.
  - 현재 수입제품을 사용하고 있는 실제 사용자들로부터 각 장비의 문제점이나 보완이 필요한 요구사항 조사(User Interface, 측정데이터 저장, 분석).
  - 축전지 관리기준인 IEEE 권고사항 조사.

국내외 관련지식재산권 현황

지식재산권명	지식재산권출원인	출원국/출원번호
① 임피던스 측정기술을 이용한 배터리팩 검사방법	OOOOO	한국/20030004565
② 배터리 수명예측장치	OOOOO	한국/20100133212
③ 축전지 잔여사용시간 측정장치 및 방법	OOOOO	한국/20100134199

□ 기술개발 관리체계

작성방법

○ 수행기관별 업무분장
- 수행기관(주관기관, 공동개발기관, 참여기업, 수요처, 위탁연구기관 등) 및 외주용역처리 등 해당 기관별로 담당업무를 명기
  * 주관기관(업)은 기술개발 비중을 50% 이상으로 하는 것이 적정함
  ** 외주용역처리: 기술개발에 실질적으로 참여하지 않으나 목업(mock-up) 등 외부업체를 활용하는 경우
- 기술개발 비중: 전체 기술개발내용을 100%로 하였을 경우에 각 수행기관에서 담당한 업무의 비중
○ 세부 추진일정
- 사업계획서 Part Ⅱ에 제시한 기술개발내용과의 부합성이 있어야 함

<작성예시> 이륜 모빌리티 안전 주행을 위한 충돌 방지 통합 안전 시스템 개발
(정보통신>ITS/텔레매틱스>텔레매틱스 응용서비스)

수행기관별 업무분장

수행기관	담당 기술개발 내용	기술개발 비중(%)
주관기관	• 스포츠 PDA 하드웨어 개발 • 스포츠 PDA 소프트웨어 개발 • 후방감지 레이더 하드웨어 개발 • 후방감지 무선 카메라 하드웨어 및 소프트웨어 개발 • 종합시스템 연동	60
참여기업	• 스마트폰 어플리케이션 개발 • 이륜 모빌리티 긴급 관제 클라우드 기반 서버개발 후방감지 레이더 알고리즘 개발 일부 지원	20
위탁기관	• 이륜 모빌리티 전용 레이더 알고리즘 개발 • RF Front-end TX 단 및 Narrow Beam 안테나 개발 • 신뢰성 TEST(KORAS 시험환경 제공)	10
외주용역처리	• IPCB설계 및 PCB제작 • 기구물 설계 • 기구물 목업 제작 • UI/UX 디자인	10
총 계		100%

세부 추진일정

차수	세부 개발내용	수행기관 (주관/참여 /수요처/ 위탁 등)	기술개발기간												비고
			1	2	3	4	5	6	7	8	9	10	11	12	
1차 년도	1. 세부 규격 확정	주관/참여	■												
	2. 후방 감지기 디자인	주관		■											
	3. 안테나 설계 및 제작	위탁			■	■						■			
	4. 레이더 하드웨어 제작	주관		■	■										
	5. 알고리즘 연구 및 포팅	위탁				■	■	■	■	■	■	■	■	■	
	6. 레이더 소프트웨어 코딩	주관					■	■	■						
	7. 카메라 모듈 제작	주관						■	■	■					
	8. 무선 통신 기능 구현	주관						■	■	■					
	9. 스마트폰 어플 기초 설계	참여1				■	■	■							
	10. 1차 시제품 조립/시험	전기관								■					
	11. 제품 기능 보완 제작	전기관									■				
	12. 스포츠 PDA 플랫폼 제작	주관								■		■			
	13. 단순형 감지기 상품화	주관/참여											■		
2차 년도	1. PDA H/W 제작	주관	■												
	2. 후방 복합감지기 제작	주관/참여		■	■	■									
	3. 알고리즘 보완	위탁		■	■	■	■	■	■	■	■				
	4. 센서 및 이동통신 구현	주관			■	■	■								
	5. PDA 간이 금형 제작	주관			■	■	■								
	6. 전체 소프트웨어 연동	주관/참여1					■	■							
	7. 관제 서버 기능 정의	참여1				■									
	8. 관제 서버 기능 구현	참여1					■	■							
	9. 어플리케이션 구현	참여1				■	■	■							
	10. 시스템 연동 시험	전기관								■					
	11. 2차 시제품 제작	전기관									■				
	12. 보완 기능 구현	전기관										■			
	13. 3차 시제품 제작	전기관										■			
	14. 필드 시험	전기관											■		
	15. 공인 인증	전기관											■		
	16. 최종 평가 및 보고	전기관												■	

연구인력 주요 이력

성명 (구분)	경력사항			전공 (학위)	최종학력
	연도	기 관 명	근무부서/직위		
OOO (과제책임자)	2011~2016	OOO	연구소/연구소장	전자공학 (학사)	OO대학교 졸업
	2009~2011	OOO	연구소/수석연구원		
OOO (핵심개발자)	2002~2016	OOO	연구소 /팀장	정보통신공학 (학사)	OO대학교 졸업
	1998~2002	OOO	연구소/대리		
OOO (핵심개발자)	2014~2016	OOO	연구소 /책임	컴퓨터 정보공학 (학사)	OO대학교 졸업
	2013~2014	OOO	커버전스 그룹/ 책임연구원		
OOO (참여기관 책임자)	2015.2~현재	OOO	연구소/부장	전자계산학 (공학박사)	OO대학 공학박사
OOO (위탁기관 책임자)	2008.1~현재	OOO	팀장	전자계산학 (공학박사)	OO대학 공학박사

연구시설 · 장비보유 및 구입현황

구 분		시설 및 장비명	규격	구입 가격* (백만원)	구입 년도	용도 (구입사유)	보유기관 (참여형태)
기보유 시설 · 장비 (활용가능 기자재 포함)	자사 보유	Wireless communication test set (5515C)	1대	30	2010	이동통신모듈 시험	OOO (주관기관)
		Oscilloscope	1대	12	2012	신호분석용	OOO (주관기관)
		Spectrum analyzer	1대	30	2008	RF 신호 분석용	OOO (주관기관)
		소계	3대				
	공동 장비 활용	무반사실	~18GHz	100	2007	안테나 특성측정	OOOO (위탁기관)
		Network Analyzer	~48GHz	90	2006	RF 특성측정	OOOO (위탁기관)
		spectrum Analyzer	~24GHz	60	2002	RF 신호분석	OOOO (위탁기관)
		RF Signal Generator	~18GHz	45	2002	RF 회로시험	OOOO (위탁기관)
		Digital Oscilloscope	6GHz	45	2005	베이스밴드 신호분석	OOOO (위탁기관)
		항온항습기		80	2010	신뢰성 TEST	OOOO (위탁기관)
		복합환경시험기		175	2012	신뢰성 TEST	OOOO (위탁기관)
		소계					
신규 확보가 필요한 시설 · 장비	임차						
		소계					
	구입						
		소계					

□ 기술개발 이후 계획

작성방법

○ 기술개발 후 국내·외 주요 판매처 현황

- 본 기술(제품 서비스) 개발완료 후 판매 가능한 판매처를 명기, 수요량은 파악이 가능할 경우에만 작성

- 관련제품의 경우 본 기술(제품 서비스) 개발 완료 후 판매될 제품을 명기하되, 판매처에서 원부자재로 사용되는 경우 최종 제품 명기

○ 현재 및 미래의 국내·외 시장규모

- 객관성 있는 산출근거를 바탕으로 개발대상의 기술(제품)에 대한 시장규모를 제시

- 단, 시장규모 파악이 어려운 경우 표를 생략하고 관련사례, 소비자 조사결과, 뉴스, 해외시장조사보고서 등 관련 자료를 발췌(출처 명기)

  * 중소·중견기업기술로드맵(smroadmap.smtech.go.kr) 활용

○ 국내·외 주요시장 경쟁사

- 본 기술/제품과 직접적 경쟁관계에 있는 국내·외 기관·기업의 제품 등을 명기

○ 경쟁사(경쟁제품) 분석을 위해 SWOT 등을 이용하여 요소기술/제품/서비스의 시장경쟁력 분석

○ 양산 제품의 마케팅·판매전략 등 판로확보방안

 (사업계획서 partⅡ에 제시하지 않은 부분이 있으면 보충적으로 제시)

○ 사업화 계획 및 기대효과

- 기술개발전년 및 기술개발종료후 2년까지의 투자, 판매계획 제시

- 기술개발 전년은 최근 결산 재무제표를 기준으로 최신자료 활용하여 작성

- 기술개발 전년의 수출실적 중 직접수출은 수출실적증명서(한국무역협회), 간접수출은 내국신용장(Local L/C), 구매확인서, 수출실적증명원(은행) 등을 근거로 작성(해당사항은 현장평가시에 확인)

○ 고용 현황 및 기대효과

- 기술개발 전년 및 기술개발종료 후 2년까지의 신규고용 창출현황 제시
  (신규고용창출은 기술개발, 영업 및 생산인력과 관계없이 해당연도에 고용된 인력을 의미함)

- 기술개발 전년은 최근 원천징수이행상황신고서를 기준으로 작성(해당사항은 현장평가시에 확인)

＜사례＞ 스마트 공장을 위한 컬러 듀얼밴드 IoT 태그 발급 시스템 개발

(기계·소재 – 산업/일반기계 – 정보산업장비)

기술개발 후 국내·외 주요 판매처 현황

판매처	국가 명	판매 단가 (천원)	예상 연간 판매량(개)	예상 판매기간(년)	예상 총판매금 (천원)	관련제품
OOOOO	한국	20,000	1	2	20,000	
OOOOO	한국	20,000	1	3	30,000	
OOOOO	한국	20,000	1	2	20,000	
OOOOO	한국	20,000	1	2	20,000	
OOOOO	한국	20,000	1	2	20,000	
OOOOO	영국/독일	20,000	15	3	450,000	
OOOOO	일본	20,000	10	3	300,000	
OOOOO	이란	20,000	15	3	450,000	
OOOOO	사우디아라비아	20,000	10	3	300,000	
OOOOO	미국	20,000	5	2	100,000	
OOOOO	베트남	20,000	5	1	50,000	

국내·외 시장 규모

구 분	현재의 시장규모(2015년)	예상 시장규모(2020년)
세계시장규모	8조원	10조원
국내시장규모	1,048억원	1,313억원
산출 근거	〈국내 현재 시장규모〉 * 참고: 한국산업단지공단, 산업단지 issue & report, 2013-04 제2호, "공장등록통계로 　　　본 최근 10년의 제조업 동향" 산업통상자원부 "창조경제 구현을 위한 제조업 혁신 3.0전략" - 국내 예상 시장 규모(2015~2020)	

국내 예상 시장 규모 표 (산출 근거 셀 내부):

구분	2015년	2016년	2017년	2018년	2019년	2020년
시장규모 (백만원)	104,869	109,693	114,739	120,017	125,538	131,313
성장률		4.6%	4.6%	4.6%	4.6%	4.6%

*현재 시장규모에 바코드 프린터 연평균 성장률 4.6% 적용

〈해외 시장 규모〉

*출처: 시장조사 전문기관 Smithers Pira "The future of Thermal Printing to 2019"

국내·외 주요시장 경쟁사

경쟁사명	제품명	판매가격 (천원)	연 판매액 (천원)
① OOOOOO (미국)	OOOOO	5,000	미확인

□ SWOT 분석과 제품 포지셔닝

SWOT 분석

▶ Strength	▶ Weakness
-RFID 프린터 분야 시장점유율 높음 -기간계 시스템과의 손쉬운 인터페이스 -원스톱 프로세스: 바코드 Reading/Color Printing /RFID Writing -듀얼밴드(HF/UHF) 지원 -잉크젯 장비 대비 미디어 제약이 적음 -단일, 독립 공정의 소량 다품종 제품에 최적화	-글로벌 기업 대비 낮은 브랜드 인지도 -바코드 RFID 프린터 대비 높은 가격 -작은 내수 시장 규모
▶ Opportunity	▶ Threat

-국내외 스마트공장확대와 우리정부의
  제조혁신 3.0 정책 추진: 2020년까지 스마트
  공장 10,000개 구축
-소량 다품종 IoT 태그의 수요 증가와 생산 공정 자동화
  시스템 확대
-단품 단위 제품에 IoT 태그 부착 증가
-NFC 단말기 보급의 확산으로 듀얼밴드 IoT 태그 수요
  증가
-시장 경쟁구도가 복잡하지 않음
	- 중국이 시장에 관심을 갖고 저가 경쟁
	  돌입할 경우
	- 기존 열전사 바코드 프린터 소모품
	  유통업체의 견제

○ 컬러 IoT 태그 발급 시스템은 기존 바코드 및 RFID 프린터에서 번거로운 컬러 인쇄를 손쉽게 할 수 있으며 미디어 제약이 잉크젯에 비해 크지 않기 때문에 고객의 요구에 맞는 다양한 미디어 지원이 가능하다. 또한 기존 RFID 프린터 제품군 모두 단일 주파수 대역만을 지원하고 있으나, 본 개발제품은 UHF와 HF를 모두 지원하고 있어 폭넓게 시장 대응이 가능한 장점을 갖고 있다.

○ 기존 바코드 프린터 제조사의 진입장벽 극복 방안
  • 고해상도 Full Color 인쇄 지원을 통한 라벨 품질 차별화
  • 바코드 라벨 생산에 소요되는 소모품 원가 우위
  • 기 사용중인 기간계 시스템과의 손쉬운 연동

- 오토ID리더 탑재로 기 사용중인 코드체계 지원
- 흑백 → 컬러로의 라벨 시장 변화의 흐름

□ 양산 제품의 마케팅 및 판매전략

○ 시장세분화 및 목표 시장
- 현재 대다수의 기간계 시스템은 바코드 기술을 사용하고 있다. 하지만 점차 증가하는 데이터의 양과 다양한 요구사항을 충족하기 위해서는 IoT 태그로 진화가 필요하며, 이를 위해서 기존 기간계 시스템과의 연계는 필수적이다. 본 개발제품의 목표 시장은 기존의 바코드 라벨 시장도 포괄함으로써, 시장을 더욱 확장할 수 있을 것이라고 기대한다.

세부시장별 접근 방안

시장구분		상세내용
열전사 바코드 프린터 사용 공장	시장수요	최종 상품 라벨에 대한 컬러 인쇄 수요와 기존 기간계 시스템과의 손쉬운 연동을 요구
	기존 방식 문제점	- 바코드라벨과 컬러 상품라벨의 이원화로 라벨비용과 관리의 어려움 - 제품의 생산 이력관리에 어려움을 겪음
	제안 솔루션	- 각 제품에 대한 생산부터 유통까지의 이력관리를 손쉽게 할 수 있도록 함 - 기간계 시스템 연동인터페이스를 활용하여 기 사용중인 기간계 시스템과 손쉽게 연동을 제공하여 도입비용 및 관리비용을 절감
	참고업체	자동차 부품 제조 및 조립 공장, 가전제품 부품 제조 및 조립 공장 등
소량제품 생산공장	시장수요	소량 제품 라벨에 대한 신속한 대응 및 라벨 제작 비용 절감
	기존 방식 문제점	소량 제품의 라벨을 만들기 위해서 아날로그 인쇄를 사용하게 되는 경우 원단의 낭비가 많고, 바코드 및 생산일자, 고유번호 인쇄를 위한 추가적인 제작 공정이 발생되어, 단납기 문제 및 제작비용이 상승
	제안 솔루션	라벨 수요 발생 즉시 제작이 가능한 컬러 디지털 라벨 출력시스템
	참고업체	소량다품종 제품 생산 업체
RFID 태그 발행기 사용공장	시장수요	Full 컬러 RFID 태그 및 라벨 생산
	기존 방식 문제점	일반적인 바코드 또는 RFID 프린터의 경우에는 열전사 방식의 인쇄 엔진을 사용하여 대부분 단색 사용에 국한됨. 컬러 라벨태그 사용을 위해서는 태그 제작시 사전에 컬러 인쇄작업을 수행해야 하므로, 소량제작이 어렵고, 단가가 상승하며, 제작기간이 오래 걸림.
	제안 솔루션	Full Color 인쇄가 가능하고, 가변데이터 처리가 가능하며, RFID 태그발급 기능까지 모두 탑재된 All-in-one 솔루션으로 제안하여 문제점 해결
	참고업체	제약, 의류, 제화, 주류산업 등 RFID를 기 적용하고 있는 공장 및 관련 기업

사업화 계획 및 기대효과

구분		( )년 (기술개발 전년)	(2018)년 (개발종료 해당년)	(2019)년 (개발종료 후 1년)	(2020)년 (개발종료 후 2년)
사업화 제품			OOOO	OOOO	OOOO
투자계획(백만원)			200	400	600
판매 계획 (백만원)	내수		500	1,500	5,000
	직접수출		500	3,000	10,000
	간접수출		–	–	–
	계		1,000	4,500	15,000
비용절감(백만원) (해당시)					
수입대체효과(백만원) (해당시)			500	1,500	5,000
고용 창출(명)			2명	4명	8명

- 연차별 매출액 산출 근거
  - 장비 판매가: 10,000,000원 / 대
  - 3개년 누적 매출 금액: 국내 70억원, 해외 135억원, 총 205억원

구분	사업화 연도		
	(2018)년 (개발종료 해당년)	(2019)년 (개발종료 후 1년)	(2020)년 (개발종료 후 2년)
국내 판매 예상 수량	50대	150대	500대
해외 판매 예상 수량	50대	300대	1,000대
합계	100대	450대	1,500대

고용 현황 및 기대효과

구분	( )년 (기술개발 전년)	(2018)년 (개발종료 해당년)	(2019)년 (개발종료 후 1년)	(2020)년 (개발종료 후 2년)
신규고용(명)		2	4	8
상시고용(명)	20	22	26	34

2018년도 제품서비스기술개발사업
시행계획 공고

중소제조업 및 서비스업의 신성장동력 창출, 생산성 향상 등 경쟁력 강화를 위해 기술개발을 지원하는 『2018년도 제품서비스기술개발사업』 시행계획을 다음과 같이 공고하오니, 동 사업에 참여하고자 하는 중소기업은 사업안내에 따라 신청하시기 바랍니다.

2018년 3월 6일
중소벤처기업부 장관

1. 사업개요

□ 사업목적: 제품의 서비스화, 서비스분야 신규 비즈니스모델 개발(구현수단)을 통해 중소제조업 및 서비스업의 신성장동력 창출, 생산성 향상 등 경쟁력 강화

◇ 서비스 R&D란?

新서비스의 창출, 전달체계 개선, 제조업-서비스융합 등을 촉진하기 위한 연구개발 활동을 의미

- 서비스 R&D는 기존 연구개발 활동과는 달리, ① 복잡성, ② 프로세스 지향성, ③ 다차원성 ④ 다학제성의 특성을 보유

- 서비스 R&D 특성과 융합 트렌드를 반영, 전통적 의미의 서비스산업뿐만 아니라 '서비스-제조업 융합영역'도 정책 대상범위에 포함

〈 서비스 R&D 영역 및 주요 사례 〉

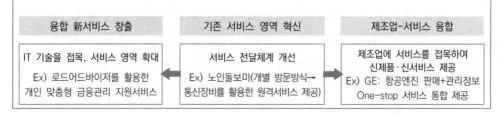

융합 新서비스 창출	기존 서비스 영역 혁신	제조업-서비스 융합
IT 기술을 접목, 서비스 영역 확대	서비스 전달체계 개선	제조업에 서비스를 접목하여 신제품·신서비스 제공
Ex) 로드어드바이저를 활용한 개인 맞춤형 금융관리 지원서비스	Ex) 노인돌보미(개별 방문방식→통신장비를 활용한 원격서비스 제공)	Ex) GE: 항공엔진 판매+관리정보 One-stop 서비스 통합 제공

□ '18년 서비스 R&D 총 지원규모: 80억원

구분	지원예산	지원기간	지원한도 (A)	기획지원비용에 따른 최대 지원한도(B)
제품서비스화	58억원	최대 1년	2억원	2.2억원
신규서비스창출		최대 1년	1.5억원	1.7억원
업종공통서비스	22억원	최대 1년	2억원	2.2억원

※ 총 지원 규모 내에서 각 과제별 예산은 변동 가능

※ 3개 과제 중 과제별 1개 신청 가능

※ 기획지원비용에 따른 최대 지원한도(B)는 각 과제별 지원한도에 기획지원비용을
합한 금액(B＝A＋기획진단비용(최대 0.2억원))

□ 지원분야의 구분

구분	개발내용
제품서비스화	■ 주관기관이 생산하는 생산제품과 신규서비스의 융합을 통해 ■ 생산성과 효율성을 높일 수 있으며 ■ 서비스매출이 가능한 신규비즈니스모델(구현수단) 개발
신규서비스창출	■ 주관기관이 제공하는 기존 서비스의 개선 및 신규서비스 창출을 통해 ■ 생산성과 효율성을 높일 수 있으며 ■ 서비스매출이 가능한 신규비즈니스모델(구현수단) 개발
업종공통서비스	■ 동일한 서비스 업종에 공통으로 적용 가능하며 ■ 서비스매출이 가능한 신규비즈니스모델(구현수단) 개발

※ 지원분야 구분은 신청자격에 따른 사항으로 「3. 신청자격」 확인

2. 지원 분야

□ **4차 산업혁명 관련 기술**을 적극 활용한 과제, **서비스 R&D 전략분야**에서 **서비스
매출**이 가능한 과제를 **중점 지원**하며 **"자유응모"** 방식으로 지원

○ 벤처·이노비즈 기업의 생산제품에 단순 서비스를 결합하는 과제 지원을 탈
피하여 4차 산업혁명 관련 기술을 기반으로 하는 과제를 중점 지원

○ 서비스매출 증대와 일자리 창출이 가능한 과제를 중점 지원

◇ (4차 산업혁명 기술) AI/빅데이터, 5G, 정보보호, 지능형센서, AR/VR, 스마트
  가전, 로봇, 미래형자동차, 스마트공장, 바이오, 웨어러블, 물류, 안전, 에너지,
  스마트홈
  <붙임1> 참조
  * 서비스 R&D 연구개발대상은 기술 자체의 개발이 아닌 기존 기술을 활용하
    여 신규비즈니스모델 및 구현수단을 개발
◇ (서비스R&D 전략분야) 미디어, 레저, 디지털 헬스케어, 전문직, 스마트 금융
    <붙임2> 참조
  * 신청하는 과제의 최종결과물(신규비즈니스모델, 구현수단)을 통하여 서비스매출
    증대가 가능한 분야.

중점지원 대상과제 예시

(미디어) 각 사용자별 성향을 분석하여 맞춤형 컨텐츠를 추천
(레저) 가상현실과 게임을 결합을 통해 실제로 레저 활동을 하는 듯한 몰입감을
선사
(디지털 헬스케어) 환자 바이오센서를 통하여 모니터링한 데이터를 기반으로 환자
/사람들이 병이 발병하기 전에 예측
(스마트 금융) 블록체인 기술로 사용자의 금 교환증과 보증서를 전자문서 형태로
보관
(융합) 예술 + 관광, 스포츠 + 관광, 레저 + 디지털 헬스케어 등

3. 신청자격

□ 중소기업기본법 제2조의 규정에 의한 중소기업(주관기관 및 참여기업)으로서, 아
  래의 조건을 모두 만족하는 경우 신청가능
  ○ (필수) 기획기관*과 컨소시엄을 구성**하여 신청 · 접수 가능한 경우
    * 기획기관이란 서비스 관련 전문 컨설팅 및 사업기획 역량을 보유한 대학 산학
      협력단, 공공연구기관, 컨설팅 전문기업으로 하며 기획기관의 기획지원과 관
      련된 지원 내용은 <4. 지원내용 및 한도> 참조
   ** 컨소시엄 구성 목적은 신청기업이 개발하고자 하는 신규비즈니스모델(구현수
      단)에 대한 시행착오를 줄이고 사업화성공률을 높이기 위함

*** 신청기업이 과제와 관련하여 필요한 분야를 바탕으로 기획기관을 선택한 후 기획지원분야, 지원내용, 지원기간, 투입인력, 예산규모 등을 사업계획서에 반영

지원분야별 신청자격을 만족(주관기관)하는 경우

지원분야	신청자격
제품서비스화	■ 서비스 융합 대상제품을 생산하는 중소기업 중 벤처기업 또는 기술혁신형 중소기업 (INNO-BIZ) 인증기업*
신규서비스창출	■ 서비스 업종 영위기업
업종공통서비스	■ 아래 경우에 하나 이상 해당 　- 본점 및 지점 형태로 사업장을 보유한 경우 　- 복수의 사업장(동일 업종)을 보유한 경우 　- 동일한 서비스 업종의 주관기관 및 참여기업이 컨소시엄 구성한 경우 　- 업종별 협·단체와 컨소시엄을 구성한 경우 　 (이때, 협·단체는 기획기관으로만 참여 가능)

* 벤처기업, 기술혁신형 중소기업(INNO-BIZ) 인증의 경우 접수마감일 이후 획득 또는 접수마감일 현재 유효기간이 만료된 경우 지원 제외
*

신청자격 등의 확인방법 및 검증 서류

구 분	확인 근거 (증빙서류)
설립년월일	■ 개인사업자: 사업자등록증 ■ 법인사업자: 법인등기부 등본 　* 동 공고의 업력 산정기준은 설립일로부터 접수마감일까지를 기준으로 함 　** 개인사업자 창업 후 법인사업자로 전환한 경우, 개인사업자 설립일로부터 업력 산정
부채비율, 자본잠식 등	■ 최근년도 결산재무제표(대차대조표, 손익계산서, 국세청 발급본) 　* 접수마감일 기준 확정된 '17년도 재무제표를 근거로 판단하되, '17년도 결산이 확정되지 않은 경우 '16년도 재무제표로 판단
신청제한 및 지원제외	■ 의무사항 불이행 여부, 신용정보 등 확인 　* 참여제한확인: 종합관리시스템(www.smtech.go.kr) 〉〉 온라인과제관리 〉〉 과제신청 〉〉 신청안내 〉〉 참여제한 확인 　** 제재조치여부 확인: 종합관리시스템(www.smtech.go.kr) 〉〉 온라인과제관리 〉〉 제재조치 〉〉 중소벤처기업부 제재조치, NTIS제재조치 ■ 국가R&D사업관리서비스(rndgate.ntis.go.kr) 조회 등
신청자격	■ 제품서비스화과제: 벤처기업 또는 기술혁신형 중소기업(INNO-BIZ) 인증서 및 최근년도 결산재무제표(제품매출실적 여부 확인) ■ 신규서비스창출: 최근년도 결산재무제표(서비스매출실적 여부 확인) ■ 업종공통서비스: 법인등기부등본(사업자등록증)

□ 신청자격 등의 검토·확인

  ○ 중소기업 경영현황표(종합관리시스템(www.smtech.go.kr)에 온라인 입력)를 토대로
    서면 검토 및 관련 증빙서류 현장 확인(전문기관)

    * (전문기관) 중소기업기술정보진흥원

    ** 제출된 중소기업 경영 현황표 및 증빙서류가 상이한 경우 지원제외될 수 있음

◆ 지원(후보) 과제로 선정된 이후라도 신청 및 지원제외 사항이 확인된 경우 선정평가
  의 진행 여부와 관계없이 지원제외로 처리
◆ 협약대상 과제로 선정되어 협약이 진행된 이후라도 신청 및 지원제외사항이 확인된
  경우 협약 체결 여부와 관계없이 지원제외 및 협약해약 처리

4. 지원내용 및 한도

□ 기술개발(R&D)

  ○ (정부출연금): 과제별 총사업비의 65% 이내에서 최대 1년, 2.2억원까지 지원

  ○ (민간부담금): 중소기업은 정부출연금 이외에 총사업비의 35% 이상을 부담(민
    간부담금의 60% 이상은 현금으로 부담해야 함. 100% 현금 부담도 가능)

구분	지원기간	지원한도 (A)	기획지원비용에 따른 최대 지원한도(B)	출연비율	
				정부	민간 부담
제품서비스화	최대 1년	2억원	2.2억원	65% 이내	35% 이상 (현금비율 60% 이상)
신규서비스창출	최대 1년	1.5억원	1.7억원		
업종공통서비스	최대 1년	2억원	2.2억원		

※ 기획지원비용에 따른 최대 지원한도(B)는 각 과제별 지원한도에 기획지원비용을
   합한 금액(B＝A＋기획진단비용(최대 0.2억원))

□ 기획지원(全과제 필수사항)

  ○ (지원목적) 신청기업이 개발하고자 하는 신규비즈니스모델에 대해 시행착오를
    줄이고 개선방안 도출을 위해 기획지원

    － 기획기관은 신청기업의 특성 및 요구*에 맞는 컨설팅 범위, 내용, 일정, 산
      출물 등을 구체화하여 컨설팅 수행

      * (예시) 시장조사, 고객니즈 발굴, 서비스 적용 방안 및 사업성 검증 등

○ (지원방식) 신청기업이 제안하는 내용에 대하여 평가시 확인

- (1단계) 신청기업이 자사의 특성 및 필요분야에 맞는 기획기관 선택

  * 기획기관은 서비스 관련 전문 컨설팅 및 사업기획 역량을 보유한 산학협력단, 공공연구기관, 컨설팅 전문기업(사전설명회시 관련 내용 안내 예정)

- (2단계) 신청기업-기획기관 간 협의를 통하여 기획기관의 지원분야,* 지원내용, 지원기간, 투입인력, 예산규모 등을 구체화

  * <붙임3> 「기획기관 참여 가능분야 예시」 참조

- (3단계) 신청기업은 신청·접수시 상기 2단계 협의내용을 사업계획서 (Part II) 하단에 자유양식으로 추가하여 제출

- (4단계) 서면평가 및 대면평가 시 제출한 내용을 기준으로 기획기관 수행내용의 적절성 확인

○ (비용 및 기간) 총 2천만원 이내*(부가세 별도), R&D 수행기간 이내

  * 연구활동비의 연구개발서비스 활용비에 비용 산정

- 주관기관과 기획기관이 협의하여 비용 지급 결정(착수금 및 잔금지급 등)

5. 신청기간 및 방법

□ 사업계획서 접수기간

○ 신청기간: '18년 3월 19일(월) ~ 4월 9일(월) 18:00

> ☞ 접수 마감일에는 전산폭주로 인하여 접수가 지연되거나 장애가 발생할 수 있으므로 가급적 마감일 2~3일 전에 온라인 신청완료 요망(반드시 접수증 출력 요망)

○ 사업설명회 개최

- 일시 및 장소: 3.22(목) 14시, 중소기업중앙회

- 내용: 사업소개 및 기획기관 관련내용 등

- 사전신청: 3.20(화) 14시까지 사전신청요망(srnd@tipa.or.kr)

  * 메일 신청 시 필요 항목 : 기업명, 참석인원(연락처), 관심과제(제품서비스화, 신규 서비스창출, 업종공통서비스 중 선택), 참여형태(주관기관, 참여기업, 위탁기관, 기획기관 중 선택)

□ 신청방법: 온라인(인터넷)을 통한 사업계획서 신청·접수

※ http://www.smtech.go.kr → 회원가입 → 로그인 → 온라인과제관리 → 과제신
청 → 지원사업 → 온라인 내용입력 및 사업계획서(구비서류) 등록

※ 신청서류: www.smtech.go.kr→ 정보마당→ 알림마당 → 사업공고 → 2018년 제
품서비스기술개발사업 시행계획 공고

※ 접수 완료 후 **다시 수정할 경우**, 반드시 "제출하기"를 클릭한 후 **"제출완료" 여
부 확인 필요**(접수마감일 기준으로, 접수증이 있더라도 최종 **"제출완료"**가 되지 않은 경
우에는 접수 취소)

ㅇ 온라인 신청절차

1단계	2단계	3단계	4단계
회원가입	온라인 직접입력	문서 작성 및 파일 업로드	접수 확인 및 완료
	사업계획서 [별지 제1-①] Part Ⅰ	사업계획서 [별지 제1-①] Part Ⅱ	〈접수증 출력〉

온라인 신청단계별 신청·접수요령

① **1단계: 회원가입**
- 구성원 및 수행기관이 중소기업기술개발 종합관리시스템(www.smtech.go.kr)에 등
록되어 있는지를 확인하고, 등록이 되어 있지 않는 경우 종합관리시스템에 가입
② **2단계: 온라인 직접입력**
- [별지 제1-①호] 사업계획서 Part Ⅰ의 내용을 작성하는 것으로, 신청접수 시 종
합관리시스템(www.smtech.go.kr)을 통해 직접 입력
③ **3단계: 문서 작성 및 파일 업로드**
- [별지 제1-①호] 사업계획서 Part Ⅱ의 내용을 작성·업로드하는 것으로, 한글 등
문서파일로 양식을 다운받아 해당내용을 오프라인으로 작성한 후 종합관리시스
템(www.smtech.go.kr)에 작성한 파일을 업로드
- [별지 제1-② ~ ⑨호] 의 구비서류 및 관련 참고자료와 함께 업로드
④ **4단계: 접수 확인 및 완료**
- 3단계 완료 후 접수확인을 위한 접수증 출력(신청·접수 완료 확인)
  ☞ 접수 완료 후 다시 수정할 경우 반드시 "제출하기"를 클릭, "제출완료"를 확인하고
    접수증 출력 필요

○ 신청시 구비서류

연번	서식명		제출방법	제출시점
①	중소기업 기술개발지원 사업계획서	Part I	* 온라인 시스템 직접 입력	사업신청시 (최초)
		Part II		
②	연구시설 · 장비 구입 계획서 * 부가세포함 1천만원 이상 3천만원 미만 연구시설 · 장비인 경우 작성		* 인터넷에서 해당 서식 다운로드하여 작성한 후, 문서파일 업로드	
③	연구시설 · 장비 도입 계획서 * 부가세포함 3천만원 이상 연구시설 · 장비인 경우 작성			
④	연구시설 · 장비 심의 요청서 * 부가세포함 1억원 이상 연구시설 · 장비인 경우 작성			
⑤	신용상태 조회 동의서			
⑥	개인정보 이용(제공 · 조회) 동의서			
⑦	중소기업 기술개발사업 청렴 서약서			
⑧	신청자격 확인서류(과제별 신청자격 확인) * 최근연도 결산재무제표(대차대조표, 손익계산서, 국세청 발급본)			
⑨	신청자격 확인서류(해당시, 과제별 신청자격 확인) * 벤처기업 또는 기술혁신형 중소기업(INNO-BIZ) 확인서 * 법인등기부등본(사업자등록증)			
⑩	사업계획서(Part II) 세부설명자료 25P * 신청 · 접수시 제출하는 사업계획서(Part II)는 5P 이내의 양식		* 인터넷에서 해당 서식 다운로드하여 작성한 후, 문서파일 업로드	추가제출* (온라인평가 통과 시)
⑪	사업비 비목별 소요명세			
⑫	위탁연구기관(참여기업) 참여의사 확인서			
⑬	배우자 및 직계존비속 참여연구원 등록요청서			

* 사업계획서 작성시 개발기간 시작일은 '18. 6. 1로 기재(단, 협약 체결일정에 따라 향후 조정될 수 있음)
** 추가 제출서류(⑩번 ~ ⑬번)는 온라인 평가 통과 시 제출(별도 안내예정)

6. 추진절차 및 과제평가

※ 본 공고문에 명시된 평가, 선정, 협약 일정 등은 신청과제수에 따라 일부 조정될 수 있음

□ 추진절차

제품서비스기술개발사업 추진절차

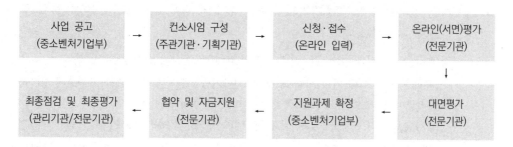

※ (관리기관) 각 지방중소벤처기업청, (전문기관) 중소기업기술정보진흥원

□ 온라인평가(4월)

○ 분야별 산·학·연 전문가로 평가위원회를 구성하여 사업계획서의 충실성 등을 중심으로 온라인 서면평가를 실시한 후 우선 순위에 따라 대면평가 추천 대상과제 선정

* 신청 과제 수에 따라서 온라인평가 생략가능

□ 대면평가(5월)

○ 분야별 산·학·연 전문가로 평가위원회를 구성하여 사업계획의 창의·도전성, 기술성, 사업성 및 과제책임자의 발표 내용 등을 종합적으로 심사평가한 후, 종합평점 우선순위에 따라 대상과제로 선정

> **※ 종합평점 = 대면평가 점수 + 가점 − 감점**
> • 가·감점 관련 사항은 중소기업기술개발사업 관리지침 참조

□ 지원과제 확정(6월)

○ 대면평가결과, 추천대상과제에 대해 중소벤처기업부에서 지원예산 규모를 고려하여 지원과제 확정

□ 협약체결 및 정부지원금 지급(6월)

○ 최종 확정된 과제의 주관기관은 전문기관과 협약체결

7. 기술료 납부

□ 기술개발 결과에 대한 최종평가가 "성공" 판정인 경우 정액 또는 경상기술료 중 납부방식을 선택하여 납부

   ○ (정액기술료) 최대 4년 간 정부출연금의 10%(중소기업의 경우) 납부

     * 성공판정 90일 이내 기술 실시보고서와 선납기술료를 납부하고, 잔여기술료에 상응하는 지급이행보증보험 가입을 조건으로 4년간 분할납부 가능

   ○ (경상기술료) 연구개발 성과물 관련 매출액 산정자료 제출이 가능한 경우(전산 또는 회계프로그램 등을 사용) 5년 간 개발 결과물로 발생한 매출액의 일정비율*로 납부(정부출연금의 12%(중소기업) 한도)

     * 중소기업 : 착수기본료(성공판정 90일 이내) 정부출연금의 1%, 정률기술료 매출액의 1%

8. 신청제한 및 지원제외 사항

※ 신청제한에 해당할 경우 온라인상에서 신청이 차단될 수 있으며, 신청 전에 제한 사유를 해소해야 신청 가능하고, 신청 이후라도 최종협약 이전에 신청제한 또는 지원제외 사유가 발생·발견되는 경우 평가·지원 제외할 수 있음

※ 신청 제외 세부 사항은 중소기업 기술개발사업 관리지침 참조

---

① 주관기관의 신청자격 및 공고내용과의 적합성

   ○ 주관기관의 신청자격에 해당하지 않는 경우

   ○ 지원목적, 공고내용에 부합하지 않는 경우

② 기 개발/기 지원 여부

   ○ 신청과제가 기 개발 또는 기 지원된 경우

   ○ 신청과제가 동일기업의 기 지원된 과제내용과 유사한 경우

   ○ 신청기업이 기 생산·판매중인 제품이거나 동제품의 단순 성능개량 또는 조립인 경우

   ○ 신제품의 개발 또는 기존 제품의 고도화(계량화·기능 추가 등 포함)가 아닌 단순한 기술개발을 위한 연구성 과제

③ 의무사항 불이행 여부

    ○ 사업에 참여하는 기관(주관기관, 참여기업) 및 각 기관의 대표자, 과제책임자 등
이 접수 마감일 현재 기술료 납부 및 납부계획서 제출, 성과 실적 입력(장비 구
입실적 등), 정산금 및 환수금 납부 등의 의무사항을 불이행한 경우

       * 의무사항 불이행을 최초 평가 개시전 까지 해소한 경우에는 예외로 함

④ 참여제한 여부

    ○ 사업에 참여하는 기관(주관기관, 참여기업) 및 각 기관의 대표자, 과제책임자 등
이 접수 마감일 현재 중소기업기술개발사업 또는 국가연구개발사업에 참여제
한 중인 경우

⑤ 채무불이행 및 부실위험 여부

    ○ 사업에 참여하는 기관(주관기관, 참여기업) 및 각 기관의 대표자 등이 접수
마감일 현재 다음 중 하나에 해당하는 경우

       * 채무불이행 및 부실위험 여부는 접수마감일 현재 신용조사 결과 및 접수마감일 현재
확정된 전년도 재무제표를 근거로 판단하되, 전년도 결산이 종료되지 않은 경우 전전
년도 재무제표로 판단

       * 단 아래의 ㉮부터 ㉯까지에 해당하는 경우에도 법원의 회생인가를 받은 경우는 예외

㉮ 기업의 부도

㉯ 국세·지방세 체납 및 금융기관 등의 채무불이행이 확인된 경우

       * 단, 신용회복지원협약에 따라 신용회복지원이 확정된 자와 중소기업진흥공단, 신용보
증기금, 기술보증기금 등으로부터 재창업 자금(보증) 또는 재기지원 보증을 지원받은
기업은 예외, 과제 선정을 위한 최초 평가 개시 전까지 채무불이행을 해소하거나 체
납처분 유예를 받은 경우에는 예외

관련 문의처

- 신용회복지원협약에 따른 신용회복지원

    → 신용회복위원회(www.ccrs.or.kr, ☎1600－5500)

- 중소기업진흥공단, 신용보증기금, 기술보증기금의 재창업자금(보증) 및 재기지
원 보증

    → 중소기업 재도전종합지원센터(www.rechallenge.or.kr, ☎055－751－9636)

㉰ 부채비율이 1,000% 이상인 경우와 최근결산 기준 자본전액 잠식인 경우

　* 단, 창업 3년 미만의 중소기업, 「은행업감독업무시행세칙」에 따른 "채권은행협의회 운영협약(채권은행 협약)"에 따라 채권은행협의회와 경영정상화계획의 이행을 위한 약정을 체결한 기업, 시설투자에 따른 일시적 부채 증가 등의 사유로 제11조의 평가위원회에서 지원 가능한 것으로 인정한 기업은 예외

관련 문의처 및 확인내용

• 「은행업감독업무시행세칙」에 따른 "채권은행협의회 운영협약(채권은행 협약)"에 따라 채권은행협의회와 경영정상화계획의 이행을 위한 약정을 체결
　→ 금융채권자조정위원회(www.cracrv.co.kr, ☎02－2071－1504~8)
• 시설투자에 따른 일시적 부채 증가
　→ 기업별 재무재표 확인(유형자산, 장단기 차입금 항목)

ㅇ 창업 3년 이상 기업이 현장평가 등에서 재무제표를 제출하지 않은 경우

⑥ 과제 참여율
ㅇ 신청과제의 과제책임자는 신청 과제에 대해 과제 참여율을 30% 이상으로 계상함을 원칙으로 함. 이때 과제책임자로서 동시에 수행할 수 있는 국가연구개발사업 과제는 최대 3개 이내로 함
ㅇ 신청과제의 과제책임자 및 참여연구원이 접수 마감일 기준으로 정부출연 연구과제 및 기관 고유 사업에 참여하는 비율을 포함하여 총 과제 수행 참여율이 100%를 초과할 경우 참여연구원에서 제외
　* 단, 접수마감일 기준으로 잔여기간이 4개월 미만인 과제는 참여율 산정에 미포함

9. 기타 공지사항

① 중소기업은 주관기관으로써 세부과제별로 1개의 과제만 신청할 수 있음

사업명	내역사업명	세부과제명
제품서비스 기술개발사업	제품서비스 기술개발사업	제품서비스화
		신규서비스창출
		업종공통서비스

② '05년부터 기술개발 지원사업에 주관기관, 공동개발기관, 참여기업(산학연사업에 해당)으로 '졸업제' 사업을 4회 이상 수행한 경우 참여 불가

졸업제 사업				
공정·품질	산학연협력	창업성장	제품서비스	기술전문기업 협력 R&D
총 4회				

타 사업(예시)	
기술혁신	상용화
제한無	

* 온라인 과제신청 단계에서 확인 가능

③ 중소기업은 주관기관으로 해당년도에 중소기업기술개발 지원사업에서 이미 수행 중인 과제를 포함해서 2개 과제까지만 지원받을 수 있음(총량제)

기존 수행중인 과제수	신규 신청가능 여부	신규 수행가능 과제수
2개	불가	불가
1개	가능	1개
0개	가능	2개

* 단, 기존 수행과제의 잔여기간이 접수마감일 현재 6개월 미만인 경우와 신규로 '첫걸음협력 R&D', '제품서비스R&D', '기술전문기업협력R&D', '공정·품질R&D(舊 제품공정개선)', '구매 조건부신제품R&D', '중소기업R&D역량제고(舊 R&D 기획역량제고)', '연구장비공동활용지원' 사업에 참여하는 경우는 총량제(2개 제한)에서 예외

ㅇ 신규과제 신청 및 수행가능 과제수 요건에도 불구하고, 아래 항목 중 하나라 도 해당되는 기업은 1개 과제를 추가로 수행할 수 있음

㉮ 전년도 매출액이 50억원 이상이면서, 3년 평균 매출액 대비 R&D 투자비중 이 3% 이상

　 * 단, 업력 3년 미만인 기업은 현재 재무자료 기준(1년 또는 2년)으로 평균 산정

㉯ 전년도 직·간접 수출액이 100만달러 이상이면서, 매출액 대비 직·간접 수 출액 비중이 20% 이상

④ 사업에 참여하는 자(주관기관, 참여기업, 대표이사, 과제책임자 등)는 채무불이행 등 확인을 위한 신용조회에 동의한 것으로 간주함

⑤ 부가세 포함 3천만원 이상 연구시설·장비의 도입 계획이 있는 경우 온라인신청 절차 2단계 사업계획서 Part I에 해당 연구시설·장비 등록 및 연구시설·장비 도 입계획서를 제출하여야 함

○ 3천만원 이상 연구시설·장비에 대해서는「연구장비도입 심사평가위원회」를 통해 도입의 타당성, 활용성, 구입가격의 적정성 등을 심의하여 지원 여부 결정 및 사업비 조정

　－ 사업계획서 Part I에 해당 연구시설·장비를 미등록 또는 연구시설·장비도입 계획서 미제출시 해당 연구시설·장비 도입 불인정 및 해당 구매비용 삭감

○ 1억원 이상의 연구시설·장비의 도입에 관한 사항은 「과학기술기본법」 제28조, 「국가연구개발사업의 관리 등에 관한 규정」 제25조 제7항 및 「국가연구개발 시설·장비의 관리 등에 관한 표준지침」에 따름

　＊ 1억원 이상 연구시설·장비의 경우 심의는 국가연구시설·장비심의평가단(과기정통부)에서 실시하나, 전문기관에도 심의요청서를 제출하여야 함

※ 연구시설·장비라 함은 연구·개발을 위한 유형의 비소모적 자산으로서 분석, 시험, 계측, 기계가공, 제조, 전 처리, 영상, 교정, 데이터 처리, 임상의료 등의 용도로 사용되는 기계장치 및 시설을 말함

※ 상용화 또는 생산관련 시설·장비는 연구시설·장비로 산정불가하며, 향후 평가위원회에서 상세 검토하여 해당될 경우에는 사업비 삭감

---

⑥ 국·공립연구기관, 정부출연연구기관, 특정연구기관, 전문생산기술연구소 등 비영리기관은 위탁기관으로만 신청가능

⑦ 평가 공정성을 위해 경쟁업체 소속 평가위원 배제

○ 주관기관은 신청과제 평가에 공정성을 저해할 수 있다고 판단되는 경쟁업체를 사업계획서 Part I의 경쟁업체 현황표에 그 사유와 함께 제시할 경우 타당성을 검토하여 경쟁업체 소속 평가위원을 배제할 예정(단, 3개 이내 경쟁업체명을 기입)

　＊ 경쟁업체명과 배제사유는 구체적으로 작성을 해야함(경쟁업체명을 "OO"으로 작성한 경우, "OO전자" 또는 "OO주식회사" 소속 평가위원은 해당 평가위원회에 평가위원으로 위촉 가능하며, 비영리기관 소속 평가위원의 배제는 불가)

　＊＊ 배제 사유가 구체적으로 작성되지 않고, 타당성이 부족한 경우는 경쟁업체에 소속된 자도 평가위원으로 선정될 수 있음

＊＊＊ 경쟁업체 현황표 작성은 의무사항이 아니며 해당 시 제출 요망

⑧ 사업계획서 Part I의 "기술개발개요"는 인터넷 공시되므로 기업의 기밀에 관련된 내용 등은 제외하고 작성요망

⑨ 동 공고문에서 정하지 아니한 세부 내용은 「중소기업기술개발 지원사업 운영요령」 및 「중소기업기술개발사업 관리지침」, 「제품서비스기술개발사업 관리지침」을 적용함

10. 문의처

□ 사업안내

담당기관(부서)		문의사항	전 화
사업총괄	중소벤처기업부 (기술개발과)	시행계획 공고	1357
전문기관	중소기업기술정보진흥원 (혁신기술평가실)	신청·접수, 사업계획 작성, 과제평가, 유의사항 등	
관리기관	각 지방중소벤처기업청	최종점검	관리기관현황참조

□ 지방중소벤처기업청(관리기관) 현황

기 관 명	전 화	주 소
서울지방중소벤처기업청	02-2110-6365	경기도 과천시 관문로 47
부산지방중소벤처기업청	051-601-5147	부산광역시 강서구 녹산산단 335로 8
울산지방중소벤처기업청	052-210-0043	울산광역시 북구 산업로 915
대구·경북지방중소벤처기업청	053-659-2292	대구광역시 달서구 성서4차 첨단로 122-11
광주·전남지방중소벤처기업청	062-360-9158	광주광역시 서구 경열로 17번길 12
경기지방중소벤처기업청	031-201-6975	경기도 수원시 영통구 반달로 87
인천지방중소벤처기업청	032-450-1152	인천광역시 남동구 은봉로 82
대전·충남지방중소벤처기업청	042-865-6135	대전광역시 유성구 가정북로 104
강원지방중소벤처기업청	033-260-1631	강원도 춘천시 안마산로 262
충북지방중소벤처기업청	043-230-5376	충북 청주시 청원구 오창읍 중심상업2로 48
전북지방중소벤처기업청	063-210-6441	전북 전주시 완산구 서원로 77
경남지방중소벤처기업청	055-268-2572	경남 창원시 의창구 창이대로 532번길 50
제주특별자치도(기업통상지원과)	064-710-2638	제주특별자치도 제주시 문연로 6

※ 공고관련 자세한 내용은 홈페이지에서 확인
 ■ 중소벤처기업부 기술개발종합관리시스템 : http://www.smtech.go.kr
 ■ 중소벤처기업부 홈페이지 : http://www.mss.go.kr

[붙임 1] 4차 산업혁명 관련 기술
[붙임 2] 서비스R&D 전략분야
[붙임 3] 기획기관 참여 가능분야(예시)

[붙임 1]

4차 산업혁명 관련기술(15개 분야)

전략분야	기술개발 테마	전략분야	기술개발 테마
AI/ 빅데이터 (8)	음성인식 SW 영상처리 시스템 인공지능 플랫폼 인지과학 SW 빅데이터 기반 SW Cloud Brokering Cloud service 가상화/컨테이너	미래형자동차 (9)	운전자용 편의시스템 자율주행차량용 카메라 정보제공 시스템 자율주행자량의 Lidar 전기자동차 충전인프라 친환경 경량화 부품 전력변환 시스템 전기구동 시스템 에너지 저장/관리 시스템
5G (7)	초고속단거리 무선통신부품 5G 무선전송 및 접속 기술 5G 프론트홀·백홀 기술 5G 코어 네트워크 기술 massive MCT 기술 무선 접속을 위한 RRH 기술 고속 이동체를 위한 초고속 인터넷 제공 기술	스마트공장 (8)	스마트 제조 애플리케이션 센서 및 화상처리 기술 스마트 제조 CPS 제조 빅데이터 분석 시스템 스마트 제조 AR/VR 3D 프린팅 제조 시스템 산업용 고신뢰/저전력 네트워킹 스마트공장 플랫폼
정보 보호 (9)	생체인증 클라우드 보안 사물 인터넷 보안 모바일 보안 스마트 산업제어시스템(ICS) 보안 지능형 자동차 보안 지능형 보안위협 대응 블록체인/블록체인 기반 보안 지능형 영상보안	바이오 (9)	유전체분석 및 정보 분석 바이오칩 분자진단 면역화학진단 웰빙 전통식품 건강 기능성 식품 소재 기능성 화장품 아토피개선 화장품 부착형 화장품
지능형 센서 (9)	광학부품 및 기기 반도체 검사장비 반도체 공정장비 반도체 패키징 소재 전력반도체소자 고주파 반도체 SoC 부품 반도체 센서 반도체 화학 소재	웨어러블 (8)	스마트 시계·밴드 스마트 신발 스마트 의류 스마트패치 생활약자보조 착용기기 실감·체험형 웨어러블 디바이스 레저·스포츠용 웨어러블 디바이스 휴대용 생체인증기기·시스템
AR/VR (7)	AR/VR 응용 서비스 플랫폼 실사 기반 AR/VR 영상 입력 장치 과업 특화형 개인 AR/VR 디스플레이 도구 AR/VR 서비스용 콘텐츠 AR/VR 오감 인터랙션 시스템	물류 (6)	물류 로봇·드론 관제시스템 소형지게차 기술 스마트 화물이동정보 모니터링 시스템 스마트 패키징 시스템 배송물류 라우팅 지원시스템 스마트 물류창고

전략분야	기술개발 테마
	공간형 AR/VR 디스플레이 솔루션 AR/VR 콘텐츠 제작용 소프트웨어
스마트 가전 (8)	피코 프로젝터 스마트 미러 에어가전 스마트 콘센트 및 플러그 스마트 비서 융·복합형 정수기 스마트키친 디바이스 고효율 난방기기
로봇 (8)	인간 친화형 협동로봇 착용형 근력증강 웨어러블 로봇 산업용 부상방지 및 작업지원 로봇 물류 로봇 스포츠 시뮬레이터 로봇 노인과 장애인을 위한 근력보조 웨어러블 로봇 소셜 로봇 플랫폼 및 서비스 가전 로봇

전략분야	기술개발 테마
안전 (6)	센서형 식품 안전관리 시스템 안전사고 대응 지능형 모니터링시스템 지능형 화재안전 대응 시스템 유해물질 유통 모니터링 시스템 미세먼지 측정 시스템 범죄 대응 시스템
에너지 (15)	대기오염 물질처리 소재 및 공정 수처리 공정 전처리 설비 재활용 폐기물 분리 및 재사용 설비 연료전지용 M-BOP xEMS 시스템 소규모 분산자원 중개 시스템 폐열에너지 활용 시스템 제조업 부생가스 재활용 레독스 플로우 배터리 초고용량 커패시터 이차전지 전해질 건물 일체형 신재생에너지 시스템 태양광 발전시스템 태양광 공정장비 소형풍력발전기
스마트홈 (5)	생활밀착형 스마트디바이스 스마트홈 서비스 플랫폼 스마트 통합형 홈 네트워크 연동기술 홈/빌딩 지능형 공간 서비스 지능형 HEMS

1. AI/빅데이터

구분	기술개발테마	정의
1	음성인식 SW	컴퓨터와 같은 자동적 수단을 이용해 인간이 발생시키는 음성신호로부터 언어적 의미를 식별해내는 기술을 의미
2	영상처리 시스템	영상을 분석하여 내포된 특성을 인식하고 패턴을 추출하는 기술로 목적과 대상에 따라 객체 인식(얼굴, 색상, 글자, 숫자, 사물 등), 상황 감지, 모션 인식 및 추적, 검색할 수 있는 시스템
3	인공지능 플랫폼	비정형, 정형 데이터, 사진, 동영상 등 다양한 멀티 콘텐츠에 대한 상황정보(Context)를 인지/학습하고 분석하여 사용자가 원하는 정보를 신속하게 검색, 추천, 예측하는 기술을 의미
4	인지과학 SW	사람의 지각, 기억, 학습 및 감정 등 인지과정을 규명해 인간 중심의 사회를 구현하고 각종 인공물 개발에 적용 가능한 SW
5	빅데이터 기반 SW	빅데이터 플랫폼을 통한 데이터 수집, 저장, 분산 처리, 검색, 공유, 분석, 시각화 등을 이용하여 데이터를 처리하는 소프트웨어
6	Cloud Brokering	복수의 퍼블릭 IaaS 플랫폼과 연동하여 맞춤형 서비스 구성, 워크플로우 매니저 기능 등을 제공하는 서비스
7	Cloud service	사용자의 환경 밖에서 서비스로서 제공된 확장 가능한 컴퓨팅 자원을 사용한 양에 따라 비용을 지불하고 사용하는 서비스를 제공하는 기술
8	가상화/컨테이너	기존의 서버 가상화가 '하드웨어 레벨'의 가상화라 한다면, 가상화/컨테이너는 OS레벨의 가상화라 할 수 있으며 도커(Docker)가 대표적인 컨테이너 기술의 하나임

2. 5G

구분	기술개발테마	정의
1	초고속단거리 무선통신부품	기존의 주파수 대역에서 벗어나 다양한 주파수 대역을 활용할 수 있는 초고속 무선 통신 및 초절전 무선통신 부품
2	5G 무선전송 및 접속 기술	이동통신 네트워크의 용량을 증대하는 Flexible spectrum usage 기술과 소형셀 기지국 SW에 서로 다른 여러 개의 주파수 대역을 묶어 하나의 주파수처럼 속도를 끌어올리는 기술을 융합하여 사각지대 없는 데이터 전송을 구현하는 기술
3	5G 프론트홀·백홀 기술	5G로 이동통신이 발달함에 따라 트래픽 증가에 대한 대안이 되는 기술
4	5G 코어 네트워크 기술	각종 서비스를 제공해주는 유선 네트워크 시스템에 대한 기능 분산화, 유무선 융합화, 트래픽 최적화 기술
5	massive MCT 기술	소량의 데이터를 송/수신하는 무수히 많은 MTC device를 수용하기 위해 기존과 다른 네트워크·통신 방식 및 비용 측면을 고려한 새로운 메커니즘
6	무선 접속을 위한 RRH 기술	전기적 또는 무선 인터페이스를 통해 원격 전파 트랜스시버에 연결해주는 전파 조작 기술
7	고속이동체를 위한 초고속인터넷 제공 기술	고속 이동 환경에서 기가(Gbps)급 데이터 서비스를 제공하여 고속으로 움직이는 철도나 자동차에 고속 인터넷 제공

3. 정보보호

구분	기술개발테마	정의
1	생체인증	생체인식이라고도 하며 지문·목소리·눈동자 등 사람마다 다른 특징을 인식하는 것. 즉, 인간의 신체적·행동적 특징을 자동화된 장치로 측정하여 개인식별의 수단으로 활용하는 모든 것을 가리킴
2	클라우드 보안	HW/SW 등 각종 ICT 자원을 통신망에 접속해서 서비스로 이용하는 방식인 클라우드의 안전성 강화를 위해 요구되는 보안 기술
3	사물 인터넷 보안	인간과 사물, 서비스 세 가지 분산된 환경 요소에 대해 인간의 명시적 개입 없이 상호 협력적으로 센싱, 네트워킹, 정보 처리 등 지능적 관계를 형성하는 사물 공간 연결망인 사물인터넷의 안전성 강화를 위해 요구되는 보안 기술
4	모바일 보안	모바일 환경을 보호하기 위한 총체적인 활동으로, 보안 위협은 스마트폰의 보안 위협 이슈로 부각
5	스마트 산업제어시스템(ICS) 보안	산업제어시스템은 산업 생산을 위해 이용되는 제어 시스템으로 SCADA 시스템, 분산 제어 시스템, 프로그래머블 로직 컨트롤러 및 프로그래머블 오토메이션 컨트롤러 등이 있음. ICS 보안은 주로 전력, 석유·가스, 물, 통신 및 교통 운송 등의 분야에 도입 중
6	지능형 자동차 보안	기술융합을 통해 안전성 및 편의성을 획기적으로 향상시킨 자동차인 지능형 자동차의 안전성 강화를 위해 요구되는 보안 기술
7	지능형 보안위협 대응	특정 ICT의 불법 조작 또는 정보 탈취를 위하여, 오랜 기간 동안 불법 정보활동을 지속하는 지능형 보안위협에 대응하여 네트워크 샌드박스와 엔드포인트 보안, 이메일 필터링, 메모리 분석 기반 지능형 익스플로잇 탐지, 데이터 및 보안이벤트 연관성 분석 등을 수행하는 전방위적 보안 대응 기술
8	블록체인/블록체인 기반 보안	블록체인 기술이 적용된 전자화폐의 거래를 투명하고, 안전하게 보호하기 위한 분산 네트워크 운영, 암호화 등의 다양한 보안 기술
9	지능형 영상보안	고정식 카메라 및 단일 센서를 이용한 기존 아날로그/디지털 CCTV 감시 통합관제 시스템의 문제점을 개선하여 실시간(사전 예방형) 모니터링이 가능하도록 루프 센서, 열적외선 이미지 센서, RFID 및 초음파 방식 등을 활용한 통합관제 시스템

4. 지능형센서

구분	기술개발테마	정의
1	광학 부품 및 기기	렌즈를 통해 들어온 이미지를 디지털 신호로 변환시키는 부품이며, 모듈을 구성하는 이미지 센서와 렌즈 모듈, IR-filter Package 등의 개발 및 양산 기술 포함
2	반도체 검사장비	반도체 제조공정에서 공정이 완료 된 후 웨이퍼와 패키지 상태에서 반도체 칩이 제 기능을 올바로 수행할 수 있는지를 확인하고 불량 유무를 결정하는 장비
3	반도체 공정 장비	반도체 회로설계, 웨이퍼 제조 등 반도체 제조를 위한 준비 단계부터 웨이퍼를 가공하고 칩을 제조하는 단계까지의 모든 장비를 지칭
4	반도체 패키징 소재	반도체 칩에 필요한 전원을 공급하고, 반도체 칩과 메인 PCB 간에 신호연결을 위해 전기적으로 연결하고 외부의 습기나 불순물로부터 보호할 수 있도록 포장하는 데 필요한 소재
5	전력 반도체 소자	전력반도체 전력을 시스템에 맞게 배분하는 제어와 변환기능을 가진 소자로 에너지 절약 및 제품의 크기를 축소하기 위해 전력변환 장치에 사용
6	고주파 반도체	고주파수 대역 신호를 고속 처리 할 수 있는 고주파 시스템에 사용되는 고주파 반도체
7	SoC 부품	스마트폰, 태블릿 등 차세대 이동통신기기에 필수적으로 내장되어 동영상·멀티미디어 콘텐츠, 웹 콘텐츠 등의 다양한 데이터 서비스를 지원할 수 있는 관련부품
8	반도체 센서	외부로부터의 갖가지 신호를 전기신호로 변환하는 것으로, 반도체의 여러 가지 효과가 이용되고 있으며, 이것을 이용한 다양한 센서를 통칭
9	반도체 화학 소재	반도체용 화학 소재로 박리성, 도전성 및 정전기 차폐 등의 기능성이 부여된 소재 및 고성능 반도체 소재를 지칭

5. AR/VR

구분	기술개발테마	정의
1	AR/VR 응용 서비스 플랫폼	각 기업이나 개인들이 소비자들에게 자신들의 AR/VR 응용 서비스를 편리하게 제공할 수 있도록 지원해주는 플랫폼
2	실사 기반 AR/VR 영상 입력 장치	실제 환경을 기반으로 하는 AR/VR 콘텐츠 제작이 가능하도록 하는 영상 입력 장치
3	과업 특화형 개인 AR/VR 디스플레이 도구	부품 수리, 수중 탐사 작업 등 특정 과업에 특화된 개인 AR/VR 디스플레이 도구
4	AR/VR 서비스용 콘텐츠	사용자가 현실 세계에서 직접 경험하지 못하는 상황을 체험할 수 있도록 하는 AR/VR 서비스에 특화시킨 콘텐츠
5	AR/VR 오감 인터랙션 시스템	실감 시네마, 차세대 게임(가상현실), 홀로그램, ScreenX 등 실감형 기술을 이용해 시청각 중심의 콘텐츠 한계를 극복하는 상호작용 시스템
6	공간형 AR/VR 디스플레이 솔루션	복수의 사용자가 거리와 상관없이 같은 가상공간에서 상호작용이 가능하도록 제작된 AR/VR 디스플레이용 솔루션
7	AR/VR 콘텐츠 제작용 소프트웨어	AR/VR 콘텐츠 제작을 위한 엔진, 시뮬레이터 등 AR/VR 콘텐츠 제작에 최적화된 소프트웨어

6. 스마트가전

구분	기술개발테마	정의
1	피코 프로젝터	기존의 업무용, 가정용 프로젝터와 달리 매우 작은 크기로 휴대하기 간편한 프로젝터 제품군을 지칭하며, 작은 배터리를 내장해 외부전원이 없이도 화면 투사 및 시청이 가능한 프로젝터
2	스마트 미러	특수증착 처리된 유리를 사용해 평소에는 일반거울처럼 사용하다가 터치 등의 동작을 통해 PC 모니터나 스마트폰 액정 역할을 하는 스마트 디스플레이
3	에어가전	공기청정기, 선풍기, 에어컨, 제습기 등 실내공기 상태를 조절하는 가전을 통칭하는 기기
4	스마트 콘센트 및 플러그	전원On/Off 제어, 전력측정, 안전관리, 통신기능을 포함한 차세대 제품으로 기존의 단순한 기계식구조를 탈피하여 전력의 이상상태를 모니터링하고 외부에 전송할 수 있는 IoT형 기기를 의미
5	스마트 비서	주요가전제품을 컨트롤하고, 화재, 침입 등 위기상황에서 자체적으로 제어하는 지능형 비서 기기 및 시스템
6	융·복합형 정수기	융복합형 정수기는 물리/화학적인 정수기능 외에 수질에 대한 측정, 필터의 오염정도, 급수수질에 대한 실시간 모니터링 등 입/출력되는 수질정보를 사용자에게 실시간 제공하는 통신기능을 포함하며, 냉/온수, 탄산, 수소수, 커피추출 등 부가기능을 결합하여 활용도를 높인 제품을 의미
7	스마트키친 디바이스	스마트 전자레인지, 렌지 후드 등 가정용 주방에서 탑재된 센서를 통해 자동 작동하는 기능 등 IoT 기반의 센서 네트워크를 이용하여 동작되는 중방용 가전기기를 의미
8	고효율 난방기기	가정용 전기기기 중 1~2인이 사용가능한 가정용 소형 난방기기 및 이를 제조하기 위한 기술로, 스마트 기능 탑재를 통한 사용자설정에 따라 자동으로 온도설정 및 On/Off 기능 등이 가능한 기술 및 시스템

7. 로봇

구분	기술개발테마	정의
1	인간 친화형 협동로봇	산업자동화 분야에 사용되며 인간과 작업 공간을 공유하면서 인간과의 직접적인 상호작용을 위해 설계된 로봇
2	착용형 근력증강 웨어러블 로봇	신체 외부에 착용해 근력을 증강시키고, 이를 통해 기존 사용자가 수행하기 힘들었던 과업들을 효과적으로 수행하도록 지원해주는 로봇
3	산업용 부상방지 및 작업지원 로봇	산업현장에서 개별 작업에 최적화된 보조력을 생성하여 작업자의 부상을 방지하거나 작업 효율을 증가시켜주는 로봇
4	물류로봇	인간을 대신하여 생산자와 소비자 사이에서 원료 재료, 부품, 상품을 안전하고 효율적으로 전달하기 위하여 물류 센터 등에서 상품을 자동으로 관리하는 로봇
5	스포츠 시뮬레이터 로봇	스포츠 활동의 실제적인 움직임을 모사하는 로봇으로, 실제 스포츠 환경의 제약 요인으로부터 벗어나 효과적인 스포츠 활동을 가능하게 하고 실감나는 가상의 스포츠 체험을 제공
6	노인과 장애인을 위한 근력보조 웨어러블 로봇	노인들과 장애인들을 위한 근력보조 서비스를 제공하기 위해 신체 외부에 장착하는 로봇
7	소셜 로봇 플랫폼 및 서비스	사람들의 반응이나 행동에 따라 상호 작용하는 지능형 서비스 콘텐츠를 통해서 사람들의 교육 및 여가 활동에 도움을 주는 로봇
8	가전 로봇	일반 가정 내에서 인간과 함께 생활하며 지능형 가전 역할 또는 가사 활동을 보조하는 미래 지능형 로봇

8. 미래형자동차

구분	기술개발테마	정의
1	운전자용 편의시스템	운전자에게 편의를 제공해주는 목적으로 사용되는 전기 전자장치(도어 및 윈도우, 스마트키, 선루프, 메모리시트, TPMS, 공조기, 시트벨트 등)와 관련된 부품 및 시스템
2	자율주행 차량용 카메라	차량의 윈드쉴드에 부착되어 전방의 장애물(차량, 보행자, 자전거, 이륜차)을 감지하거나 도로 정보를 인식하여 운전자 지원시스템 및 자율주행시스템에 제공함으로써 차량의 안전을 확보하는데 필요한 제품군
3	정보제공 시스템	반 자율주행 상황에서도 주행 중 운전자에게 안전하게 정보제공을 해주고 사고 위험을 줄일 수 있는 정보 제공의 기능을 갖춘 시스템
4	자율주행 차량의 Lidar	사물까지의 거리측정을 위한 수단으로 활용되고 있는 LidaR는 빛을 발사해 물체에 반사되어 돌아오는 시간과 강도, 주파수와 편광상태의 변화 등을 측정하여 대상과의 거리 등 물리적 성질을 측정하는 장치
5	전기자동차 충전인프라	전기자동차에 탑재된 이차전지를 급속 충전하기 위한 기본적인 충전시스템과 관제 플랫폼, 긴급충전 서비스 등을 포함하는 기술
6	친환경 경량화 부품	자동차 중량 감소를 위한 차체 내부의 경량화 부품 소재 등을 의미
7	전력변환 시스템	전기에너지를 이용하여 운행하는 전기자동차(EV)나 하이브리드자동차(HEV), 플러그인 하이브리드 자동차(PHEV) 등의 전기동력 기반 자동차(xEV)에서, 차량 전장시스템이 요구하는 전원형태(전압, 전류, 주파수 등)를 갖도록 전기에너지를 변환하고 제어하는 장치
8	전기구동 시스템	엔진이 없는 전기자동차에서 동력을 발생하는 장치로 전동기와 인버터로 구성되며 전동기축에 감속기 또는 변속기를 연결하여 회전력을 바퀴에 전달하여 차량을 구동시키는 모듈 부품임
9	에너지 저장/관리 시스템	리튬배터리 셀/모듈, 대용량 릴레이, 전류센서, 고전압 케이블, 커넥터 등의 에너지 저장기술과, 에너지의 소모, 방전, 충전을 관리하는 시스템을 의미

9. 스마트공장

구분	기술개발테마	정의
1	스마트 제조 애플리케이션	스마트공장의 공정설계, 제조실행분석, 품질분석, 설비보전, 안전/증감 작업, 유통/조달/고객대응 등을 실행하는 애플리케이션
2	센서 및 화상처리 기술	기존 센서에 논리, 판단, 통신, 정보저장 기능이 결합되어 데이터 처리, 자동보정, 자가 진단, 의사결정 기능을 수행하는 고기능, 고정밀, 고편의성, 고부가가치 센서
3	스마트 제조 CPS	기업의 정보시스템(ERP, CRM, SCM, MES 등) 및 컴퓨팅 시스템(PLC, CAD, CAM, 센서 등)과 현실세계의 사물(기계, 로봇 등)들과 네트워크로 통합하여 제어하는 기술
4	제조 빅데이터 분석 시스템	제조의 全주기를 빅데이터 심층분석을 통해 정확한 수요예측, 고객 맞춤형 설계, 심층적 피드백 반영, 라인효율 최적화, 예방형 장비 교체, 선진적 물류/유통체계, 장비효율 극대화, 레고식 맞춤형/주문형 생산, 이상탐지 기반 고품질 제품 생산 등을 가능하게 하는 시스템
5	스마트 제조 AR/VR	자동차/기계 부품 등의 여러 요소를 입력하여 산출된 시제품의 AR/VR 영상을 검토하여 보완, 정밀도 등 품질향상, 비용 및 시간 절감을 도모하게 하는 기술
6	3D 프린팅 제조 시스템	디지털 디자인 데이터를 이용, 소재를 적층(績層)해 3차원 물체를 제조하는 기술로 사용자 요구에 맞게 다종소량 제조에 적합하고 제조사의 전체 비용절감 효과를 볼 수 있는 제품
7	산업용 고신뢰/저전력 네트워킹	스마트공장 환경에 적합한 네트워킹 기술을 제공하는 제품 및 기술을 개발하는 것으로 공장 환경에 적합한 고신뢰성 저전력의 네트워킹 기술을 탑재한 제품, 단위 시간당 전송 속도뿐만 아니라 지연시간(latency), 전력 소모 등 종합적인 성능의 획기적 개선이 필요하며, 설치 면적, 유연성, 신뢰성 등에서도 우수한 특성을 제공해야 함
8	스마트공장 플랫폼	글로벌 기업이 주도하고 있는 스마트공장 플랫폼의 국내 실정에 맞는 중소기업형 스마트공장 공통 플랫폼을 의미. 센서, PLC, 설비 등과의 공통 연결을 지원하고 표준화된 데이터 교환을 가능하게 하고, 응용프로그램 및 클라우드와 통합 등의 기능을 제공하는 제품

10. 바이오

구분	기술개발테마	정의
1	유전체 분석 및 정보 분석	인간 등 생물의 유전체를 초고속으로 해석하여 산업적, 의학적 유용한 유전 정보를 획득하기 위한 차세대 유전정보 해독, 분석 및 활용 기술
2	바이오칩	작은 기판 위에 DNA, 단백질 등 생물 분자들을 결합시켜 유전자 결함, 단백질 분포, 반응 양상 등을 분석해낼 수 있는 생물학적 마이크로칩
3	분자진단	대표적 체외진단 기법으로, 인체나 바이러스 등의 유전자 정보를 담고 있는 DNA의 분자수준 변화를 기내 핵산 증폭기술 PCR 등의 기술을 적용하여 질병 등을 진단
4	면역화학 진단	감염성 인자, 외부 이물질, 독소(독성물질), 살아있는 세포와 암 등을 포함한 모든 자극에 대한 방어 기전이 포함된 면역에 기초를 두고 혈청학적 현상을 화학적인 입장에서 추구하는 진단
5	웰빙 전통식품	건강기능성 소재와 발효기술로 새로운 유통기술 등을 융합한 고부가 식품
6	건강 기능성 식품 소재	생물, 식물에서 추출한 소재나 신체에 존재하는 효소 등으로 신체의 항상성을 유지시키며 대사를 촉진시키기 위하여 제조·가공하기 위한 소재
7	기능성 화장품	피부의 미백에 도움을 주는 제품, 피부의 주름개선에 도움을 주는 제품, 피부를 곱게 태워주거나 자외선으로부터 피부 보호에 도움을 주는 제품 중 어느 하나 이상 포함
8	아토피 개선 화장품	유아기 혹은 소아기에 시작되는 만성적이고 재발성의 염증성 피부질환인 소양증(가려움증)과 피부 건조 증상 등을 완화하거나 개선을 목적으로 하는 화장품
9	부착형 화장품	얼굴 모양 및 개선시키고자 하는 부분의 모양에 맞추어 시트, 하이드로겔과 카타플라스마 제형 등을 사용하여 피부에 수분과 다양한 영양 성분, 미백과 주름 개선 성분 등을 공급

11. 웨어러블

구분	기술개발테마	정의
1	스마트 시계 · 밴드	센서기술을 활용하여 사용자 신체 및 활동 정보를 측정하는 손목 착용형 기기로 스마트폰과 연동하여 문자·전화·SNS 등을 이용할 수 있고, 연동 없이 직접 데이터 처리가 가능한 기기도 포함
2	스마트 신발	신발에 지능형 센서를 장착하여 사용자의 운동상태 및 보행습관 등의 분석이 가능한 신발로 일체형, 분리형(기기장착 또는 인솔) 등이 있음
3	스마트 의류	디지털화된 의류로 웨어러블 컴퓨터를 패션에 적용한 것을 의미. 의류에 디지털 센서, 초소형 컴퓨터 칩이 들어있어 의복 자체가 외부 자극을 감지하고 반응할 수 있음
4	스마트 패치	신체에 부착하여 내·외부의 다양한 정보를 획득하여 외부 전자기기 혹은 의료 전문가에게 전달하여 사용자의 건강 증진에 기여할 수 있는 패치를 의미
5	생활약자 보조 착용기기	유아·노약자·장애인 등에게 위급 상황 발생 시 센서 작동으로 보호자에 도움을 요청하거나, 건강패턴을 실시간으로 기록·분석하는 디바이스를 의미. 착용자의 신체적·인지적 정보를 수집하여 필요한 정보제공 및 신체적·인지적 능력을 보조하는 기능을 갖춘 디바이스를 의미
6	실감 · 체험형 웨어러블 디바이스	오감(시각, 청각, 촉각 등)의 표현 및 인터페이스 기술을 조합해서 실제와 유사한 느낌을 제공하는 웨어러블 기술을 의미. 영상물 속에 직접 들어가 있는 것과 같은 생생함을 주거나 다른 대상이 된 것 같은 느낌을 줄 수 있음
7	레저 · 스포츠용 웨어러블 디바이스	레저·스포츠용 각종 도구나 장갑, 신발, 안경 등 신체의 각 부위에 부착된 장치로 운동량 데이터를 수집하고 모바일 기기를 통해 시각화된 정보를 제공하고 운동량 향상을 위한 코칭 등이 가능한 디바이스
8	휴대용 생체인증기기·시스템	사람의 신체적 특징(지문, 얼굴, 홍채)과 행동적 특징(음성, 서명, 걸음걸이)을 자동화된 IT기술로 추출 및 저장하여 휴대용 IT기기로 개인을 식별하거나 확인하는 수단을 의미

12. 물류

구분	기술개발테마	정의
1	물류로봇 · 드론 관제시스템	배송로봇 · 드론에 관한 감시, 통제 및 트래픽 관리 등을 위해 현장상황을 별도의 장소에서 집중화하여 모니터링하기 위한 시스템
2	소형지게차 기술	소형 트럭에 싣고 다니면서 500kg 수준의 중량물까지 들어 올려 적재함에 싣고 내릴 수 있는 소형 지게차 기술
3	스마트 화물 이동 정보 모니터링 시스템	RFID/센서 기술이 결합된 물류용기(파렛트, 플라스틱 상자, 대차 등)를 기반으로 상품의 이력 추적, 상품 품질 지표 기준, 다양한 물류 정보 서비스 등을 제공할 수 있는 친환경 첨단 물류시스템
4	스마트 패키징 시스템	온도, 충격, 냄새 등 화물 특성에 따라 다양한 화물 상태를 실시간으로 확인하여 공유함으로써 화물의 안전성, 보안성을 확보하고 가시성을 향상시켜 물류서비스 수준을 향상하는 기술
5	배송물류 라우팅 지원시스템	중소기업 등이 말단 배송 시 배송루트 결정, 물동량 배분, 운행 지역 결정 등 말단 배송 운영의 효율화를 지원할 수 있는 상용화된 시스템 제공 기술
6	스마트 물류창고	단순히 제품을 보관만 하는 곳이 아니라, 고객의 수요변동에 능동적으로 대처하는 공급망 관리(SCM) 및 부가서비스(Value Added Service)를 수행하는 창고

13. 안전

구분	기술개발테마	정의
1	센서형 식품 안전관리 시스템	ICT, 바이오기술, 센싱기술 등을 활용해 식품의 이력, 안전, 품질과 신선도 등의 각종 정보를 제공하고 효율적인 관리가 가능하도록 하는 차세대 식품 시스템
2	안전사고 대응 지능형 모니터링 시스템	모바일과 앱을 통해 정보를 공유하고, 문자·영상 등 다양한 ICT 기술과 장비들을 활용하여 재난관리 정보를 사전에 공유·전파하고 피해를 최소화하기 위한 시스템
3	지능형 화재안전 대응 시스템	ICT 및 센싱기술을 바탕으로 최근 대형 및 고층화 된 건물에서 발생하는 화재를 조기에 발견하고 신속하게 대응함으로써 피해를 최소화하도록 하는 시스템
4	유해물질 유통 모니터링 시스템	유해물질이 누출되었을 경우, 곧바로 감지해 통합 모니터링을 한 뒤 처리시스템으로 전송해 정보를 수집하고 전달하는 시스템으로, 유독성물질 누출로 인한 피해를 최소화하고 쾌적한 환경에서 작업하도록 도움
5	미세먼지 측정 시스템	심장과 호흡기에 치명적인 질환을 일으키는 원인으로 작용하는 미세먼지 및 초미세먼지로의 노출을 사전에 차단하고 실시간으로 경보하는 시스템
6	범죄 대응 시스템	대량살상용 유독성산업용화합물(군사용 화학작용제 포함), 폭발물 및 감염성병원균에 대한 탐지/식별 또는 실시간 모니터링 장비/시스템을 개발하여 원인물질을 추적 조사함으로써 경보/주의보를 조기에 발령하고 신속히 대처함으로써 인명 및 물적 피해확산을 줄여 사회적 경제적 피해를 최소화하기 위한 시스템

14. 에너지

구분	기술개발테마	정의
1	대기오염 물질 처리 소재 및 공정	대기 중 잔류하여 환경오염을 유발하는 물질을 저감하는 공정 및 정화 기술로 사전에 예방하거나 사후에 대기 환경 부하를 저감할 수 있는 기술 및 제품
2	수처리 공정 전처리 설비	수처리 공정의 유입수에 공정의 효율을 감소시키거나 오염을 유발하는 물질을 제거하거나 감소시키는 기술 및 시설
3	재활용 폐기물 분리 및 재사용 설비	폐기물 매립/소각기술, 유해 폐기물 처리기술, 폐기물 재활용 및 자원화와 관련된 기술로, 폐기물의 재사용이 가능하도록 설계 하는 기술을 의미. 최근에는 플라즈마를 이용한 열분해 용융방법을 이용한 폐기물 처리 기술이 개발되고 있음
4	연료전지용 M-BOP	연료전지용 M-BOP는 연료전지 스택의 안정적 운전을 위하여 가스공급 등에 필요한 기계적 주변장치들을 의미. 스택 및 시스템의 내구성 향상과 운전 최적화를 위한 연료 공급 시스템, 공기 공급 시스템, 수처리 시스템 등으로 구분 가능
5	xEMS시스템	에너지의 효율적인 이용이 가능하도록 관련 데이터를 수집, 분석, 정보화하여 관리 및 운용하는 시스템을 의미하며 스마트그리드, 스마트시티, 마이크로그리드 등 다양한 환경에서 필수적으로 요구하는 시스템
6	소규모 분산자원 중개 시스템	10MW이하의 수요 인근에 위치하는 자원을 총칭하며 기존의 중앙전원이 가지고 있는 대규모 및 장거리 송전과 대비되는 개념
7	폐열에너지 활용 시스템	에너지 생성 과정에서 사용하지 못하고 버려지는 폐열을 이용하여 새로운 에너지를 생산하는 시스템

구분	기술개발테마	정의
8	제조업 부생가스 재활용	화력발전소 또는 일반 산업체에서 배출되는 CO_2를 고농도로 포집한 후 산업적인 용도로 이용하거나, 지중이나 해저에 주입하여 대기로부터 격리하는 기술을 의미하며, 분리방법을 통한 CO_2 포집, 포집된 CO_2의 산업 목적으로의 이용, 포집 CO_2의 압축, 수송 및 저장 기술을 포함
9	레독스 플로우 배터리	산화수가 다른 액상의 양극전해액 및 음극전해액으로 구성된 전지로서 양극 및 음극 전해액을 구성하고 있는 레독스 쌍의 전위차에 의해 기전력이 발생하고 충·방전이 가능한 이차전지 시스템
10	초고용량 커패시터	대용량 에너지를 저장 후 높은 전류를 순간적·연속적으로 공급하는 고출력 전기에너지 저장장치로 전극활물질, 전해질 등 핵심원료소재 개발 기술과 시스템 제작기술 등의 내용을 포함
11	이차전지 전해질	이차전지의 양극 및 음극 사이에서 해당 이온의 삽입/탈리 혹은 산화/환원 반응에 필요한 이온이 이동하는 매질의 역할을 하는 물질. 성상에 따라 액체 전해질, 고체 혹은 젤 상태의 고분자 전해질, 이온성 액체 전해질, 기타 세라믹 형태의 무기 고체 전해질 등을 포함
12	건물 일체형 신재생에너지 시스템	건축물의 에너지 자립을 위해 태양광 모듈을 건물의 외피 또는 설비 시스템과 접목하여 건축 부자재의 기능과 전력생산을 동시에 할 수 있는 기술을 의미
13	태양광 발전시스템	태양광 발전시스템은 태양전지(solar cell)로 구성된 모듈(module)과 축전지 및 전력변환장치 등의 기술로 구성
14	태양광 공정장비	태양광 공정 장비란 실리콘계(실리콘 박막 포함) 및 박막 태양전지 등을 제조할 수 있는 공정 및 제조할 수 있는 모든 장비를 의미
15	소형풍력 발전기	한국에너지공단 인증 기준에 의해 회전자 면적 200㎡ 이하 정격용량 30kW 미만을 소형 풍력발전기로 정의하며 용도상으로 독립전원용 또는 계통연계형으로 구분됨

15. 스마트홈

구분	기술개발테마	정의
1	생활밀착형 스마트 디바이스	통신기능을 통해 다양한 기능을 수행할 수 있는 기능뿐만 아니라, 지능화된 자원 관리 시스템과 사용자 인터페이스를 통해 각종 스마트 기기를 상호 제어하고 연동할 수 있는 기술
2	스마트홈 서비스 플랫폼	스마트홈과 외부의 소통을 위한 통신 채널을 제공하고 스마트홈을 구성하는 다양한 스마트가전 및 서비스들을 관장하며 실감·감성·융합형 홈 서비스를 제공하는 플랫폼 기술
3	스마트 통합형 홈 네트워크 연동기술	가정 내의 디지털 정보가전을 유·무선으로 연결하여 정보교환, 원격제어, 멀티미디어 서비스 등을 제공하는 기반기술
4	홈/빌딩 지능형 공간 서비스	다목적(주거 및 비 주거) 빌딩에서 전통적인 제어를 위한 BAS와 시설/설비의 제어를 위한 BMS뿐만 아니라 에너지 효율적인 관리를 위한 EMS 또는 BEMS를 포함하는 기술
5	지능형 HEMS	댁내 에너지 사용량 정보를 실시간으로 획득한 Bigdata 처리 및 다양한 IoT 통신 기능을 제공하며, 사용자 패턴 및 외부환경 요인과의 지능적 결합, 에너지 공급사와의 협력을 통해 고객 중심의 전력, 물, 가스, 온수 등의 총 에너지 사용량 및 비용을 절감 가능하게 해주는 제품

[붙임 2]

서비스R&D 전략분야

□ 기술창업이 활발하고, 청년이 선호하는 일자리 창출이 가능한 전략 서비스 분야 지원 강화

  ○ ① 고용유발 효과, ② 기술융합 용이성, ③ 청년 선호도, ④ 글로벌 기술 창업 트렌드를 고려하여 R&D 전략분야 선정

기술기반 서비스 중소기업의 지원대상 주요 기술(예시)

미디어	레저	디지털 헬스케어	전문직	스마트 금융
• AI기사추천 알고리즘 영상·음성인터페이스 • 인터넷미디어(OTT), 드라마 VFX(특수효과) • 비주얼 컴퓨팅, AR·VR 플랫폼	• 금융, 교통, 환경, 의료 연계 종합 서비스 제공 • 빅데이터 분석을 통한 지역생활 정보 사업화	• 생체 데이터 분석·예측 시스템 • 비만도 등 인체 상태 측정 웨어러블 디바이스 • 모바일 건강추적	• 기계삭습 기반 마케팅 조사 • 소비자 행태분석 알고리즘(광고) • 빅데이터·AI 기반 기업전략	• 생체인식 기반 등 핀테크 서비스의 다양화, 고도화 • 자산관리, 글로벌 경제동향 정보제공 로보 어드바이저

서비스R&D 전략분야 사례

미디어 분야	미디어 분야	레저 분야
• 쉽게 여행기 작성 및 공유 • 여행기 등록앱 국내 1위 • 다음커뮤니케이션 콘텐츠 공급	• 2,500만명 대상 한국 푸드 콘텐츠 제공 • 음식탐방, 레시피, 웹드라마 등 다양한 푸드영상 제공	• 야구 경기장을 실제 경기장에 와있는 것처럼 360도 전 방향에서 경기를 관람할 수 있는 VR서비스

전문직 분야	금융 분야
• 지도 API 플랫폼 서비스 제공(B2B) • 글로벌 지도 렌더링 특허 보유 • KOTRA 한중 기술협력 선도기업	• 금융감독원에서 제공하는 기업공시 자료를 알고리즘 분석 후 콘텐츠를 제공하는 핀테크 서비스

[붙임 3]

기획기관 참여 가능분야(예시)

구분	세부 구분	기획기관 수행내용
신규비즈니스모델 검증 및 개선방안 수립	고객 분석	· 대상 고객군에 대한 검증 · 고객 니즈 파악에 대한 검증 · 상기 검증을 통한 개선방안 제안
	시장 분석	· 시장규모 및 시장성장추이에 대한 검증 · 시장 진입 가능성에 대한 검증 · 경쟁상황 및 경쟁업체에 대한 검증 · 상기 검증을 통한 개선방안 제안
	기술 분석	· 구현수단에 대한 검증 · 유사 서비스모델 및 구현수단에 대한 분석 · 상기 검증을 통한 개선방안 제안
	주관기관 사업역량 분석	· 주관기관 보유기술에 대한 검증 · 주관기관 보유인력에 대한 검증 · 참여기업 및 위탁기관에 대한 검증 · 상기 검증을 통한 개선방안 제안
신규비즈니스모델 실행방안 구체화	서비스 공급 계획	· 홍보 및 고객확대방안 · 서비스 공급 계획 · 고객니즈 반영 계획
	사업화 자금 조달 계획	· 투자유치 전략, 방법 · 사업성 제고 방안 · 수익 및 위험관리 계획

2018년도 중소기업 기술혁신개발사업
혁신형기업기술개발(글로벌 스타벤처 육성 R&D과제)
시행계획 공고(1차)

기술혁신형 중소기업의 미래 성장유망 기술개발을 지원하는 『2018년 중소기업 기술혁신개발사업 중 혁신형기업기술개발(글로벌 스타벤처 육성 R&D 과제)』 시행계획을 다음과 같이 공고하오니, 사업에 참여하고자 하는 중소기업은 사업안내에 따라 신청하시기 바랍니다.

2018년 3월 7일
중소벤처기업부 장관

1. 사업개요

□ "글로벌 스타벤처 육성 R&D과제"는 VC 투자기업 및 지역별 추천기업* 중 글로벌 시장에서 성공가능성이 높은 기업의 기술개발 지원을 통해 글로벌 스타벤처로 육성하는 과제

 * 운영기관(한국벤처캐피탈협회)을 통해 해당기업 추천 완료('18.3월초)

□ '18년 지원규모: 신규 70억원 중 1차 33억원

 ※ 총 지원규모 내에서 차수별 지원규모는 변동 가능

2. 지원분야

□ 중소기업이 자유롭게 개발하고자 하는 기술을 선별 지원(자유응모)

3. 신청자격

□ 중소기업기본법 제2조의 규정에 의한 중소기업(주관기관 및 참여기업)으로서, 다음 신청자격을 만족(주관기관)하는 경우 신청가능

- 신청자격(주관기관만 충족여부 확인함)
  - '18년 투자기관 또는 지방중소벤처기업청에서 스타벤처 신청대상으로 추천된 중소기업

※ 추천여부 문의처 : 한국벤처캐피탈협회(02-2156-2135)

□ 신청자격 등의 검토·확인
  ○ 중소기업 경영현황표(종합관리시스템(www.smtech.go.kr)에 온라인 입력)를 토대로 서면 검토 및 관련 증빙서류 현장 확인(전문기관)
    * (전문기관) 중소기업기술정보진흥원
    ** 제출된 중소기업 경영 현황표 및 증빙서류가 상이한 경우 지원제외될 수 있음

신청자격 등의 확인방법 및 검증 서류

구 분	확인 근거 (증빙서류)

설립년월일	■ 개인사업자: 사업자등록증
	■ 법인사업자: 법인등기부 등본
	  * 동 공고의 업력 산정기준은 설립일로부터 접수마감일까지를 기준으로 함
	  ** 개인사업자 창업 후 법인사업자로 전환한 경우, 개인사업자 설립일로부터 업력 산정

부채비율, 자본잠식 등	■ 최근년도 결산재무제표(대차대조표, 손익계산서) * 접수마감일 기준 확정된 '17년도 재무제표를 근거로 판단하되, '17년도 결산이 확정되지 않은 경우 '16년도 재무제표로 판단

신청제한 및
지원제외
	■ 의무사항 불이행 여부, 신용정보 등 확인
	  * 참여제한확인: 종합관리시스템(www.smtech.go.kr) 〉〉 온라인과제관리 〉〉
	    과제신청 〉〉 신청안내 〉〉 참여제한 확인
	  ** 제재조치여부 확인: 종합관리시스템(www.smtech.go.kr) 〉〉 온라인과제관리 〉〉
	    제재조치 〉〉 중소벤처기업부 제재조치, NTIS제재조치
	■ 국가R&D사업관리서비스(rndgate.ntis.go.kr) 조회 등

※ 지원(후보)과제로 선정된 이후라도 신청 및 지원제외사항이 확인된 경우 선정 평가의 진행 여부와 관계없이 지원제외로 처리
※ 협약대상 과제로 선정되어 협약이 진행된 이후라도 신청 및 지원제외사항이 확인된 경우 협약 체결 여부와 관계없이 지원제외 및 협약해약 처리

4. 지원내용 및 한도

□ 기술개발(R&D)

  ○ 정부출연금: 지원과제당 총사업비의 65% 이내에서 최대 2년, 5억원까지 지원

  ○ 민간부담금: 중소기업은 정부출연금 이외에 총사업비의 35% 이상을 부담(민간 부담금의 60% 이상은 현금으로 부담해야 함)

  * 민간부담금 전액을 현금으로 부담 가능

□ 멘토링 프로그램(선택사항)

  ○ (지원목적) R&D 수행 시 기술보호, 스마트 공장, 기술사업화 및 인증, 투자, 특허 등에 관한 기술 및 경영관련 멘토링을 제공하여 주관기관의 사업화 성 공률 제고

  ○ (지원방식) R&D과제 선정 후 멘토링 기관과 신청기업이 협의하여 기간 및 세 부내용 결정

    − R&D 신청 시, 멘토링 프로그램 신청여부 선택(체크)

      * 멘토링 프로그램 개요: (붙임1) 참조

  ○ (비용 및 기간) 프로그램당 1천만원 이내*(부가세 별도), R&D 수행기간 이내

    * 멘토링 분야 및 기관별로 기간이 상이하며, 총 사업비 중 연구활동비의 연구개발 서비스 활용비에 비용 산정

5. 신청기간 및 방법

□ 사업계획서 접수기간

  ○ 신청기간: '18년 3월 14일(수)~4월 6일(금) 18:00

□ 신청방법: 온라인(인터넷)을 통한 사업계획서 접수

※ http://www.smtech.go.kr → 회원가입 → 로그인 → 온라인과제관리 → 과제신청 → 지원사업 → 온라인 내용입력 및 사업계획서(구비서류) 등록

※ 신청서류: www.smtech.go.kr→ 정보마당→ 알림마당 → 사업공고 → 2018년 중 소기업 기술혁신개발사업 글로벌스타벤처 육성 R&D과제 시행계획 공고(1차)

※ 접수 완료 후 다시 수정할 경우, 반드시 "제출하기"를 클릭한 후 "제출완료" 여부 확인 필요(접수마감일 기준으로, 접수증이 있더라도 최종 "제출완료"가 되지 않은 경우에 는 접수 취소)

○ 온라인 신청절차

1단계	2단계	3단계	4단계
회원가입	온라인 직접입력	문서 작성 및 파일 업로드	접수 확인 및 완료
	사업계획서 [별지 제1-①] Part I	사업계획서 [별지 제1-①] Part II	〈접수증 출력〉

온라인 신청단계별 신청·접수요령

① 1단계: 회원가입
– 구성원 및 수행기관이 중소기업기술개발 종합관리시스템(www.smtech.go.kr)에 등록되어 있는지를 확인하고, 등록이 되어 있지 않는 경우 종합관리시스템에 가입
② 2단계: 온라인 직접입력
– [별지 제1-①호] 사업계획서 Part I의 내용을 작성하는 것으로, 신청접수 시 종합관리시스템(www.smtech.go.kr)을 통해 직접 입력
③ 3단계: 문서 작성 및 파일 업로드
– [별지 제1-①호] 사업계획서 Part II의 내용을 작성·업로드하는 것으로, 한글 등 문서파일로 양식을 다운받아 해당내용을 오프라인으로 작성한 후 종합관리시스템(www.smtech.go.kr)에 작성한 파일을 업로드
– [별지 제1-② ~ ⑦호]의 구비서류를 업로드
④ 4단계: 접수 확인 및 완료
– 3단계 완료 후 접수확인을 위한 접수증 출력(신청·접수 완료 확인)
☞ 접수 완료 후 다시 수정할 경우 "제출하기"를 클릭한 후 "제출완료" 확인 필요

ㅇ 신청시 구비서류

연번	서식 명		제출방법	제출시점
①	중소기업 기술개발지원 사업계획서	Part I	* 온라인 시스템 직접 입력	사업신청시 (최초)
		Part II		
②	연구시설·장비 구입 계획서 *부가세포함 1천만원 이상 3천만원 미만 연구시설·장비인 경우 작성		* 인터넷에서 해당 서식 다운로드하여 작성한 후, 문서파일 업로드	
③	연구시설·장비 도입 계획서 *부가세포함 3천만원 이상 연구시설·장비인 경우 작성			
④	연구시설·장비 심의 요청서 *부가세포함 1억원 이상 연구시설·장비인 경우 작성			
⑤	신용상태 조회 동의서			
⑥	개인정보 이용(제공·조회) 동의서			
⑦	중소기업 기술개발사업 청렴 서약서			
⑧	사업비 비목별 소요명세		* 인터넷에서 해당 서식 다운로드하여 작성한 후, 문서파일 업로드	추가제출* (서면평가 통과 시)
⑨	위탁연구기관(참여기업) 참여의사 확인서			
⑩	배우자 및 직계존비속 참여연구원 등록요청서			

* 사업계획서 작성 시 개발기간 시작일은 '18. 6. 1로 기재

(단, 협약 체결일정에 따라 향후 조정될 수 있음)

6. 과제평가 및 선정절차

※ 본 공고문에 명시된 평가, 선정, 협약 일정 등은 신청 과제 수에 따라 일부 조정될 수 있음

□ 서면평가(4월)

ㅇ 분야별 산·학·연 전문가로 평가위원회를 구성하여 사업계획서의 충실성, 기술성 및 사업성 등을 중심으로 서면평가를 실시한 후 우선 순위에 따라 사업성 심층평가 추천대상과제 선정

* 신청 과제 수에 따라서 서면평가 생략가능

□ 사업성심층평가 (5월)

ㅇ 기술분야별 사업성 평가전문가 및 투자전문가로 평가위원회를 구성하여 사업성심층평가를 통해 개발기술의 창의·도전성, 개발방법의 구체성, 사업화 및 수출 실현가능성, 일자리평가 등을 종합적으로 심사·평가한 후, 우선순위에

따라 대상과제로 선정

* 신청기업(주관기관)의 신청자격 등 현장조사 병행

> ※ **종합평점 = 사업성심층평가 점수 + 우대배점 - 감점**
>   우대배점 및 감점관련 사항은 중소기업기술개발사업 관리지침 참조

□ 지원과제 확정(6월)

  ○ 사업성심층평가결과, 추천대상과제에 대해 중소벤처기업부에서 지원예산 규모를 고려하여 지원과제 확정

□ 협약체결 및 정부지원금 지급(6월)

  ○ 최종 확정된 지원과제의 주관기관은 전문기관과 협약체결

추진절차도

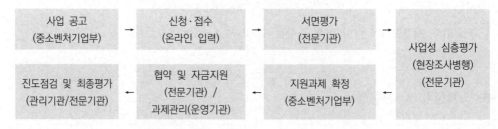

※ (관리기관) 지방중소기업청, (전문기관) 중소기업기술정보진흥원, (운영기관) 한국벤처캐피탈협회

7. 기술료 납부

□ 기술개발 결과에 대한 최종평가가 "성공" 판정인 경우 정액 또는 경상기술료 중 납부방식을 선택하여 납부

  ○ (정액기술료) 최대 4년 간 정부출연금의 10%(중소기업의 경우) 납부

  * 성공판정 90일 이내 기술 실시보고서와 선납기술료를 납부하고, 잔여기술료에 상응하는 지급이행보증보험 가입을 조건으로 4년간 분할납부 가능

  ○ (경상기술료) 연구개발 성과물 관련 매출액 산정자료 제출이 가능한 경우(전산 또는 회계프로그램 등을 사용) 5년 간 개발 결과물로 발생한 매출액의 일정비율*로 납부(정부출연금의 12%(중소기업) 한도)

  * 중소기업 : 착수기본료(성공판정 90일 이내) 정부출연금의 1%, 정률기술료 매출액의 1%

8. 신청제한 및 지원제외 사항

> ※ 신청제한에 해당할 경우 온라인상에서 신청이 차단될 수 있으며, 신청 전에 제
> 한 사유를 해소해야 신청 가능하고, 신청 이후라도 최종협약 이전에 신청제한
> 또는 지원제외 사유가 발생·발견되는 경우 평가·지원 제외할 수 있음
> ※ 신청 제외 세부 사항은 중소기업 기술개발사업 관리지침 참조

① 주관기관의 신청자격 및 공고내용과의 적합성
   ○ 주관기관의 신청자격 등을 검토하여 해당하지 않는 경우
   ○ 지원목적, 공고내용 및 세부전략분야에 부합하지 않는 경우

② 기 개발/기 지원 여부
   ○ 신청과제가 기 개발 또는 기 지원된 경우
   ○ 신청과제가 동일기업의 기 지원된 과제내용과 유사한 경우
   ○ 신청기업이 기 생산·판매중인 제품이거나 동제품의 단순 성능개량 또는 조립
     인 경우
   ○ 신제품의 개발 또는 기존 제품의 고도화(계량화·기능 추가 등 포함)가 아닌 단순
     한 기술개발을 위한 연구성 과제

③ 의무사항 불이행 여부
   ○ 사업에 참여하는 기관(주관기관, 참여기업) 및 각 기관의 대표자, 과제책임자 등
     이 접수 마감일 현재 기술료 납부 및 납부계획서 제출, 성과 실적 입력(장비 구
     입실적 등), 정산금 및 환수금 납부 등의 의무사항을 불이행한 경우
     * 의무사항 불이행을 최초 평가 개시 전까지 해소한 경우에는 예외로 함

④ 참여제한 여부
   ○ 사업에 참여하는 기관(주관기관, 참여기업) 및 각 기관의 대표자, 과제책임자 등
     이 접수 마감일 현재 중소기업기술개발사업 또는 국가연구개발사업에 참여제
     한 중인 경우

⑤ 채무불이행 및 부실위험 여부
   ○ 사업에 참여하는 기관(주관기관, 참여기업) 및 각 기관의 대표자 등이 접수 마감

일 현재 다음 중 하나에 해당하는 경우

* 채무불이행 및 부실위험 여부는 접수마감일 현재 신용조사 결과 및 접수마감일 현재 확정된 전년도 재무제표를 근거로 판단하되, 전년도 결산이 종료되지 않은 경우 전전년도 재무제표로 판단
* 단 아래의 ㉮부터 ㉰까지에 해당하는 경우에도 법원의 회생인가를 받은 경우는 예외

㉮ 기업의 부도

㉯ 국세·지방세 체납 및 금융기관 등의 채무불이행이 확인된 경우

* 단, 신용회복지원협약에 따라 신용회복지원이 확정된 자와 중소기업진흥공단, 신용보증기금, 기술보증기금 등으로부터 재창업 자금(보증) 또는 재기지원 보증을 지원받은 기업은 예외, 과제 선정을 위한 최초 평가 개시 전까지 채무불이행을 해소하거나 체납처분 유예를 받은 경우에는 예외

관련 문의처

* 신용회복지원협약에 따른 신용회복지원
  → 신용회복위원회(www.ccrs.or.kr, ☎1600−5500)
* 중소기업진흥공단, 신용보증기금, 기술보증기금의 재창업자금(보증) 및 재기지원보증
  → 중소기업 재도전종합지원센터(www.rechallenge.or.kr, ☎055−751−9636)

㉰ 부채비율이 1,000% 이상인 경우와 최근결산 기준 자본전액 잠식인 경우

* 단, 창업 3년 미만의 중소기업, 「은행업감독업무시행세칙」에 따른 "채권은행협의회 운영협약(채권은행 협약)"에 따라 채권은행협의회와 경영정상화계획의 이행을 위한 특별약정을 체결한 기업, 시설투자에 따른 부채 증가로 제11조의 평가위원회에서 지원 가능한 것으로 인정한 기업은 예외

관련 문의처 및 확인내용

- 「은행업감독업무시행세칙」에 따른 "채권은행협의회 운영협약(채권은행 협약)"에 따라 채권은행협의회와 경영정상화계획의 이행을 위한 약정을 체결
  → 주채권은행에 문의
- 시설투자에 따른 부채 증가
  → 기업별 재무재표 확인(전기대비 당기의 유형자산 및 장단기 차입금 증가여부 확인)
  → 공장, 기계장치, 시설 등 구입(신축) 증빙자료

    ○ 창업 3년 이상 기업이 현장조사 등에서 재무제표를 제출하지 않은 경우

⑥ 과제 참여율
    ○ 신청과제의 과제책임자는 신청 과제에 대해 과제 참여율을 10% 이상으로 계상함을 원칙으로 함. 이때 과제책임자로서 동시에 수행할 수 있는 국가연구개발사업 과제는 최대 3개 이내로 함
    ○ 신청과제의 과제책임자 및 참여연구원이 접수 마감일 기준으로 정부출연 연구과제 및 기관 고유 사업에 참여하는 비율을 포함하여 총 과제 수행 참여율이 100%를 초과할 경우 참여연구원에서 제외
     * 단, 접수마감일 기준으로 잔여기간이 4개월 미만인 과제는 참여율 산정에 미포함

9. 기타 공지사항

① 중소기업은 주관기관으로써 세부과제별로 1개의 과제만 신청가능

사업명	내역사업명	세부과제명
중소기업 기술혁신개발	혁신형기업기술개발	혁신형기업
		글로벌 스타벤처 육성

② 중소기업은 주관기관으로 해당연도에 중소기업기술개발 지원사업에서 이미 수행 중인 과제를 포함해서 2개 과제까지만 지원받을 수 있음(총량제)

기존 수행중인 과제수	신규 신청가능 여부	신규 수행가능 과제수
2개	불가	불가
1개	가능	1개
0개	가능	2개

* 단, 기존 수행과제의 잔여기간이 접수마감일 현재 6개월 미만인 경우와 신규로 '첫걸음협력 R&D', '제품서비스R&D', '기술전문기업협력R&D', '공정·품질R&D(舊 제품공정개선)', '구매 조건부신제품R&D', '중소기업R&D역량제고(舊 R&D 기획역량제고)', '연구장비공동활용지원', '중소기업 네트워크형R&D' 사업에 참여하는 경우는 총량제(2개 제한)에서 예외

　　○ 신규과제 신청 및 수행가능 과제수 요건에도 불구하고, 아래 항목 중 하나라도 해당되는 기업은 1개 과제를 추가로 수행할 수 있음

㉮ 전년도 매출액이 50억원 이상이면서, 3년 평균 매출액 대비 R&D 투자비중이 3% 이상

　* 단, 업력 3년 미만인 기업은 현재 재무자료 기준(1년 또는 2년)으로 평균 산정

㉯ 전년도 직·간접 수출액이 100만 달러 이상이면서, 매출액 대비 직·간접 수출액 비중이 20% 이상

③ 사업에 참여하는 자(주관기관, 참여기업, 대표이사, 과제책임자 등)는 채무불이행 등 확인을 위한 신용조회에 동의한 것으로 간주함

④ 부가세 포함 3천만원 이상 연구시설·장비의 도입 계획이 있는 경우 온라인신청 절차 2단계 사업계획서 Part I에 해당 연구시설·장비 등록 및 연구시설·장비 도입 계획서를 제출하여야 함

　　○ 3천만원 이상 연구시설·장비에 대해서는「연구장비도입 심사평가위원회」를 통해 도입의 타당성, 활용성, 구입가격의 적정성 등을 심의하여 지원 여부 결정 및 사업비 조정

　　　– 사업계획서 Part I에 해당 연구시설·장비를 미등록 또는 연구시설·장비도입 계획서 미제출시 해당 연구시설·장비 도입 불인정 및 해당 구매비용 삭감

　　○ 1억원 이상의 연구시설·장비의 도입에 관한 사항은「과학기술기본법」제28 조,「국가연구개발사업의 관리 등에 관한 규정」제25조 제7항 및「국가연구개

발 시설·장비의 관리 등에 관한 표준지침」에 따름

* 1억원 이상 연구시설·장비의 경우 심의는 국가연구시설·장비심의평가단(과기정통부) 에서 실시하나, 전문기관에도 심의요청서를 제출하여야 함

※ 연구시설·장비라 함은 연구·개발을 위한 유형의 비소모적 자산으로서 분석, 시 험, 계측, 기계가공, 제조, 전처리, 영상, 교정, 데이터 처리, 임상의료 등의 용도 로 사용되는 기계장치 및 시설을 말함

※ 상용화 또는 생산관련 시설·장비는 연구시설·장비로 산정불가하며, 향후 평가위 원회에서 상세 검토하여 해당될 경우에는 사업비 삭감

---

⑤ 국·공립연구기관, 정부출연연구기관, 특정연구기관, 전문생산기술연구소 등 비영리기관은 위탁기관으로만 신청가능

⑥ 평가 공정성을 위해 경쟁업체 소속 평가위원 배제

○ 주관기관은 신청과제 평가에 공정성을 저해할 수 있다고 판단되는 경쟁업체 를 사업계획서 Part I의 경쟁업체 현황표에 그 사유와 함께 제시할 경우 타당 성을 검토하여 경쟁업체 소속 평가위원을 배제할 예정(단, 3개 이내 경쟁업체명 을 기입)

* 경쟁업체명과 배제사유는 구체적으로 작성을 해야 함(경쟁업체명을 "OO"으로 작성한 경우, "OO전자" 또는 "OO주식회사" 소속 평가위원은 해당 평가위원회에 평가위원으 로 위촉 가능하며, 비영리기관 소속 평가위원의 배제는 불가)

** 배제 사유가 구체적으로 작성되지 않고, 타당성이 부족한 경우는 경쟁업체에 소속된 자도 평가위원으로 선정될 수 있음

*** 경쟁업체 현황표 작성은 의무사항이 아니며 해당 시 제출 요망

**** 사업자등록번호 확인: www.nicebizinfo.com, dart.fss.or.kr(전자공시시스템)

⑦ 사업계획서 Part I의 "기술개발개요"는 인터넷 공시되므로 기업의 기밀에 관 련된 내용 등은 제외하고 작성요망

⑧ 동 공고문에서 정하지 아니한 세부 내용은 「중소기업기술개발 지원사업 운 영요령」 및 「중소기업기술개발사업 관리지침」, 「중소기업기술혁신개발사업 관리지침」을 적용함

10. 문의처

□ 사업안내

담당기관(부서)		문의사항	전 화
사업총괄	중소벤처기업부 (기술개발과)	시행계획 공고	1357
전문기관	중소기업기술정보진흥원 (혁신기술평가실)	신청 · 접수, 사업계획 작성, 과제평가, 유의사항 등	1357
관리기관	각 지방중소벤처기업청	진도점검 · 최종점검	관리기관 현황 참조
운영기관	한국벤처캐피탈협회 (R&D사업팀)	글로벌 스타벤처 추천기업 여부 확인	02-2156-2135

□ 지방중소벤처기업청(관리기관) 현황

기 관 명	전 화	주 소
서울지방중소벤처기업청	02-2110-6366	경기도 과천시 관문로 47
부산지방중소벤처기업청	051-601-5147	부산광역시 강서구 녹산산단 335로 8
울산지방중소벤처기업청	052-210-0043	울산광역시 북구 산업로 915
대구 · 경북지방중소벤처기업청	053-659-2289	대구광역시 달서구 성서4차 첨단로 122-11
광주 · 전남지방중소벤처기업청	062-360-9158	광주광역시 서구 경열로 17번길 12
경기지방중소벤처기업청	031-201-6975	경기도 수원시 영통구 반달로 87
인천지방중소벤처기업청	032-450-1175	인천광역시 남동구 은봉로 82
대전·충남지방중소벤처기업청	042-865-6158	대전광역시 유성구 가정북로 104
강원지방중소벤처기업청	033-260-1631	강원도 춘천시 안마산로 262
충북지방중소벤처기업청	043-230-5346	충북 청주시 청원구 오창읍 중심상업2로 48
전북지방중소벤처기업청	063-210-6441	전북 전주시 완산구 서원로 77
경남지방중소벤처기업청	055-268-2585	경남 창원시 의창구 창이대로 532번길 50
제주특별자치도(기업통상지원과)	064-710-2638	제주특별자치도 제주시 문연로 6

※ 공고관련 자세한 내용은 홈페이지에서 확인
- 중소벤처기업부 기술개발종합관리시스템: http://www.smtech.go.kr
- 중소벤처기업부 홈페이지: http://www.mss.go.kr

창업사업화 지원사업 사업계획서 작성 목차

항목	세부항목
□ 일반 현황	- 기본정보: 대표자, 아이템명 등 일반현황 및 제품(서비스) 개요 - 세부정보: 신청분야, 기술분야 신청자 세부정보 기재
□ 창업아이템 개요(요약)	- 창업아이템 소개, 차별성, 개발경과, 국내외 목표시장, 창업아이템 이미지 등을 요약하여 기재
1. 문제인식 (Problem)	1-1. 창업아이템의 개발동기 - 창업아이템의 부재로 불편한 점, 국내외 시장(사회·경제·기술)의 문제점을 혁신적으로 해결하기 위한 방안 등을 기재 1-2 창업아이템의 목적(필요성) - 창업아이템의 구현하고자 하는 목적, 국내·외 시장(사회·경제·기술)의 문제점을 혁신적으로 해결하기 위한 방안 등을 기재
2. 실현가능성 (Solution)	2-1. 창업아이템의 사업화 전략 - 비즈니스 모델(BM), 제품(서비스) 구현정도, 제작 소요기간 및 제작방법(자체, 외주), 추진일정 등을 기재 2-2. 창업아이템의 시장분석 및 경쟁력 확보방안 - 기능·효용·성분·디자인·스타일 등의 측면에서 현재 시장에서의 대체재(경쟁사) 대비 우위요소, 차별화 전략 등을 기재
3. 성장전략 (Scale-up)	3-1. 자금소요 및 조달계획 - 자금의 필요성, 금액의 적정성 여부를 판단할 수 있도록 사업비(정부지원금+대응자금(현금))의 사용계획 등을 기재 3-2. 시장진입 및 성과창출 전략 - 내수시장: 주 소비자층, 시장진출 전략, 그간 실적 등 - 해외시장: 글로벌 진출 실적, 역량, 수출망 확보계획 등 3-3 출구(EXIT) 목표 및 전략 - 투자유치: 엔젤투자, VC(벤처캐피탈), 크라우드 펀딩 등의 투자처, 향후 투자유치 추진전략 및 방법 등 - 인수·합병(M&A): M&A를 통한 사업확장 또는 출구전략에 대한 중·장기 전략 - 기업공개(IPO): 기업의 경쟁력 강화, 투자자금 회수 등을 위한 IPO 중·장기 전략 - 정부지원금: R&D, 정책자금 등 정부지원금을 통한 자금 확보 전략
4. 팀 구성 (Team)	4-1. 대표자 및 팀원의 보유역량 - 대표자 및 팀원(업무파트너 포함) 보유하고 있는 경험, 기술력, 노하우 등 기재 4-2. 사회적 가치 실천계획 - 양질의 일자리 창출을 위한 중소기업 성과공유제, 비정규직의 정규직화, 근로시간 단축 등 사회적 가치 실천계획을 기재

창업사업화 지원사업 사업계획서

※ 본문 10page 내외(일반현황 제외)로 작성(증빙서류 등은 제한 없음), '파란색 안
   내 문구'는 삭제하고 검정색 글씨로 작성하여 제출, <u>양식의 목차, 표는 변경 또는</u>
   <u>삭제 불가</u>(행추가는 가능, 해당사항이 없는 경우 공란으로 유지)하며, 필요시 사
   진(이미지) 또는 표 추가 가능

□ 일반현황
   ○ 기본정보

※ 개인사업자는 '개업연월일', 법인사업자는 '회사성립연월일'을 기재(최초 설립
   한 사업자 기준)

창업아이템명						
신청자 성명			생년월일	1900.00.00	성별	남 / 여
직업	교수 / 연구원 / 일반인 / 대학생…		창업유무	예비창업자 / 기창업자(○년차)		
기업명	○○○○		사업장 소재지	○○도 ○○시		
개업연월일 (회사성립연월일)	2000. 00. 00		사업자 구분	예비창업자 / 개인사업자 / 법인사업자 / 공동대표(개인, 법인)		
기술분야	정보·통신, 기계·소재 (* 온라인 신청서와 동일하게 작성)					
사업비 구성계획 (백만원)	정부지원금		00백만원	주요 성과 ('17년 기준)	고용(명)	0명 (대표자 제외) ※ 신청일 기준 현재 고용인원
	대응 자금	현금	00백만원		매출(백만원)	00백만원
		현물	00백만원		수출(백만원)	00백만원 (수출실적 발생 당월 기준환율 기준)
	합계		00백만원		투자(백만원)	00백만원
팀 구성 (신청자 제외)						
순번	직급	성명	담당업무	주요경력		비고
1	공동대표	○○○	S/W 개발 총괄	컴퓨터공학과 교수		공동대표
2	대리	○○○	해외 영업	미국 ○○대 경영학 전공		팀원
…						

○ 신청분야 세부정보

※ 기술분야 신청자는 '2018년 창업선도대학 (예비)창업자 1차 모집 공고(2018.3.30.)'
  의 모집분야−자격요건을 확인 후 자격충족 시 신청

구 분		자격요건	구성 기준	해당 분야 (택1)	세부정보
기술 중심	전문기술인력 (교수, 석·박사, 연구원, 퇴직 엔지니어 등)	• 연구실 팀창업 (교수+석·박사)	3인 이상		* 연구실 정보 − ○○대 ○○연구실 − 교수 0명, 석·박사 0명 참여
		• 전문기술인력 팀창업	3인 이상	✓	* 대표자 정보 − 대학교수 / 대학원생 / 연구원 / 석사 / 박사 / 엔지니어(경력 0년)
	학생 및 일반인	• 신산업 분야 업종 팀창업	3인 이상		* 전략분야: (공고문 [참고 5] 전략분야 기재)
BM 중심	학생 및 일반인	• 신산업 분야 이외 업종 팀창업	2인 이상		* 업종:

□ 창업아이템 개요(요약)

창업 아이템 소개	※ 핵심기능, 소비자층, 사용처 등 주요 내용을 중심으로 간략히 기재	
창업 아이템의 차별성	※ 창업아이템의 현재 개발단계를 기재 예) 아이디어, 시제품 제작 중, 프로토타입 개발 완료 등	
국내외 목표시장	※ 국내 외 목표시장, 판매 전략 등을 간략히 기재	
이미지	※ 아이템의 특징을 나타낼 수 있는 참고사진 (이미지) 또는 설계도 삽입	※ 아이템의 특징을 나타낼 수 있는 참고사진 (이미지) 또는 설계도 삽입
	〈 사진(이미지) 또는 설계도 제목 〉	〈 사진(이미지) 또는 설계도 제목 〉
	※ 아이템의 특징을 나타낼 수 있는 참고사진 (이미지) 또는 설계도 삽입	※ 아이템의 특징을 나타낼 수 있는 참고사진 (이미지) 또는 설계도 삽입
	〈 사진(이미지) 또는 설계도 제목 〉	〈 사진(이미지) 또는 설계도 제목 〉

1. 문제인식(Problem)

1-1. 창업아이템의 개발동기

> ※ 국내·외 시장(사회·경제·기술)의 문제점을 혁신적으로 해결하기 위한 방안 등을 기재

-
  -
  -
-
  -
  -

1-2 창업아이템의 목적(필요성)

> ※ 창업아이템의 구현하고자 하는 목적, 국내·외 시장(사회·경제·기술)의 문제점을 혁신적으로 해결하기 위한 방안 등을 기재

-
  -
  -
-
  -
  -

2. 실현가능성(Solution)

2-1. 창업아이템의 사업화 전략

> ※ 비즈니스 모델(BM), 제품(서비스) 구현정도, 제작 소요기간 및 제작방법(자체, 외주), 추진일정 등을 기재

-

  -

-

  -

사업 추진일정

추진내용	추진기간	세부내용
제품보완, 신제품 출시	2016.0.0. ~ 2016.0.0.	OO 기능 보완, 신제품 출시
홈페이지 제작	2016.0.0. ~ 2016.0.0.	홍보용 홈페이지 제작
글로벌 진출	2016.0.0. ~ 2016.0.0.	베트남 OO업체 계약체결
투자유치 등	2016.0.0. ~ 2016.0.0.	VC, AC 등
...		

2-2. 창업아이템의 시장분석 및 경쟁력 확보방안

> ※ 기능·효용·성분·디자인·스타일 등의 측면에서 현재 시장에서의 대체재(경쟁사) 대비 우위요소, 차별화 전략 등을 기재

-

  -

-

  -

3. 성장전략(Scale-up)

3-1. 자금소요 및 조달계획

> ※ 자금의 필요성, 금액의 적정성 여부를 판단할 수 있도록 사업비(정부지원금＋
> 대응자금(현금)＋현물)의 사용계획 등을 기재
> ※ '2018년 창업선도대학 (예비)창업자 1차 모집 공고(2018.3.30)' [참고 3] (예비)
> 창업팀 사업화 자금 집행 비목을 참고하여 작성(사업비 세부 집행기준은 서면평가
> 통과자를 대상으로 별도 안내)

-

  -

  -

-

  -

  -

정부지원금 집행계획(정부예산+대응자금(현금))

비 목	산출근거	금액(원)	
		정부지원금	대응자금(현금)
재료비	• DMD소켓 구입(00개×0000원)	3,448,000	
	• 전원IC류 구입(00개×000원)	7,652,000	
외주용역비	• 시금형제작 외주용역(OOO제품 … 플라스틱금형제작)		7,000,000
지급수수료	• 국내 OOO전시회 참가비(부스임차, 집기류 임차 등) 포함		
…			
…			
…			
…			
합 계			

3-2. 시장진입 및 성과창출 전략

3-2-1. 내수시장 확보 방안(경쟁 및 판매가능성)

> ※ 내수시장을 중심으로 주 소비자층, 주 타깃시장, 진출시기, 시장진출 및 판매 전략, 그간 성과 등을 구체적으로 기재

-

  -

○ **내수시장 진출 실적** ※ 관련실적이 없는 경우 '해당사항 없음'으로 기재

유통채널명	진출시기	판매 아이템	판매금액
롯데마트	2015.2.14.~2015.2.22.		○○○백만원
...			
...			

○ **내수시장 매출 예상**

유통채널명	진출시기	판매 아이템	판매금액
롯데마트	2018.2.14.~2018.2.22.		○○○백만원
...			
...			

3-2-2. 해외시장 진출 방안(경쟁 및 판매가능성)

> ※ 해외시장을 중심으로 주 소비자층, 주 타깃시장, 진출시기, 시장진출 및 판매 전략, 그간 성과 등을 구체적으로 기재

-

  -

-

○ **글로벌 진출 실적** ※ 관련실적이 없는 경우 '해당사항 없음'으로 기재

수출국가수	수출액	수출품목수	수출품목명
○개국	○○○백만원	○○개	○○○, ○○○, ○○○
...			
...			

○ **글로벌 진출 역량** ※ 관련실적이 없는 경우 '해당사항 없음'으로 기재

해외특허 건수 (출원 제외)	국제인증 건수	국제협약체결 건수 (외국 현지기업과 MOU, NDA 등)
○건	○○건	○○건
...		
...		

○ **수출분야 핵심인력 현황**: 00명

> ※ 수출인력이 없는 경우 '해당사항 없음'으로 기재
> ※ 수출분야 핵심인력 예시
>   – 임직원 중 수출 또는 무역관련 회사 경력자, 임직원 중 1년 이상 해외 근무
>   경험자, 임직원 중 해외학위(학사 이상) 보유자 등

성 명	직 급	주요 담당업무	경력 및 학력
○○○	과장	영어권 수출	00무역회사 경력 3년
...			베트남 현지 무역업체 2년 근무
...			
...			

○ **해외시장 매출 예상**

유통채널명	진출시기	판매 아이템	판매금액
아마존	2019.2.14.~2019.2.22.		○○○백만원
...			
...			

3-3. 출구(EXIT) 목표 및 전략

3-3-1. 투자유치

> ※ 엔젤투자, VC(벤처캐피탈), 크라우드 펀딩 등의 투자처, 향후 투자유치 추진전략 및 방법 등 기재

•

－

3-3-2. 인수·합병 (M&A)

> ※ M&A를 통한 사업확장 또는 출구전략에 대한 중·장기 전략을 기재

•

－

3-3-3. 기업공개 (IPO)

> ※ 기업의 경쟁력 강화, 투자자금 회수 등을 위한 IPO 중·장기 전략을 기재

•

－

3-3-4. 정부지원금

> ※ R&D, 정책자금 등 정부지원금을 통한 자금 확보

•

－

4. 팀 구성 (Team)

4-1. 대표자 및 팀원의 보유역량

○ **대표자 현황 및 역량**

※ 창업아이템과 관련하여 대표자가 보유하고 있는 이력, 역량 등을 기재

‒

○ **현재 재직인원 및 고용계획**

※ 사업 추진에 따른 현재 재직인원 및 향후 고용계획을 기재

‒

현재 재직인원 (대표자 제외)	명	추가 고용계획 (협약기간내)	명

○ **팀원현황 및 역량**

※ 사업 추진에 따른 현재 고용인원 및 향후 고용계획을 기재
 * 일자리 안정자금이란?: 최저임금 인상에 따른 소상공인 및 영세중소기업의 경영부담을 완화하고, 노동자의 고용불안을 해소하기 위하여 정부에서 근로자 보수를 지원(고용노동부, 근로복지공단)

순번	직급	성명	주요 담당업무	경력 및 학력 등	채용 연월	일자리 안정자금 수혜여부
1	과장	○○○	S/W 개발	컴퓨터공학과 교수	'16. 8	○ / X
2	…		해외 영업 (베트남, 인도네시아)	○○기업 해외영업 경력 8년	채용 예정	
3	…		R&D	○○연구원 경력 10년		

○ **추가 인력 고용계획**

순번	주요 담당업무	요구되는 경력 및 학력 등	채용시기
1	S/W 개발	IT분야 전공 학사 이상	'16. 8
2	해외 영업 (베트남, 인도네시아)	글로벌 업무를 위해 영어회화가 능통한 자	
3	R&D	기계분야 전공 석사 이상	

○ **업무파트너(협력기업 등) 현황 및 역량**

※ 창업아이템 개발에 필요한 협력사의 주요역량 및 협력사항 등을 기재

순번	파트너명	주요역량	주요 협력사항	비고
1	○○전자		테스트 장비 지원	~'18.12
2	…			협력 예정
3	…			

4-2. 사회적 가치 실천계획

※ 양질의 일자리 창출을 위한 중소기업 성과공유제, 비정규직의 정규직화, 근로시간 단축 등 사회적 가치 실천계획을 기재

* 중소기업 성과공유제 개요: 중소기업 근로자의 임금 또는 복지 수준 향상을 위해 사업주가 근로자간에 성과를 공유하는 제도(중소기업 인력지원 특별법 제27조의 2)

구분		내용
현금	경영성과급	기업 차원에서 이익 또는 이윤 등의 경영성과가 발생했을 때 해당 성과를 회사 종업원들과 공유하는 경영활동
	직무발명보상	종업원, 법인의 임원 또는 공무원이 개발한 직무발명을 기업이 승계 소유하도록 하고, 종업원 등에서 직무발명의 대가에 상응하는 정당한 보상을 해주는 제도
주식	우리사주	'우리 회사 주식 소유제도'의 줄임말로, 근로자가 자신이 근무하는 회사의 주식을 취득 보유할 수 있도록 하는 제도
	주식매수선택권 (스톡옵션)	회사가 정관으로 정하는 바에 따라 임직원 등에게 미리 정해진 가격으로 신주를 인수하거나 회사의 주식을 매수할 수 있는 권리를 부여하는 것
공제 및 기금	내일채움공제	5년 이상 장기재직한 핵심인력에게 중소기업과 핵심인력의 공동적립금과 복리이자를 성과보상금 형태로 지급하는 제도
	과학기술인공제회	과학기술인에 대한 생활안정과 복리를 도모하기 위해서 설립된 공제기구
	사내근로복지기금	근로자의 복지를 위해 기업이 이익금을 출연해 조성한 기금

* 출처: 중소기업 성과공유제 활성화 방안, 중소기업연구원, 2016.
* 대중소기업 상생협력 촉진에 관한법률 제8조(상생협력 성과의 공평한 배분)의 성과공유제와는 다른 제도임

중소기업 성과공유제 도입현황 및 계획

제도명	도입 여부	주요내용	실적*
내일채움공제	완료 ('16.10)	정관 취업규칙 등 내부 규정과 주요내용을 발췌하여 기재	근로자 2인 적용
스톡옵션	완료 ('17.06)	'17.6월 제도도입 이후 기업 주주총회를 통해 스톡옵션 부여	총 0명, 000주 (0000원) 행사
사내근로복지기금	예정 ('17.06)	기금조성 및 기금법인 설립, 운용규정 마련	00백만원
…			

별첨 증빙서류 제출목록 안내 　※ 본 페이지는 삭제 후 제출

대 상		목 록		비 고
공통 (예비창업자 및 3년 이내 창업기업의 대표자)	기타 참고자료	본인의 아이템을 설명하기 위해 필요한 도면, 설계도 등		신청시 제출
	가점관련 증빙서류	• 내일채움공제 또는 청년내일 채움공제 가입기업 　- 가입증명서(중진공 발급)	1명당 1점	서류평가 통과시 제출
		• 일자리 안정자금 수급기업 　- 일자리 안정자금 지급결정 통지서(근로복지공단 발급)	각 1점	
		• 스톡옵션 제도 도입 　- 법인정관(스톡옵션 제도도입 내용 포함)		
		• 창업아이템과 관련된 특허권·실용신안권 보유자 　- 특허증, 실용신안등록증	각 0.5점	
		• 정부 주관 전국규모 창업경진대회 수상자 　- 공공데이터 활용 창업경진대회(행안부, 국토부, 중기부 주관) 　　입상실적 증명원 또는 상장사본 　- 대한민국 창업리그(중기부 주관) 통합 본선 진출 실적 증명원 　- 지식재산(IP) 정보 활용 아이디어 경진대회 특별상 이상 수상 　　실적 증명원 또는 상장사본		
		• 중기부 기술창업 교육 이수자 　- 중기부 기술창업 교육(창업강좌, 창업아카데미, 여성벤처창업 　　케어프로그램 등) 수료증 사본		
		• 창조경제타운 인큐베이팅 아이디어 보유자 　- 창조경제타운 인큐베이팅 아이디어 확인서('창조경제타운 　　(www.creativekorea.or.kr)-마이페이지'에서 출력 가능, 　　문의전화: 1644-1095)		
		• 창조경제혁신센터 추천자 　- 창조경제혁신센터장 추천서		
		• 특허청 IP 디딤돌·나래·활용전략사업 수혜자 　- 한국발명진흥회에서 발급한 추천서 (한국발명진흥회(02-3459-2800) 사업담당자에 문의)		
		• 투자유치(현금지분투자) 　실적 보유자	총 10백만원 이상 30백만원 미만	1점
			총 30백만원 이상 50백만원 미만	3점
			총 50백만원 이상	5점
	팀원 증빙서류	팀원 채용계획서　* 기창업자는 추가 채용계획이 있는 경우 제출		
		(동 사업 신청기업의) 4대 보험 가입자 명부 　* 공고일 이후 발급서류, 예비창업자는 제출 불필요		
		대표자 신분증 사본(주민등록증, 운전면허증, 여권 중 1개, 학생증 불가)		
		대표자 학위증명서·경력증명서·재직증명서 등		
예비창업자		대표자 사실증명원(현재 사업자 등록 여부 확인)　* 공고일 이후 발급서류		
학생창업자		대표자 재학증명서·건강보험자격득실확인서 * 공고일 이후 발급서류		
3년 이하 창업기업의 대표자 ('15.3.30일 이후 창업한 자)	개인사업자	사업자등록증명원 또는 사업자등록증 사본		
	법인사업자	법인등기부등본 사본		

* 본 사업계획서 작성 내용과 증빙자료 상의 상이한 부분이 발견되거나 누락 또는 허위 기재 등의 사실이 확인될
　경우 선정 취소, 중기부 창업지원사업 참여제한 및 정부지원금 환수 등의 불이익이 발생할 수 있음
* 다수의 사업자(개인, 법인)를 소지하고 있거나 폐업한 경험이 있는 경우, 공고문 '창업인정 기준에 따라 해당되는
　사업자등록증(법인등기부등본)을 제출

기타 참고자료 (해당자에 한함)

창업아이템 도면, 설계도 등 참고자료 삽입

(페이지 추가 가능)

국내문헌

강병호(2016), 금융시장론, 박영사.

권보람·김주성(2015), 지역 창업생태계 활성화를 위한 창조경제혁신센터의 기능 정립 및 활성화 방안, 한국전자통신연구원.

김문헌(2016), 기업과 회계, 명경사.

김의진(1987), 국제금융시장의 구조변화와 신금융상품, 삼성경제연구소.

김선우 외(2015), 국내외 엑셀러레이터 사례 및 운영제도 분석, 중소기업청·창업진흥원.

김석현(2015), 창업생태계의 진화, 과학기술정책연구원 세미나 자료.

김용재, 염수현(2014), 벤처 엑셀러레이터의 이해와 정책방향, 정보통신정책연구원.

김영수 외(2015), 2015년 벤처기업정밀실태조사, 벤처기업협회.

김종갑, 외(2015), 2015 대한민국 글로벌 창업백서, 본투글로벌센터.

김희철(2016), 창업경영론, 두남.

김주성·홍다혜(2013), 엑셀러레이터의 국내외 현황 및 운영사례 분석, 한국전자통신연구원.

경제관계장관회의 및 발표자료(2017.4.19.)

경제관계장관회의 및 발표자료(2017.11.2.)

금융결제원(2007), 아는 만큼 편리하고 안전한 전자금융 세상.

로저 C. 깁슨(2005), 자산배분 전략, 서울출판미디어.

미래부(2014), 글로벌 엑셀러레이터 육성계획, 보도자료.

_____(2015), 정부 창업지원 사업 효율화 방안, 보도자료.

_____(2016), 글로벌 창조경제 생태계 조성방안, 보도자료.

_____(2016), 창조경제혁신센터 맞춤형 발전방안, 보도자료.

미래창조과학부·중소기업청(2014), 창조경제 New Facilitator 글로벌 엑셀러레이터 육성 계획.

윤주현(2001), 부동산금융 시장분석 및 기반구축방안 연구, 국토연구원.

매일경제 용어사전(2017).

박남규(2007), 전략적 사고(Strategic Thinking), 트라일러 & 컴퍼니.

박지원(2015), 주요국의 스타트업 육성정책과 한국의 과제, Kotra.

박찬수(2016), 창조경제진단 및 성과제고방안: 창업지원정책을 중심으로, 과학기술정책연구원.

장동호 외(2008), 부동산학개론, 형설출판사.

배영임(2014), 엑셀러레이터의 성과와 핵심성공요인, 중소기업연구원.

배영임 외(2012), 벤처생태계의 내실화 촉진을 위한 정책연구: 이스라엘을 중심으로, 중소 기업연구원.

백재승(2016), 증권시장의 이해, 명경사.

4차 산업혁명(2016), 커뮤니케이션북스.

세계경제포럼(2016), 세계경제포럼미래고용보고서.

신형원 외, 인터넷 커뮤니케이션 시대의 기업 대응전략, 삼성경제연구소, 2008.

신창섭(2001), 21C 창업투자경영론, OK Press.

이경상 외(2014), 엑셀러레이터 성과분석 시스템구축과 제도적 기반조성 연구, 한국생산성 본부.

_____(2014), 엑셀러레이터 성과분석 시스템 구축과 제도적 기반조성 연구, 한국생산성 본부.

이권형 외 (2015), 이스라엘의 기술창업 지원정책과 한·이스라엘 협력 확대방안, 대외경제 정책연구원.

이건홍 외(2001), 금융자산관리사(FP), 형설출판사.

이준탁(2001), 저금리시대 재테크 전략, 넥서스.

이병주(2008), GE 130년 성공의 비밀. LG경제연구원.

안지성(2013), 창업자 천국 영국의 스타트업 육성정책, Kotra.

안상봉·신용준, 우리나라 창업지원제도 현황과 발전방안. 경영사학32(2), 2017.

유종해(2004), 현대조직관리론, 박영사.

우영종 외(2016), 재무관리, 명경사.

윤봉환 외(2007), 금융기관의 이해, 문영사.

정보통신정책연구원(2000), 엔젤의 유형과 엔젤자금 유치 벤처기업의 성향 분석.

중소기업청(2016), 한국형 창업기획자 육성을 위한 법적 기반 완비, 보도자료.

중소기업청(2016), 팁스(TIPS) 프로그램 선진화 방안, 보도자료.

창업진흥원(2018), 정부 창업지원사업(k-startup) 관련 자료, 2017-2018.

장세진(2006), 글로벌 경쟁시대의 경영전략, 박영사.

_____(2004), 글로벌경영, 박영사.

장영광(2006), 증권투자론, 신영사, pp.280~282.

조영복 · 정동섭(2003), 경영전략, 대명의, p.143.

최세규(2000), 이렇게 창업하면 반드시 성공한다, 새로운사람들.

채수명(1998), SOHO 100배로 성공하기, 살림출판사, 1998.

홍영복 · 이해영(2007), 증권투자의 실제, 탐진.

허화 · 박종해(2008), 증권시장론, 삼영사.

하라다 츠토무(2001), 사례로 읽는 경쟁역전의 경영전략, 삼각형북스.

한국경제(2017), big story 143호.

_____(2017), 스트롱코리아 포럼 자료.

_____, 경제용어사전, 2017.

클라우드 슈밥(저)/송경진(역)(2016), 제4차 산업혁명, 새로운 현재.

Rifkin, J.(2011), The Third Industrial Revolution, 안진환 역(2012), 3차 산업혁명, 민음사.

해외문헌

Alyson Shontell(2011), 5 major differences between Techstars and Y−Combinator, Business Insider.

Bo Fishback, Christine Gulbranson, Robert Litan, Lesa Mitchell and Marisa Porzig (2007), Finding Business 'Idols': A New Model to Accelerate Startups, Ewing Marion Kaufmf an Foundation.

Brian Solomon(2016), The Best Startup Accelerators of 2016.

C. Scott Dempwolf, Jennifer Auer and Michelle D'Ippolito(2014), Innovation Accelerators: Defining Characteristics Among Startup Assistance Organizations, SBA (Small Business Administration), Optimal Solutions Group, LLC.

Dinah Adkins(2011), What are the new seed or venture accelerators?, NBIA Review. Forbes. David Lynn Hoffman, Nina Radojevich Kelly, 2012, Analysis of Accelerator Companies: An Exploratory case study of their programs. Process, and early results, Small Business Institutes.

Frank Gruber, Jen Consalvo, Zach Davis(2012), A Guide to choosing the best Accelerator for your Tech Startup, Tech Cocktail.

lsabelle, D. A(2013), Key Factors affecting a Technology Entrepreneur's Choice of Incubator or Accelerator, Platform.

Harvard business school publishing corporation(2007), Harvard Business Essentials, 웅진윙스.

Henry Mintzberg(1973), The nature of Managerial Work, New York.

Michael Birdsall, Clare Jones, Craig Lee, Charles Somerset and Sarah Takaki(2013), Business Accelerators: The evolution of a rapidly growing industry, University of Cambridge, Judge Business School.

Matt Rosoff(2016), Most Valuable Startups In The World, Business Insider.

Miller, P. and Bound, K(2011), The Startup Factories, NESTA.

Petersson, Samuel, et al(2012), Accelerating success: a study of seed accelerators and their defining characteristics, Chalmers.

Satoshi Nakamoto, Bitcoin(2008), A Peer−to−Peer Electronic Cash System.

Schwab, K.(2016), The Fourth Industrial Revolution: what it means, how to respond. World Economic Forum.

Susan Cohen(2013), What Do Accelerators Do?: Insights from Incubators and Angels, Innovations 8(3/4).

Thomas van Huijgevoort(2012), The 'Business Accelerator': Just a Different Name for a Business Incubator?, Utrecht School of Economics.

World Economic Forum(2015), Deep Shift: Technology Tipping Points and Societal Impact.

http://www.boannews.com/media/view.asp?idx=53517

KRX(2017), http://open.krx.co.kr/contents/OPN/01/01010101/OPN01010101.jsp.

____(2017), http://open.krx.co.kr/contents/OPN/01/01010201/OPN01010201.jsp.

____(2017), http://listing.krx.co.kr/contents/LST/04/04030100/LST04030100.jsp.

website

기술신용보증기금
금융감독원
기획재정부
국민연금관리공단
롯데카드

삼성경제연구소

삼성증권

신용보증기금

신한은행/신한금융투자

소상공인시장진흥공단

정보통신산업협회

중소기업중앙회

중소벤처기업부

중소기업진흥공단

창업진흥원

통계청

한국은행하나금융

한국인터넷진흥원

한국창업지도사협회

현대경제 연구소

KB국민은행/KB증권

www.bis.org/publ/bispap07.htm

www.kised.or.kr

http://news.joins.com/article/20223966

asIatoday, 2016－2017

저자소개

김영국(England Kim)

경영학박사/창업지도사/Saxophonist
계명대학교 벤처창업학과 교수(산·학·군·관 37년)

주요논문 및 저서
창업지원제도 연구 등 다수
액셀러레이터 for 성공전략(박영사/2017) 등 다수

학술수상
한국창업학회 우수논문상 수상(2017) 등

최근 국책(연구) 선정 과제
교육부(한국연구재단), 저술연구과제(단독), 2018
중소벤처기업부, 창업성장기술개발사업(공동), 2018
중소벤처기업부, 글로벌스타벤처육성(단독), 2018
계명대학교, 정책과제(단독), 2018
계명대학교, 연구과제(단독), 2017

산학군관 주요 경력
• 산업체:
   DGB금융그룹 DLF(주)홍콩현지법인장(대표이사 CEO)
   DGB금융그룹 대구은행 국제부, 국제영업부 등
   한국경제신문사 객원연구위원
   한국경제 TESAT연구소장
   금호약품(주) 등 사외이사 및 경영(컨설팅)자문교수 다수
   방송 및 칼럼니스트(TBC/경북일보/매일신문 등)
• 학계:
   경북대학교 등 교수(창업학/경영학/국제통상/금융보험/재무관리 등)
• 군:
   육군 장교 전역
• 관계:
   고위공무원(옴부즈만)
   한국은행 객원연구원
   지식경제부 기업과제 평가위원
   중소벤처기업부 중소기업기술개발 지원사업 평가위원
   소상공인시장진흥공단 기업과제 평가위원장
   대구테크노파크 기업과제 평가위원(장)
   경북테크노파크 기업과제 평가위원(장)

주요 특강
삼성전자 프로캠퍼스, LG GROUP 등 다수

4차 산업혁명과 창업금융

초판발행	2018년 8월 30일
지은이	김영국
펴낸이	안종만
편 집	전채린
기획/마케팅	정성혁
표지디자인	권효진
제 작	우인도·고철민
펴낸곳	(주) **박영사**
	서울특별시 종로구 새문안로3길 36, 1601
	등록 1959. 3. 11. 제300-1959-1호(倫)
전 화	02)733-6771
f a x	02)736-4818
e-mail	pys@pybook.co.kr
homepage	www.pybook.co.kr
ISBN	979-11-303-0632-2 93320

정 가   29,000원